微观经济学

王丹竹 主编

中国纺织出版社有限公司

内 容 提 要

本书基于微观经济学研究的相关基础内容，对供求的基本原理、消费者行为理论、企业的生产理论、成本与利润理论进行了深入探讨，以发展的眼光透视了完全竞争市场、不完全竞争市场、生产要素的价格与收入分配、一般均衡理论与福利经济学、市场失灵与微观经济政策。

图书在版编目（CIP）数据

微观经济学/王丹竹主编． --北京：中国纺织出版社有限公司，2024.1
ISBN 978-7-5229-1375-9

Ⅰ.①微… Ⅱ.①王… Ⅲ.①微观经济学-高等学校-教材 Ⅳ.①F016

中国国家版本馆CIP数据核字（2024）第019955号

责任编辑：林 启　　责任校对：王蕙莹　　责任印制：储志伟

中国纺织出版社有限公司出版发行
地址：北京市朝阳区百子湾东里A407号楼　邮政编码：100124
销售电话：010—67004422　传真：010—87155801
http://www.c-textilep.com
中国纺织出版社天猫旗舰店
官方微博 http://weibo.com/2119887771
三河市宏盛印务有限公司印刷　各地新华书店经销
2024年1月第1版第1次印刷
开本：710×1000　1/16　印张：22
字数：338千字　定价：128.00元

凡购本书，如有缺页、倒页、脱页，由本社图书营销中心调换

前　言

微观经济学作为经济学领域的一个重要分支，旨在深入研究个体经济单位（如个人、家庭、企业）的经济行为和决策，以及它们如何在市场中相互作用。在这个充满变革和不确定性的时代，微观经济学的研究具有重要的现实意义。它不仅有助于解释个体经济主体在面对有限资源和多样化需求时的决策过程，还为政府政策的制定提供了理论基础。通过深入了解微观经济学，人们可以更好地应对个体和市场行为的多样性，为经济发展、资源分配和社会公平提供更明智的建议。微观经济学不仅仅是一门学科，更是一种思维方式，它使人们能够理解和解释个体和市场行为的规律，有助于人们更好地应对日常生活和工作中的经济问题。无论是个人金融决策、企业管理、政府政策还是全球化挑战，微观经济学都提供了有力的分析工具。

基于此，本教材以"微观经济学"为题，旨在帮助学生深入理解和掌握微观经济学的核心概念、理论和方法，从而更好地理解和解释个体经济行为和市场运作的规律。本教材从导论出发，分析了供求的基本原理、消费者行为理论、企业的生产理论、成本与利润理论，探究了完全竞争市场与不完全竞争市场、生产要素的价格与收入分配、一般均衡理论与福利经济学、市场失灵与微观经济政策。

本教材将以逐步深入的方式介绍微观经济学的概念和原理，从基础原理出发，逐渐引导读者探索更高级的主题。这种分层次的阐述方式有助于新手理解复杂的经济概念，同时也为有经验的读者提供了深入挖掘的机会。为了更好地解释经济学概念，本教材将大量使用图表。这些可视化工具将有助于学生更直观地理解供求曲线、成本曲线、市场结构等关键概念，从而更好地应用它们。同时，本教材将微观经济学的理论概念与实际案例相结合，以帮助学生将所学理论应用到真实世界的经济问题中。

在编写本教材的过程中，我们得到了许多专家学者的指导和协助，对此表示

诚挚的感谢。虽然我们尽力确保内容的准确性和完整性,但不可避免地可能存在一些疏漏和不足之处。因此,我们热切期待读者和专家的批评和建议,以帮助我们进一步改进和完善本书。

王丹竹

目 录

第一章　导论 · 01
第一节　经济学的相关研究 · 01
第二节　微观经济学的研究对象 · 32
第三节　微观经济学的研究方法 · 43
思考与练习 · 51

第二章　供求的基本原理 · 53
第一节　供给 · 53
第二节　需求 · 57
第三节　市场均衡 · 67
第四节　弹性理论 · 74
思考与练习 · 84

第三章　消费者行为理论 · 85
第一节　效用理论 · 85
第二节　边际效用分析 · 89
第三节　预算约束与无差异曲线 · 91
第四节　消费者均衡的变化 · 103
思考与练习 · 110

第四章　企业的生产理论 · 111
第一节　企业的基本概念 · 111
第二节　生产与生产函数 · 118
第三节　短期生产函数 · 120

第四节　长期生产函数 …………………………………………… 122

　　第五节　规模报酬原理 …………………………………………… 128

　　思考与练习 ………………………………………………………… 131

第五章　成本与利润理论 …………………………………………… 133

　　第一节　成本及其影响因素 ……………………………………… 133

　　第二节　短期成本与长期成本 …………………………………… 138

　　第三节　收益和利润 ……………………………………………… 140

　　思考与练习 ………………………………………………………… 146

第六章　完全竞争市场 ……………………………………………… 147

　　第一节　完全竞争市场的基本概念 ……………………………… 147

　　第二节　完全竞争企业的供求与收益曲线 ……………………… 151

　　第三节　完全竞争企业和行业的短期均衡 ……………………… 154

　　第四节　完全竞争企业和行业的长期均衡 ……………………… 157

　　第五节　完全竞争市场的效率与福利分析 ……………………… 163

　　思考与练习 ………………………………………………………… 166

第七章　不完全竞争市场 …………………………………………… 167

　　第一节　垄断市场 ………………………………………………… 167

　　第二节　垄断竞争市场 …………………………………………… 183

　　第三节　寡头垄断市场 …………………………………………… 192

　　第四节　博弈与信息均衡 ………………………………………… 202

　　思考与练习 ………………………………………………………… 224

第八章　生产要素的价格与收入分配 ……………………………… 227

　　第一节　生产要素价格理论 ……………………………………… 227

第二节　工资、地租、利息和利润的决定 ………………………………… 249

　　第三节　欧拉定理与收入分配 ………………………………… 264

　　思考与练习 ………………………………… 268

第九章　一般均衡理论与福利经济学 ………………………………… 269

　　第一节　一般均衡理论 ………………………………… 269

　　第二节　福利经济学 ………………………………… 291

　　思考与练习 ………………………………… 305

第十章　市场失灵与微观经济政策 ………………………………… 307

　　第一节　垄断与市场失灵 ………………………………… 307

　　第二节　外部性与市场失灵 ………………………………… 312

　　第三节　公共物品与市场失灵 ………………………………… 321

　　第四节　信息不对称与市场失灵 ………………………………… 325

　　思考与练习 ………………………………… 333

结束语 ………………………………… 335

参考文献 ………………………………… 337

第一章 导论

微观经济学研究个体与市场交互的经济行为，揭示了供需、价格和竞争等基本经济原理。基于此，本章重点对经济学、经济问题、微观经济学的研究对象、微观经济学的研究方法进行探究。

第一节 经济学的相关研究

一、经济学

"经济学在目前属于十分重要的一门专业学科，在促进社会经济发展方面有着很好的促进作用，也是比较重要的理论基础。"[1]经济学作为一门关键的社会科学，提供了理论指导，帮助人们正确理解社会经济运行，科学决策，有效从事经济活动。对于各级各类组织和个人来说，经济学都扮演着重要角色，因为经济问题时刻都在。

（一）经济学的内涵

科学是一门广泛的知识体系，它将人类的好奇心和求知欲推向了前所未有的高度。科学的范围广泛，包括物理学、化学、生物学、天文学等领域，每个领域都致力于深入研究特定的现象和问题。科学的核心任务之一是满足社会实践的需求，这意味着科学研究不仅仅是为了追求知识本身，还要为社会提供有益的解决方案和指导。在这个广泛的科学体系中，经济学也占有一席之地。经济学是一门社会科学，它专注于研究社会经济问题，而其兴起和发展源于实际社会需求。经济学家们关注着社会中的资源分配、生产、消费、投资等各个方面，试图理解和解释这些现象背后的规律。

---

[1] 宋林芃，王凯棋.宏观经济学与微观经济学的比较研究[J].知识经济，2021，575（13）：156.

经济学的主要目的是深入研究并揭示经济现象和过程中的规律性。这包括了探索供需关系、价格形成机制、市场竞争、货币政策、经济增长和发展等方面的规律。通过这些研究，经济学为社会经济活动提供了理论指导。这一理论指导不仅帮助政府制定政策，更有助于企业制定战略和个人做出理性的经济决策。

经济学的核心领域集中在研究选择和资源配置，这一研究范畴深入探讨了经济问题的本质，揭示了它们与稀缺资源的有效利用和公平分配之间的紧密联系。经济问题本质上可以视作选择问题。每个社会都面临着有限的资源，如劳动力、土地、资本和自然资源等，而社会的需求和欲望却几乎无限。因此，经济问题的关键在于如何在资源有限的情况下做出最合理的选择，以满足人们的需求和欲望，这种有效的资源配置和选择问题贯穿着各个层面的经济活动。

另外，稀缺资源的存在是导致选择问题的根本原因。因为资源有限，人们必须在各种不同的用途之间进行分配，这不仅包括个人和家庭的选择，还包括企业、政府和国际社会的决策。这种资源稀缺性引发了各种经济问题，例如生产效率、公平分配、通货膨胀控制、失业率管理等，这些问题推动着人们对经济学的深切需求。不同的经济制度下，解决经济问题和做出选择的方式各不相同。市场经济、计划经济和混合经济体制都采用不同的方法来处理资源配置和选择问题。市场经济强调市场机制和竞争来引导资源配置，计划经济则由中央政府来决定资源的分配方式，而混合经济则将市场和政府干预相结合。

现代经济学的一个重要焦点是研究市场经济体制中的选择和资源配置问题。这包括了微观经济学和宏观经济学的各个领域，如市场竞争、价格形成、供求关系、货币政策、经济增长等。通过深入研究这些问题，经济学家们为政策制定者、企业家和个人提供了有关如何更好地利用资源和做出合理选择的指导，以构建更加稳健和繁荣的经济体系。因此，经济学在现代社会中发挥着至关重要的作用，有助于解决各种经济挑战和推动社会经济的发展。

（二）经济学的构成

经济学是一门广泛而深刻的学科，分为两大部门：理论部门和应用部门。在理论部门中，基本理论原理是其核心，构建了现代经济学的理论体系。微观经济学和宏观经济学作为这一理论体系的两个关键支柱，分别关注市场经济制度下的个体决策和整体经济运行。从分析角度和方法上看，这两个部门存在相互联系，但也有明显的区别。微观经济学聚焦于个体行为、选择和资源配置，而宏观经济

第一章 导论

学关注整体经济现象和宏观政策对经济的影响。经济科学通过不同的方法和分析角度，努力解释和预测经济现象，为社会决策提供重要参考，促进了市场经济的发展和优化资源配置。

1. 微观经济学

微观经济学关注个体经济单位，如家庭、企业、市场和行业，它研究了这些单位如何做出决策，如何分配有限资源以生产和消费商品和服务，以及它们之间的互动。

微观经济学的核心概念包括供求关系、价格理论、市场竞争、生产成本、消费者决策、生产者理论等。它帮助解释为什么某些商品价格上涨或下跌，以及市场中的资源如何最有效地分配。

微观经济学的方法通常是以个体单位为基础进行分析，强调局部和具体情境下的经济现象。这有助于理解市场中个体决策如何影响整个经济体系。

2. 宏观经济学

宏观经济学关注整体经济体系，如国家或全球经济。它研究宏观现象，如总产出（国内生产总值）、通货膨胀、失业率、货币政策、财政政策等。

宏观经济学的核心概念包括经济增长、通货膨胀、失业、货币供应、政府支出、国际贸易等。它关注整体经济的运行和稳定性，以及政府如何通过政策来影响经济。

宏观经济学通常是以整体经济指标和关系为基础进行分析，强调全局和宏观水平的经济变化，这有助于理解整个经济体系的运行和政策制定的影响。

（三）经济学与其他学科的关系

经济学属于一门社会科学或人文科学，作为一门人文科学，经济学与其他各门科学既有区别，又有联系。

1. 经济学与其他人文科学的关系

经济学与其他人文科学，如哲学、政治学、社会学等学科有相似之处，也存在明显区别，具体如表1-1所示。

总体而言，经济学、哲学、政治学和社会学都是人文科学领域的重要学科，它们相互交织，一起构成了对人类社会和行为的多角度理解。尽管它们有一些共同之处，但它们在研究对象、方法和关注重点上存在明显的差异，这些差异使得它们能够共同解决复杂的社会问题。

表1-1 经济学与其他人文学科的关系

学科	联系	区别
经济学与哲学	方法论：经济学和哲学都涉及深刻的思考和推理。哲学提供了许多思维工具，如逻辑和伦理学，可以应用于经济学中的道德和伦理问题。 伦理学：经济学和哲学都关注道德和伦理问题，尤其是关于分配和公平的问题。例如，哲学家可以探讨公平的经济制度，而经济学家可以提供关于这些制度如何运作的实际数据。	研究对象：经济学主要关注资源的分配、生产和消费，而哲学更关注普遍的道德和哲学问题，如自由意志、道德价值等。 方法：经济学使用数学模型、统计数据和实证分析，而哲学通常依赖于逻辑论证和思辨性分析。
经济学与政治学	政治经济学：这两个学科之间有一个重要的领域叫作政治经济学，它探讨了政府政策对经济的影响以及经济因素如何塑造政治决策。 公共政策：经济学和政治学都关注公共政策，但它们可能关注不同的方面，经济学关注政策对市场和资源分配的影响，而政治学关注政策制定和政府运作。	研究对象：经济学侧重于经济体系、市场、价格和资源分配，而政治学更关注政府、权力、政策制定和政治过程。 方法：经济学通常使用数学和定量分析，而政治学更倾向于使用质性研究方法，如案例分析和文本分析。
经济学与社会学	社会制度：经济学和社会学都研究社会制度，包括家庭、教育、劳动力市场等，以及这些制度对个人和社会的影响。 社会问题：两者都关注社会问题，如贫困、不平等、社会动态等，但它们可能从不同的角度来研究这些问题。	研究对象：经济学更专注于资源分配、市场机制和效率，而社会学更关注社会关系、文化、社会结构和社会变迁。 方法：经济学通常使用定量方法来分析数据，而社会学更广泛使用定性和质性研究方法，如调查、访谈和观察。

2.经济学与自然科学的关系

经济学与自然科学（数学、物理学、化学等）之间存在联系和区别，具体如表1-2所示。

总体而言，经济学与自然科学之间存在一些联系，尤其是在数学建模和定量分析方面。然而，它们的研究对象和方法存在明显的差异。经济学更多地关注人类行为和社会机制，而自然科学更侧重于物质世界的自然规律。这种差异反映了不同领域的研究重点和方法论。

表1-2 经济学与自然科学的关系

学科	联系	区别
经济学与数学	数学工具：经济学家广泛使用数学来建立模型和分析经济现象。微积分、线性代数、概率论和统计学等数学工具用于描述和解释经济关系，如供求关系、成本和收益等。 优化问题：数学在经济学中的一个重要应用是解决优化问题，例如企业如何最大化利润，个人如何最大化效用。	研究对象：经济学关注人类行为、市场机制、资源分配等经济现象，而数学是一门抽象的学科，不涉及具体的社会和经济问题。 方法：经济学通常需要考虑人类行为和心理因素，而数学是一门纯粹的逻辑学科，不考虑心理和行为因素。
经济学与物理学	建模：经济学和物理学都使用数学模型来描述和预测自然或社会现象。物理学家使用模型来描述物质世界的行为，而经济学家使用模型来描述市场、价格、供需等经济现象。 定量分析：两者都依赖于定量分析方法，以验证理论、预测未来趋势和测试假设。	研究对象：物理学研究自然世界的物理性质和规律，而经济学研究人类行为、社会机制和资源分配。 可重复性：物理学实验通常可以在不同环境中重复，而经济学的实验往往受到人类行为的不确定性和多样性的影响，因此难以复制。
经济学与化学	模型建立：类似于物理学，经济学和化学都使用模型来描述和预测现象。化学家使用分子和原子模型来解释化学反应，而经济学家使用市场模型来解释经济交易。 数据分析：化学和经济学都需要处理大量数据，以验证理论和发现规律。	研究对象：化学研究物质的组成、性质和变化，而经济学研究人类行为、资源分配和市场机制。 实验性质：化学实验通常可以在受控环境中进行，而经济学往往需要考虑人类行为的不确定性和社会环境的影响。

（四）经济学的理论功能

1.深化人们对经济现实的认识

经济学的理论功能在深化人们对经济现实的认识方面起着关键作用，它通过提供框架、模型和概念来帮助人们更好地理解和解释经济现象。

（1）解释和预测经济现象。经济学理论提供了解释为什么经济现象会发生的框架。例如，供求理论解释了价格是如何形成的，货币供应理论解释了通货膨胀的原因。这些理论还能够用来预测未来的经济趋势，帮助政府、企业和个人做出明智的决策。

供求理论是经济学中的基本概念之一，它解释了商品价格如何在市场上形

成。根据这一理论,价格取决于供应和需求的相对关系。当需求增加时,价格通常上升,而当供应增加时,价格通常下降。这种理论有助于解释为什么某些商品价格波动,并为企业决策提供了参考,例如何时生产和销售产品以最大化利润。

货币供应理论涉及货币供应量和通货膨胀之间的关系。根据这一理论,如果货币供应量迅速增加,通常会导致通货膨胀,因为货币失去了购买力。这个理论有助于政府和中央银行制定货币政策,以控制通货膨胀率,并确保货币的稳定性。

此外,经济学理论还包括了许多其他方面,如生产理论、成本理论、需求理论等,它们提供了深刻理解经济现象的工具。这些理论可以用来预测未来的经济趋势,例如通货膨胀率、失业率和经济增长率。这些预测对政府、企业和个人做出重要决策至关重要,因为他们可以提前了解可能发生的经济变化,从而采取适当的措施。

(2)指导政策制定。经济学理论为政策制定者提供了指导,帮助他们更好地管理经济。例如,凯恩斯经济学提出的政府干预观念在大萧条后推动了许多国家的经济政策变革,以应对经济不稳定。

凯恩斯经济学是由经济学家约翰·梅纳德·凯恩斯提出的,他的理论强调了政府在经济衰退和失业时采取积极的干预措施的必要性。根据凯恩斯的观点,市场在某些情况下可能无法自我调整,而政府可以通过货币政策和财政政策来刺激需求,促进就业和恢复经济增长。这一理论在大萧条期间得到广泛接受,并成为政府应对经济危机的主要方法之一。

在政策制定者的引导下,许多国家采取了凯恩斯主义政策措施,例如增加公共支出、降低利率和实施货币宽松政策。这些政策旨在刺激消费和投资,以缓解经济下滑和失业问题;这一干预性政策在一定程度上帮助国家渡过了大萧条,并为经济复苏奠定了基础。

凯恩斯经济学的影响不仅仅体现在大萧条时期。在后续的经济周期中,政府和中央银行仍然依赖凯恩斯主义的政策工具来应对经济挑战,如通货膨胀、失业或经济衰退;这表明经济学理论对政策制定者具有持久的影响力,可以帮助他们更好地管理和引导国家的经济发展。

(3)揭示经济机制。经济学理论有助于揭示经济背后的基本机制。例如,货币理论和银行体系理论解释了货币是如何影响经济活动的,供给和需求理论解

释了市场是如何协调资源分配的。

货币理论探讨了货币的角色和影响，解释了货币在经济中的功能，包括媒介交换、储备价值和计量单位。货币供应的增加或减少可以影响通货膨胀、利率和整体经济活动水平。这个理论有助于人们理解中央银行政策如何影响货币供应，并如何通过货币政策来调整经济。

银行体系理论进一步探讨了金融机构在货币体系中的作用，解释了银行如何接受储户的存款，并将这些资金再贷款给借款人，从而推动经济中的资金流动。银行的健康状况和信贷政策对经济的稳定性和增长具有重要影响。这个理论帮助人们了解银行在经济中的关键地位，以及监管机构如何确保金融系统的健康。

供给和需求理论则是关于市场运作的基本理论之一，它解释了市场是如何通过供给和需求的相互作用来决定价格和数量的。当供给和需求不平衡时，价格会调整，从而达到市场均衡。这个理论有助于人们理解为什么某些商品价格会波动，以及市场如何协调资源的分配。这些经济学理论不仅有助于理解经济基本机制，还为政府、企业和个人提供了重要的指导。政府可以根据货币和银行体系理论来制定货币政策，以维持经济稳定。企业可以利用供给和需求理论来决定价格和生产水平，以最大化利润。个人也可以从这些理论中获益，以更好地理解货币和金融市场的运作方式，以及市场中不同商品和服务的价格变化。

（4）识别潜在问题和挑战。经济学理论有助于识别和理解经济中的潜在问题和挑战。通过分析市场失灵、不平等、资源短缺等问题，经济学家能够提供解决方案，改善社会福祉。

一方面，经济学理论允许人们识别市场失灵的情况。市场失灵指的是市场未能有效分配资源或产生理想的结果。例如，垄断和寡头市场可能导致价格操纵和消费者不受益，而公共物品可能因为缺乏市场激励而得不到适当供应。经济学家通过研究这些问题，提供了政策建议，如监管垄断、提供公共物品，以及实施反托拉斯法规，以确保市场更加有效和公平。

另一方面，经济学理论有助于分析和理解不平等问题。不平等可以在收入、财富和机会分配方面存在。经济学家通过研究不平等的根本原因，如技术变革、全球化和政策选择，提供了政策建议，如税收改革、教育投资和社会福利计划，以减轻不平等并提高社会公平性。

（5）为决策提供多样性。经济学的多样性体现在不同的学派和理论框架

中,如凯恩斯经济学、新古典经济学、奥地利经济学等。每个学派都提供了独特的视角和解决问题的方法。这些理论的多样性有助于政策制定者和研究人员更全面地考虑经济挑战和机会。例如,当政府面临经济衰退时,凯恩斯经济学提供了通过增加公共支出来刺激需求的方法。另外,新古典经济学强调市场的自我调节能力,并主张减少政府干预。这两种观点都为政策制定者提供了选择,可以根据特定情况和政策目标来决定采取哪种策略。

此外,经济学也包括了不同的领域,如微观经济学和宏观经济学,国际经济学和发展经济学。每个领域都有其独特的焦点和方法。政策制定者可以根据他们面临的具体问题和目标选择适当的领域来寻求建议。这种多样性不仅有助于产生更全面的政策建议,还促进了经济学领域的创新和发展。通过在不同理论和观点之间进行辩论和研究,经济学家能够不断改进和完善他们的理论,以更好地解释和应对经济现实。

(6)促进经济研究。经济学理论的发展鼓励了广泛的经济研究。研究人员通过测试理论、收集数据和制定模型来深入了解经济现实,从而推动了学科的进步。经济学是一门不断发展和演进的学科,其中理论的发展是推动进步的重要驱动力之一。新的经济理论不断涌现,以解释和解决不断变化的经济问题。这些理论的提出激发了研究人员的兴趣,鼓励他们进行实证研究,验证理论的有效性,并提出新的见解。

经济研究通常包括数据收集和分析,以便更好地理解经济现实。研究人员使用各种经济模型来模拟和预测市场行为、政策效果和经济趋势。这些研究不仅有助于理论的验证,还可以为政策制定者提供实际的经济数据和建议,以支持决策制定过程。

经济学的研究范围非常广泛,包括微观经济学、宏观经济学、国际经济学、发展经济学等多个领域。这种多样性促使研究人员关注不同领域的问题,并为不同经济问题提供了各种方法和视角。

通过经济研究的不断推进,学科不断积累知识,发展出新的理论和工具,从而为解决现实世界的经济挑战提供了更好的方法。这也有助于经济学不断适应社会和经济环境的变化,以更好地服务于社会和政策制定者的需求。

(7)跨学科交叉。有助于促进不同学科之间的交叉研究,深化对社会和人类行为的理解。

第一章 导论

经济学理论的应用不仅局限于经济领域，它还可以用来解释和分析各种社会现象和行为。例如，政治经济学研究了政治和经济之间的相互关系，探讨了政府政策如何影响经济，以及经济条件如何影响政治决策。这种交叉研究有助于理解政治决策的动机和影响，并为政策制定者提供了更全面的信息。

社会学也借鉴了经济学理论，以更好地理解社会结构、不平等和社会动态。例如，研究家庭、社会群体和社会流动性的经济学理论可以用来分析社会中的不平等和社会流动性。这有助于社会学家更好地理解社会结构的演变和社会不平等的根本原因。

心理学与行为经济学的交叉研究也变得越来越重要。行为经济学借鉴了心理学的观点，研究人类决策和行为背后的心理机制。这有助于解释为什么人们在经济和金融决策中会做出某些选择，以及如何改善决策质量。

另外，经济学理论还涉及其他领域，如环境学、卫生经济学和教育经济学，以探讨环境政策、卫生保健系统和教育政策等领域的问题。这些交叉研究有助于解决跨学科问题，并提供更综合的解决方案。

2.优化人们的经济行为

（1）经济人自身的理性。依靠经济人自身的理性来优化经济行为是经济学中的一个基本概念，它表明人们在经济决策中会追求最大化利益和效用。这一理性决策的假设在经济学中发挥着重要作用，因为它提供了分析市场行为和制定经济政策的基础。具体如下：

第一，目标导向。理性经济人被假设为具有明确的经济目标和偏好。他们追求自己的经济利益，例如最大化利润、最大化效用（满足需求）或最小化成本。这种目标导向有助于他们做出决策，以最好地满足他们的需求和愿望。

第二，信息合理性。经济人被假设为拥有充分的信息，他们了解市场条件、产品特性和可用选项。这使他们能够做出明智的决策，选择最优的方案。

第三，边际分析。经济人通常会在边际分析的基础上做出决策。边际分析涉及考虑额外一单位的资源或消费对效用或成本的影响。经济人会继续进行某项活动，直到边际效用等于边际成本，从而实现效用最大化。

第四，理性选择。理性经济人被假设为能够做出理性选择，即在给定信息和目标的情况下，他们会选择最佳的行为或策略。这些选择可能涉及投资、消费、储蓄、工作等方面。

第五，市场行为。在市场中，理性经济人的行为对供求关系、价格形成和资源分配产生重要影响。他们的决策通过市场机制调整资源的分配，从而实现了资源的最有效利用。

第六，政策制定。理性经济人的理论假设对政策制定具有指导作用。政府可以基于理性决策者的行为模式来制定政策，以改善市场效率、减少不平等和促进经济增长。

理性经济人的模型是一个理论上的简化，现实中的人们往往受到有限的信息、有限的计算能力、心理因素和社会因素的影响，他们的决策可能不总是完全理性。因此，实际经济行为可能会一定程度上偏离理性经济人模型。

（2）政府实施的经济政策。经济政策是政府根据经济理论制定和实施的一系列具体措施和手段，旨在干预和影响经济的运行和发展。这些政策的制定是基于对经济体系的深入理解，以应对不同的经济挑战和推动经济增长。

第一，经济政策的本质。经济政策是经济理论在实践中的具体应用。它通过政府介入市场和资源分配来实现特定的经济目标。这些目标可能包括促进就业、控制通货膨胀、维护金融稳定、减少贫困、促进经济增长等。

第二，经济政策的工具。政府的经济政策可以采用多种工具，包括货币政策、财政政策、产业政策、贸易政策等。货币政策由中央银行实施，通过调整利率和货币供应来影响经济。财政政策则包括税收政策和政府支出政策，用于调整政府的财政状况。产业政策和贸易政策则旨在支持特定行业或促进国际贸易。

第三，经济政策的目标。政府的经济政策的最终目标是实现经济的最优化，即在有限的资源下实现最大的社会福祉。这需要政府在政策制定过程中权衡不同的利益和目标，确保资源分配公平合理、经济运行稳定、社会福利最大化。

第四，经济政策的类别。

微观经济政策：政府为了在特定领域或局部经济行为中施加影响而制定和实施的政策。这些政策旨在细化经济活动，以改善特定产业或部门的运行状况，并在一定程度上调整市场的行为方式，以实现更好的资源分配和社会福利。具体而言，微观经济政策主要包括：

①产业政策：产业政策是针对特定行业或产业制定的政策，旨在提高其竞争力和发展。政府可以通过提供财政激励、减税政策、研发资助等方式来支持关键产业的发展，以促进就业和经济增长。②反垄断政策：反垄断政策旨在确保市

场竞争的健康和公平。政府通过监管机构来防止垄断力量的滥用，维护市场多样性，并保障消费者的权益。③价格支持与限制政策：这些政策影响价格水平和供需关系，以满足特定目标。例如，农业部门可能受到价格支持政策的保护，以维护农民的生计。相反，政府也可能通过价格限制来遏制通货膨胀或确保资源的可持续利用。④消费者保护与促进公平竞争政策：这类政策旨在维护市场中的公平竞争，并确保消费者不受欺诈或不当行为的影响。政府可以实施反不正当竞争法律和监管，以维护市场秩序。这些微观经济政策的直接效果是改善特定行业或部门的运行效率，有助于解决市场失灵问题，促进资源的合理分配，提高社会经济福祉。然而，政府在制定和实施这些政策时需要权衡不同的利益和考虑到潜在的成本与效益，以确保政策的有效性和可持续性。

宏观经济政策：宏观经济政策是指政府为了影响整体或全局经济运行而制定和实施的一系列政策措施。这些政策的目标是维持宏观经济的均衡和稳定，以改善和增进整体经济效率，促进国家的经济增长和发展。主要包括：

①财政政策：财政政策是指政府通过调整政府支出和税收来管理总需求。在经济衰退时，政府可以增加支出来刺激需求，促进就业和经济增长。相反，在通货膨胀或高失业率时，政府可以通过减少支出或提高税收来抑制需求，以稳定物价和促进经济平稳增长。②货币政策：货币政策由中央银行制定和实施，通过调整利率和货币供应来影响总需求。通过降低利率，中央银行可以鼓励借款和投资，刺激消费和投资需求。相反，通过升高利率，中央银行可以抑制通货膨胀，维护货币的稳定价值。③收入政策：收入政策涉及政府与工会和雇主之间的谈判，以协调工资水平和劳动力市场的行为。政府可以通过收入政策来控制通货膨胀，避免工资价格螺旋上升，从而维持宏观经济的稳定。④人力政策：人力政策关注劳动力市场，包括培训和教育政策、就业政策以及劳动力流动性政策。这些政策旨在提高劳动力的技能水平、降低失业率、促进就业机会和提高劳动力市场的效率。⑤技术政策：技术政策涉及支持研发、创新和科技产业的政策。政府可以通过投资科研、提供研发补贴和鼓励技术创新来促进经济增长和提高生产率。

（五）经济学的学习意义

1. 理解现实经济世界的运作方式

（1）经济学提供了一种独特的思考方式，帮助人们更好地理解现实经济世界的运作。这种思维方式的语言和工具有助于深入研究经济规律、市场机制以及

个人和集体决策对经济活动的影响。

第一，经济学引导人们采用系统性的方法来探索经济现象。它教导人们如何构建经济模型和理论框架，以解释为什么某些经济现象会发生，以及它们的影响如何传播。这种方法有助于深入理解供需关系、价格形成机制以及市场竞争等关键经济概念。

第二，经济学提供了定量分析的工具，使人们能够以客观的方式测量和评估经济现实。通过数据收集、统计分析和建模技术，经济学家能够获取有关经济活动的详细信息，从而更好地了解它们的本质。这有助于揭示经济规律和趋势，为政策制定者提供基于证据的决策支持。

第三，经济学还关注个人和集体决策对经济活动的影响。它研究了人们如何做出消费、储蓄、投资和生产决策，以及政府和国际组织如何制定政策和协定。这种研究有助于揭示不同决策的动机和后果，以及如何改进决策以实现更好的经济结果。

（2）经济学提供了一种独特的分析工具，使人们能够更好地理解复杂的经济现象。这些工具包括经济模型、理论框架和定量分析方法，有助于深入研究供需关系、价格形成机制以及市场竞争等问题。在这种思考方式下，经济学的语言和工具也有助于更好地分析个人和集体决策对经济活动的影响。这让人们开始认识到，个人的消费决策和企业的投资决策不仅受到个人偏好和需求的影响，还受到市场条件和政策环境的影响。此外，集体决策，如政府政策和国际贸易协定，也能够显著地塑造经济格局。

经济学的分析工具和方法可以帮助人们更好地理解经济现象的内在机制。例如，通过建立供求模型，经济学家能够解释价格是如何形成的，以及市场中的交易如何影响价格水平。这种分析有助于企业和消费者更好地理解市场行为，从而做出更明智的决策。

另外，经济学也关注个体和集体决策的影响。个体的消费和储蓄决策、企业的生产和投资决策，以及政府的政策制定都对经济活动产生重大影响。通过经济学的分析工具，人们可以研究这些决策的动机、约束条件和潜在后果，从而更好地理解经济体系的运作。

2.增进人生智慧

经济学被普遍视为一门社会科学，因为它提供了一种有助于人们思考和解决

各种人类社会问题的有力工具。透过经济学，人们能够培养一种客观的、基于事实和数据的分析方法，用以探讨并解决社会中出现的各种挑战。这一方法以理性假设为基础，旨在帮助个体更好地理解和应对复杂的社会问题。

（1）经济学提供了一种客观、数据驱动的方法，使人们能够深入研究和理解社会问题。通过收集和分析数据，经济学家能够提供关于资源配置、市场行为和社会趋势的重要见解。这有助于更准确地识别问题的根本原因，而不仅仅是表面症状，从而制订更有效的解决方案。这种方法允许冷静而客观地审视问题，使决策者能够更好地了解社会现象的背后机制。通过数据的视角，经济学为解决各种社会问题提供了一种坚实的基础，这些问题可能涉及资源分配不均、市场不稳定或者人们的行为选择。

经济学家的分析不仅帮助识别问题的本质，还为政策制定者提供了重要的指导。他们可以根据数据和分析结果来制定更有针对性的政策，以根本性地解决社会问题，而不只是处理其症状。这种方法有助于社会更加高效地应对挑战，确保资源得到更合理的分配，市场行为更加可预测，社会趋势更加可控。

（2）经济学鼓励个体以理性的方式思考有关人类行为和社会组织的问题。它基于经济原理和模型，使人们能够分析人们的决策过程、资源分配和市场交互。这有助于避免受到情感和主观看法的干扰，从而更客观地评估不同政策和行动的后果。这种理性思考的方法帮助个体更加冷静和明智地处理复杂的社会问题。它鼓励人们基于事实和逻辑来分析和评估各种选项，而不是受情感或主观立场的左右。经济学为个体提供了一种框架，使他们能够更好地理解自己的决策如何影响社会和市场的运作，以及如何优化资源的利用。

通过经济学的方法，个体能够更全面地考虑不同政策和行动的潜在影响。他们可以根据经济模型的预测和数据分析，更准确地预测可能发生的结果，而不仅仅是凭直觉或情感判断。这有助于个体更好地为自己和社会的长远利益做出决策，而不是仅仅关注短期效果。

（3）经济学为个体提供了更好的适应社会环境的工具。通过了解市场机制、供求关系和资源分配，个体可以做出更明智的决策，优化自己的资源利用，提高生活质量。经济学教导个体如何权衡不同选择，以最大化个人和社会的利益。这种知识和技能的获得允许个体更好地融入社会经济体系。通过了解市场运作方式，个体能够更好地把握机会，找到合适的工作和投资方式，实现

个人经济目标。这有助于提高他们的经济独立性和稳定性，增加在不确定环境中的生存能力。此外，经济学也有助于个体更好地规划自己的财务和分配资源。他们可以通过理解供求关系和成本效益原则，更有效地管理自己的开支，确保资源用于满足最重要的需求。这种财务责任感有助于个体维持稳健的经济状况，减少浪费和债务。

经济学教育还教导个体如何在不同选择之间进行理性权衡。这使他们能够更明智地做出决策，考虑到不同选项的长期和短期后果。通过这种方式，个体可以更好地满足自己的需求，同时也为社会做出更有益的贡献，促进整体社会的繁荣和稳定。

（4）经济学有助于更深刻地理解和应对复杂的社会挑战。无论是关于贫富差距、失业问题、环境可持续性还是全球贸易，经济学都提供了框架和工具，以便个体和社会能够更好地理解这些问题的根本原因，并提出可行的解决方案。

通过经济学的分析，人们能够更全面地了解社会挑战的复杂性和多样性。例如，对于贫富差距问题，经济学家可以探讨不同收入群体之间的经济机会和资源分配方式，从而揭示不平等现象的根本原因。对于失业问题，经济学提供了对劳动市场和就业趋势的深入洞察，有助于理解失业率上升的背后因素。在环境可持续性方面，经济学可以分析资源利用和环境保护之间的权衡，为可持续发展提供方向。而在全球贸易问题上，经济学可以探讨国际市场的运作方式以及不同贸易政策的影响，帮助个体和政府更好地应对全球化带来的挑战。此外，经济学为制定解决方案提供了有力的工具。通过经济模型和政策分析，人们可以评估不同政策选择的可能影响，并预测其长期和短期后果。这有助于政府、组织和社会更明智地选择和实施政策，以解决复杂的社会问题。例如，在减少贫困方面，经济学可以帮助政府设计更有效的社会福利计划。在环境保护领域，经济学可以指导政策制定者实施激励性措施，鼓励可持续资源利用。

3.做出正确的决策

经济学教导个体在资源有限且存在不确定性的情况下如何做出决策。尽管经济学无法提供适用于所有情况的固定答案，但它提供了一套概念和方法，协助人们以理性的方式评估选择，并基于对人类行为基本规律的理解做出更明智的决策。这对于个人、企业和政府在日常生活和经济活动中都具有重要意义。

在个人层面，经济学为个体提供了工具，以更好地权衡不同的选择。个体可

以利用经济学的理论来评估自己的消费、储蓄和投资决策。例如，在面临购买决策时，他们可以考虑机会成本和边际效益，以确定最佳的购买时机。这有助于他们更有效地管理自己的财务，提高生活质量。

对于企业而言，经济学提供了有关市场行为和竞争策略的重要见解。企业可以利用经济学的原理来分析市场趋势、估计需求和定价策略。这有助于它们优化资源配置，提高生产效率，并在竞争激烈的市场中取得竞争优势。

二、经济问题

（一）资源配置

在经济社会中，存在着三个关键的基本问题，它们紧密关联着资源的有限性。这三个问题是：资源如何进行生产、生产什么，以及如何分配所生产的物品。这些问题的答案不仅影响一个社会的经济运作，还塑造了社会的整体结构和性质。不同的社会和制度在解决这些基本问题方面采取了各自独特的方式。目前，人类社会已经创造并采用了两种主要的资源配置机制，它们分别是中央计划机制和市场价格机制。这两种机制代表着不同的经济体制，分别是中央计划经济体制和市场经济体制。

1.中央计划经济体制

中央计划经济体制是一种经济管理体制，通常由政府或中央计划机构集中规划和控制国家经济活动的各个方面，包括资源分配、生产计划、价格设定和贸易等。这种体制的目标是实现国家的经济、社会和政治目标，通常通过制定五年计划或其他计划来指导国家的发展方向，这种资源配置方式具有以下两个主要的特征：

（1）决策权的集中化。中央计划经济体制的一个显著特征是决策权的高度集中化，这意味着经济活动的决策和规划主要由中央政府或中央计划机构来制定和执行。具体如下：

第一，中央计划机构的主导地位。在中央计划经济中，通常有一个中央计划机构，如国家计划委员会，负责制定全国性的经济计划和政策。这个机构通常拥有极大的权力和影响力，其决策影响着整个国家的经济运行。

第二，五年计划。采用中央计划经济体制的国家通常会制定长期的五年计划或类似的计划，其中包括详细的经济目标、生产计划、资源分配和投资计划等。这些计划往往是高度集中和层级分明的，各级政府和企业必须遵循中央计划的指导。

第三，资源分配的决策权。决定资源如何分配、生产计划如何安排以及哪些行业或部门将获得重点支持，通常都是中央政府或计划机构的决策。这包括决定哪些项目将获得资金、劳动力和原材料等资源的分配。

第四，价格和工资的设定。中央计划经济体制通常涉及政府对商品和服务价格的设定，以及对工资水平的控制。政府可以通过价格和工资的设定来影响消费者和生产者的行为，以实现计划经济的目标。

第五，信息和数据的集中收集。中央计划经济体制通常需要大量的信息和数据来制定计划和政策。因此，政府通常会建立广泛的信息收集和报告系统，以便更好地了解经济状况并做出决策。

（2）动力机制非利益化。动力机制在影响社会成员参与生产和经济活动的方式方面扮演着关键的角色。在中央集权经济体制下，决策权完全掌握在中央计划机构手中，而个人贡献似乎毫无意义。在这种体制下，微观单位或经济个体往往缺乏独立的利益驱动，因为他们的决策和行动几乎不会对生产和分配产生重大影响。更甚者，风险责任模糊不清，因为个体或企业很难对其经济成果承担真正的责任，一切都被中央计划机构所控制。

相比之下，市场经济体制与之形成鲜明对比。在市场经济中，企业和个体拥有更多的自主权和自由，他们能够根据市场需求和竞争情况自行决策。这种体制强调了竞争的自由市场，鼓励个体和企业为自己的利益而努力。这意味着他们有更多机会追求创新和效率，因为他们不再受制于中央计划的限制。

在中央集权体制下，通常实行一种简单的平均主义的分配方式，这意味着所有成员获得相似的报酬，而无法根据他们的实际贡献或生产效率进行个别考量。这可能导致分配不公和浪费资源的问题，因为没有激励机制来鼓励个体或企业提高生产效率或创新。结果，经济体制难以维持收入分配与投入效率之间的有机联系，这可能影响整个经济的健康发展。

在中央集权经济体制下，由于分配与投入效率之间的关联性较弱，个体和企业失去了以物质利益为动力的机制。这意味着，社会成员不再像在市场经济体制中那样受到个人经济利益的直接激励，他们的决策和行为不再主要受到追求财务收益的驱动。

非利益化动力机制在特定历史时期和条件下发挥了重要作用,然而,长期来看,它们并不能有效地激励社会成员。这一现象的部分原因可以追溯到中央集权经济体制的信息加工和处理效率较低。这种低效率主要是因为社会需要大量信息进行集中使用和处理,通常采用垂直纵向的信息传输方式,导致了一系列问题。一是渠道有限,信息流动受到限制,信息传输受到了制约;二是信息传输环节复杂,信息在处理过程中容易出现混淆和失误;三是信息传输时滞较长,决策制定和执行的反应速度明显下降,无法满足迅速变化的社会需求;四是信息传输过程中存在信息失真的可能性,可靠性也受到了威胁,这影响了决策的质量。

从现代系统论的角度看,信息在系统良好运转中起着关键作用。在中央集权经济体制下,信息处理的低效性成为制约整体经济社会功能发挥的主要瓶颈。首先,信息传输采用垂直纵向形式,这意味着信息必须通过层层管理机构传递,导致了信息渠道的有限性。这种传输方式不仅增加了信息流向的复杂性,还容易导致信息传递时滞长,使决策者无法及时获取关键数据。此外,由于信息经过多个层级的传递,往往会出现信息失真的问题,因为每个环节都可能对信息进行解释或调整,这可能导致不准确的数据传递,影响决策的准确性。

在现代社会中,高效的信息处理是至关重要的,因为它涉及政府决策、资源分配、市场运作等方方面面。低效的信息处理会限制政府决策的灵活性和反应速度,也会妨碍企业的创新和竞争力。因此,中央集权经济体制下的信息处理问题需要得到改善,以提高整体经济社会功能的发挥。这可能包括采用更现代化的信息技术来加强信息传输和处理,减少中间环节,提高信息的准确性和时效性,从而促进经济社会的发展和进步。

2.市场经济体制

市场经济体制是一种基于自由企业制度的经济制度,其中经济手段和经济杠杆的运用是关键。在这种体制下,市场供求关系和价格信号扮演着重要角色,它们通过自由竞争的机制来引导资源的配置和分配,这有助于激发创新、提高生产效率,从而实现经济繁荣。然而,对于一些新兴国家,过去可能采用了中央集权经济体制,但它们正逐渐转变为更加市场导向的经济模式,以适应全球化和经济竞争的新挑战。这种转变通常伴随着市场经济体制的采纳,促进了资源配置的灵活性和经济的快速增长。与中央集权经济体制相比,市场经济体制存在着许多不同的特点,具体如下:

（1）决策权的分散化。市场经济体制中的一个显著特征是决策权的分散化。这意味着在市场经济中，决策权不仅仅局限于中央政府或国家机构，而是分散给个体、企业和市场参与者。具体如下：

第一，企业自主性。市场经济中的企业通常拥有较大的自主性和决策权。企业可以自主决定生产什么产品、采用什么生产方式、如何制定价格策略、如何雇佣员工等。这种自主性鼓励了创新和竞争，有助于提高效率和适应市场需求。

第二，市场自由竞争。市场经济强调自由市场竞争，这意味着市场上的各个参与者可以自由地进入市场、退出市场，以及自主地选择他们的供应商和客户。决策权在市场中由市场参与者的选择和行动来决定，而不是由中央计划来指导。

第三，消费者选择权。在市场经济中，消费者拥有较大的选择权。他们可以自主决定购买哪些商品或服务，而这些选择最终影响了生产者的决策。企业需要满足消费者的需求，以吸引他们的业务。

第四，多样性和竞争。市场经济中存在着多样性的企业和个体，它们在各个领域竞争。这种竞争鼓励了多样化的产品和服务，有助于刺激创新和提高质量。

第五，分散化的政府角色。虽然市场经济体制倾向于将决策权下放到个体和企业，但政府仍然扮演重要角色，特别是在监管、维护竞争公平和提供公共服务方面。政府的角色通常是确保市场的正常运作，而不是直接干预市场的决策。

总体而言，市场经济体制的决策权分散化有助于促进竞争、创新和资源的有效配置。这种分散化的特征与中央计划经济体制形成鲜明对比，后者通常具有更高度集中的决策权结构。决策权的分散化是市场经济成功运作的关键之一，有助于提高经济效率和适应性。

（2）动力机制的利益化。市场经济体制中的动力机制具有明显的利益化特征，这是因为市场经济强调个体和企业的自利动机，并通过物质利益来激励各种经济活动。具体如下：

第一，个体经济自利动机。市场经济的核心特征之一是个体和企业追求自身的经济利益。参与市场的各方通常被激励着追求最大的个人或企业利润，这种追求物质利益的动机推动了竞争、创新和资源配置的效率。

第二，自由市场竞争。市场经济体制鼓励自由市场竞争，这意味着各个经济主体（个人或企业）在市场上自由竞争，寻求最有利可图的机会。这种竞争促使企业不断改进产品和服务，提高效率，以吸引更多的消费者和投资者。

第一章 导论

第三，供需决定价格。在市场经济中，商品和服务的价格通常由供求关系决定。供需的变化会引导价格上下波动，这种价格机制反映了市场参与者的物质利益，从而影响他们的决策和行为。

第四，奖励创新和效率。市场经济体制奖励创新和效率。企业追求更高的生产效率和更具竞争力的产品，以获得市场份额和更多的利润。这种竞争驱动了技术进步和经济增长。

第五，个人自主性。在市场经济中，个体和企业通常拥有较大的自主性和决策权。他们可以自由选择生产什么、生产方式、价格策略等，这增加了创业和商业决策的多样性。

总体而言，市场经济体制的动力机制强调了物质利益作为主要的激励因素，个体和企业追求经济利益是市场经济成功运作的重要驱动力之一。这种利益化特征促进了资源的有效配置和经济增长，但也需要监管机制来确保公平竞争和避免不当行为。

（3）信息处理的高效率。市场经济体制具有高效率的信息处理特征，这在很大程度上源于市场机制的运作方式。

第一，分散信息处理。市场经济将决策权下放到个体和企业，使得信息处理变得分散化。每个企业和个体都负责处理与其自身经营活动相关的信息，包括供应链、生产、定价、市场趋势等。这种分散化有助于更快速地响应市场变化。

第二，价格机制。市场经济使用价格机制来传递信息。价格反映了供求关系，如果某种商品或服务需求增加，价格通常会上升，这提醒生产者增加供应，反之亦然。这种价格信号迅速传播，引导各方做出决策。

第三，竞争压力。市场经济的竞争环境迫使企业不断优化信息处理和决策。企业必须迅速了解市场变化、竞争对手的举措以及消费者需求，以保持竞争力。这种竞争压力激励了信息的及时采集和处理。

第四，市场透明度。市场经济倾向于更高程度的市场透明度。信息更容易被公开并广泛传播，例如，财务报告、市场数据和产品评价都可以随时获得。这有助于各方更好地了解市场状况，做出明智的决策。

第五，自由进出市场。市场经济允许新企业进入市场，不成功的企业退出市场。这种自由进出市场的机制有助于消除低效率企业，从而提高整个市场的效率。

第六，市场反馈。市场经济中，市场反馈迅速而明确。企业和个体可以通过销售数据、客户反馈和竞争对手行为等来获得有关其业务表现的信息，从而及时调整策略。

（二）市场制度

1.产权界定

产权是指个体或组织对其经济物品或财产的完全、合法的所有权和支配权。这意味着拥有产权的人或实体有权支配、使用、转让或销毁其财产，而这些权利受到法律保护。

产权在经济体系中扮演着至关重要的角色。它不仅为个体利益提供了法律保护，还激发了经济活动的内在动力。在市场经济体制下，经济活动主要基于交换关系，而产权的存在对于确保交换正常进行至关重要。这一点有两个关键前提：首先，每个经济主体必须拥有产权，这意味着他们对自己的财产有着独一无二的合法权利；其次，交换后获得的资源必须有清晰的所有权，以便在市场中进行交易和合同。

法律的承认和保护产权，以及明确定义产权，是市场经济正常运作的基本前提。这种体制确保了在经济活动中产权的不受侵犯，从而增强了个体和组织之间的信任。在这个稳定的法律框架下，人们更愿意进行商业交易、投资和创新，从而推动了经济的增长和繁荣。因此，产权制度在现代市场经济中是不可或缺的要素之一，为经济参与者提供了安全感和激励，从而促进了社会的发展和繁荣。

2.自由交换

市场制度中的自由交换是指在一个自由市场经济体系中，个体和组织可以自由、自愿地进行买卖、交换、合作和竞争的活动。这一概念反映了市场经济的核心原则，包括以下关键要素：

（1）自愿性。自由交换是自愿的，参与者不受外部强制或压力。个体和组织有权决定是否参与市场交易，以及选择他们认为最有利可图的交易伙伴。

（2）私有财产权。自由交换的前提是私有财产权，即个体和组织拥有资源和资产，并有权自主支配和决定它们的用途。这一权利受到法律保护，确保资源拥有者能够享有他们所拥有的财产的权益。

（3）竞争。市场制度中的自由交换鼓励竞争，因为参与者有自由选择交易伙伴和交易条件的权利。竞争推动了效率的提高、价格的合理确定和创新的

促进。

（4）价格机制。自由交换通过价格机制来协调供求关系。价格反映了市场上资源的稀缺性和需求的变化，从而引导资源分配和决策。

（5）契约和合同。自由交换通常依赖于契约和合同，这些法律文件明确了各方的权利和责任，确保交易的公平性和合法性。

自由交换在市场经济中被认为是一种非常有效的资源分配方式，因为它可以激励个体和组织追求自身的利益，并通过竞争和创新推动经济的增长和发展。然而，政府通常需要监管市场，以确保交换是公平的、合法的，并且不会导致不公平的市场力量垄断。自由交换在现代市场经济中起着至关重要的作用，有助于实现资源的高效配置和社会的繁荣。

3.市场规则

市场制度中的市场规则是一系列用于引导、管理和规范市场经济活动的规则和原则。这些规则旨在确保市场的正常运作、公平竞争和资源分配的效率，从而促进经济的增长和社会的繁荣。具体如下：

（1）产权保护。市场规则在市场制度中担任关键角色，其中包括对产权保护的重要关注。这些规则不仅通过法律和制度确保个体和组织的产权受到切实的保护，还着重保障了财产权和知识产权的合法性，这一点对于鼓励创新和投资至关重要。

首先，财产权的合法保护是市场经济的基石之一。这意味着个人和企业拥有对其财产的合法权利，包括土地、房屋、设备、资本和其他实物财产。市场规则确保这些权利得到法律承认和保护，从而鼓励人们积极参与经济活动。个体和组织只有在确信其财产受到保护的情况下，才会愿意进行投资、创业和资源的有效利用。

其次，知识产权的保护对于创新和知识驱动型经济至关重要。市场规则确保了知识产权的合法性，包括专利、商标、著作权和商业机密等。这些规则鼓励了科学研究、技术创新和文化创作，因为它们为知识创造者提供了对其成果的独家权利，并鼓励他们分享和交流知识。

产权保护通过减少不确定性和风险，为经济主体提供了安全感和激励，从而促进了经济的增长和繁荣。在一个受到产权保护的市场环境中，人们更愿意投入时间和资本，创造新的产品和服务，推动社会的进步。因此，市场规则中的产权保护不仅有助于维护市场秩序，还为创新、竞争和可持续发展提供了坚实的法律基础。

（2）自由竞争。自由竞争是市场制度中的一个核心原则，市场规则以其为基础，积极鼓励个体和组织之间的自由竞争，同时严格禁止不正当竞争行为，例如垄断和卡特尔。这一原则有助于确保市场的多样性、价格的合理确定和创新的蓬勃发展。

第一，自由竞争鼓励市场的多样性。在自由市场中，各种不同类型的产品和服务在竞争中得以生存和繁荣，因为消费者有更多的选择权，能够根据自己的需求和偏好做出购买决策。这种多样性促使企业不断改进和创新，以满足不断变化的市场需求。

第二，自由竞争有助于确保价格的合理确定。在竞争激烈的市场中，企业需要不断努力提高效率、降低成本，以吸引消费者并保持竞争力。这种竞争压力促使企业提供更高质量的产品和服务，同时将价格维持在合理水平，确保了消费者获得物有所值的产品。

第三，自由竞争是创新的推动力。企业为了在市场中脱颖而出，不断寻求新的方法和技术，以提高生产效率、开发新产品和改进服务。这种竞争导致了科学、技术和商业领域的创新，推动了社会的进步和经济的增长。

总之，自由竞争是市场制度中的重要因素，它通过鼓励多样性、合理价格和创新，促进了经济的繁荣和社会的进步。在自由竞争的市场环境中，企业不断追求卓越，消费者受益于更多的选择和更好的产品，整个社会受益于经济增长和可持续发展。

（3）信息透明度。信息透明度在市场制度中扮演着至关重要的角色，它是市场规则的一个核心组成部分，要求提供有关产品、服务和交易的充分信息，以确保消费者能够做出明智的决策，并使市场更加透明和高效。

第一，信息透明度是消费者权益的关键保障。在市场中，消费者需要准确和全面的信息来评估产品或服务的质量、价格、特点和可用性。市场规则确保生产者和销售者提供这些信息，使消费者能够做出明智的购买决策，满足他们的需求，同时避免不必要的风险和失望。

第二，信息透明度有助于竞争的公平性。当所有市场参与者都能够获得相同的信息时，竞争变得更加公平，没有人会因信息不对称而受到不公平的待遇。这种公平竞争鼓励企业提高效率、降低成本，以满足消费者需求，并在市场中获得成功。

第三，信息透明度促进了市场的高效运作。当市场参与者能够准确了解市场上的供需情况和价格趋势时，他们可以更好地规划自己的行动，从而提高市场资源的分配效率。这有助于避免供需失衡和价格波动，使市场更加稳定和可预测。

第四，信息透明度也鼓励企业提供更好的产品和服务。企业知道他们的表现受到公众监督，他们会更加努力地满足客户的期望，改进产品和服务的质量，以维护声誉和市场份额。

第五，信息透明度有助于建立信任。当市场参与者相信他们可以获得准确和诚实的信息时，他们更愿意参与市场交易和投资。这种信任是市场经济的基础之一，它有助于稳定市场并促进长期的经济繁荣。

（4）安全和消费者权益。安全和消费者权益在市场制度中受到高度重视，市场规则往往包括一系列措施和法规，以确保产品和服务的质量和安全，同时积极保护消费者的权益。这些措施和法规旨在维护市场的公平性、透明度和可信度，从而增强了市场经济的可持续性和信任度。

第一，市场规则通常设定了产品和服务的安全标准。这意味着制造商和服务提供商必须符合一定的安全规定，以确保其产品或服务不会对消费者的生命、健康或财产造成危害。这些标准可以包括材料质量、制造工艺、产品测试和标签要求等。通过遵守这些规定，市场上的产品和服务可以更加可靠和安全，减少了潜在的风险和危险。

第二，市场规则强调消费者权益的保护。这包括规定了有关退货、退款、维修和保修的法规，以确保消费者在购买产品或服务时享有一定的权益和保障。此外，市场规则也通常要求广告和宣传材料必须诚实和准确，以防止误导性宣传。这些规定有助于消费者做出明智的购买决策，同时提供了一种机制，使他们在购买后能够获得满意的解决方案。

第三，市场规则通常设立了监管机构，负责监督和执行这些安全和消费者权益保护法规。这些机构有权对企业进行检查和审查，以确保他们遵守规定。如果企业违反法规，这些机构可以采取法律措施，包括罚款、撤销经营许可和诉讼等。

安全和消费者权益的保护是市场经济的基本要素之一，它不仅有助于维护市场的公信力，还增强了消费者对市场的信任。在受到保护的市场环境中，消费者更有信心，更愿意购买产品和服务，这有助于促进市场的繁荣和长期的可持续发展。此外，这些规则还可以降低社会的风险和不确定性，从而提高整个社会的福祉水平。因此，安全和消费者权益的保护在市场规则中具有不可或缺的重要性。

（5）金融市场监管。金融市场监管是市场规则中不可或缺的一环，其主要目标是确保金融市场的稳定性和透明度，同时防范和管理潜在的金融危机。这一领域的监管涵盖了多个方面，从金融机构的运营、金融产品的发行到市场交易的监督，都旨在维护金融系统的稳健性和公平性。

第一，金融市场监管机构通常制定规则和标准，以确保金融机构的稳健运营。这些规则包括金融机构的资本充足性、风险管理、内部控制和合规性要求等。通过监管金融机构的健康状况，可以预防潜在的金融风险，保护投资者和储户的权益。

第二，金融市场监管也涵盖了金融产品的监管。金融产品的复杂性和多样性需要监管机构确保产品的透明度和风险披露。这有助于投资者更好地了解他们所投资的产品，从而能够做出明智的投资决策，并降低潜在的投资风险。

第三，金融市场监管机构还关注市场的公平性和透明度。他们监督市场交易，确保市场参与者遵守规则，防止市场操纵和内幕交易等不正当行为。这有助于维护市场的诚信和公平竞争，提高市场的透明度和可信度。

第四，金融市场监管的一个关键方面是危机管理和应对。监管机构需要制定应急计划和政策，以应对金融市场可能面临的危机情况，包括金融崩溃、系统性风险和流动性危机等。这有助于降低危机对经济的负面影响，维护金融系统的稳定性。

4.政府行为

现代市场经济并非完全的自由放任私人经济体系，而是一种混合经济模式，其中政府在经济活动中扮演着重要的角色，并履行关键的经济职能。市场机制虽然在资源配置方面具有一定优势，但它们并不是解决所有经济社会问题的灵丹妙药，这一现象被称为"市场失灵"。市场失灵的表现包括但不限于市场无法提供公共物品、自然资源过度开发、垄断权力滥用、不完全信息导致的不对称信息问题，以及经济周期中的波动和不稳定性。这些问题可能对社会福利和公平性产

第一章 导论

生负面影响。在这种情况下，政府的介入变得至关重要，以弥补市场机制的局限性，解决市场无法有效处理的问题。

政府的介入可以通过多种方式来实现，包括监管、税收政策、财政政策、货币政策以及提供公共服务和基础设施等。这些政府行为不仅可以修正市场的失灵，还可以促进社会公平、经济稳定和可持续发展。因此，政府在现代市场经济制度中被视为一个不可或缺的组成部分，起到了重要的补充作用。

因此，现代市场经济也被描述为"混合经济"，因为它将市场机制与政府的干预相结合，以实现更全面的经济目标，包括促进繁荣、保护环境、维护公平竞争和社会稳定。这种混合经济模式旨在最大程度地发挥市场和政府各自的优势，以满足社会的多样化需求和挑战。大致地说，政府在市场经济运行中的基本职能可以概括为以下四个方面：

（1）明确界定并依法保护经济人的产权。产权的明确是自由交换的基础。当产权界限模糊不清时，政府有责任明确这些产权。政府的职责在于确保产权得到保护，以免受到侵犯和掠夺，从而维护市场的正常运行。有效地保护产权是维持社会基本秩序和市场正常运作的不可或缺的要素。如果产权得不到妥善保护，社会将陷入混乱，市场机制将无法正常运转。

政府在此方面的职能是至关重要的。政府需要确保产权法律明晰，并积极执法，以防止个体或团体对他人的产权进行侵犯或掠夺。只有在产权得到充分保护的情况下，市场才能在公平和可预测的环境中运作，吸引更多人参与自由的经济交换。因此，产权的明确和有效保护是支撑社会和市场稳定运行的重要基石。政府在这一过程中扮演着关键的角色，以确保人们能够安心地投资、创业和参与经济活动，从而促进社会繁荣和经济增长。

（2）制定并监督实施游戏规则。市场经济需要一系列规则来维护秩序。有些规则并不会自发产生，它们需要政治和法律体系的运作来制定和维护。在这个过程中，政府担当了至关重要的角色。政府在制定规则方面扮演着关键的职能。政府的行政和立法部门负责制定法律和规章，以规范各种经济主体的行为。这些法律和规章确保了市场参与者之间的交易和合同关系得以明确、有序地进行。此外，政府还负责监督和执行这些规则。这意味着政府需要确保对于违反规则的行为采取有效的惩罚，以维护规则的尊严和促进公平竞争。政府的监管作用有助于防止市场中的不正当行为，确保市场参与者都在公平的竞争环境中运作。

市场经济的活动实质上是建立在契约关系之上的。政府的监督和规则实施的角色是确保这些契约得到正常履行，同时促进公平竞争。政府部门在这个过程中充当了裁判员的角色，确保市场的有效运转和各方的权益得到保护。因此，政府在市场经济中的规则制定和监管方面具有不可或缺的重要性，以维持市场秩序和促进经济的繁荣。

（3）从事公共物品的生产与供给。在市场经济的条件下，并非所有经济社会所需的物品都适合由市场来生产和供给。有一些物品，如国防、军队、警察、环境保护、文化教育等，通常无法由私人企业有效地生产和供给，因为它们具有特殊的性质和特征，这些物品被称为公共物品。公共物品有以下两个主要特点：

非排他性：这意味着无法将这些物品排除在某些人或群体之外。无法阻止人们享受这些物品的好处，即使他们没有为其付费。

非竞争性：这表示一个人的使用不会减少其他人对同一物品的使用或享受。使用公共物品的一个人不会妨碍其他人的使用。

由于这些特点，公共物品不适合市场活动，因为私人企业通常无法获得足够的利润来生产和供给这些物品。在这种情况下，政府的角色变得至关重要，其主要职能之一就是生产和供给这些公共物品。政府通过纳税和其他收入来源来支持这些活动，以确保社会的需求得到满足。因此，公共物品的生产和供给是政府的重要职能之一，以确保社会的基本需求得到满足，同时维护社会的整体秩序和公平。这展示了市场经济和政府在协同工作中的重要性，以满足社会的各种需求并促进经济的繁荣。

（4）实施宏观调控，稳定经济运行。市场经济的基本特点是依靠价格信号来进行自发性和事后的调节。价格信号是市场中的信息传递机制，它反映了供求关系和资源分配情况，引导生产者和消费者做出决策。然而，完全依赖价格信号的自发作用可能导致市场供求波动，引发经济的不稳定性。

20世纪30年代的大萧条经验教训使政府认识到维护经济稳定的重要性。在这一时期，全球经济崩溃，失业率激增，通货紧缩蔓延，许多人陷入困境。这引发了对市场自由度的怀疑，促使政府采取更积极的角色，以应对经济危机和不稳定。

随着时间的推移，在20世纪后期发展的成熟市场经济中，政府开始广泛承担宏观经济调控的职能。政府通过财政政策（调整政府支出和税收）、货币政

策(管理货币供应和利率)、收入政策(调整工资和社会福利),以及人力政策(推动培训和就业机会)等手段来微调或干预经济的运行。这些政府干预措施旨在实现多个经济目标,包括维护就业水平、控制通货膨胀、实现国际平衡等。通过这些政策手段,政府可以在市场自由度的框架内引导和稳定经济,以确保社会稳定和持续的经济增长。因此,成熟市场经济中政府的宏观调控角色变得普遍重要,以确保市场机制的有效性,同时平衡市场的波动性,以实现经济的可持续发展和社会的繁荣。这种混合经济模式充分考虑了市场自由度和政府干预之间的平衡,以应对不同的经济挑战。

(三)生产和生产率

1. 生产

生产是指通过一系列的活动和过程,创造、制造或提供各种产品、货物或服务的过程。这个过程涵盖了广泛的领域,包括农业、制造业和服务业。生产的核心目标是创造有价值的成果,这些成果可以是物理性的产品,如汽车或电视机,也可以是无形的服务,如教育或医疗保健。

生产的过程涉及有效地运用各种资源,包括劳动力、原材料、设备和高度发达的技术。这些资源的合理配置和管理对于实现生产目标至关重要。通过合理使用资源,可以实现更高的生产效率和质量水平,从而提高竞争力和满足市场需求。

生产不仅仅是为了企业的利润或目标,它还在社会经济中发挥着重要作用。通过生产,社会可以满足人们的需求,提供就业机会,创造经济价值,促进社会和经济的发展。因此,生产是经济和社会活动的核心之一,它对于个体和整个社会的繁荣和进步都具有重要意义。

2. 生产率

生产率是一项关键的性能指标,用于度量生产过程的效率,通常以产出与输入的比率来表达。它可以以多种方式进行测量,例如每小时工作的产出、每单位原材料或资源的产出等。高生产率通常意味着在使用相同或更少资源的情况下,能够实现更多的产出,这对企业和经济都有积极影响。高生产率有许多优势,包括降低生产成本、提高利润率以及增强竞争力。下面是一些实现高生产率的方法:

(1)工作流程改进。通过审查和重新设计生产流程,可以消除浪费和突破瓶颈，从而提高效率。这可能包括优化任务分配、减少等待时间和简化复杂的流程。

（2）采用先进技术。引入新的生产技术和自动化系统，可以提高生产效率。自动化和数字化工具可以减少人工干预，提高一致性和准确性。

（3）培训和技能提升。投资员工的培训和发展，以提高其技能水平和专业知识，有助于提高生产效率。熟练的员工能够更快速地完成任务，减少错误率。

（4）资源管理。有效管理原材料和资源，确保它们得到充分利用，减少浪费。这包括库存管理、供应链优化和资源规划。

（5）质量控制。确保产品或服务的质量符合标准，减少因次品或退货而导致的生产成本增加。

（6）绩效监控。使用关键绩效指标（KPIs）来监控生产过程，及时发现问题并采取纠正措施。

简而言之，生产是生产产品或服务的过程，而生产率是衡量在这个过程中如何更有效地利用资源以实现更多产出的指标。生产率的提高通常是企业优势提升和经济增长的关键因素之一，因为它可以帮助企业更具竞争力，提高经济效益，并促进更高的生活水平。

（四）国际贸易

国际贸易是指不同国家和地区之间的商品和服务交换活动。它是全球经济中的重要组成部分，具有广泛的经济、政治和社会影响。国际贸易的相关概念如下：

（1）出口和进口。国际贸易包括出口和进口。出口是指一个国家出售给其他国家商品和服务，而进口是指一个国家从其他国家购买商品和服务。

（2）比较优势。比较优势是国际贸易的基础概念，它指的是一个国家相对于其他国家在生产某种商品或提供某种服务方面的相对效率。国家通常会专注于生产他们拥有比较优势的产品，并通过贸易来获取其他产品。

（3）贸易顺差和贸易逆差。贸易顺差发生在一个国家的出口超过了进口，而贸易逆差发生在一个国家的进口超过了出口。贸易顺差和逆差可以影响国家的贸易平衡和货币价值。

（4）自由贸易。自由贸易政策鼓励国际贸易的自由流动，降低或取消关税、配额和其他贸易壁垒。自由贸易可以增加商品和服务的供应，降低价格，提高消费者福祉。

（5）贸易协定。国际贸易通常受到双边或多边贸易协定的管理。这些协定规定了各种贸易规则、关税税率、知识产权保护等内容，以促进和规范国际贸易。

（6）全球价值链。全球价值链是现代国际贸易的特征之一，涉及多个国家在产品的不同生产阶段中合作。这种方式可以提高效率，使各国更专注于其相对优势的部分，从而推动全球贸易。

（7）贸易的影响。国际贸易对国家经济和社会有广泛的影响。它可以促进经济增长、创造就业机会、提高消费者福祉，但也可能导致某些产业的衰退和不平等。

（8）贸易争端。不同国家之间可能会出现贸易争端，这通常涉及关税争议、知识产权侵权、贸易补贴等问题。这些争端可能需要国际组织如世界贸易组织（WTO）等来进行调解和解决。

国际贸易是全球化的关键驱动力之一，有助于加强国际合作、资源配置和文化交流。然而，它也带来了一系列挑战，包括贸易不平衡、环境影响和劳工权益等问题，需要综合考虑和管理。

（五）就业率和失业率

1.就业率

就业率是指在劳动力人口中就业者的百分比。劳动力人口包括那些在工作年龄内的人（通常是劳动力市场的参与者）。

就业率的高低反映了劳动市场的健康程度。高就业率通常表示较低的失业率，反之亦然。

就业率的提高通常被认为是一个经济繁荣的指标，因为它表明更多的人有工作，享受收入，并为社会做出贡献。

2.失业率

失业率是指劳动力人口中没有工作但正在寻找工作的人的百分比。这些人被定义为失业者。

失业率通常用于衡量经济中的就业问题。高失业率可能表明经济不景气或结构性问题，如技能不匹配。

政府和中央银行通常会关注失业率，以采取政策措施来刺激就业或应对高失业率的风险。

就业率与失业率的监测和分析对政府、企业、经济学家和投资者都至关重要。它们有助于了解劳动力市场的趋势，预测经济的健康状况，指导政策制定，并影响金融市场的表现。高就业率和低失业率通常被认为是一个健康经济和社会的标志，因为它们有助于提高生活水平，减少社会不平等，并增加政府税收。但需要注意的是，就业率和失业率的定义和计算方法在不同国家和地区可能略有不同，因此比较时需要谨慎。

（六）通货膨胀和通货紧缩

通货膨胀和通货紧缩是两种与货币和价格水平相关的经济现象，它们对一个国家或地区的经济健康产生重要影响。

1.通货膨胀

"在我国经济发展体系中，通货膨胀成为关注热点。"[1]通货膨胀指的是一段时间内一般物价水平的持续上涨。这意味着相同数量的货币购买力下降，人们需要支付更多的货币来购买相同数量的商品和服务。

通货膨胀通常被分为不同程度，包括温和通货膨胀、高通货膨胀和恶性通货膨胀。温和通货膨胀有时被视为经济正常运行的一部分，但高通货膨胀和恶性通货膨胀则可能引发经济危机。

通货膨胀的原因可以包括需求过度、成本推动（如原材料价格上涨）、货币供应增加以及其他因素。政府和中央银行通常会采取货币政策和财政政策措施，以控制通货膨胀，维护价格稳定。

2.通货紧缩

通货紧缩是指一段时间内一般物价水平持续下降。这意味着相同数量的货币购买力上升，商品和服务的价格变得更便宜。

通货紧缩可能导致恶性循环，因为人们可能会拖延购买，企业可能会减少生产和投资，从而加剧经济衰退。

通货紧缩通常是由需求不足、产能过剩、债务危机等多种因素引起的。政府和中央银行通常会采取政策来对抗通货紧缩，例如降低利率、增加政府支出或进行货币发行。

---

[1] 佟晓飞.通货膨胀对财务会计的影响与对策研究[J].全国流通经济，2022（36）：145.

通货膨胀和通货紧缩可以对经济产生深远的影响。通货膨胀可以减少货币的购买力，影响消费者和投资者的决策，但也可以帮助债务人还清债务。通货紧缩则可能导致经济衰退、失业率上升和企业倒闭。因此，维持适度的通货膨胀或通货紧缩水平，以实现经济的稳定和可持续增长，是中央银行和政府的经济政策目标之一。

（七）经济增长与可持续发展

1.经济增长

经济增长指的是国家或地区生产总值（GDP）或经济规模在一段时间内的增加。它通常通过计算一个国家或地区的总生产、消费和投资来衡量。

经济增长通常是一个国家追求的目标，因为它可以带来更多的就业机会，提高人们的生活水平，提高社会福利水平，增加政府税收等。经济增长可以通过提高生产率、吸引外部投资、增加出口等方式实现。

2.可持续发展

可持续发展是一个综合性的概念，强调经济、社会和环境之间的平衡。它指的是满足当前世代需求，而不损害未来世代满足其需求的能力。可持续发展强调了环境保护、社会公平和经济增长之间的相互关系。它追求的是一种能够在长期内维持的发展模式，而不会对资源枯竭、生态系统破坏或社会不平等造成不可逆的伤害。

经济增长和可持续发展之间的关系复杂，因为传统的高速经济增长往往伴随着资源消耗、环境污染和社会不平等问题。因此，可持续发展的理念强调需要采取措施，以确保经济增长是可持续的、环保的和有利于社会公平的。这可能包括：

①资源管理：有效地管理自然资源，以减少浪费、提高资源利用效率，并保护生态系统的完整性。②清洁技术和创新：鼓励研发和采用环保和能源高效的技术，以减少环境负担。③社会包容：确保发展过程中不会加剧社会不平等，提供教育、医疗保健和基本社会服务，以促进公平和社会稳定。④政策和监管：制定和实施环境法规、税收政策和激励措施，以促进可持续发展目标的实现。

第二节　微观经济学的研究对象

微观经济学是经济学的一个分支，它专注于研究个体市场、企业、消费者和资源配置等小范围经济单位的行为和决策。微观经济学的主要研究对象如下：

一、供求

市场中的供求关系是经济学中的一个基本概念，它描述了在不同价格水平下，买家和卖家之间的商品或服务的交换情况。供求关系是市场价格形成和商品数量调整的核心驱动因素。以下是市场中供求关系的主要要点：

（一）需求

需求是指在一特定价格水平下，市场上消费者愿意购买的商品或服务的数量。需求曲线通常呈向下倾斜的趋势，这反映了价格与需求之间的反向关系。具体来说，随着价格的上升，需求量会减少，而随着价格的下降，需求量会增加。具体如下：

第一，收入效应。当价格上升时，相同数量的商品或服务需要花费更多的货币。这可能导致消费者感到购买力下降，因此减少了购买量。相反，价格下降会提高购买力，鼓励消费者购买更多。

第二，替代效应。价格上升可能使一种商品相对于其替代品变得更昂贵，因此消费者更倾向于购买替代品，减少了对原商品的需求。价格下降则相反，可能增加对原商品的需求。

第三，边际效用递减。边际效用是指消费者每多购买一单位商品或服务时所获得的额外满足感。通常情况下，随着消费量的增加，边际效用递减。这意味着在价格较低时，消费者更愿意多购买一些，但在价格较高时，他们更谨慎地购买，因为额外满足感递减。

第四，需求弹性。需求曲线的陡峭程度（斜率）取决于需求的弹性。如果需求对价格变化非常敏感，需求被认为是弹性的。如果需求对价格变化不太敏感，需求被认为是不太弹性的。

需求曲线可能在不同的市场和情境下表现出不同的形状。有些商品的需求可能非常敏感于价格变化，而另一些商品则可能不太受价格影响。因此，在市场分析中，了解需求曲线的特点和弹性是非常重要的，因为它有助于企业和政府预测

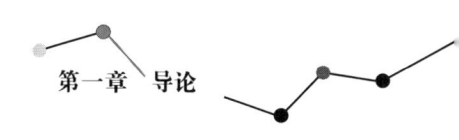

和管理市场行为。

（二）供应

供应是指在一特定价格水平下，市场上生产者愿意提供的商品或服务的数量。供应曲线通常表现为向上倾斜的趋势，这反映了价格与供应之间的正向关系。具体来说，随着价格的上升，供应量会增加，而随着价格的下降，供应量会减少。具体如下：

第一，利润动机。生产者通常会试图在价格较高的情况下提供更多商品或服务，因为这可以带来更高的利润。当价格上升时，供应者的利润潜力增加，因此他们可能会增加生产，从而增加供应量。

第二，成本效应。生产一定数量的商品或服务需要投入资源，包括劳动力、原材料和资本。如果价格上升，供应者可能会觉得更容易覆盖成本，并有动力增加供应。相反，价格下降可能导致供应商降低产量，以避免亏损。

第三，生产能力。供应量还受到生产者的生产能力的限制。如果生产者具备足够的生产能力和资源，他们更有可能提供更多商品或服务，以满足市场需求。

第四，供应弹性。供应曲线的陡峭程度（斜率）取决于供应的弹性。如果供应对价格变化非常敏感，供应被认为是弹性的。如果供应对价格变化不太敏感，供应被认为是不太弹性的。

不同商品和服务的供应曲线可能会呈现不同的形状和斜率。一些商品的供应可能非常灵活，可以迅速调整以满足价格和市场需求的变化，而其他商品的供应可能较不灵活，需要更多时间和资源来适应市场条件。因此，了解供应曲线的性质对于分析市场行为和价格波动至关重要，有助于企业和政府做出明智的决策。

（三）供求关系

1. 供过于求（过剩）

当价格高于均衡价格时，供应量超过需求量，市场上会出现过剩。这意味着生产者提供的数量超过了消费者愿意购买的数量。在这种情况下，市场会面临一些挑战，包括以下情况：

（1）商品滞销。商品滞销是指市场上的商品或服务无法全部售出，因为价格高于消费者愿意支付的水平，导致生产商的库存积压。这种情况通常发生在市场上的供应量超过了需求量，即供大于求。

商品滞销可能会对生产商和市场造成一些负面影响，具体包括：

①库存成本增加：随着库存积压的增加，生产商需要承担额外的仓储成本，例如仓库租金、保险费用和维护成本，这会增加他们的经营成本。②降低盈利能力：由于商品无法按计划出售，生产商可能会面临销售下滑和盈利能力降低的风险。③压力资金流：高库存可能会占用生产商的资金，降低他们的资金流动性。这可能会对企业的资金管理造成压力。④价格下降：为了清理库存，生产商可能会被迫降低价格，以吸引更多买家，这可能会降低产品的价格，从而影响利润率。

为了解决商品滞销的问题，生产商通常会采取相应措施：

①促销和折扣：生产商可以通过促销活动和折扣来刺激消费者购买，从而减少库存。②减少产量：如果库存积压问题严重，生产商可能会减少产量，以减少新库存的生成。③创新和市场营销：生产商可以寻求创新的方式来重新包装产品或通过市场营销策略来吸引更多的买家，以提高产品的吸引力。④重新定价：生产商可以考虑调整价格，使其更符合市场需求和消费者的支付能力。

（2）价格下降。为了刺激需求，生产者可能会被迫降低价格，以吸引更多买家。然而，这种价格竞争可能会导致价格战，对生产者的利润产生负面影响。具体包括：

①利润下降：降低价格通常意味着较低的销售收入，尤其是在市场上的其他竞争对手也采取降价策略的情况下，这可能会导致生产者的利润下降。②损害品牌价值：长期的价格战可能损害公司的品牌价值和声誉，因为消费者可能会将产品视为低成本和低质量的代表。③减少创新和质量：为了降低成本以保持竞争力，公司可能会减少对产品的创新投入，并可能削减产品质量，从而损害了长期的竞争力。④盈利能力问题：长期的价格战可能使公司面临盈利能力问题，因为它们可能无法覆盖成本或获得足够的利润来支持业务发展和投资。⑤市场不稳定：价格战可能导致市场不稳定，因为价格的大幅波动会影响市场的可预测性和可持续性。

为了应对价格战和降价竞争的挑战，生产者可能会采取相应策略：

①差异化产品：提供独特或高附加值的产品，使消费者更愿意支付高价。②市场定位：专注于特定的目标市场，以建立忠诚度并避免与竞争对手直接竞争。③品质保证：始终提供高质量的产品或服务，以建立和维护良好的品牌声

誉。④多样化收入流：寻找其他收入来源，如服务、许可和配送等。

价格战虽然可能是一种短期的策略，但通常不是可持续的长期解决方案。因此，企业需要谨慎考虑价格策略，以确保能够在市场中保持竞争力，并同时保护利润和品牌价值。

（3）减少产量。减少产量是生产者在市场上出现过剩时采取的一种策略，以适应市场需求，避免进一步库存积压。这种策略有助于维护供需平衡，同时减少资源浪费和经济损失。减少产量需要考虑的因素如下：

第一，生产线暂停或调整。生产者可以暂停部分或全部生产线，以减少产品的生产量。这可能需要对生产流程进行调整或重新规划。

第二，工人调整。如果产量减少，可能需要减少劳动力，以避免不必要的劳动力成本。这可能包括临时停职、减少工作时间或裁员。

第三，原材料和供应链管理。生产者需要调整原材料和供应链，以适应减少的产量。这可能包括减少原材料采购或与供应商的合同调整。

第四，库存管理。生产者需要有效管理现有库存，确保不会进一步积压。这可能涉及销售存货、减少库存或转储存货。

第五，市场监测。生产者需要密切关注市场动态，以及时调整产量。这可以通过市场调查、需求预测和竞争分析来实现。

第六，合同和订单管理。生产者可能需要重新谈判合同或调整订单，以符合新的产量和交货要求。

减少产量通常是一种应对市场波动和维护盈利能力的策略。然而，这也可能会对企业造成一些困难，尤其是在与员工、供应商和客户之间的关系方面。因此，生产者需要仔细权衡减产对业务的影响，并考虑实施这一策略的最佳方式，以确保企业的长期稳健性。

2.需过于供（短缺）

当价格低于均衡价格时，需求量超过供应量，市场上会出现短缺。这意味着消费者需要的商品或服务数量多于供应商提供的数量。在这种情况下，市场可能会出现一些问题，包括以下情况：

（1）商品短缺。由于价格低于市场均衡，供应商可能无法满足消费者的需求，导致商品短缺。

（2）价格上升。为了平衡供需，供应商可能会提高价格，以吸引更多供应。这可以导致价格上升，使商品对消费者更加昂贵。

（3）配额或限制。一些市场可能会实行商品的配额或限制，以确保商品公平分配给消费者，这可能会导致配额制度的出现，消费者需要排队或等待来获取所需商品。

市场短缺通常会引起市场不稳定和资源分配不当的问题。为了解决短缺问题，市场参与者通常会采取措施来提高供应，例如增加生产或引入更多的供应商。这有助于逐渐恢复供需平衡，并降低价格上涨的压力。

市场均衡是市场经济中的一个重要概念，它代表了市场在自由竞争中的最佳状态，资源得到有效分配，不会浪费也不会有短缺。市场参与者通常会根据均衡价格来制定购买和销售决策，以满足他们的需求和实现最大化的利润。因此，理解和分析市场均衡对于企业战略、政府政策和经济研究都至关重要。

（四）均衡价格和数量

市场的均衡价格和数量是供求关系相互作用的结果，它们代表了市场上实际发生的交易价格和数量。均衡点是市场上需求和供应完美匹配的地方，这意味着市场上的商品或服务得到了充分消耗和提供。具体如下：

1.均衡价格

均衡价格是市场上实际达成的商品或服务价格。它是在供需曲线相交的点上确定的，表示消费者愿意购买的数量等于生产者愿意提供的数量。在均衡价格下，市场上的交易是自愿的，因为买家愿意支付这个价格，而卖家愿意提供商品或服务。

均衡价格的确定基于市场的供需关系。当市场上的需求量等于供应量时，就会达到均衡。如果价格高于均衡价格，那么会出现供应过剩，因为生产者提供的数量超过了消费者愿意购买的数量。反之，如果价格低于均衡价格，就会出现供应不足，因为消费者愿意购买的数量超过了生产者提供的数量。

均衡价格在市场经济中起着重要作用，它反映了市场上商品或服务的相对稀缺性和价值。当价格接近均衡价格时，市场资源会得到有效配置，供应和需求之间的失衡将会减小。这有助于确保资源的有效利用，并促进市场的正常运作。此外，均衡价格也可以受到市场外部因素的影响，如政府政策、供应链中断和自然灾害等。这些因素可以导致市场供需关系发生变化，从而影响到均衡价格的确定。

2.均衡数量

均衡数量是市场上实际交易的商品或服务数量。它表示在均衡价格下，市场上买家购买的数量等于卖家提供的数量。这意味着市场上没有商品积压，也没有短缺，供求之间完美平衡。

均衡数量是在供需曲线相交的点上确定的，通常在市场上形成价格的过程中达到。当市场上的需求量与供应量相等时，就会实现均衡数量。如果市场上的需求量超过了供应量，将导致供应不足，反之，如果供应量超过了需求量，将导致供应过剩。

在均衡数量下，市场能够有效地满足买家和卖家的需求，没有商品滞销也没有供应短缺。这有助于确保资源的有效配置，使市场能够正常运作。均衡数量还反映了市场上商品或服务的相对稀缺性和价值。

需要注意的是，市场均衡并不是永恒不变的，它可以受到各种因素的影响，如市场外部条件、政府政策和技术变革等。因此，市场参与者需要不断关注市场动态，以适应变化的供需关系和实现均衡。

（五）价格调整机制

市场的价格通常会根据供求关系自动进行调整，这一自动调整机制有助于市场实现均衡，确保资源有效分配。这一过程涉及价格上升和下降以响应供求变化，从而影响消费者和生产者的行为。具体如下：

1.过剩时的价格下降

当市场出现过剩，也就是供应量超过需求量时，通常会发生价格下降的现象。价格下降可以促使消费者购买更多商品或服务，因为他们感到价格更加吸引人，从而增加了需求，有助于市场达到供需平衡。与此同时，价格下降可能会导致一些生产者减少产量或者退出市场，从而减少供应量，也有助于实现供需平衡。这一自动调整过程有助于维持市场的稳定性，防止过剩现象持续存在，同时确保资源得到有效利用。价格下降的效应是市场机制的重要特征之一。当供大于求时，价格通常会下降，这可以理解为市场在自我纠正，以重新达到平衡状态。具体如下：

第一，促使需求增加。价格下降使商品或服务更具吸引力，因此消费者更愿意购买。这增加了需求，有助于减少过剩。

第二，减少供应。一些生产者可能会在价格下降的情况下减少产量或者退出市场，因为他们难以维持盈利或成本得不到覆盖。这减少了供应量，有助于重新实现供需平衡。

第三，维持资源有效利用。价格下降也有助于确保资源得到更有效的利用，因为它迫使生产者寻求更高效的生产方法，以降低成本。

第四，市场稳定性。这种自动调整过程有助于维持市场的稳定性，防止过剩问题过于持续。如果价格一直下跌并持续下降，可能会引发其他问题，但市场通常会在一定程度上自我调整。

2.短缺时的价格上升

当市场上出现短缺，也就是需求量超过供应量时，通常会发生价格上升的现象。价格上升可能会减少一些消费者的需求，因为他们可能觉得商品或服务的价格过高，从而减少了需求，帮助市场实现供需平衡。与此同时，价格上升可能会刺激更多的生产者进入市场，增加供应量，也有助于满足需求。这一自动调整过程有助于维持市场的稳定性，防止短缺现象过于持续，同时确保市场在供需之间取得平衡。

价格调整机制有助于维持市场的稳定性，防止过剩和短缺现象过于持续。市场参与者会对价格变化做出反应，从而在一定时间内使供求趋于平衡。这种自动调整过程通常比政府干预更高效，因为市场能够迅速响应供求变化，而政府的干预可能需要更多时间来实施。这一机制不仅有助于确保资源得到充分利用，还能够为市场经济提供动力，使市场在不断变化的条件下能够自行适应，促进经济的稳定和可持续增长。

（六）影响供求的因素

供求关系是一个复杂的经济概念，受到各种因素的综合影响，这些因素在市场中塑造着价格和数量的动态。以下是一些主要因素，它们可以改变需求和供应曲线的位置和形状，从而影响市场的行为和价格水平：

第一，消费者偏好。消费者的偏好和趋势对需求有着直接的影响。随着时间的推移，人们可能对某些商品或服务的需求上升，而对其他商品或服务的需求下降。这可以由文化、社会趋势、时尚、季节性变化等多种因素驱动。

第二，生产成本。生产成本对供应曲线产生重大影响。当生产成本上升，供应量可能减少，导致供应曲线向左移动。这包括原材料价格、劳动力成本、能源成本等因素。

第三，技术进步。技术进步可以降低生产成本，提高生产效率，从而增加供应。这可能导致供应曲线向右移动，使市场供应更多的商品或服务。

第四，政府政策。政府政策和法规可以对市场产生深远的影响。关税、补贴、监管和税收政策等可以改变企业的生产和定价策略，影响供需关系。

第五，市场竞争度。市场上企业的数量和竞争程度也会影响供需关系。竞争激烈的市场通常会导致更低的价格和更多的选择，而垄断市场可能导致价格上升和供应减少。

第六，外部冲击。自然灾害、战争、政治不稳定等外部事件可以对供需关系产生短期或长期的影响。这些因素可能导致供应中断或需求波动，从而改变市场的平衡。

理解这些因素对供求关系的影响对于企业、政策制定者和投资者非常重要。它们有助于预测市场行为，制定适当的经济政策，并做出明智的商业决策，以适应不断变化的市场条件。

二、公共政策

公共政策是政府通过制定、实施和评估一系列措施和决策，旨在解决社会问题、满足公众需求、引导社会发展以及推动国家或地区的目标实现。具体如下：

第一，问题识别和议程制定。公共政策首先需要确定并识别社会问题或挑战，这可能涉及健康、教育、经济、环境、安全等各个领域。政府、利益相关者和公众通常会参与问题的议程制定，确定哪些问题最值得关注和解决。

第二，政策制定。制定政策是一个复杂的过程，它需要政府机构、政策制定者、专家、利益相关者和公众之间的协作。政策可以是法律、法规、计划、项目或指导原则的形式，旨在解决已确定的问题。

第三，实施和执行。政策的实施需要政府机构有效地将政策措施付诸实践。这可能涉及资源分配、管理、监管和合作伙伴关系的建立。政策的执行是政府履行其责任和承诺的关键部分。

第四，评估和监测。公共政策的成功需要进行定期的评估和监测。这有助于确定政策是否实现了其预期的效果，是否需要进行调整或修订。评估还可以提供决策者有关政策的反馈，以使未来的政策制定更加有效。

第五，社会影响。公共政策对社会产生广泛的影响。它可以改善公众的生活质量，推动社会平等，促进经济增长，提高环境可持续性，加强国家安全等。政策的影响可能是积极的也可能是负面的,这取决于政策的设计和执行。

第六,政策工具和手段。政府可以使用各种政策工具来实施政策,包括法律法规、税收政策、财政支持、信息宣传、激励措施、社会服务等。政府需要选择最合适的工具来达到政策目标。

第七,民主参与和透明度。民主社会中的公共政策通常涉及公众的参与和透明度。政府需要与公众、利益相关者和非政府组织合作,以确保政策制定过程的合法性和透明度,并充分考虑各方的声音和利益。

第八,国际和跨界政策。公共政策不仅限于国内,还包括国际和跨界问题。全球性挑战如气候变化、贸易、移民等需要国际协作和协调,因此国际政策合作也是重要的议题。

总之,公共政策是现代社会的关键组成部分,它在塑造社会、经济和环境方面发挥着重要作用。政府的政策选择对社会的发展和公共利益具有深远影响,因此需要经过谨慎的制定、实施和评估。同时,公众对政府政策的监督和参与也是维护民主和社会正义的重要手段。

三、产业结构

(一)产业结构与经济增长理论

1.经典理论

经典经济学家如亚当·斯密和大卫·李嘉图提出了早期有关产业结构和经济增长的理论观点。斯密认为,分工与专业化有助于提高生产率,从而促进经济增长。他强调,市场机制可以引导资源向最具竞争力的产业流动,从而实现资源的有效分配。李嘉图的土地租金理论也强调了资源配置和产业结构的重要性,尤其是土地资源的利用。

2.新古典理论

新古典经济学家进一步发展了产业结构与经济增长之间的理论,强调市场竞争和效率对于促进经济增长的关键作用。美籍奥地利政治经济学家约瑟夫·熊彼特提出的"创新理论"强调了技术创新在产业结构演变中的作用,也强调技术创新可以改变产业结构,推动新产业的兴起,从而促进经济增长。

3.结构主义理论

一些结构主义经济学家提出了与传统经济学观点不同的看法。他们强调了政府在引导产业结构方面的作用。根据这些理论，政府可以通过产业政策来干预市场，以促进战略性产业的发展，从而实现经济增长和发展的目标。这一观点在一些新兴市场经济体中得到了广泛应用。

4.现代增长理论

现代增长理论强调了人力资本、技术进步和制度安排对于产业结构和经济增长的影响。人力资本理论认为，教育和培训可以提高劳动力的技能水平，从而影响产业结构的演变。技术进步理论强调技术创新对于新产业兴起和旧产业的萎缩的影响。制度安排理论则关注了市场制度和政府规定对于资源配置和产业结构的影响。

（二）产业结构与发展经济学

1.结构转型理论

结构转型理论是发展经济学中的一个核心概念，它强调了一个国家或地区的经济发展通常伴随着产业结构的演变，从传统农业经济向工业化和服务业的转变。

2.产业政策与战略性发展

在发展经济学中，产业政策被视为一种政府干预手段，旨在引导产业结构的发展以实现更高的经济增长。政府可以通过资金投入、技术支持、市场准入和贸易政策等措施来推动战略性产业的兴起。这一方法在一些新兴市场经济体中得到广泛应用，以促进关键领域的发展。

3.结构性变革与发展

结构性变革是发展经济学中的一个核心概念，指的是一个国家或地区经济结构的根本性改变。这一过程通常伴随着从传统农业经济向工业化和服务业的转变。具体如下：

（1）产业结构演变。结构性变革通常涉及产业结构的演变。一个国家或地区的产业结构包括农业、工业、服务业等不同产业的相对比重。随着经济的发展，这些产业的比重会发生变化，从而影响国家或地区的整体经济性质。

（2）经济增长。结构性变革与经济增长密切相关。通过从农业向工业化和服务业的转型，国家可以实现更高的生产率、增加就业机会、提高技术水平，从而促进经济增长。这一转型过程通常是发展经济学中的关键目标之一。

（3）劳动力市场。结构性变革对劳动力市场产生深远影响。它可能导致农村到城市的人口迁移，改变了劳动力的就业机会和收入水平。这种转型需要适应性的政策来解决可能出现的就业不平等和社会问题。

（4）产业多样化。结构性变革可以促使经济产业多样化。这种多样化有助于国家减少对单一产业的依赖，提高经济的韧性，并减轻外部冲击的风险。

（5）制度变革。结构性变革通常需要制度和政策的变革，以适应新的经济结构。这包括改革土地制度、知识产权保护、贸易政策等。这些制度变革有助于确保新产业的兴起和经济的可持续增长。

总之，结构性变革是发展经济学中一个重要的理论和政策议题，涉及经济结构的演变、经济增长的推动和劳动力市场的转型。政府在这一过程中的积极干预和政策制定对于实现结构性变革的目标至关重要，同时也需要关注社会公平和可持续发展的问题。结构性变革是实现经济发展和改善人民生活水平的关键步骤之一。

4.区域发展与产业集群

区域发展和产业集群是发展经济学中两个重要的概念，它们涉及了地理上的经济活动和产业组织。

（1）区域发展的重要性。区域发展理论研究不同地区的经济增长和发展差异。它认为，不同地区之间的发展水平和经济表现可能存在显著差异，这部分归因于地理、资源、文化和制度等因素。区域发展研究有助于了解为什么一些地区比其他地区更富裕，以及如何推动贫穷地区的发展。

（2）产业集群与经济增长。产业集群是一组相互关联的企业和机构，它们在相同或相关领域内聚集在一起。产业集群理论强调，这些集群可以提高生产效率、促进创新、加强供应链合作，从而推动经济增长。这种协同作用有助于吸引投资、人才和资源到特定地区，从而促进地区的繁荣。

（3）区域政策和投资。区域发展和产业集群研究为政府和政策制定者提供了重要的信息。政府可以采取措施来支持产业集群的发展，如提供基础设施、技术支持和培训机会。政府还可以通过区域政策来推动贫困地区的发展，以减少地区之间的不平等。

（4）制度和社会资本。区域发展和产业集群的成功与制度和社会资本密切相关。制度包括法律、政策和规则，它们影响着企业的运营和投资环境。社会资本涉及人们之间的信任、合作和关系网络。这些因素对于区域的经济发展和产业

集群的形成都至关重要。

5.知识经济与技术创新

知识经济和技术创新是发展经济学中的重要概念，它们对国家和地区的经济增长和发展产生深远影响。具体如下：

（1）知识经济的概念。知识经济是指在经济活动中知识和信息的产生、获取、传播和应用成为主要驱动力的经济体系。它强调了知识和技能的重要性，以及知识创造和利用对于经济增长的贡献。

（2）技术创新的作用。技术创新是知识经济的核心组成部分，它包括新技术的研发和应用。技术创新可以提高生产效率、降低成本、改善产品和服务质量，从而推动经济增长。在发展经济学中，技术创新被认为是国家和地区跃上发展快车道的关键因素之一。

（3）人力资本投资。知识经济强调了人力资本的重要性。教育、培训和技能发展是知识经济的基础，它们提高了劳动力的技能水平，从而增加了生产力和创新能力。

（4）创新生态系统。创新生态系统是支持技术创新和知识经济的关键要素。这包括研发机构、高等教育机构、企业孵化器、风险投资和法律体系等。一个健康的创新生态系统有助于吸引创新者和企业家，推动新技术的发展和商业化。

产业结构与发展经济学之间存在密切关系，因为产业结构的演变对于经济增长和发展至关重要。发展经济学提供了许多理论和政策工具，可用于引导产业结构的发展，促进经济增长和改善人民生活水平。

第三节 微观经济学的研究方法

微观经济学，是研究价格和市场运作以及经济资源配置的学科领域，它主要关注经济代理人的选择来完成这一资源配置过程。在历史上，经济学家采用了多种不同的方法来探讨经济现象，其中包括抽象演绎法、归纳法、历史分析法、比较分析法以及案例研究法。然而，随着时间的推移，现代经济学强调了更加系统化和数量化的方法，这包括了建立经济模型和进行计量经济学分析，这些方法使得研究者能够更精确地理解经济现象，提出更具预测性的理论。微观经济学在这一演进过程中也积极采用了这些现代方法。

微观经济学的理论分析主要依赖于经济模型方法，通过这些模型，研究者可以探究不同经济状态下的因果关系，这些模型允许人们在虚拟的经济环境中进行实验和观察，以更深入地理解市场行为和资源配置。这样的分析方法有助于解决复杂的经济问题，为政策制定和经济管理提供了更加科学的依据。

一、理性经济人的假设

理性经济人假设是微观经济学中的一个重要概念，它是一种简化的模型，用来描述个体在经济决策中的行为方式。这一假设的核心观点是，经济主体在面临选择时会以一种理性、有目标和有限制的方式来行动，以最大化其效用或满足其目标。具体如下：

第一，有明确的目标。理性经济人被认为具有清晰的经济目标，例如最大化效用、最大化利润、最小化成本等。这些目标是有限制的，因为资源是有限的，需要做出选择。

第二，判断和信息。理性经济人被假定为能够准确评估信息，做出明智的判断，并在不同的选择之间进行权衡。他们会考虑现有信息，但也可以根据新的信息做出调整。

第三，最优选择。理性经济人的决策是基于最大化其目标的原则。他们会选择那些在给定的限制条件下能够实现最优结果的选项。

第四，一致性。理性经济人假设通常要求个体的决策是一致的，即在相同的情境下，他们会做出相同的选择。

然而，理性经济人假设并不一定反映现实世界中所有经济主体的行为。在实际情况中，个体的决策可能受到有限的信息、有限的认知能力、心理偏差以及情感因素的影响。因此，一些经济学家和行为经济学研究者提出了对这一假设的质疑，并开发了更复杂的模型来更好地解释和预测人们的经济行为。

二、经济模型

（一）经济模型的内涵

经济模型是一种理论结构，旨在描述经济变量之间的相互依存关系。在传统经济学中，这些模型通常以文字的形式呈现，涵盖了亚当·斯密的分工理论、马尔萨斯的人口理论、马克思的剩余价值理论以及马歇尔的价格理论等经典理论。这些理论为人们提供了理解经济中各种关系和现象的基础。

现代经济学趋向于使用数学来建立经济模型，这些模型使用函数关系或一组方程式来表示经济理论，因此被认为是经济理论的数学表述。当代微观经济学的理论体系包括均衡价格理论、消费者行为理论、企业均衡理论、一般均衡理论以及要素价格决定理论等。这些理论采用数学和数理模型，以解释各种经济现象和市场行为。

例如，均衡价格理论使用供给和需求的数学模型来解释价格的形成和波动。消费者行为理论则利用效用函数和边际效用来分析个体消费者的选择。企业均衡理论则关注企业的最优决策，通过利润最大化来解释生产和市场竞争。一般均衡理论考虑了整个经济体系中各个市场的互动，而要素价格决定理论研究生产要素（如土地、劳动力和资本）的价格形成。

经济模型是对经济现实的简化描述。它们的使用是出于对现实世界的复杂性的认识，因为在真实的经济系统中，各种因素和变量相互交织、相互作用、相互影响，理论分析变得极其复杂。正因如此，需要经济模型来进行分析，以厘清复杂的经济现象。

在建立经济模型时，需要做出一些假设，这些假设旨在排除次要因素和变量，以便集中精力分析主要因素和变量。这些假设可以是经济学家根据观察在理论的基础上提出的，并且通常基于简化的前提条件，如完全竞争市场、理性决策制定等。这些假设帮助将复杂的经济现实简化为一个可以研究的框架，使经济学家能够更好地理解和解释不同经济现象。

经济模型的关键在于它们提供了一种分析方法，通过这种方法，可以在相对简单的理论框架内模拟和描述现实世界的情况。这些模型可以用来预测市场行为、政策效果，或者探讨各种经济政策的可能结果。尽管经济模型的简化性质可能导致一定程度的近似，但它们仍然是经济学家理解经济系统和制定政策的重要工具，因为它们能够提供有关可能的结果和影响的洞察力。

（二）经济模型的要素

具体来说，一个经济模型包括四大要素：假设、推理、结论和检验。

1.假设

经济模型中的假设是为了简化问题，集中注意力在关键因素上，或者因为当前研究的问题需要这些假设。然而，这些假设也有其局限性，它们可能导致一些不现实的情况，并使理论分析缺乏现实性。例如，假设企业是理性的，追求利润最大化，是许多经济模型的基础。尽管这个假设在某些情况下可以提供有用的分析框架，但它并不总是适用于所有情况。在现实中，有些企业可能受到政府管制，或者追求其他目标，如市场份额、社会责任等，而不是单纯的利润最大化。这种情况下，对于这些企业的行为，纯粹基于利润最大化的假设就可能不适用。

因此，一个好的经济模型的价值在于其假设能够简化问题并与现实情况相符。经济学家在使用模型时必须明智地选择适当的假设，并且要在分析中考虑到这些假设的局限性。此外，经济模型通常应该与实际数据和实证研究相结合，以验证其预测和结论是否与现实相符。通过不断改进和修正模型，可以更好地理解和解释复杂的经济现象。因此，经济模型是经济学研究的重要工具，但其有效性和适用性受到假设的严谨性和与实际情况的一致性的影响。

2.推理

经济学家使用经济模型来进行推理，以研究和说明不同经济变量之间的作用机制和因果关系。这种推理过程有助于人们深入了解经济现象，并为经济理论的发展提供基础。

推理的关键在于利用模型中的假设和数学工具来分析变量之间的关系。利润最大化是一个典型的例子，如果假设企业的目标是追求利润最大化，那么可以构建一个利润函数，并通过对该函数进行微积分来找到函数的最大值。这个过程允许人们确定在给定条件下，企业如何最大化其利润，从而揭示企业行为和市场交互的重要因果关系。除了利润最大化，推理还可以应用于其他经济模型，以解释价格变动、消费者选择、市场供求等多个方面。通过经济模型的推理，经济学家可以发展出相关的理论，用于预测经济现象，评估政策效果，并进行决策制定。

总之，推理是经济模型的核心部分，它通过假设和数学方法来分析经济变量之间的关系，有助于人们理解和解释复杂的经济现象，为经济学的进一步发展提供了基础。这是经济学家在研究和解决实际问题时经常使用的关键工具。

3.结论

根据以上推理，可以得出模型的主要结论。这些结论应该清晰明了，并且在必要时，还需探讨哪些结论具有重要性，以及它们对政策方向有何影响。

4.检验

检验经济理论的过程是经济学研究的重要部分,它有助于确保理论的可行性和现实性。具体如下:

(1)理论建立和推导。经济学家建立相关理论,通常基于一系列假设和推理过程。这个理论描述了经济变量之间的关系和预测。

(2)实证研究。为了验证理论的正确性,经济学家进行实证研究。这可能涉及收集和分析历史数据、相关案例的详细研究,或者使用计量模型等方法。

(3)数据收集和分析。经济学家收集相关数据,以验证理论是否与观察到的现实情况一致。这包括收集经济指标、市场数据、消费者行为数据等。

(4)计量模型。计量模型是一种常用的工具,用于检验理论的有效性。这些模型可以是回归分析、时间序列分析、面板数据分析等。通过将实际数据与理论模型进行比较,可以评估理论的适用性。

(5)模型比较。有时,经济学家可能比较不同的理论模型,以确定哪个更好地解释了观察到的现实。这可以通过模型选择准则来进行,如AIC(赤池信息准则)或BIC(贝叶斯信息准则)等。

(6)修正和改进。如果实证研究发现理论与实际情况不一致,那么经济学家需要仔细检查理论的假设和推理过程,并对模型进行修改和改进,以使其更贴近实际情况。

(7)继续研究。这个过程通常是循环的,因为新的数据和研究可以随时出现。因此,经济学家需要不断地更新和改进他们的理论,以反映不断变化的经济环境。

(三)经济模型的变量

经济模型要研究的因素又称为变量。在经济模型中,一般把变量分为以下三类:

第一,内生变量。这些变量是模型内部的结果,其值由模型内部的关系来确定。内生变量通常是模型的主要焦点,研究者试图理解它们之间的关系以及如何受到其他变量的影响。在均衡价格模型中,价格(P)和需求数量(Q)就是内生变量,因为它们是模型的核心要素,通过供需关系相互影响。

第二,外生变量。这些变量是由模型以外的因素所决定的已知变量,是模型建立的外部条件。外生变量的值通常在模型中被视为给定的,可以影响内生变量的值，但本身不受模型内部的解释。在均衡价格模型中，参数（如a和b）以及其他与模型相关的外部因素（如相关商品的价格、人们的收入等）都属于外生变量。

第三，参数。参数是模型中的系数或常数，通常用来表示模型内部关系的强度和方向。参数通常被视为外生变量，通常是由模型以外的因素所决定的。在均衡价格模型中，a和b就是参数，代表了价格与数量之间的关系。

三、均衡分析

微观经济学中的均衡分析是研究市场中供求关系如何决定价格和数量的重要方法。这种分析方法帮助人们理解市场中的价格形成、资源分配，以及消费者和生产者行为。具体如下：

第一，市场均衡。市场均衡是指市场上的供给与需求达到平衡的状态，即商品或服务供应给了与之数量相等的需求者。在市场均衡状态下，不会有剩余的商品或服务。

第二，供给和需求曲线。均衡分析的基础是供给曲线和需求曲线。供给曲线表示在不同价格水平下生产者愿意提供的商品或服务数量，而需求曲线表示在不同价格水平下消费者愿意购买的数量。通常，供给曲线呈正斜率（上升）趋势，而需求曲线呈负斜率（下降）趋势。

第三，均衡价格。市场均衡价格是供给和需求曲线相交的点，即供给与需求数量相等的价格水平。在均衡价格下，市场上的商品或服务供应给了与之数量相等的消费者。

第四，均衡数量。市场均衡数量是在均衡价格下交易的商品或服务的数量。它是供给与需求相等的数量，表示市场上的买卖双方的一致。

第五，价格变动。如果市场上的任何因素导致供给或需求发生变化，均衡价格和数量也会随之变化。供给或需求增加通常会导致价格上升，而供给或需求减少则会导致价格下降。

第六，市场清理。市场均衡实际上是市场清理的结果，即生产者愿意提供的数量等于消费者愿意购买的数量。这确保了市场中没有过剩或短缺的商品或服务。

第七，价格弹性。均衡分析还可以用于计算价格弹性，即价格变动对需求或供给的敏感程度。价格弹性可以帮助人们预测市场如何响应价格变化。

四、静态分析与比较静态分析

（一）静态分析

静态分析是一种经济学方法，用于研究经济现象的均衡状态以及实现均衡所需的条件。在这种分析中，忽略了时间因素和具体的变化过程，而是专注于考察某一时点的经济情况。静态分析采用简化的模型，假设在分析过程中，影响均衡的各种因素保持不变，如消费者偏好、收入、相关商品价格、生产技术水平和要素价格等。

微观经济学中经常使用静态分析方法，例如均衡价格理论、消费者行为理论和企业均衡理论，以研究均衡条件和状态。这些理论在静态框架下探讨市场行为和决策，有助于理解在特定时点下，市场是如何运作的，以及供求关系如何决定价格和数量。尽管静态分析不能涵盖时间内的动态变化，但它为关于市场和经济体系的重要见解提供了信息，以及有关均衡条件和状态的有用信息。

（二）比较静态分析

静态分析和比较静态分析是两种在经济学研究中广泛使用的方法。它们的共同点在于都专注于外生变量对内生变量的影响，而不考虑时间因素。然而，它们在分析的方式和关注点上存在一些重要的区别。

静态分析是一种研究方法，它侧重于分析已知条件下的经济均衡状态和相关变量值。通常，研究者使用数学模型来描述和预测均衡情况，但这种分析不考虑时间内的变化。从数学模型的角度看，静态分析使用外生变量来分析内生变量，但前提是在已知条件下进行。这种方法的目标是理解和描述特定时点的市场均衡。相比之下，比较静态分析更关注在已知条件发生变化后，新的均衡状态和相关变量的变化。这种方法着重研究外生变量一次性变动对均衡点的影响，从而帮助人们理解外生因素如何改变市场均衡。与静态分析不同，比较静态分析关心的是条件变化前后的差异，以便更好地理解外生变量对内生变量和市场均衡的影响。

从均衡分析的角度看，静态分析关注的是已知条件下的均衡特征，而比较静态分析则关注新旧均衡点之间的差异。这种比较有助于我们深入探讨外部因素对市场和经济行为的影响，以及它们如何引起变化。这两种方法在经济学研究中都具有重要作用。静态分析有助于理解和描述特定时点的市场均衡情况，而比较静

态分析则有助于了解外部因素对市场和经济的长期影响。

五、动态分析

经济学中的动态分析具有关键意义,它通过考虑时间因素,将经济变化视为一个不断演变的连续过程,研究经济活动如何随着时间内生产技术、投入要素、消费者偏好等因素的变化而发展。这种分析方法不仅在理论上有着深刻的启示,还在实际经济现象的解释和政策制定中发挥着重要作用。

动态经济学是应用动态分析方法的一个重要分支。它专注于研究在外部因素的干扰下,经济体系如何离开均衡状态,并寻找发展路径。这可以用著名的蛛网模型来说明,该模型用于研究供求和价格的动态调整过程。这种分析有助于我们理解市场的不断波动和价格的变化,而不仅仅是静态均衡时的状态。

与静态分析相比,动态分析具有明显的区别。静态分析主要关注经济体系的均衡状态和条件,而动态分析更关注经济变量的变动过程。这使动态分析变得更加复杂,因为它需要考虑时间变化对整个经济体系的影响。因此,动态分析更具挑战性,但也更能够捕捉到真实世界中的经济变化。

在经济学的不同领域中,动态分析有着不同的适用领域。在微观经济学中,静态和比较静态分析主导,这些方法提供了关于市场均衡和决策行为的深刻见解。然而,在宏观经济学领域,尤其是在研究经济周期和长期增长时,动态分析变得尤为重要。它有助于我们理解宏观经济体系中的变动和长期趋势,揭示了经济变化的复杂性和不确定性,从而为政策制定者提供了更全面的信息。

六、边际分析

微观经济学中的边际分析是一种重要的分析方法,它关注的是在特定决策情境下,增加或减少一单位数量(如一单位产品、劳动力或消费)对于决策的影响。这一方法基于边际效应的观念,即指出在某一时刻增加或减少的额外单位对决策的重要性。具体如下:

第一,边际成本和边际效益。边际成本是指增加一单位数量对成本的额外增加,而边际效益是指增加一单位数量对利益或满足程度的额外增加。在决策中,通常希望边际效益大于或等于边际成本,以实现最优决策。

第二,边际收益递减。边际分析通常涉及边际收益递减的概念,这意味着随着增加单位数量,边际效益逐渐减小。这反映了资源有限性的现实,因此,在决策中需要权衡边际效益和成本。

第三，应用领域。边际分析在微观经济学的多个领域中具有广泛应用，包括消费者决策、生产者决策、市场竞争、成本最小化、资源分配等。例如，消费者使用边际分析来确定最佳消费组合，生产者使用边际成本来确定最佳产出水平，市场分析使用边际需求和边际供给来确定均衡价格和数量。

第四，边际分析的数学工具。边际分析通常使用微积分中的导数来计算边际成本和边际效益。导数表示了一个函数在某一点的变化率，因此，它可以用来描述边际效应。

第五，决策规则。在许多情况下，经济学家提出了一些有关边际分析的决策规则。例如，消费者决策的规则是边际效益等于价格，生产者决策的规则是边际成本等于价格，市场均衡的规则是边际供给等于边际需求。

思考与练习

1.经济学的理论功能有哪些？
2.供过于求表现在哪些方面，如何解决？
3.微观经济学的研究方法有哪些？

第二章 供求的基本原理

供求关系是经济领域中一项至关重要的概念,它在不同时期和社会背景中都具有广泛的应用。这一概念涵盖了各种产品和劳务,反映了社会对不同需求的需求程度。供求关系不仅关注需求的质的适应性,即产品或劳务是否满足消费者的期望和需求,还关注量的平衡,即市场上供应和需求的数量是否相等。通过分析供求关系,经济学家和政策制定者能够更好地理解市场的运作方式,制定合适的政策来满足社会需求,维护经济平衡,并促进可持续的社会和经济发展。本章主要论述供给、需求、市场均衡、弹性理论。

第一节 供给

一、供给和需求供给量的影响因素

供给是在一定时期内和一定条件下,由生产者提供的商品或劳务。它直接影响市场上的价格和数量。有效供给不仅取决于生产者的愿望和要求,还取决于他们的能力以及自然和主观条件。自然的供给受自然因素的影响,如气候、季节和资源可用性,而主观的供给则与生产者的决策和市场预期有关。现实的供给是市场上真正可用的供给,通常受到各种因素的制约,包括技术、法律、成本和市场需求。因此,供给是一个复杂而多维的概念,对经济体系的理解至关重要,它与需求相互作用,共同塑造了市场的运行和商品价格。在一定时期内,在这种商品的各种可能的价格下,生产者对某种商品的供给状况受许多因素的影响,主要影响因素如下:

(一)生产要素的价格

"价格改革以来商品价格已经实现市场化,虽然基本生产要素价格双轨制的痕迹依旧存在,但生产要素价格形成机制的经济背景已经由计划主导转向了市场主导；计划的目的也由保障供给转向促进公平。"❶生产要素的价格对生产者的单位成本有直接影响。当生产要素的价格上升时，生产者的单位成本也会上升。这会导致生产者面临更高的生产成本，从而降低了他们的利润。在这种情况下，生产者可能会被迫减少生产和供应的数量，以降低损失并维持可持续的经营。

相反，如果生产要素的价格下降，生产者的单位成本也会下降。这会增加生产者的利润潜力，激励他们增加生产和供应的数量。因为单位成本降低，生产者能够在维持相同利润的情况下生产更多商品，满足市场需求。

然而，当商品价格保持不变时，生产者的决策主要受成本变化的影响。如果生产要素价格上升，生产者可能会面临较高的单位成本，从而可能会考虑减少生产数量，以维持利润。如果生产要素价格下降，生产者的单位成本降低，他们可能会考虑增加生产数量，以追求更高的利润。

生产要素的价格直接影响生产者的单位成本，这对他们的生产和供应决策产生了重要影响。成本的波动可以影响生产者的利润水平，从而影响他们增加或减少产品的供应量。在商品价格不变的情况下，成本变化通常是影响生产者决策的关键因素。

（二）生产的技术水平

随着生产技术水平的提高，生产成本降低，生产者的利润增加。此时，生产者倾向于生产更多该商品以满足市场需求。然而，当生产技术水平下降时，生产成本上升，这对生产者构成了挑战。在这种情况下，生产者通常会减少该商品的生产，以应对成本上升的压力。

（三）相关商品的价格

生产者生产的商品之间存在替代关系或互补关系。在替代关系中，当替代品的价格下降时，生产者通常会减少原商品的供给。这是因为消费者更有可能转向价格相对较低的替代品，从而减少了对原商品的需求。这种行为基于生产资源可以相对容易地用于替代品的技术条件，因此生产者会调整供给以适应市场需求。

相反，在互补关系下，当互补品的价格下降时，生产者通常会增加原商品的供给。这是因为消费者更倾向于购买原商品和其互补品一起使用，而不愿意因互

---

❶ 韩晓宏.关于我国生产要素价格形成机制的思考[J].经济视角，2018（4）：9.

补品的价格下降而减少原商品的购买。因此,生产者会增加原商品的供给以满足这种增加的需求。

(四)生产者对商品的预期

生产者的供给是一个复杂的过程,受多种因素的影响。生产者在考虑供给时需要密切关注商品价格和市场预期。当商品价格上涨时,生产者通常会寻求增加供给,以追求更高的利润。相反,如果价格下降,他们可能会减少供给以避免亏损。这种反应也受销售情况的影响,因为销售不仅影响利润,还可能影响生产者对市场走势的预期。因此,生产者的供给决策是一个动态的过程,不断调整以适应市场需求和变化的经济环境。

然而,仅依靠价格预期并不足以解释生产者的供给行为。除了价格预期外,其他因素也会对生产者的供给产生影响。政府政策是一个重要因素,例如,税收政策和监管法规可能会影响生产者的决策。意外情况如自然灾害、政治动荡或市场波动也可能导致生产者改变供给策略。新资源和新材料的发现也可以改变生产者的供给行为。如果出现新的资源或材料,生产者可能会重新评估他们的供给策略以利用这些新的机会。资源枯竭等长期趋势也可能迫使生产者调整他们的供给,因为资源的稀缺性可能导致供给减少。

如果把生产者对某种商品的供给量作为因变量,把影响生产者对这种商品供给的各种因素作为自变量,用函数的形式表现出它们之间的关系,则公式如下:

$$Q^s = f(a,b,c,d,\cdots,n) \qquad (2-1)$$

式中:Q^s——生产者对某种商品的供给量;

$a,b,c,d,\cdots,n$——分别表示影响供给的各种因素。

供给量指的是在一定时期内,生产者愿意提供的商品数量。这个现实的供给量通常受商品自身价格以及供给相关因素的影响。当商品价格上升时,生产者倾向于增加供给量,因为他们可以获得更高的利润。相反,当价格下降时,生产者可能会减少供给量,以避免亏损。供给量的变化不仅受价格影响,还受到生产成本、技术进步、税收政策和市场预期等供给相关因素的影响。因此,供给量是市场上的一个重要变量,它与价格之间的关系对于理解市场运作和商品供需平衡至关重要。

如果把生产者对某种商品的供给量作为因变量,把这种商品自身的价格作为自变量,用函数的形式表现出它们的关系,则公式如下:

$$Q^s = f(p) \tag{2-2}$$

式中：Q——生产者对某种商品的供给量；

p——这种商品自身的价格。

二、供给函数的表现方式

供给函数还可用供给表和供给曲线来表示。

（1）供给表。供给表是一种用表格形式表示的经济数据表，其中记录了不同商品价格下对应的供给量。这种表格有助于揭示商品价格和供给量之间的关系，通常用于经济研究和市场分析。供给表可以用来分析供给函数——描述商品价格与供给量之间关系的数学模型。供给函数通过数学公式表达了商品价格对供给量的影响，帮助经济学家和决策者理解市场中的供给行为。供给表和供给函数是经济分析中的重要工具，用于探究市场中供给与价格之间的关联。

（2）供给曲线。供给曲线在经济学中扮演着关键的角色，它可以是直线形或曲线形，取决于供给函数的性质。当供给函数是线性函数时，相应的供给曲线是一条直线。这意味着供给曲线上的各点都具有相等的斜率。这种情况下，供给量随价格的变化成线性关系。当价格上涨时，供给量也相应增加，反之亦然。

供给函数是描述供给曲线的数学模型，可以是线性函数或非线性函数。供给曲线代表不同价格下的供给量，其中斜率反映了价格与供给量的变化关系。当价格上升时，递增供给曲线显示供给量增加，而递减供给曲线显示供给量减少。曲线形状有直线形和曲线形两种，直线形表示供给与价格成线性关系，而曲线形则表示供给对价格的反应不是线性的。在市场中，供给函数帮助生产者理解商品数量与不同价格之间的关系。通过供给曲线，可以更清楚地看出这种关系，进而制定价格策略和生产决策。不同的供给曲线形状和斜率可以帮助理解市场中生产者对价格变化的敏感度以及市场供需状况的变化。因此，供给函数和供给曲线在市场经济分析中起着关键作用，帮助解释和预测市场行为。

三、供给量的变动与供给的变动

供给分析是经济学中的关键概念，它研究了在特定价格水平下，商品数量的供给与供给量之间的关系。这种关系通常以供给曲线表示，其中供给函数描述了价格上涨和价格下降时供给量的变动。供给分析对于理解市场行为至关重要，因为它可以帮助我们预测供给的变动以及影响这些变动的因素。

当商品价格上涨时，通常会引发供给量的增加，因为生产者看到了更高的利润机会。这种现象在供给曲线上表现为曲线向右移动。相反，价格下降可能导致供给量的减少，因为生产者可能不再愿意提供同样数量的商品。这些反应是供给分析的核心内容之一，它们帮助我们理解价格水平对供给的影响。

供给量的变动受多种因素的影响，包括生产成本、技术进步、政策变化和市场预期。这些因素可以引起供给曲线的移动，进而影响市场上的价格水平和商品数量。供给分析有助于识别和解释这些因素如何影响供给，从而清晰地表现出市场中供给的变动。

总之，供给分析是经济学中不可或缺的工具，它有助于我们理解市场机制中的供给与价格之间的复杂关系。通过供给曲线和供给函数的使用，我们能够更好地预测和解释价格水平如何受到供给的影响，以及供给量如何受到价格变化和其他因素的调节。这种分析为经济学家、政策制定者和市场参与者提供了重要的信息，帮助他们做出明智的决策。

第二节 需求

需求和供给是市场经济中的两个基本概念。需求指的是消费者购买商品和服务的行为，而供给是企业提供商品和服务的行为。消费者购买商品和服务构成了需求，而企业通过销售商品和服务构成了供给。这两个概念是市场经济中不可分割的要素。

需求和供给是决定商品价格的两个关键因素。它们的相对关系会影响价格的波动。当需求超过供给时，价格通常会上涨，因为商品变得更加稀缺。相反，当供给超过需求时，价格通常会下降，因为竞争推动企业降低价格以吸引更多消费者。

在经济分析中，需求和供给是两个重要的工具，用来研究市场行为、价格变动和资源配置。市场的平衡点在需求和供给相等的情况下达成，这时价格稳定且市场效率最高。当市场处于平衡状态时，资源得到了最有效的利用，同时也反映了市场中消费者和生产者的需求和愿意提供的数量之间的平衡。

需求和供给的变化会导致价格和数量的波动。例如，如果某种商品的需求突

然增加，但供给没有相应增加，价格可能会上涨。这对市场参与者和政府政策都有重要影响。市场参与者可以根据需求和供给的变化来调整他们的行为和策略，而政府可以通过政策干预来影响市场，以促进经济的稳定和公平。

一、需求理论的基础

（一）商品与货币

1. 商品世界与商品

现代市场经济社会的财富表现为庞大的商品堆积，财富以商品的形式存在。这意味着社会中的财富主要以各种商品的形式存在，不仅包括实物商品，还包括无形的交易权利，例如期货市场上的期权交易。经济学中所讲的商品主要指用于交换的产品，包括物质产品（如食品、衣物、房屋）和服务类产品（如理发、旅游、金融服务）。这些商品可以是有形的，也可以是无形的；可以用于直接消费，也可以作为生产资料。甚至技术和人才也可以成为交易对象的商品。

交换是物品成为商品的原因，而交换的存在源于分工。分工促使不同商品之间的交换，从而形成市场经济。因为人们专注于生产某种特定的商品或提供某种特定的服务，他们需要通过交换来获取其他商品和服务，以满足自己的需求。这种分工和交换的过程形成了市场经济的基础，使财富以多种商品的形式存在于社会中。

2. 交换与分工

自给自足的自然经济，即人类自行生产所需物品的经济体系，在古代社会占主导地位。尽管存在一定的分工，但这主要体现在家庭内部，男女之间自然而然地分担了不同的任务。例如，男人通常从事田间耕作，而女人则承担家务。这种分工可以从"男"和"女"这两个字中找到对应的象征。

然而，自然经济的效率相当低，因为每个人的精力和能力有限，难以满足多种多样的需求。渐渐地，人们开始认识到，专门从事一种工作，生产特定的产品，然后相互交换可以获得更多的好处。

分工与交换密不可分，因为人们的需求多种多样，只有通过交换才能满足这些不同的需求。在交换的过程中，产品变成了商品，它们被用于交换，并满足各种各样的需求。这一转变促使经济发展并提高了效率，因为现在人们可以专注于自己擅长的领域，生产更多的产品，并通过交换获取其他产品，从而实现了资源的最优配置。分工和交换是经济发展的关键要素，它们使人类社会能够更有效地满足各种需求。

交换不仅能通过互通有无解决分工带来的单一生产和人的多种需要的矛盾，还能带来由于分工和专业化可以发挥人的绝对优势和比较优势形成的利益。

水平分工和垂直分工是两种不同的生产组织方式。水平分工涉及不同家庭或不同单位生产不同的产品，通常跨越不同的产品种类、行业或工种。这种形式的分工使得各个单位专注于生产自己擅长的产品，从而提高了生产效率和产品质量。垂直分工是在同一产品的生产过程中，不同单位或工序在不同的生产环节中合作分工。这种分工方式涵盖了从原材料采购到最终产品制造的整个过程。各个单位或工序各司其职，以确保生产过程的流畅和协调。垂直分工有助于降低生产成本，因为每个单位可以专注于自己的特定任务，从而提高了生产效率。

这两种分工方式是相对的，其区别在于是否涉及不同产品或不同生产阶段的分工。水平分工着重于不同产品的分工，而垂直分工则关注同一产品的不同生产环节的分工。然而，随着分工的不断发展和细化，垂直分工有可能演变成水平分工。特别是在同一产品的生产过程中，不同工序或零部件的分工越来越精细，各个单位或工序的专业化程度提高，最终可能会导致水平分工的出现。这种演变可以进一步提高生产效率和产品质量，但也需要更复杂的协调和管理。这两种分工方式都有助于提高生产效率和产品质量，但需要合适的管理和协调来确保顺利运作。

分工给人类社会带来了重大利益。分工使生产更加高效，大大提高了生产力。这是因为分工将复杂的生产过程分解为多个简单的任务，每个人专注于自己擅长的工作，从而加速了产品的制造。这种高效率不仅使产品更快地被生产出来，还降低了生产成本，使商品更容易获得和廉价，促进了市场的繁荣。

工业革命改变了分工的决定因素。在工业革命之前，分工主要由自然因素决定，如地理位置和资源分布。然而，工业革命后，科学技术的迅猛发展、新的社会制度和政府政策等人为因素成为分工的主要决定因素。这使得分工更加灵活和多样化，有助于更好地满足社会需求。分工的历史发展是人类社会发展的一个关键部分。人类社会的进步可以被看作是分工的不断发展、深化和细化的历史。随着分工的不断深化，行业的数量也不断增加，这进一步推动了社会的多样性和复杂性。

复杂产品的制造依赖于全球分工合作。一些复杂产品，如飞机和汽车，通常需要世界各地的工厂进行分工合作才能制造完成。这突显了分工在现代全球化经济中的重要性，它促使各国合作，共同推动技术和经济的进步，从而使复杂产品更加普及，造福全社会。

全球化经济已经成为现实，促使世界各国进行分工合作。这一趋势在我国得到充分体现，因为中国积极提倡贸易自由化和"一带一路"合作，旨在构建人类命运共同体。在这个全球化的背景下，国际合作和经济互动已成为不可或缺的一部分。

在科学研究领域，也出现了越来越多的分门别类。这是由专业化分工的不断发展所推动的。这种分工和专业化有助于推动科学技术和生产经营的进步。不同领域的专家可以专注于他们的研究，并取得突破性的成果，这些成果最终有助于改善社会和解决复杂的问题。

分工和交换是相互依赖的过程。分工促进了交换，因为不同的人或国家可以生产特定的产品或提供特定的服务，然后通过交换来获取所需的物品或服务。同时，交换也推动了分工，因为市场规模越大，分工就越细致。市场的需求驱使生产者不断改进和扩大他们的生产能力，以满足需求。因此，分工和市场之间存在紧密的联系，它们共同推动着经济的发展和进步。

3.等价交换和互利共赢

人类进行交换的行为通常是出于自身利益的考虑。交易者在交换中关注的主要是自己的利益。这种自利的动机驱使着各种经济活动，因为所有这些活动都可以看作是交易行为，它们都涉及价值的交换。

交易活动通常必须是互利共赢的，只有这样人们才会自愿、自由地参与交换。等价交换是一个关键概念，要求买卖双方达成一致，市场价格往往是市场供求均衡的结果。这种互利共赢强调了交易双方对商品价值的主观评价存在差异，但这种差异正是双方认为交易对自己有利的原因，即带来了利益。

从更广泛的角度来看，交易可以被视为正和博弈，因为它通常会带来双方的利益，而不是零和博弈❶，其中一方的获利必然导致另一方的损失。商场是这种互利共赢和正和博弈的典型体现，因为在商场中，双方都有机会获得利益，从而

---

❶ 零和博弈：参与博弈的各方，在严格竞争下，一方的收益必然意味着另一方的损失，博弈各方的收益和损失相加总和永远为"零"，故双方不存在合作的可能。

促进了经济的繁荣和发展。这些原则和概念构成了经济交换的基础，驱动着市场经济的运行。

4.货币的起源及主要职能

最初的人类物物交换存在问题和矛盾，因为不同人需要的物品和数量不同。随着时间的推移，长期交换实践中，人们逐渐意识到需要一种广泛接受、易分割、不易变质的物品作为交换媒介物，这就是一般等价物。一般等价物最终演变成固定在贵金属金银上，因为它们具有诸多优点，如不变质、易保存。这些贵金属成为交换的标准，它们的价值通用且稳定。

货币的起源与一般等价物有关，它最终成为财富的代表。货币具有多重职能，其中主要职能是作为商品交换的媒介，便捷地促进商品的交换。这种职能导致了纸币的出现。纸币是由国家发行的强制使用的价值符号，用于纳税和购买商品，因此被称为法币。

纸币的流通也存在一些风险，其中之一是通货膨胀。当纸币过多流通时，它们的价值可能下降，导致物价上涨，即通货膨胀。因此，货币政策和监管对于维持货币的稳定价值至关重要，以确保经济的稳定和可持续增长。

货币在经济中扮演着至关重要的角色。货币必须成为衡量其他商品价值的尺度，才能作为有效的流通手段。货币的职能如下：

（1）货币作为价值尺度。货币之所以能够成为价值尺度，是因为金银等货币本身具有一定的价值。通常，商品的价值以劳动时间来衡量，而当以货币形式表示时，这就成为商品的价格。

（2）价格和交换价值。商品的交换比例称为交换价值，而货币则是交换价值的货币形式。价格实际上是商品价值以货币形式表示的结果。

（3）货币的计量单位。为了充当价值尺度，货币需要具备一个确定的计量单位，即价格标准。这使得不同商品的价值可以相对容易地比较和交换。

（4）货币作为财富储藏手段。货币也可以用作财富的储藏手段，尤其是金银货币，因为它们相对稳定。纸币容易受到通货膨胀的影响，因此如果要将其作为储藏手段，需要将其存入银行，并确保其利息高于通货膨胀率。

（5）货币作为支付手段。货币还可以用于支付租金、税款、工资等，充当支付手段。这是货币的另一个重要功能，使经济活动得以顺利进行。

（6）货币的最基本职能是作为流通手段和价值尺度，这两个职能相互关联，以便作为交易中介。货币的形式可以发生变化，但这两个职能的重要性保持不变。

（7）促进商品流通。货币的出现使商品交换更便利，降低了交易成本，促进了商品的流通。这有助于经济的发展和繁荣。

货币不仅是一种交易媒介，它必须具备成为价值尺度的特性，以便有效履行其在经济中的角色。货币的出现和运用大大促进了商品的交换和经济的发展。

5.货币的基本形态

货币是一种特殊商品，其主要作用是起一般等价物的功能。货币具有多种形态，包括金银货币、纸币以及无纸化货币，如银行卡、消费卡和第三方支付。这些不同形态的货币都在社会经济中扮演着重要的角色。

无纸化支付工具是社会需求、技术进步和支付创新的产物，具有取代现金支付的潜力。随着数字化和网络技术的发展，人们越来越依赖电子支付方式来进行交易和购买商品。这种趋势不仅提高了交易的便捷性，还加强了支付系统的效率。

尽管如此，现金在法定保障性、广泛适用性和安全可靠性等方面具有独特优势，因此不会立即被取代。现金仍然在某些情况下是不可或缺的，特别是在地区性或临时网络中断的情况下。此外，一些人仍然更喜欢使用现金来维护隐私和控制支出。

无纸化支付工具也被视为货币，是一种电子数字化货币，其价值基于既有现金和存款，属于二次货币。这种电子货币在数字经济中发挥着重要作用，它们允许无现金交易，并在全球范围内得到广泛接受。无纸化支付工具的发展将继续影响货币和支付体系的演变，但同时，现金仍然保持着其独特地位，不会轻易被取代。

（二）商品价值与需求

1.商品价值的决定因素

如果商品价格是商品价值的货币表现，那么，关于价值的决定因素，主要有以下观点：

（1）商品价值是根据生产成本而不是其他因素来确定的。生产成本包括劳动力、机械设备和原材料等多种要素的消耗。生产者必须支付这些成本，并在商品价格中加上所需的利润，以确保维持生产。如果商品价格无法覆盖生产成本和

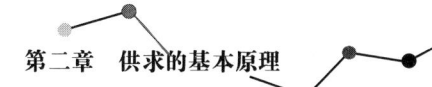

利润，生产者可能会停止生产。这种观点被称为成本价值论，强调了商品价值与实际生产成本之间的紧密关系。在这种观点下，商品价格是由生产成本决定的，而不是由其他因素如机会成本等决定的。

（2）商品的价值是根据其效用来确定的。效用包括两种不同的解释：客观效用论和主观效用论。客观效用论侧重于商品的实际用途，即商品对于满足人们的基本需求和实际功能的贡献。主观效用论关注人们对商品对自身福利的评价。这种评价是基于个体的主观感受和喜好而定的。不同的人对同一件商品可能有不同的主观效用评价，因此主观效用是相对的。

"商品价值决定不只具有空间规定性，还具有时期规定性。"❶无论是客观效用还是主观效用，都强调了商品必须具有价值才能销售出去。客观效用使商品在实际生活中有用，而主观效用则取决于个体的需求和偏好。商品的总效用由这两种效用的组合构成。

市场经济是一种以货币作为交换媒介的经济系统。在这个系统中，商品交换经过货币中介，通常分为卖和买两个阶段。卖代表商品的供给，而买代表商品的需求，构成了供求双方的交互行为。卖方通常是商品供给者或生产者，而买方则是商品需求者或购买者。在这个交互过程中，供给价格是生产者出售一定数量商品所要求的价格。生产者希望供给价格越高越好，至少能够覆盖生产成本并获得适当的利润。因此，生产成本成为合理价格的决定因素，但这里所指的价格正是供给价格。

需求价格是购买者愿意支付的价格，购买者通常希望价格越低越好，但不会超过其对商品效用的估价。这里的价格由效用决定，称为"需求价格"。在市场中，讨价还价实际上是需求价格和供给价格之间的较量。这个过程最终会导致双方达成一个可以接受的价格，即供求均衡价格。这个价格被认为是市场价值的体现，因为它代表了市场上买家和卖家之间的共识，确保了市场的稳定和交易的进行。需求价格是购买者愿意支付的价格，取决于其对商品的效用估值，而市场价值则通常是供求均衡价格，是买家和卖家之间的共识价格，确保市场的正常运作。

2.需求规律分析

在经济学上，需求并非简单地指代人们的欲望或愿望，而是更为复杂的概念。需求实际上是指那些具备支付能力的人们愿意购买某种商品或服务的程度。

---

❶ 黄瑾，王敢.商品价值决定的时期规定性与三个难题[J].海派经济学，2023，21（1）：1.

需求的核心概念涉及两个主要变量，即商品的价格和购买数量。这两个因素密切相关，对市场和个体决策产生深远影响。

价格在需求中扮演了至关重要的角色。当商品价格下降时，需求通常会增加。这是因为更多的人能够负担得起商品，或者他们更愿意购买。相反，当价格上升时，需求通常会减少，因为较少的人能够支付高价，或者他们更不愿意购买。这一原则适用于个人需求，也适用于市场需求，后者是所有个体需求的总和。因此，市场需求可以被看作是整个市场中所有参与者愿意购买某种商品或服务的总体程度。

市场需求的行为通常表现为需求曲线，它通常呈现出负斜率。这一曲线反映了价格和需求量之间的反向关系，这一关系被称为需求规律。具体来说，通常情况下，价格上升会导致需求下降，价格下跌会导致需求增加。然而，存在一些例外情况，例如以下情况中价格与需求之间的关系可能不按常规运作：

（1）低档生活必需品，如食品，在价格上升时可能出现需求增加的情况。这是因为贫穷家庭可能无法负担更高档次的食品，因此在价格上涨时可能会购买更多的低档食品，而价格下跌则可能导致需求减少。

（2）高档商品可能在价格上升时出现需求增加的情况。这是因为某些高档商品被视为富有地位的象征，因此当价格上涨时，一些人可能更愿意购买它们来展示自己的财富，而价格下跌则可能导致需求减少。

（3）资产性商品，如股票和投资房产，不是为了消费而购买，而是为了获取买卖差价。因此，价格上涨时，购买者更有可能买进，价格下跌时，购买者更有可能卖出，这种现象被称为"追涨杀跌"。

但对一般商品而言，价格上升，需求量会下降。原因有两点：①某商品价格上升而如果其他商品价格未变，消费者就会多买其他可替代商品而减少该商品的消费，这种现象可称替代效应；②某商品价格上升，表示购买者在此商品面前实际购买能力下降了，故只能少买一些，这种现象可称收入效应。商品价格和需求量反方向变化通常是这两种效应共同作用的结果。

二、需求的影响因素

需求是指在一定时期内和一定条件下，消费者对特定商品或服务的价格和数量的欲望、要求以及支付能力的表现。需求不仅受消费者的自然欲望和主观意愿影响，还取决于他们在现实环境中的支付能力。自然的需求反映了人们对生活必需品或愿望商品的基本欲望，而现实的需求则是在考虑了消费者的经济能力后实际表现出来的需求。因此，需求是市场经济中的关键因素，对于理解商品和服务的市场行为以及价格形成过程至关重要。在一定时期内，在这种商品的各种可能的价格下，消费者对某种商品的需求状况受许多因素的影响，主要影响因素如下：

（一）消费者偏好

消费者偏好是市场经济中至关重要的因素，它涵盖了消费者对商品的喜好和愿意购买程度。当消费者对某种商品有较高的偏好时，通常会导致需求的增加，因为他们愿意购买更多这种商品。相反，如果消费者的偏好降低或转向其他商品，可能会导致需求减少。因此，了解消费者的商品喜好对市场成功至关重要。为了更好地理解消费者偏好，市场调研和产品设计变得至关重要。了解消费者对面料、质地、服装款式等因素的偏好可以帮助制定更有吸引力的产品设计和价格策略。此外，通过推广活动和销售策略，可以促使消费者更多地购买喜好的商品，从而增加市场份额。然而，库存管理也是一项关键任务，因为过度生产可能导致库存积压和损失。因此，对消费者偏好的深入了解对于制定合理的库存管理策略，以避免不必要的损失至关重要。综上所述，了解消费者偏好是市场经济中的关键因素，直接影响了商品的销售和市场竞争力。

（二）消费者预期

消费者需求受多种因素影响，其中商品价格和未来预期是至关重要的。当消费者预期商品价格上升时，他们可能会更早购买，以避免未来更高的成本，这可以增加商品需求。相反，如果消费者预期价格下降，他们可能会推迟购买，导致需求减少。此外，预期未来收入的增加通常会刺激消费者增加需求，因为他们有信心能够承担更高的消费支出。因此，消费者的购买决策不仅受到当前价格和个人收入的影响，还受到他们对未来价格和走势的预期影响，这导致了需求的波动。消费者需求的波动对市场和经济产生重要影响。了解消费者的预期和购买决策有助于企业制定更智能的价格策略和库存管理计划。此外，政府和中央银行也会考虑消费者需求的波动，以指导货币政策和财政政策的制定，以促进宏观经济稳定。

如果把消费者对某种商品的需求作为因变量，把影响消费者对这种商品需求的各种因素作为自变量，用函数的形式表现出它们之间的关系，则公式如下：

$$Q^d = f(a,b,c,d,\cdots,n) \tag{2-3}$$

式中：Q——消费者对某种商品的需求量；

a，b，c，d，$\cdots$，n——分别表示影响需求的各种因素。

需求量指的是在一定时期内，受多种影响因素的影响，消费者对商品的购买能力和意愿所确定的数量。这个现实的需求量是由多个因素共同决定的。其中一个主要因素是商品的自身价格，因为价格上涨通常会导致需求量减少，价格下降则可能刺激需求量增加。然而，需求的其他因素也同样重要，如消费者的收入、商品的品质、替代品的可用性以及消费者的偏好等。需求量的变化不仅受到商品价格的影响，还受到这些不变的因素和市场情境的综合作用。因此，在分析市场时，必须综合考虑各种相关因素，以全面了解需求的动态。这有助于企业制定更智能的价格策略，政府制定更有效的政策，以及消费者做出更明智的购买决策。

如果把消费者对某种商品的需求量作为因变量，把这种商品自身的价格作为自变量，用函数的形式表现出它们的关系，则公式如下：

$$Q^d = f(p) \tag{2-4}$$

式中：Q——消费者对某种商品的需求量；

p——这种商品自身的价格。

（三）替代品和互补品的价格

商品之间的关系对消费者需求和商品价格产生重要影响。相关商品可以分为替代品和互补品两种类型。

替代品是在满足相似需求方面可以替代彼此的商品。例如，当猪肉的价格上升时，消费者可能会转而购买牛肉，因为它们在肉类中属于替代品。价格上升时，替代品的需求通常同方向变动，即一种商品价格上涨，另一种商品的需求也会上升，因为消费者更倾向于选择价格较低的替代品。

互补品则是需要一同使用的商品，它们的价格变动通常是反方向变动。例如，照相机和胶卷是互补品，因为人们需要同时购买它们来拍摄照片。如果照相机的价格上升，消费者可能会购买更少的照相机，并减少胶卷的需求，因为它们通常是一起使用的。因此，互补品的需求通常是共同变动的。

理解商品之间的这些关系对于企业和消费者都非常重要，因为它们可以影响购买决策和价格敏感度。同时，政府和市场分析师也需要考虑这些关系，以更好地预测市场行为和调整政策。商品关系的深入了解有助于更好地理解市场运作，为市场参与者提供更明智的决策基础。

（四）消费者实际收入水平

消费者的收入水平在很大程度上决定了他们对商品的需求。可支配收入，即扣除生活必需支出后的剩余收入，直接影响了消费者的购买能力。随着可支配收入的增加，消费者通常更有能力购买更多商品和提高其生活水平。因此，消费者的收入水平在市场经济中是一个重要的因素，它对市场的经济运行和商品需求产生深远的影响。消费者的需求是市场经济中的一个核心驱动因素，它直接受到消费者的收入水平和其他经济因素的影响。

第三节　市场均衡

市场需求和市场供给是将所有消费者和生产者的需求和供给加总得出的。市场均衡价格是市场需求和市场供给相交的点，即在该价格水平下，供给量等于需求量。这一均衡价格反映了市场中商品的相对稀缺程度。微观经济学通过分析需求曲线和供给曲线的相互关系，以及市场需求和市场供给之间的平衡关系，有助于人们理解市场如何形成价格，并调节商品数量以满足消费者和生产者的需求。

一、均衡的基本内涵

均衡在经济学中是一个广泛应用的重要概念。它最初源自物理学，指的是在没有外力作用下物体达到的相对静止状态。在经济学中，均衡则指的是在一定条件下，某些经济变量在其他变量的相互作用下达到的相对静止状态。

经济均衡的实现可以归因于多种因素的相互制约和相互抵消。这意味着在经济体系中，各种经济要素和变量之间存在着复杂的相互依赖关系，他们相互作用并且相互制约，最终导致了一种相对静止的状态，即均衡。这种均衡可能是市场中供需之间的平衡，也可能是因为满足了各经济主体的愿望，达到了他们的最优化目标。

二、均衡价格和数量

均衡价格是在市场中,需求量和供给量相等的价格水平,也就是市场需求量与市场供给量相交的价格点。这一价格水平通常受到许多因素的影响,包括消费者的购买力、生产者的成本、市场竞争状况等。除了需求曲线和供给曲线,还有其他因素可能影响均衡价格。例如,政府政策、自然灾害或新技术的引入都可能对市场均衡产生重要影响。

均衡价格不仅涉及价格水平,还包括均衡数量,即在均衡点上市场出清。这表示在该价格下,消费者需求的商品量等于生产者提供的商品量。市场出清状态是市场经济中的理想情况,它表明市场有效分配资源,并且没有商品积压或供不应求的情况。

商品价格是市场上的核心因素之一,它受消费者需求量和生产者供给量的影响。供需状况在决定商品价格方面发挥关键作用。当商品价格较高时,消费者通常会减少购买,因为价格高于他们的支付能力或愿意支付的范围。这可能导致商品价格下降,以吸引更多购买者,从而增加需求。相反,如果价格下降,消费者的需求通常会增加,因为他们认为这是更有吸引力的交易。这种需求增加可能导致供给减少,因为生产者可能会减少供给以保持盈利。市场均衡是指消费者需求量和生产者供给量达到了一个平衡状态,从而满足了市场中的需求。在这种均衡价格下,市场实际价格反映了消费者愿意接受的价格,这促使商品销售并满足了消费者的需求,实现了市场均衡状态。

市场均衡不仅关注价格,还关注均衡数量,即在均衡点上市场需求量等于市场供给量。这种状态反映了市场中商品的相对稀缺程度,确保了消费者的愿望得到满足,同时也有助于生产者获得利润。市场均衡状态是市场经济的目标之一,它体现了市场中消费者和生产者之间的和谐关系,使市场运作更加高效和公平。

综上,市场实际价格是由消费者竞争和生产者竞争所塑造的,反映了供需力量的相互作用。当市场实际价格高于均衡价格时,消费者之间的竞争通常会导致价格上升,因为他们愿意支付更高的价格来满足需求。然而,这也会刺激生产者之间的竞争,导致供给量增加,从而降低价格。相反,当市场实际价格低于均衡价格时,消费者之间的竞争可能导致价格下降,但这也可能导致供给量减少。市场均衡是指在市场实际价格下,需求量和供给量达到平衡,从而使市场能够满足消费者的愿望。在这种状态下，供需力量相互抵消，市场出清，确保了消费者的愿望得到满足。市场均衡不仅有助于维持供需平衡，还有助于提供商品和服务以满足人们的需求，从而促进市场的稳定和可持续发展。

三、均衡价格的作用

一般来说，在纯粹的市场竞争经济中，均衡是一种趋势。通过市场供求关系的自发调节，形成市场的均衡价格。而均衡价格形成后，市场价格一旦背离均衡价格，由于供求的相互作用，有自动恢复到均衡价格的趋势。均衡价格和均衡产量或者交易量可以通过将需求函数和供给函数两个方程式联立求解而得到。

如果市场上供给情况不变而需求增加，就会形成供不应求的局面，卖方在交易竞争中就会有较大话语权，这种市场情况可称卖方市场，成交价格和成交量都会上升。如供给不变而需求减少，就会形成供过于求局面，买方在交易中就会有较大话语权，这种市场情况可称买方市场，成交价和成交量都会下降。反过来如果市场上需求未变，而供给发生了增加或减少情况，同样会形成供过于求或供不应求的局面，从而形成买方市场和卖方市场，并使价格和成交量相应发生变化。如果供给和需求同时发生变化，价格和成交量如何变化，得由变化情况和程度而定。总之，一旦形成供过于求的买方市场，均衡价格总会趋向下跌；一旦形成供不应求的卖方市场情况，均衡价格总会趋向上升。

税收对均衡价格产生重要影响，因为无论如何征税，最终都会反映在产品价格上。在这方面，需求弹性起到了关键作用。如果产品价格的需求弹性高，换言之，消费者对价格非常敏感，那么税收导致的价格上升会导致消费者大幅减少购买。这样一来，大部分税收负担会由生产企业承担，因为他们必须将价格维持在合理范围内以吸引消费者购买。

相反，如果产品价格的需求弹性较低，即消费者对价格不太敏感，税收导致的价格上升不会显著减少消费者购买量。在这种情况下，税收负担主要落在消费者头上，因为他们愿意支付更高的价格来购买所需的商品。

产品价格中包含的税收负担以及负担的比例会根据需求弹性情况来决定。高需求弹性意味着生产企业更可能承担税收负担，而低需求弹性则意味着消费者更可能承担税收负担。这一情况对于政府和经济政策制定者来说至关重要，因为他们需要考虑如何平衡税收政策以实现社会和经济的公平和效益。

市场均衡价格是供求双方市场竞争的结果。市场均衡价格反映了交易双方各种利益的平衡。这意味着价格不是由单一一方决定的，而是通过供求双方的竞争和协商达成的结果。交易双方的产权必须清晰，以鼓励及时的供需调整。这意味着各方必须明确拥有和控制他们的资源和财产。交易双方必须能够自主作出经济决策，否则价格和供求无法向均衡方向调整，这强调了个体自由决策的重要性，因为它们对市场的动态调整起着关键作用。竞争必须充分、自由、平等，一旦垄断或政府干预竞争，均衡价格难以形成。竞争推动价格朝着合理的水平调整，确保资源的有效配置。产品和生产要素必须能够自由流动，否则无法形成全国统一的市场和均衡价格，这意味着商品和资源必须能够在市场之间自由流通，以确保价格反映了整个国家的供求状况。

市场均衡价格的形成依赖于明确的产权、自主决策、自由竞争和自由流动的产品和要素。这些条件的缺失可能导致市场失衡和经济问题。因此，维护这些条件的重要性在于确保市场能够有效运作，从而使供求双方能够在公平竞争的环境中达成均衡价格。

我国计划经济转型为市场经济，商品大多实行市场定价，情况大大改善。市场价格发挥的主要作用有以下方面：

第一，协调供需。商品供不应求时涨价，刺激生产，抑制需求；商品供大于求时降价，刺激需求，抑制生产。市场使供求走向平衡，资源配置走向社会需要的方向。

第二，传递信息。价格涨落及时传递了市场供求及资源配置应如何变化的信息，为生产者和消费者及时提供了决策依据。

第三，有效激励。生产者若能改进技术和管理，降低成本，提高产量和质量，则按市场价格出售后就能获利，在市场竞争中胜利。这为企业改善经营提供了不竭动力。

四、非均衡状态转向均衡状态

在现实市场中，买卖双方掌握的信息是不完全的，每一个人都不知道市场需求曲线和供给曲线的形状和交点的位置。因此，现实市场不可能处于均衡状态，但是买卖双方的竞争会使市场的非均衡状态向均衡状态的方向调整。

第一，考虑市场价格高于均衡价格的情况。随着市场价格的逐渐下降，卖方的供给量减少；同时，随着价格的走低，买方的需求量增加。只要供给量大于需求量，市场价格就会向下调，供给量随之减少，需求量随之增加，这个过程一直持续到均衡为止。

第二，市场价格是由买方需求和卖方供给之间的交互作用所决定的，而均衡价格是使市场达到供需平衡的价格点。当买方需求大于卖方供给时，市场可能会出现供不应求的情况，这通常会导致价格上升。例如，如果超市肉价突然下降，需求量可能会急剧增加，但供给无法迅速跟上，导致市场出现供不应求的情况。在这种情况下，价格调整可能会发生，以反映市场的新供需关系。另外，如果需求量减少或供给量增加，市场均衡价格可能会下降。例如，如果某种产品的需求量减少，而供给量增加，市场价格可能会下降以促进销售。市场调整速度取决于产品生产周期和市场调节的代价。在股票市场等自动撮合市场中，市场调整通常更为迅速，而在一些传统市场中，市场调整可能会相对较慢。不同市场和产品的特性会影响市场价格的变化速度和代价，对市场参与者和决策者来说，了解这些因素至关重要。

五、价格限制及后果

（一）最低限价

最低限价是一种由政府规定的价格下限，通常被称为支持价格。这是一种强制性政策，旨在确保特定商品或服务的销售价格不低于一定水平，以保护相关生产者的利益。最低限价政策在各种市场中得到应用，包括农产品市场和劳动力市场。

在农产品市场中，支持价格政策旨在确保农民能够获得合理的价格，以鼓励农业生产和稳定食品供应。政府通常会设定最低限价，确保农产品的价格不会低于某个水平，从而保障生产者的收入。这有助于稳定农业生产，并确保食品供应充足。

在劳动力市场中，最低工资法是一种支持价格政策，确保工人获得一定的最低工资水平。这有助于提高低收入工人的生活水平，减少社会不平等，并为劳动者提供一定的经济安全。

尽管最低限价政策有其合理性，但也存在一些争议。一些人担心，它可能导致价格上升，影响消费者的购买力，并可能导致就业机会减少。因此，最低限价政策通常需要在支持生产者利益和维护市场均衡之间寻找合适的权衡。

1.政府对农产品的价格支持

以小麦生产为例,说明农产品的价格支持政策的市场结果,如图2-1所示。

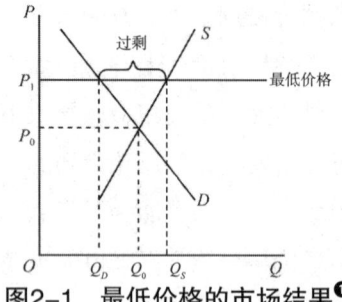

图2-1 最低价格的市场结果[1]

在一个没有政府干预的市场上,小麦的均衡价格为P_0,均衡数量为Q_0。政府为了保护农民的利益,强行把小麦价格提高到P_1。支持价格人为抬高了小麦的价格,买方不太愿意买,需求量只在Q_D的数量;但卖方很愿意供给,供给量多达Q_S。于是,小麦的供给量大于需求量,一些想以支持价格出售小麦的农民卖不出去,支持价格引起了小麦的过剩,最后卖出去的只有Q_D的数量。

2.最低工资法

劳动力市场是一个复杂的生态系统,其中政府规定的最低工资法起到了重要的作用,旨在保护劳动者的利益并增加他们的收入。这种政策确保了企业支付工人不低于规定的最低工资,从而提供了一定的经济保障。然而,最低工资法也引发了一些争议,因为一些企业担心它可能增加了他们的成本,可能会影响到就业机会。

在劳动力市场中,工作经验和技术对工资水平起着重要作用。劳动者的技能和经验通常与他们能够谈判的工资水平直接相关。企业通常会支付更高的工资来吸引和留住有技术和经验的劳动者。然而,一些情况下,企业可能试图降低成本,可能会损害劳动者的利益,例如解雇员工或招聘新员工以减少交易费用。对刚刚毕业的人来说,进入劳动力市场可能会有一些挑战,因为他们通常缺乏工作经验。在经济不景气时,这一挑战可能变得更为严峻,因为企业可能更加谨慎地进行招聘或裁员。然而,最低工资法可以为刚毕业的劳动者提供一定的保护,确保他们能够获得足够的工资来支付基本生活开销。

最终,劳动力市场中的工资水平和产品价格之间存在一种因果关系。工资水

---

[1] 本节图表均引自:张亚丽.经济学[M].广州:中山大学出版社,2020:43-45.

平的上升通常会导致产品价格上升，因为企业需要支付更高的成本，这可能会传递给消费者。因此，在制定和执行最低工资法等政策时，需要仔细权衡保护劳动者的利益和维护市场的均衡。

（二）最高限价

最高限价是一种由政府规定的价格上限，通常被称为限制价格。政府通过这种政策设定了一种商品或服务的最高价格，以限制市场价格的上涨。这种政策的目的可能是保护消费者免受高昂价格的压力，尤其是在特定商品或服务的需求旺盛时，或者是为了维护社会公平性。最高限价政策可能会导致市场价格低于均衡价格，这可能会对生产者产生负面影响。因为生产者可能会觉得在限制价格下无法获得足够的利润，从而减少供给或停止生产。这可能导致供给不足，商品短缺，甚至黑市出现。

下面以房屋租金管制为例，说明限制价格的市场结果。如图2-2所示，将租金价格规定为P_1，远低于市场价格P_0。这种政策旨在帮助租户降低生活成本，但却引发了一系列问题。低租金导致房东不再愿意维修和维护现有的房屋。维修成本无法覆盖租金收入，因此房东缺乏动力来改善住房质量。同时，房地产商也不再兴建新的房屋，因为他们无法在政府规定的低租金下获得足够的利润，这导致了住房供给量的减少，供给向左移动至Q_S。

同时，低租金吸引了更多的人租房，包括那些并不急需租房的人。这导致了租房需求量增加至Q_D。由于政府规定的租金远低于市场价格，市场供不应求，形成了供给量和需求量之间的差距，即Q_S-Q_D的缺口。这个缺口导致市场上只有供给量Q_S的房屋能够满足租房需求，急需租房的人很难找到适合的住房。这种情况下，资源配置变得极其低效，因为住房资源没有得到充分利用，房东和房地产商也不再投入充分的资源来维护和增加住房供给。

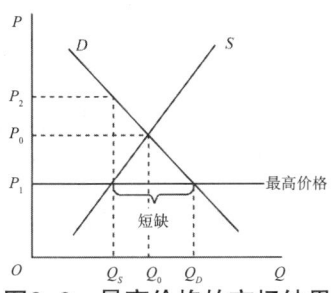

图2-2 最高价格的市场结果

房屋租金管制是一种政府制定的政策,旨在规范租房市场中的租金价格。通常情况下,租房市场可能会面临供不应求的情况,即需求大于供给,导致租金价格上升。政府可能会采取房屋租金管制来限制租金的上涨,以保护房客免受高租金的影响。

然而,房屋租金管制也可能带来一些问题。一方面,它可能导致租金价格低于市场均衡价格,这可能减少了房东的收入,尤其是在考虑到折旧和家具等费用后。这可能降低了房东的积极性,减少了投资在住房市场中的吸引力。另一方面,房屋租金管制也可能导致一些社会问题,如房东可能不愿维护房屋或提供必要的服务,因为租金较低无法覆盖相关成本。此外,一些房东可能试图通过签约费等方式来弥补租金的损失,这可能对房客造成额外的经济负担。

综合来看,房屋租金管制是一个复杂的政策,旨在平衡租房市场中的供需关系和保护房客免受高租金的影响。然而,它也需要谨慎地执行,以避免引发其他经济和社会问题。

第四节 弹性理论

一、需求的价格弹性计算及影响因素

(一)弹性及其计算

经济学和统计学经常使用弹性来描述因变量与自变量之间的关系。弹性是一个重要的概念,用于衡量自变量的变化对因变量的影响程度。它通常以百分比变化的形式表示,衡量了因变量相对于自变量的敏感度。具体来说,当自变量发生变化时,弹性告诉人们因变量将以多大的百分比变化。

弹性反映了函数关系中的相互影响,它可以帮助人们理解在不同情况下因变量和自变量之间的相关程度。例如,如果产品价格的弹性为-0.5,这意味着价格上涨1%将导致需求下降0.5%。这种信息对于市场分析、政策制定和经济预测非常重要,因为它可以帮助人们预测不同因素对经济变化的影响。因此,弹性是经济学和统计学中的一个关键概念,用于量化和解释变量之间的关系。

弹性的一般公式如下：

$$\text{弹性系数} = \frac{\text{因变量的变化率}}{\text{自变量的变化率}} \quad (2\text{-}5)$$

如果两个变量之间的函数关系为$Y=f(X)$，那么弹性系数的一般公式如下：

$$e = \frac{\frac{\Delta Y}{Y}}{\frac{\Delta X}{X}} = \frac{\Delta Y}{\Delta X} \cdot \frac{X}{Y} \quad (2\text{-}6)$$

式中：e——弹性系数；

ΔX、ΔY——分别为X和Y的变动量。

式（2-6）表示当自变量X变动百分之一时，因变量Y的变动百分比。

如果自变量变动率趋于无穷小，即式（2-6）中$\Delta X \to 0$时，弹性公式如下：

$$e = \lim_{\Delta X \to 0} \frac{\frac{\Delta Y}{Y}}{\frac{\Delta X}{X}} = \frac{\frac{\mathrm{d}Y}{Y}}{\frac{\mathrm{d}X}{X}} = \frac{\mathrm{d}Y}{\mathrm{d}X} \cdot \frac{X}{Y} \quad (2\text{-}7)$$

式（2-6）表示的弹性通常称为弧弹性，式（2-7）表示的弹性称为点弹性。由弹性公式可以看出，弹性是两个变量各自变化率的比值，弹性系数只是一个数值，与变量的计量单位没有关系。

（二）需求弹性及其计算

需求价格弹性，通常简称为需求弹性，是经济学中的一个关键概念，用于衡量商品需求量对价格变动的反应程度。它以百分比变动的形式来表示，通常分为几种类型：正弹性、负弹性和单位弹性。

如果需求弹性为正，意味着商品需求量对价格变动的反应是正向的。这表示当价格上涨时，需求量减少，当价格下降时，需求量增加。这是大多数商品的情况，因为当价格较低时，消费者倾向于购买更多的商品。

相反，如果需求弹性为负，表示需求量对价格变动的反应是负向的。这意味着价格上涨时，需求量增加，价格下降时，需求量减少。这种情况较为少见，通常发生在奢侈品或特殊情况下。

如果需求弹性为单位弹性，即1，表示需求量的变化与价格变动成比例关系，即百分比变动相等。需求价格弹性是市场分析和价格策略制定的关键工具，它帮助人们理解商品需求与价格之间的关系，以便做出更明智的经济决策。其一般公式如下：

$$需求的价格弹性 = \frac{需求量的变化率}{价格的变化率} \qquad (2\text{-}8)$$

由于在需求函数中，需求量和价格之间是一种反向变化关系，所以需求量变化率和价格变化率的比值是一个负数。为了方便比较，通常在公式中加一个负号，使需求价格弹性系数为正值。

1. 需求的价格弧弹性计算

需求与价格之间的关系在需求曲线中呈现出来，而需求曲线上的弧弹性则揭示了商品价格和需求量之间的反应程度。弧弹性是指需求曲线上两点之间的弹性系数，它衡量了在价格变动下需求量的变化幅度。

当需求曲线呈现出弧形时，说明需求量对价格变动的反应程度不是一成不变的，而是随着价格水平的不同而变化。这意味着在不同价格点上，需求量的百分比变化与价格的百分比变化之间的关系可能不同。具体来说，如果需求曲线上的弧弹性大于1，表示需求对价格变化比较敏感；而如果弧弹性小于1，则表示需求对价格变化比较不敏感。

弧弹性的概念对于市场分析和价格制定非常重要，因为它帮助企业和政策制定者更好地理解消费者在不同价格水平下的行为和购买决策。

如果需求函数是 $Q^d = f(p)$，那么需求的价格弧弹性计算公式如下：

$$e_d = -\frac{\frac{\Delta Q}{Q}}{\frac{\Delta P}{P}} = -\frac{\Delta Q}{\Delta P} \cdot \frac{P}{Q} \qquad (2\text{-}9)$$

式中：e_d——需求弹性系数；

ΔQ——需求量；

ΔP——价格的变动量。

利用图2-3的需求曲线计算 A、B 两点之间的弧弹性。先计算由 A 点到 B 点，价格下降时的弧弹性。在 A 点，商品的价格为60元，商品的需求量为100千克。在 B 点，商品的价格为50元，商品的需求量为200千克。

图2-3 商品的需求曲线

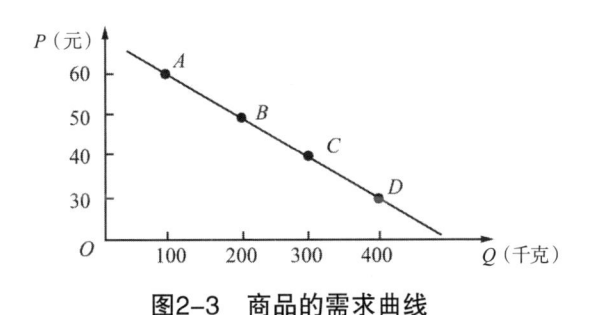

那么，由A点到B点的弧弹性计算公式如下：

$$e_d = -\frac{\frac{\Delta Q}{Q}}{\frac{\Delta P}{P}} = -\frac{\Delta Q}{\Delta P} \cdot \frac{P}{Q} = -\frac{100-200}{60-50} \times \frac{60}{100} = 6 \qquad (2\text{-}10)$$

再计算由B点到A点，价格上升时的弧弹性计算公式如下：

$$e_d = -\frac{\frac{\Delta Q}{Q}}{\frac{\Delta P}{P}} = -\frac{\Delta Q}{\Delta P} \cdot \frac{P}{Q} = -\frac{200-100}{50-60} \times \frac{50}{200} = 2.5 \qquad (2\text{-}11)$$

商品降价和需求价格弹性之间存在密切的关系，这反映了消费者在价格变动面前的消费选择和购买量的变化。需求价格弹性，通常称为弧弹性，表示了需求量对价格变动的敏感程度。

当商品降价时，如果需求价格弹性为弧弹性，消费者的反应是相对灵活的。这意味着价格下降会导致需求量的相对小幅增加，但并非成比例地增加。这可能是因为消费者的消费习惯和选择不会立刻完全改变，他们可能会增加购买量，但不会瞬间翻倍。这种情况在许多消费品领域都很常见，如食品、家居用品等。

相反，当商品涨价时，需求价格弹性也反映了消费者的反应。如果需求价格弹性为弧弹性，价格上涨可能会导致需求量的相对小幅减少，而不是立刻大幅下降。这表明消费者通常不会立刻放弃购买某个商品，而是可能寻找替代品或逐渐调整他们的消费习惯。因此，弧弹性反映了消费者在价格变动面前的较为渐进和灵活的反应，这对于市场分析和价格策略制定非常重要。

尽管如此，在比较不同商品对其价格变化的反应程度时，这种结果的差异会带来很多的不便。为了避免这种结果的差异带来的不便，可以计算需求价格的中点弹性。其计算公式如下：

$$e_d = -\frac{\Delta Q}{\Delta P} \cdot \frac{\frac{P_a + P_b}{2}}{\frac{Q_a + Q_b}{2}} \quad （2-12）$$

2.需求的价格点弹性计算

需求和价格之间的关系可以通过需求曲线和点弹性来量化和理解。需求是指消费者愿意购买的商品或服务的数量，而价格则是决定消费者购买行为的关键因素之一。需求曲线由一个图形表示，显示了不同价格水平下的需求量。点弹性则衡量了需求曲线上特定点的需求量对价格变化的反应程度。

需求曲线通常是负斜率的，即价格上升会导致需求量减少，价格下降会导致需求量增加。点弹性告诉我们，在某一价格点上，需求量对价格变化的敏感程度。如果需求曲线在某点的点弹性为-2，这意味着价格上涨1%将导致需求量减少2%；反之，价格下降1%将导致需求量增加2%。点弹性的值可以帮助我们理解市场中消费者对价格变动的具体反应，这对于制定价格策略和预测市场行为非常有帮助。其计算公式如下：

$$e_d = \lim_{\Delta P \to 0} -\frac{\frac{\Delta Q}{Q}}{\frac{\Delta P}{P}} = -\frac{\frac{\mathrm{d}Q}{Q}}{\frac{\mathrm{d}P}{P}} = -\frac{\mathrm{d}Q}{\mathrm{d}P} \cdot \frac{P}{Q} \quad （2-13）$$

需求的价格点弹性还可以用几何的方法来计算。这里用图2-4中的线性需求曲线来说明。

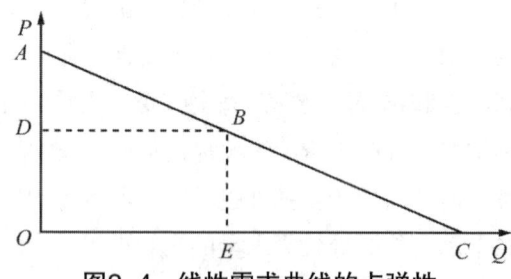

图2-4 线性需求曲线的点弹性

在图2-4中，需求曲线分别与纵轴和横轴交于A点和C点。B点是需求曲线上的任意一点，B点的价格为OD，需求量为OE，需求曲线斜率EC的倒数为EB。根据需求的价格点弹性公式，B点的需求价格点弹性计算公式如下：

$$e_d = -\frac{\mathrm{d}Q}{\mathrm{d}P} \cdot \frac{P}{Q} = \frac{EC}{EB} \cdot \frac{EB}{OE} = \frac{EC}{OE} = \frac{OD}{AD} = \frac{BC}{AB} \quad （2-14）$$

根据式（2-14），线性需求曲线上任何一点的弹性可以通过该点到横轴交点的线段长度和该点到纵轴交点的线段长度的比值来计算，也可以通过该点分别向横轴和纵轴作垂线，分别用垂线与横轴和纵轴的交点所划分的线段的比值来计算该点的点弹性。其实，非线性需求曲线也可以用这种方法求得任意一点的点弹性。具体方法是过该点作非线性需求曲线的切线，用切线上该点到横轴交点的线段长度和该点到纵轴交点线段的长度的比值，计算出该点的点弹性，或用上述的通过该点向横轴和纵轴作垂线的方式来计算该点的点弹性。

（三）需求弹性的影响因素

第一，可替代性。需求弹性受商品可替代性的影响。如果市场上有许多替代品可供选择，需求通常更为弹性。消费者可以更容易地转而购买价格更低或性能更好的替代品，因此他们对价格变化更为敏感。例如，如果一种品牌的咖啡价格上涨，消费者可能会选择购买另一种咖啡品牌。

第二，生活必需品。需求弹性还受商品是否属于生活必需品或奢侈品的影响。通常来说，生活必需品的需求弹性较低，因为消费者不容易削减对这些商品的消费，即使价格上涨。相反，奢侈品的需求通常更为弹性，因为当价格变动较大时，人们可以更容易地调整对奢侈品的消费。

第三，消费支出占比。商品在个人或家庭总消费支出中的占比也会影响需求弹性。如果某种商品在总支出中占比较小，价格上涨可能对整体消费影响较小，需求弹性较低。然而，如果某种商品占据大部分支出，价格变动可能会显著影响家庭预算，需求弹性较高。

第四，调整需求结构。需求弹性还受消费者是否能够调整其需求结构的影响。如果消费者能够轻松地调整其购买习惯，例如选择不同规格或品牌的产品，那么需求弹性较高。这种情况下，消费者可以更灵活地应对价格变动，而不会对商品本身产生太大的忠诚度。

第五，替代品的可用性。替代品的存在也会影响需求弹性。如果市场上有多种替代品可供选择，需求通常更为弹性。消费者可以轻松地转而购买其他类似的商品，从而减轻价格变动对需求量的影响。例如，在手机市场上，有多个品牌和型号可供选择，因此消费者对某一品牌的价格变化更为敏感。

二、需求的交叉价格弹性计算及商品关系

（一）需求交叉价格弹性及其计算

需求的交叉价格弹性和需求的交叉弹性是经济学中用来研究相关商品之间相互影响的重要概念。交叉价格弹性衡量了一种商品价格变动对另一种商品需求量变动的影响程度。如果两种商品之间存在正交叉价格弹性，那么当一种商品的价格上涨时，另一种相关商品的需求量也会上涨，反之亦然。这表明这两种商品是替代品，它们的需求量随价格变动而相互变化，如热狗和热狗面包的关系。

另外，如果两种商品之间存在负交叉价格弹性，那么当一种商品的价格上涨时，另一种相关商品的需求量会下降，反之亦然。这表明这两种商品是互补品，它们的需求量随价格变动而相互变化，如汽油和汽车的关系。需要注意的是，除了价格变动外，其他因素也可能影响需求的交叉价格弹性，如消费者的收入变化、市场趋势和广告活动等。因此，在分析相关商品之间的相互影响时，需要考虑多种因素，并计算交叉价格弹性以更好地理解其关系。

假定某一种商品的需求量 Q_X 与另一种商品的价格 P_Y 存在函数关系，即 $Q_X = f(P_Y)$，那么商品 X 的需求交叉价格弹性计算公式如下：

$$e_{XY} = \frac{\frac{\Delta Q_X}{Q_X}}{\frac{\Delta P_Y}{P_Y}} = \frac{\Delta Q_X}{\Delta P_Y} \cdot \frac{P_Y}{Q_X} \qquad (2\text{-}15)$$

式中：ΔQ_X——商品 X 的需求量的变化量；

ΔP_Y——另一种商品 Y 的价格的变化量；

e_{XY}——X 商品对 Y 商品价格变化的交叉价格弹性系数。

式（2-15）是 X 商品对 Y 商品价格变化的交叉弧弹性。如果 Y 商品的价格变化量 ΔP_Y 为无穷小，就可以得到 X 商品对 Y 商品价格变化的交叉点弹性的计算公式，如下：

$$e_{XY} = \lim_{\Delta P_Y \to 0} \frac{\frac{\Delta Q}{Q}}{\frac{\Delta Y}{Y}} = \frac{\frac{dQ}{Q}}{\frac{dY}{Y}} = \frac{dQ_X}{dP_Y} \cdot \frac{P_Y}{Q_X} \qquad (2\text{-}16)$$

需求交叉价格弹性是一项重要的经济概念，用于研究不同商品之间的替代关系或互补关系。弹性系数的符号在描述商品关系时起着关键作用。当需求交叉价

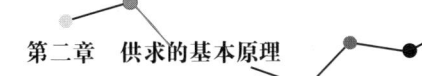

格弹性的符号为正时，这意味着两种商品之间存在替代关系。具体来说，如果一种商品的价格上涨导致另一种商品的需求量上升，那么它们之间的交叉弹性为正数。例如，如果汽油价格上涨，人们更倾向于使用公共交通，这表明汽油和公共交通票价之间存在替代关系，其交叉弹性为正。相反，当需求交叉价格弹性的符号为负时，这意味着两种商品之间存在互补关系。如果一种商品的价格上涨导致另一种商品的需求量下降，那么它们之间的交叉弹性为负数。例如，当咖啡价格上涨时，人们可能会减少购买咖啡伴侣或糖，这表明咖啡和咖啡伴侣之间存在互补关系，其交叉弹性为负。

因此，需求交叉价格弹性的符号不仅有助于我们理解商品之间的替代或互补关系，还有助于分析市场中不同商品的相互影响，为企业和政策制定者提供有关市场行为的重要信息。

（二）需求交叉价格弹性中商品间的关系

需求交叉价格弹性是经济学中的一个重要概念，它描述了不同商品之间需求变化的关系。当两种商品之间存在正弹性时，它们是替代关系，这意味着如果价格上涨，消费者可能会减少一种商品的购买，而增加另一种商品的购买，以满足相似的需求。例如，如果汽油价格上涨，消费者可能会减少驾车出行，而增加乘坐公共交通工具的次数。

另外，商品互补关系通常表现为负弹性，这意味着这些商品的需求在价格变化时呈现相反的趋势。例如，饼干和牛奶就是典型的互补品，如果牛奶价格上涨，消费者可能减少购买饼干的数量，因为它们通常一起消费。

三、需求的收入弹性计算

消费者的收入水平对于他们购买某种商品的数量有着显著的影响。在研究消费者收入与商品需求之间的关系时，一个关键概念是需求的收入弹性。需求的收入弹性用于衡量在一定时间内，消费者对某种商品的需求量变动与他们收入变动之间的关系程度。需求的收入弹性的定义非常重要，它可以被视为一个度量标准，用以衡量商品需求对消费者收入的敏感程度。通常，需求的收入弹性可以表示为消费者收入变动百分之一时，商品需求量变动的百分比。

需求的收入弹性也可以分为弧弹性和点弹性，其定义公式如下：

$$e_M = \frac{\frac{\Delta Q}{Q}}{\frac{\Delta M}{M}} = \frac{\Delta Q}{\Delta M} \cdot \frac{M}{Q} \qquad (2\text{-}17)$$

$$e_M = \lim_{\Delta M \to 0} \frac{\frac{\Delta Q}{Q}}{\frac{\Delta M}{M}} = \frac{\frac{\mathrm{d}Q}{Q}}{\frac{\mathrm{d}M}{M}} = \frac{\mathrm{d}Q}{\mathrm{d}M} \cdot \frac{M}{Q} \qquad (2\text{-}18)$$

需求收入弹性是一个用来衡量商品需求对消费者收入变化敏感程度的关键概念。商品通常被分为不同的类，包括正常品、低档品、必需品和奢侈品。正常品是指随着收入的增加，需求也增加的商品，其需求收入弹性值通常为正数。这意味着随着消费者的收入上升，他们更愿意购买正常品。与此相对，低档品通常具有负的需求收入弹性值，因为随着收入的增加，人们可能更倾向于购买更高档的替代品。必需品的需求收入弹性值通常较低，因为无论收入如何变化，人们仍然需要购买这些商品来满足基本需求。奢侈品则通常具有较高的需求收入弹性值，因为它们在高收入时需求增加，但在低收入时需求下降。

四、供给的价格弹性计算及影响因素

（一）供给的价格弹性计算

供给的价格弹性描述了供给量对价格变动的敏感程度。供给的价格弹性可以分为两种主要类型：弧弹性和点弹性。弧弹性考虑价格和供给量的变化范围，而点弹性则是在特定价格和供给量组合下的弹性值。中点弹性是一种常见的弹性度量方法，它考虑了价格和供给量的百分比变化，以确保在不同价格水平下的弹性值是一致的。这有助于比较不同商品或市场的供给弹性。点弹性则是在特定点上的价格弹性值，通常用于分析供给在特定市场条件下的反应。

供给的价格弧弹性就是供给曲线上两个点之间的弹性，其计算公式如下：

$$e_s = \frac{\frac{\Delta Q}{Q}}{\frac{\Delta P}{P}} = \frac{\Delta Q}{\Delta P} \cdot \frac{P}{Q} \qquad (2\text{-}19)$$

式中：ΔQ——商品的供给变动量。

供给的价格中点弹性，是供给曲线上两点之间的中点的弹性，其计算公式如下：

$$e_s = \frac{\Delta Q}{\Delta P} \cdot \frac{\frac{P_a + P_b}{2}}{\frac{Q_a + Q_b}{2}} \qquad (2-20)$$

供给的价格点弹性，是指供给曲线上某一点的弹性，其计算公式如下：

$$e_s = \lim_{\Delta P \to 0} \frac{\frac{\Delta Q}{Q}}{\frac{\Delta P}{P}} = \frac{\frac{\mathrm{d}Q}{Q}}{\frac{\mathrm{d}P}{P}} = \frac{\mathrm{d}Q}{\mathrm{d}P} \cdot \frac{P}{Q} \qquad (2-21)$$

由于供给曲线有正的斜率，供给量与价格是同方向变动的，供给量的变化量和价格变化量的符号是相同的，所以供给的价格弹性总是正的。

（二）供给价格弹性的影响因素

1.时间

时间是影响供给的价格弹性的关键因素。在短时间内，生产受到多种因素的限制，供给量难以大幅增加，导致供给价格弹性较小。这是因为生产者需要时间来调整生产规模和资源分配，无法迅速适应价格变化。

随着时间的延长，生产者更容易调整生产规模，使供给量能够随价格变化做出相应的调整，从而供给弹性增大。这意味着长期内，供给价格弹性较大，生产者可以更灵活地响应市场需求的变化，从而更有效地满足消费者的需求。因此，时间是供给价格弹性的一个关键因素，短期内供给弹性较小，而长期内供给弹性较大。这对于理解市场运作和价格调整过程非常重要。

2.原材料

当原材料短缺且没有可替代品时，供给量的增加变得相当困难，因此供给弹性较小。这是因为在这种情况下，供应商无法轻松地增加生产，因为原材料供应不足。这导致了供给的相对不灵活性。如果原材料本身供给富有弹性，那么供给价格的弹性也会相应增大。这意味着供应商可以更容易地增加生产，因为原材料供应充足。因此，当原材料具有较高的供给弹性时，供给价格可以更快地调整以满足市场需求。

3.生产成本

成本因素是影响供给价格弹性的一个关键因素。在价格一定的情况下，生产者的供给数量主要取决于其生产成本。生产者的供给曲线的形状可以反映供给价格弹性的程度。

如果生产者的供给曲线是平缓的，这意味着供给价格弹性较大。这是因为在这种情况下，增加产量只会导致边际成本的轻微提高。生产者可以相对容易地增加产量而不必大幅提高成本，因此他们对价格变化有较强的反应能力。

相反，如果生产者的供给曲线是陡峭的，这意味着供给价格弹性较小。在这种情况下，增加产量会导致较大幅度的边际成本上升。生产者必须付出更高的成本来增加产量，因此他们对价格变化的反应能力较小。

成本因素对供给价格弹性有着重要影响，平缓的供给曲线表示弹性较大，而陡峭的供给曲线表示弹性较小。这些因素对市场和价格的变化都有重要的影响，影响着生产者的决策以及市场的供需平衡。

4.生产周期

生产周期是影响产出数量的一个重要因素。短生产周期的产品允许厂商根据市场变化迅速调整产量，这意味着他们可以更灵活地满足市场需求，因此，短生产周期的产品具有较大的供给价格弹性。与此不同，长生产周期则限制了厂商在市场变化时快速调整产量，因此，这类产品的供给弹性较小。这一差异在市场竞争和价格波动方面产生了重要影响。生产周期的长短直接影响了生产者对市场变化的应对能力，从而影响了产品的供给弹性。这一因素在制定生产策略和定价策略时应被考虑，因为它会影响到产品在市场中的竞争地位和盈利能力。

思考与练习

1.什么是供给和需求？它们在市场经济中的作用是什么？

2.解释一下需求曲线和供给曲线的概念。它们是如何形成的？

3.如果某种商品的需求上升，会对价格产生什么影响？为什么？

4.如果某种商品的供给减少，会对价格产生什么影响？为什么？

5.什么是市场均衡？如何确定市场均衡价格和数量？

6.如果政府实施价格上限，会对市场产生什么影响？举例说明。

7.如果政府实施价格下限，会对市场产生什么影响？举例说明。

8.解释一下弹性需求和不弹性需求之间的区别，以及它们如何影响供求关系。

9.在供给和需求分析中，什么是替代品和互补品？它们是如何影响价格和数量的？

第三章　消费者行为理论

　　消费者行为理论是经济学领域中的一个重要分支，它通过深入研究消费者在购买商品和服务时的决策过程，揭示了市场经济中的消费者行为规律。基于此，本章探究了效用理论、边际效用理论、预算约束、无差异曲线以及消费者均衡的变化等概念。在当今竞争激烈的市场环境中，对消费者行为的深刻理解是取得商业成功和制定有效政策的关键。

第一节　效用理论

一、效用的属性

　　效用理论是消费者行为理论的核心概念之一，它探讨了消费者在购买商品和服务时如何做出决策，以最大化其满足感或效用。效用可以从不同属性的角度来论述，包括客观属性、主观属性、组合属性和递减属性，具体如下：

（一）客观属性

　　客观属性是商品或服务的客观特征，这些特征可以通过客观的观察和科学测量来准确确定。这些属性包括但不限于商品的尺寸、重量、颜色、价格等。消费者通常会依赖这些客观属性来做出购买决策，因为它们提供了一个相对容易比较和评估不同选项的标准。以一个具体的例子来说明，一位消费者在购买一款手机时可能会考虑屏幕大小、处理器速度、摄像头像素和价格等客观属性。这些属性直接影响着消费者的满意度和效用水平。例如，如果一款手机的屏幕更大、性能更强，但价格相对较低，那么这些客观属性可能会使该手机成为消费者的首选，因为它们提供了明确的信息，帮助消费者做出明智的购买决策。因此，客观属性在消费者决策过程中扮演着重要的角色，帮助他们选择最符合其需求和偏好的商品或服务。

（二）主观属性

主观属性代表了消费者个人的主观看法和感受，这些看法和感受通常与个体的喜好、价值观以及个人经历密切相关，因此无法通过客观的标准来准确衡量。这些属性在购买决策中起着至关重要的作用，因为它们直接涉及个体的情感和满足感。

举例来说，商品的品位和风格是主观属性的典型示例。不同人对于美学和审美的看法各不相同，因此一件商品的设计、外观和风格可能在不同人中引发截然不同的反应。对一个人来说，一款时尚的衣物可能代表着个性和时尚感，但对另一个人来说，它可能完全不合口味。这种主观属性不仅与个人的审美观念有关，还与文化、时代和社会因素有关。

此外，主观属性还包括与个人情感联系相关的因素。某种商品可能与消费者的某种特殊回忆或情感联系密切，这使得该商品对于该消费者来说具有特殊的意义和价值。例如，一本书可能因为陪伴消费者度过了重要的时刻而变得珍贵，这种情感联系无法被客观属性所捕捉。

因此，在购买决策中，消费者通常会考虑这些主观属性，因为它们不仅仅是商品或服务的客观特征，更是与个体的情感、认知和个人价值观紧密相连的因素。消费者希望购买能够满足他们主观需求和情感连接的产品，因此主观属性在决策过程中扮演着非常重要的角色。

（三）组合属性

组合属性代表了消费者在购买决策中综合考虑多个属性的结果，将客观属性和主观属性融合在一起。这种综合考虑使消费者能够更全面地评估不同商品或服务之间的优劣，以确定哪一个能够提供最高的总体效用。

在购买决策中，消费者可能会同时考虑多个关键属性，如价格、品质、品牌声誉、功能特性等。例如，购买一部智能手机时，消费者可能会将手机的价格、性能、品牌口碑、摄像头质量等多个因素纳入考虑。这些属性的组合反映了消费者对产品或服务多方面的需求和期望。

组合属性的重要性在于它们帮助消费者在多样的选择中进行权衡和比较。消费者需要考虑不同属性之间的权重和相互关系，以确定哪个选项能够最好地满足他们的需求。例如，一位消费者可能愿意为了更高的品质支付更高的价格，而另一位消费者可能更注重价格，愿意牺牲一些品质以节省成本。这种权衡和比较反映了消费者的多元决策过程，因为他们不仅关注单一属性，还考虑多个属性之间的复杂关系，以追求最佳的购买选择。

因此，组合属性在消费者行为理论中扮演着重要的角色，帮助人们理解消费者是如何在多样的选择中进行决策的，并最终选择能够提供最大总体效用的商品或服务。这反映了消费者的决策过程的多维性和复杂性。

（四）递减属性

递减属性涉及效用理论中的一个基本原则，即边际效用递减。这个原则指出，当消费者增加某一商品或服务的消费数量时，每增加一个单位的消费量所带来的额外满足感会逐渐减少。这意味着，随着消费数量的增加，该商品或服务对于消费者的效用将呈现递减趋势，最终可能会达到一个饱和点。

这一概念可以通过一个简单的例子来解释：假设一个人正在享用一块巧克力蛋糕。第一口蛋糕带来的满足感非常强烈，然而，当他继续吃下更多的蛋糕时，每一口的额外满足感逐渐减少，最终达到了一种饱和状态，他可能感到不想再吃下一口。

递减属性对消费者行为具有重要影响，因为它影响了消费者的购买决策。消费者通常会根据这一属性来决定他们的消费选择。当消费者考虑增加某一商品或服务的购买量时，他们会权衡每个额外单位所带来的满足感和价格成本。一旦他们感到每个额外单位的满足感不再值得支付的价格，他们就可能停止购买。

这一原则在定价策略、促销活动和产品包装等方面都具有重要意义，因为它帮助企业理解消费者的需求和购买行为。了解递减属性有助于企业制定更具吸引力的价格策略，以及设计产品和服务，使消费者在购买过程中感到更多的价值。总之，递减属性是消费者行为理论中一个关键的概念，有助于解释为什么消费者在不同情境下如何做出购买决策。

二、效用的函数

人们从消费一种或一组商品中获得效用时，其效用的大小与所消费商品的品种和数量有关，这种依存关系即所谓效用函数。若消费一种商品X，则效用函数为$U=f(x)$，若消费一组x和y两种商品，则：

$$U=f(x, y) \tag{3-1}$$

同样可有：

$$U=f(x, y, z, \cdots) \quad (3-2)$$

效用的大小是在经济学和消费者行为理论中的一个重要概念，它用来表示个体对不同商品或服务的偏好程度或满足程度。然而，如何衡量效用一直是一个有争议的问题。

最早期的效用理论被称为基数效用论，它假定效用可以用具体的数字或基数来度量，如1、2、3、4等。这意味着不同商品或服务的效用可以直接比较，可以说一种商品的效用是另一种商品的两倍。基数效用论的一个问题是，它需要将效用量化，但效用是主观的，不容易用具体数字来表示。此外，不同人对相同商品的效用度量可能会不同，因此基数效用论在实际应用中存在一定的限制。

后来，一些经济学家提出了序数效用论，认为效用无法用具体数字度量，只能用次序来衡量。在序数效用论中，效用只能被排列为第一、第二、第三等次序，表示个体对不同商品或服务的相对偏好，而不能量化它们的确切数值。这种方法更加符合效用的主观性质，因为它强调了人们对商品的相对偏好。

实际上，效用的确切数值在经济学中很难确定，因为它取决于个体的主观感受和情境。序数效用论更符合这种不确定性，因为它不要求具体数值，只关注商品之间的次序关系。

综上所述，效用的衡量方法可以包括基数效用论和序数效用论。尽管基数效用论提供了一种将效用量化的方法，但序数效用论更符合效用的主观本质，并且更常用于现代经济学中。它强调了人们对不同商品或服务的相对偏好，而不是具体的效用数值。效用理论在经济学中仍然是一个重要的概念，用于解释消费者决策和市场行为。

假定消费的是一种商品X，那么同一时间内随着X消费量增加，X提供的效用会递减，即每增加1单位X的消费，所增加的效用会递减。如果用TU_X代表消费X获得的总效用，将增加1单位X消费所增加的效用表示为MU_X，则MU_X可称为边际效用，$MU_X=\Delta TU_X/\Delta X$。如果商品可无限分割（事实上不可无限分割），则$MU_X=\lim \Delta TU_X/\Delta X=dTU/dX$。$X$增加（消费量）时，起初总会使总效用增加，即$MU>0$，但增加到一定程度时，边际效用会成为负数，即$MU_X<0$（如吃第四个馒头或面包时），从而会使总效用反而下降。因此，边际效用为零时总效用最大。

边际效用递减是一个重要的经济学概念，它指的是随着消费某一商品或服务的数量增加，每增加一个单位所带来的额外满足感逐渐减少。这个现象可以由两个主要原因来解释：

第一，生理或心理原因。这个原因涉及人类的生理和心理特征。虽然人类的欲望是多种多样的，但由于生理原因，每一种具体欲望在一定程度上都受到限制。这意味着，当人们开始满足某一种欲望时，感觉到的满足度会相对较高。然而，随着人们不断消费同一商品或服务，这种感觉的满足度逐渐减少。

第二，多种用途的商品。通常情况下，物品可以用于多种不同的目的，而这些用途的重要性不一样。当人们首次消费某一商品时，通常会满足最重要的用途，因此感觉到的满足度较高。然而，随着人们继续消费，人们可能会开始满足那些相对不太重要的用途，因此额外的满足感递减。

以一辆汽车为例，刚开始购买一辆汽车时，主要目的可能是日常通勤，因此对于方便的交通工具感到非常满意。然而，随着时间的推移，可能会使用汽车进行其他目的，如度假旅行或购物。这些次要用途的满足感可能不如最初的通勤用途强烈，因此边际效用递减。

人们知道，消费者会从消费各种商品中获得效用。假定消费者从消费X和Y两种商品中获得效用，获得效用的总量与消费X和Y的数量有关。这样，效用函数可写成：$TU=f(X,Y)$。TU也可写成U，U对X和Y的偏导数就是X和Y的边际效用，即$MU_X=\partial U/\partial X$和$MU_Y=\partial U/\partial Y$。$MU_X$的含义是当$Y$不变时增加1单位$X$能给消费者增加多少效用，$MU_Y$的含义同样如此。

第二节　边际效用分析

效用，是指消费者从某种物品或劳务的消费中得到的满足感。"边际效用论将'需要'定义为一种主观的心理感受，因此，以需要为根据的价值就具有主观性。"[1]较大的满足就是效用大，较小的满足就是效用小，如果从物品的消费中感受到痛苦，则是负效用。

---

[1] 冯瑀.边际效用论与价值关系说"价值"概念比较研究[J].当代中国价值观研究，2019，4（5）：14.

一、总效用与边际效用

总效用和边际效用是与效用相关的两个概念。总效用（TU）是指消费者在一定时间内从一组物品的消费中得到的总满足感。假定消费者消费Q数量的物品或劳务，则总效用函数为：

$$TU = f(Q) \tag{3-3}$$

随着消费数量的增加，总效用会不断增加，但是增加的速度越来越慢，这是因为每增加一单位物品的消费，新增加的效用越来越小。

经济学家把每增加一单位某种物品的消费所带来的总效用的增量称为"边际效用"（MU）。边际是个动态概念，是指自变量的变动量与所引起的因变量变动量之比。在边际效用的概念中，自变量为消费的变动量，因变量为总效用的变动量。所以，边际效用可以表示为：

$$MU = \frac{\Delta TU}{\Delta Q} \tag{3-4}$$

根据数学知识，如果ΔQ连续变化至无穷小，边际效用是总效用函数的导数。当导数为零时，函数值达到最大，即：

$$MU = \frac{dTU}{dQ} \tag{3-5}$$

二、边际效用递减

"在一切物品消费当中都存在着边际效用递减规律，具体地说就是随着人们对某种物品消费数量的增加，人们从这种物品连续增加的消费单位中所感受到的满足程度存在着一种从高到低或者说是从大到小的递减趋势。"❶这一规律是一个心理规律，反映了人们的主观心理感觉，它在消费者行为和资源分配中具有重要的应用价值。

边际效用递减规律可以简要概括为：随着消费某种物品或劳务的增加，其额外满足感逐渐减少。这是因为人们的需求和欲望是多种多样的，当他们首次满足某一需求时，感觉到的满足度往往是最高的。然而，随着数量的增加，同一物品或劳务的边际效用逐渐减小，因为人们的需求在已满足部分后变得相对较低。

边际效用递减规律在消费者决策和资源分配中具有广泛的应用。它帮助解释了为什么人们倾向于在有限资源下将资源分配到不同的需求上，以最大化总体的

---

❶ 李晓蕴.边际效用递减规律视角下中小学生课外培训班选择——基于家庭教育中家长消费价值取向的分析[J].教育观察，2020，9（44）：77.

满足感。以水资源的例子来说明，一盆水可以用于多种不同的目的，如饮用、洗脸、洗澡、洗衣服和浇花。当水资源有限时，人们会优先满足最紧急和最重要的需求，如饮用，因此在这个需求上的边际效用可能最高。随着水的供应增加，人们可以开始满足其他次要需求，但随着水的增加，每额外使用一单位水所带来的额外满足感会递减，因此水的重要性递减。

虽然边际效用递减规律是经济学中的一个基本假设，但它需要经过实际观察和验证，以确保其能够解释和预测人们的实际行为和决策。这一原理有助于理解人们在面对资源稀缺性时如何进行资源配置，以满足最紧急和最重要的需求。

第三节 预算约束与无差异曲线

一、预算约束

无差异曲线是微观经济学中的一个重要工具，用来表示消费者对不同商品组合的偏好。这些曲线帮助理解消费者在面临有限的资源和价格约束的情况下如何做出购买决策。

在无差异曲线图上，每一条曲线代表着一种特定的满足水平或效用水平。通常情况下，人们倾向于选择位于更高无差异曲线上的商品组合，因为这些组合提供了更高的满足感。这看起来好像消费者总是愿意选择尽可能远离原点的无差异曲线上的商品组合来消费。

然而，在现实中，每个人的购买选择必须受到其个人的经济状况和商品价格的制约。这就引入了收入和价格的约束条件。消费者不能无限制地选择他们所偏好的商品组合，因为他们的购买力有限。他们需要在所拥有的有限收入下做出购买决策，同时考虑商品的价格。

因此，要确定消费者的最优选择，需要同时考虑两个方面：一是消费者的偏好，即他们的无差异曲线；二是他们的经济状况，即他们的收入和商品价格。最优选择就是在收入和价格约束下，使得满足水平最大化的商品组合。这就是所谓的消费者均衡点，它位于无差异曲线与收入和价格约束线的交点处。

无差异曲线图的真正价值在于帮助人们理解消费者在有限资源和价格约束下如何做出购买决策。它使人们能够分析不同商品价格和收入水平下，消费者的购买行为如何变化，以及他们如何选择最能满足他们需求和偏好的商品组合。这对于市场分析、政策制定和企业战略制定都具有重要意义。

（一）预算线

1.预算线的内涵

消费者在购买时常常受到预算约束的制约，这意味着他们只能在口袋里的钱有限的情况下做出决策。这个口袋里的钱即为他们的收入，而他们所能购买的商品组合则必须在这个经济学家所称的"预算线"内。预算线是一个表示消费者支付能力的约束条件，它反映了不同商品价格和消费者的收入之间的关系。因此，消费者需要在预算线内做出购买决策，选择最能满足他们需求的商品组合，同时也要考虑价格和收入对购买选择的影响。这个理论框架在经济学中被广泛应用，有助于理解消费者行为和市场运作的基本原理。

假设某消费者将其全部收入I用于购买X与Y两种物品，X物品的价格为P_X，Y物品的价格为P_Y，预算约束条件可以表示为：

$$P_X \cdot X + P_Y Y = I \tag{3-6}$$

式（3-6）称为预算方程，它说明消费者的收入与商品价格对消费数量的限制，即方程左边的支出不能超过方程右边的收入。这表明，在给定收入I的前提下，X和Y两种物品的最大消费量之间存在着此消彼长的线性关系。如果要增加X物品的消费，就必须减少Y物品的消费；反之亦然。图3-1是根据预算方程画出两种商品组合的预算线。

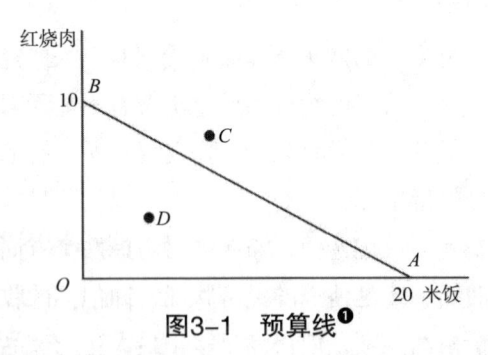

图3-1 预算线[1]

假设，父母每周给100元的生活费，并且规定全部用来购买米饭和红烧肉。同时假设米饭的价格$P_米$=5元/斤，红烧肉的价格$P_肉$=10元/斤。如果全部购买米

---

[1] 本节图片引自：张亚丽.经济学[M].广州：中山大学出版社，2020：75-79.

饭，则每周可购买的数量为 $I/P_\text{米}=100/5=20$（斤），也就是说每周购买20斤的米饭和0斤的红烧肉，记为（20，0）。如果全部购买红烧肉，则每周购买的数量为 $I/P_\text{肉}=100/10=10$（斤），也就是说，每周购买10斤的红烧肉和0斤的米饭，记为（0，10）。

如图3-1所示，A 和 B 分别表示上述两种极端的情况，连接 A 和 B 两点的直线就是预算线。该预算线在横轴上的截距为20，它是用100元全部购买米饭的数量。预算线在纵轴上的截距为10，它是用100元全部购买红烧肉的数量，这两种极端情况表示在收入和价格的约束下，消费者选择一种物品必须放弃另外一种物品。该预算线上的所有消费组合都是可行的。但是，预算线以外区域任一点（如 C）表示，购买米饭和红烧肉的花费超过了所能承受的预算范围。预算线以内区域任一点（如 D）表示购买米饭和红烧肉的花费小于预算。唯有预算线上任一点所代表的米饭和红烧肉的消费组合，才正好把100元用光。

预算线在经济学中具有重要的经济含义，它反映了消费者在购买商品和服务时所面临的实际约束。理解预算线有助于人们深入探讨消费者的购买行为和如何做出最优选择。预算线的经济含义如下：

（1）收入和价格约束。预算线的存在反映了两个主要约束因素，即消费者的有限收入和商品的价格。消费者的购买力是有限的，因此他们必须在这个有限的收入范围内做出购买决策。同时，不同商品的价格也对购买决策产生影响，因为价格高的商品可能会占用更大比例的收入，从而限制了在其他商品上的支出。

（2）选择与偏好权衡。预算线强调了消费者必须在有限资源内权衡选择和偏好。如果没有有限收入的约束，消费者将会选择购买一切，这是理论上的理性人行为，但在现实中并不可行。因此，有限的收入和价格约束迫使消费者进行选择，以满足他们的最基本需求和最高偏好的商品。

（3）最优选择。预算线和无差异曲线的交点代表了消费者的最优选择。这一点意味着在给定的收入和价格条件下，消费者可以选择的商品组合使其获得的满足感最大化。这种最优选择反映了效用最大化的理性决策，它考虑了消费者的偏好和收入约束。

综上所述，预算线强调了消费者在实际购买过程中所面临的现实约束，包括有限的收入和商品价格。它突显了消费者在选择商品组合时必须进行的权衡和取舍，以追求最大化满足感的目标。这一概念对于理解消费者的购买行为、市场分析和政策制定都具有重要意义。最终，经济学家使用预算线和无差异曲线来解释和预测消费者如何在有限资源下做出购买决策，以及如何选择最有利于他们的商品组合。

2.预算线的变动规律

既然预算线由收入和商品的价格水平决定，那么，当收入或商品价格变动时，预算线也会发生变动。

先来分析当商品价格不变时，消费者收入变动对预算线的影响。如图3-2所示，当收入由I_1增加到I_2时，预算线的横、纵截距变大了，这意味着预算线平行地向外移动。现在消费者的全部收入可以购买更多的X和Y物品。反之，消费者收入减少，预算线则平行地向内移动，表示现在消费者的全部收入只能购买较少的X和Y物品。

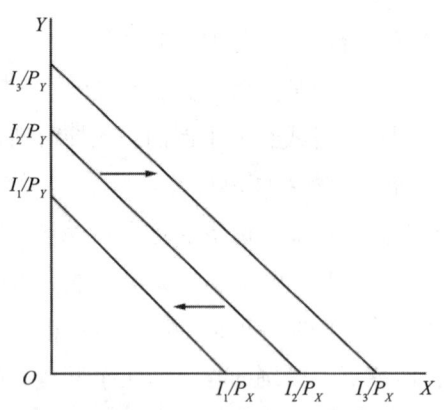

图3-2 收入变动对预算线的影响

再来看当消费者收入不变时，商品价格变动对预算线的影响，如图3-3所示。

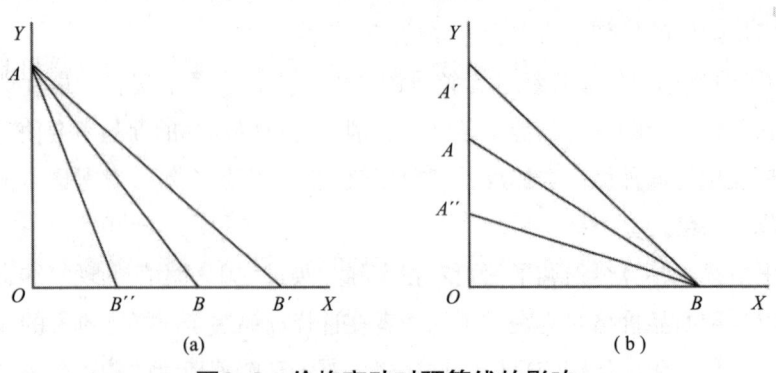

图3-3 价格变动对预算线的影响

图3-3（a）为P_X变动，P_Y不变时预算线的变化。当P_X下降时，由于P_Y不变，预算线在纵轴上的截距不变，但P_X下降使预算线在横轴上的截距变大，表现为预算线以A点为轴心逆时针旋转，由AB移至AB′，斜率（P_X/P_Y）变小了。它表示由于P_X下降，消费者的全部收入用来购买X物品的数量增加，但全部收入用来购买Y物品的数量不受影响，降价使消费者的状况变好。反之，当P_X上升时，预算线在横轴上的截距变小，表现为预算线以A点为轴心顺时针旋转，由AB移至AB″，斜率（P_X/P_Y）变大了。它表示由于P_X上涨，消费者的全部收入用来购买X物品的数量减少，购买Y物品的数量则不受影响，涨价使消费者的状况变差。

图3-3（b）表明P_Y变动，P_X不变时预算线的变化。当P_Y下降时，由于P_X不变，预算线以B点为轴心顺时针旋转，由AB移至A′B，斜率（P_X/P_Y）变大了。它表示消费者的全部收入用来购买Y物品的数量增加，但全部收入用来购买X物品的数量不受影响，降价使消费者的状况变好。反之，当P_Y上升时，预算线以B点为轴心逆时针旋转，由AB移至A″B，斜率（P_X/P_Y）变小了。它表示消费者的全部收入用来购买Y物品的数量减少，购买X物品的数量则不受影响，涨价使消费者的状况变差。

当考虑收入和价格同时变动时，预算线的变化取决于这两种变动的方向和比例。有以下两种主要情况需要考虑：

（1）收入和价格同方向同比例变动。如果收入和价格同比例增加或减少，那么预算线的斜率保持不变，因为相对价格（价格与收入的比率）没有改变。在这种情况下，虽然消费者的实际价格支出和实际收入都发生了变化，但相对价格不变，因此预算线的位置和斜率保持不变。

举例来说，如果一种商品的价格和消费者的收入都上升了1倍，那么相对价格保持不变，预算线的位置和斜率都不会改变。

（2）收入和价格变动的方向和比例不同。如果收入和价格变动的方向和比例不同，那么预算线的变化会更复杂。这时需要具体分析情况，可以按以下步骤进行分析：

第一，确定价格和收入变动的方向（增加或减少）以及比例。

第二，计算相对价格的变化。如果相对价格上升，那么购买力可能会受到一定程度的挤压，导致消费者在某些商品上购买更少。反之亦然，如果相对价格下降，购买力可能会增加，导致消费者在某些商品上购买更多。

第三，根据相对价格变化和消费者的偏好，确定新的预算线的位置和斜率。

第四，确定新的最优选择，即新的消费组合，以满足消费者的最大满足感或效用。

总之，当考虑收入和价格同时变动时，预算线的变化取决于这两种变动的方向和比例。如果它们同方向同比例变动，那么预算线保持不变。如果它们的变动方向和比例不同，那么需要具体分析情况，以确定新的预算线位置和斜率，以及最终的最优选择。这个分析过程有助于理解消费者如何在不同经济条件下做出购买决策。

（二）消费约束与消费者均衡

1.消费约束

消费者在追求最大满足时希望购买更多的商品，但他们受到多种约束的限制，其中最主要的是预算约束。在某一特定时期内，消费者的收入水平和商品价格都是固定的，因此他们的消费不能超越这些制约，这构成了他们的预算线。

消费预算线表示，在给定的消费者可支配收入和商品价格条件下，消费者可以购买的不同商品组合。这个预算线代表了消费者在有限资源下可以达到的最高满足水平。除了预算约束，消费者还可能受到其他非预算约束的限制，具体如下：

（1）时间约束。时间是一种有限的资源，对消费者的购买决策产生重要影响。虽然有足够的金钱，但如果没有足够的时间来购买和享受商品或服务，消费者仍然会受到限制。例如，忙碌的职业人士可能会发现他们没有足够的时间来准备健康的家庭餐，因此可能更愿意购买外卖或快餐，而不是购买原材料自己烹饪。

（2）身体状况约束。消费者的身体状况可以严重影响他们的消费选择。年龄、健康状况和体力都是考虑的因素。例如，一位年迈的消费者可能不再能够从事身体劳动力要求高的活动，这可能会影响他们对一些商品的需求，如大型家居装置或户外活动器材。身体疾病或体弱也可能限制消费者参加某些活动或购买某些商品，即使他们有足够的金钱。

（3）商品约束。商品约束指的是市场上商品的可获得性和质量问题对消费者购买决策的影响。有时，尽管消费者有足够的金钱，但他们可能无法购买某些商品，因为这些商品可能在市场上缺货或者存在供应问题。此外，担心市场上某些商品的质量可能不符合他们的期望，也可能阻止他们购买这些商品。因此，消费者可能会受到市场供应和商品质量的约束，这会影响他们的消费选择。

除了上述因素，还有其他非预算约束，它们因个体差异和具体情况而异。然而，对于大多数消费者来说，最主要的约束因素是购买力的限制，即预算约束。因此，在讨论消费者的最优消费行为时，通常会将非预算约束置于一边，重点关注如何在给定收入和价格条件下，选择能够最大程度提高满足感的商品组合。

最优消费行为涉及在有限的资源和预算约束下，消费者如何做出最明智的购买决策，以满足他们的最高偏好和需求。这涉及分析无差异曲线、预算线以及最优选择的关系，以确定最佳的商品组合。这一分析有助于理解消费者行为、市场需求以及资源分配。

2.消费者均衡

消费者均衡是微观经济学中的一个重要概念，用于描述在有限的预算下，消费者如何做出购买决策以最大化其满足感或效用。它是消费者在面临多种商品和有限收入的情况下，如何分配其可支配收入以满足其需求和欲望的过程的一个表述。

消费者均衡的核心思想是，消费者会在购买不同商品时权衡价格和满足感（效用），以选择一组商品，使其总满足感最大化，同时不超过其可支配收入。这个概念基于以下两个重要原则：

（1）边际效用均衡。消费者会考虑每一单位额外消费带来的边际效用（额外满足感）和商品的价格。消费者将继续购买某种商品，直到该商品的边际效用与其价格之比等于其他商品的边际效用与价格之比。这确保了在有限资源下，消费者在不同商品之间达到了一种平衡状态，无法通过重新分配支出来提高总满足感。

（2）预算约束。消费者的购买决策受到他们的收入或预算的限制。因此，消费者在选择商品时必须确保总支出不超过他们的可支配收入。这就要求消费者在有限预算内选择那些最能满足他们需求并且价格适中的商品。

消费者均衡点是这两个原则的交汇点，即在给定的预算下，消费者所购买的一组商品使其在边际效用和预算约束下达到了最满意的状态。这个点反映了消费者在有限资源下如何做出理性的购买决策，以满足他们的需求和欲望。消费者均衡是微观经济学中分析消费者行为和市场供需的重要工具之一，有助于理解为什么人们购买特定商品，以及市场上价格和数量是如何决定的。

二、无差异曲线

（一）偏好与无差异曲线

消费者的偏好是影响其购买决策的核心因素之一。这些偏好是主观的，因为它们依赖于个体的主观评价，反映了消费者对物质财富、社会地位和幸福的追求。消费者的幸福感受到多种影响因素的影响，其中包括他们的偏好、选择以及可用的商品组合。经济学家通常基于三个基本假设来描述偏好：完全性、传递性和非饱和性。完全性假设认为消费者可以比较任何两种商品，并能够确定其偏好。传递性假设表明，如果消费者更喜欢商品A而不是B，且更喜欢B而不是C，那么他们应该更喜欢A而不是C。非饱和性假设意味着消费者总是欢迎更多的商品，而不会因为已经拥有某种商品而对其他商品失去兴趣。这些基本假设有助于解释消费者如何在有限预算内做出最优选择，以最大程度地满足他们的偏好和幸福感。

消费者的偏好是复杂的，受多种因素影响，包括物质财富、社会地位和自由。经济学家使用偏好理论和基本假设来研究消费者如何在各种商品组合中进行选择，以最大程度地提高其幸福感。

1.偏好的完全性

偏好的完全性，又称为比较公理，是经济学中一项关键的假设。它表明消费者具备足够的判断力，能够比较任意两个商品组合并做出明确的选择。具体来说，这个假设可以分为三个主要方面：①A好于B，这意味着如果一个理性的消费者比较两个不同的商品组合A和B，他们会能够明确地说出他们更喜欢哪个组合。这种明确的偏好表示A在他们的观点中优于B；②B好于A，如果消费者比较A和B，并且认为B更好，那么他们也能够清楚地表达这一偏好。这表示B在他们的评价中优于A；③A和B无差异，偏好的完全性还意味着在某些情况下，消费者可能认为A和B对他们来说是一样好的，即他们没有明显的偏好。这种情况下，A和B被视为无差异。

这一假设的核心思想是，不存在两种无法比较的商品组合。理性的消费者总是能够明确地排出偏好顺序，即使这个顺序可能会因个人口味、需求或其他因素而有所不同。偏好的完全性是经济学分析的基础之一，它使经济学家能够建立需求曲线和研究市场行为，从而更好地理解商品定价、市场供需和消费者选择等经济现象。

2.偏好的传递性

偏好的传递性，通常称为传递性公理，是经济学中的一个重要原则。这一原则表明，消费者对于不同商品组合的偏好是可以传递的。具体而言，如果一个消费者认为商品组合A优于B，同时认为B优于C，那么他必定会得出结论认为A也优于C。同样地，如果他认为A与B没有差异，同时认为B与C没有差异，那么他也会断定A与C没有差异。这个原则强调了偏好之间应该具备逻辑上的一致性，即不应该出现矛盾的情况。

如果偏好不满足传递性，那么一个人可能会出现非理性的情况。例如，如果一个人认为A优于B，B优于C，但又认为C优于A，这就违反了逻辑上的一致性，因为同样的选择在不同情境下却得出了相互矛盾的结论。这种情况对于经济分析和决策制定来说是不合理的，因为它使消费者的选择变得不可预测和不一致。

因此，偏好的传递性公理是经济学家在分析消费者行为和市场决策时经常采用的基本假设之一。它有助于建立需求理论和解释市场行为，为经济学家提供了一个有逻辑基础的框架，以更好地理解消费者如何进行商品选择和决策，以及如何评估不同商品组合之间的相对喜好。

3.偏好的非饱和性

偏好的非饱和性，通常表述为"多比少好"，是经济学中的一个重要概念。它指的是消费者认为某种商品的数量越多越好，即对于这种商品，消费者的满足感或效用是随着消费量的增加而增加的。这个概念在理论分析中经常被使用，但并非被视为一个公理，因为并不是所有商品都符合这个原则。事实上，有些商品，如垃圾，人们通常希望越少越好。

在经济学中，通常将那些"多比少好"的商品称为"物品"，而将那些"少比多好"的商品称为"恶品"。这种分类有助于简化经济分析，因为大多数经济学理论假设人们倾向于追求满足感的最大化，而不是痛苦的最大化。因此，经济学教材通常关注物品的分析，因为它们代表了人们在经济决策中通常考虑的那些选择。

值得注意的是，即使对于那些"恶品"，也可以通过重新定义或重新界定来将它们转化为"物品"，以便进行经济分析。例如，成本可以被视为一种资源分配问题，而不仅是负担或不愉快的经济成本。这种重新定义可以帮助经济学家更好地理解和分析人们的行为和选择，以及市场中商品的供求关系。因此，偏好的非饱和性是经济学中的一个有用概念，有助于解释为什么人们在面对不同商品时会做出特定的决策。

无差异曲线是经济学中用来描述消费者偏好的重要概念。这些曲线展示了不同商品组合在消费者眼中的等效性，即在给定的效用水平下，消费者对不同商品组合感到的满意程度相同。消费者的偏好可以通过无差异曲线来表示，其中每一条曲线代表一定效用水平的商品组合。更高的无差异曲线表示更高的效用水平，因此消费者倾向于选择在更高无差异曲线上的商品组合，因为它们提供更多的满足感。

等效用曲线是无差异曲线的集合，它们代表了不同效用水平下的商品组合。通过比较等效用曲线，经济学家可以分析不同商品组合之间的偏好差异，帮助理解消费者如何做出购买决策。这些概念对于研究消费者行为和市场分析非常重要，因为它们提供了洞察力，有助于预测商品价格和供给变化对消费者选择的影响。

（二）无差异曲线的特点

由于无差异曲线代表消费者偏好，因此，它们具有反映这些偏好的四个特征，具体如下：

1.无差异曲线向右下方倾斜

无差异曲线的斜率反映了消费者愿意用一种物品替代另一种物品的比率。如果猪肉和鸡蛋都是消费者所偏好的物品，则意味着猪肉和鸡蛋在偏好上是可以替代的。换言之，为了达到同样的满意度，增加猪肉的消费量，就必须减少鸡蛋的消费量，增加一定量猪肉所引起的效用增加必须通过减少一定量的鸡蛋引起的效用减少来抵消。所以，大多数无差异曲线向右下方倾斜。

2.消费者偏好较高位置的无差异曲线

消费者通常更倾向于消费更多而不是更少的商品，这一倾向在经济学中通过无差异曲线来反映。这些曲线表示了不同数量和组合的商品所带来的满足感或效用水平。从这个角度来看，消费者对于较高位置的无差异曲线更偏好，因为这些曲线代表的商品量更多。

当观察无差异曲线图时，可以看到曲线的高度代表了消费者所获得的效用水平，而曲线的位置则代表了不同的商品组合。较高位置的无差异曲线表示了更多的商品，而较低位置的曲线表示了较少的商品。由于消费者通常希望获得更多的商品，所以他们更偏好那些位置较高的无差异曲线。

这种偏好可以解释为，更多的商品提供了更多的选择和多样性，使消费者能够满足更多不同的欲望和需求。因此，位置较高的无差异曲线所代表的商品组合通常会给消费者带来更高的效用，因此更受他们的偏好。这也反映了经济学中的"越多越好"原则，即消费者通常希望获得更多的商品以提高他们的生活质量。如图3-4所示。

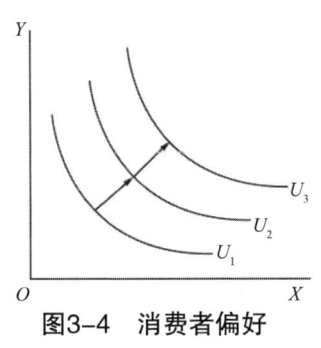

图3-4 消费者偏好

同一无差异曲线上所有各点上的效用水平相同，消费者具有相同的偏好。但消费者对较高无差异曲线U_3上任一点的偏好大于较低的无差异曲线U_2和U_1上任何一点。

3.无差异曲线不能相交

如图3-5所示，假设有两条相交的无差异曲线U_1与U_2，它们相交于A点。由于A点与B点同在U_2的无差异曲线上，这两个点代表的效用水平一样；又由于A点与C点同在U_1的无差异曲线上，这两个点代表的效用水平也一样。根据偏好的传递性公理，必有B与C无差异，这就与消费者对较高无差异曲线的偏好大于较低无差异曲线的假设相矛盾。因此，两条无差异曲线不能相交。

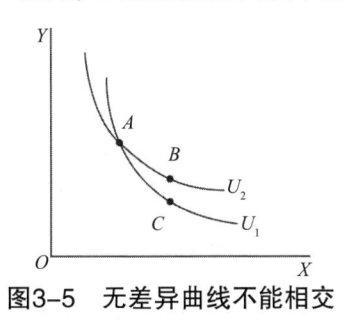

图3-5 无差异曲线不能相交

4.无差异曲线凸向原点

无差异曲线凸向原点，这意味着保持总效用不变，随着某种物品数量的连续增加和另一种物品数量的连续减少，无差异曲线将逐渐变得更为平坦。无差异曲线的这一特点是由边际替代率递减规律所决定的。

（三）极端的无差异曲线

在大多数情况下，由于边际替代率的递减趋势，无差异曲线是一条凸向原点的线。但在一些特殊情况下，无差异曲线并不会凸向原点。考虑两种极端的情况。

图3-6（a）为完全替代品的情况。完全替代品是指两种物品的效用几乎完全相同，可以很容易地相互替代。比如可口可乐和百事可乐，这两种饮料在口味上的差别很小，消费者随便喝哪一种饮料都一样，多喝一瓶可口可乐就会少喝一瓶百事可乐。两种商品完全替代，这两种饮料的边际替代率就是一个不变的常数1。如图3-6（a）所示，由于边际替代率是不变的，完全替代品的无差异曲线为一条斜率不变的直线。

图3-6（b）为完全互补品的情况。如果两种物品必须按照某一固定比例结合在一起才能消费，那么它们就是完全互补品。例如，吉列刀架和刀片、电脑硬件和软件。假如有一些吉列刀架和刀片的组合，其中一些是刀架，另一些是刀片，如何对这些组合进行排序？在这种情况下，只关心吉列刀架和刀片组合的数量，也就是说，会从这些刀架和刀片组合的数量来判断对某个组合的偏好。那么，表示消费者偏好的无差异曲线是直角线。如图3-6（b）所示，水平的或垂直的无差异曲线表明，2个刀架和4个刀片组合数量是2。同样，2个刀片和4个刀架的组合也是2。如果不同时增加刀架，那么增加刀片数量没有价值。直角形的无差异曲线表示两种物品是完全互补品。

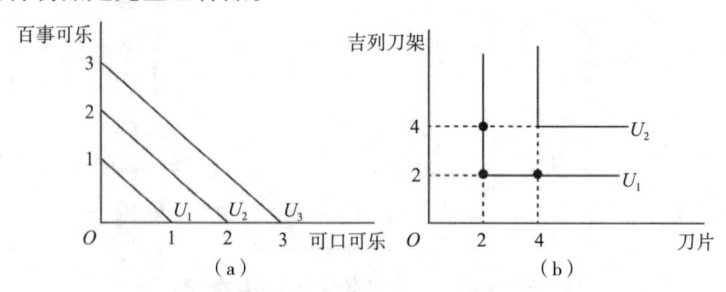

图3-6 完全替代品和完全互补品的无差异曲线

第四节 消费者均衡的变化

消费者均衡由特定的无差异曲线和预算线的切点来确定。而在一个平面内有无数条无差异曲线，价格和收入的变化也可以使收入预算线的位置发生变化，所以消费者均衡是可能变化的。

一、收入变化对消费者均衡的影响

（一）收入—消费曲线

收入变化对消费者均衡的影响可以通过收入—消费曲线来解释。这个概念通常用于宏观经济学和微观经济学中，用来分析个体或整个社会的消费行为如何随着收入的变化而变化。

1.收入—消费曲线的特征

（1）正斜率。通常情况下，收入—消费曲线是正斜率的，这表示随着收入的增加，消费也会增加。这反映了一般来说，人们在有更多可支配收入时更愿意花钱购买更多商品和服务。

（2）递增消费。曲线上的点表示不同的收入水平下的消费水平。随着收入的增加，消费点沿着曲线向右上方移动。

（3）非线性关系。尽管通常呈正斜率，但收入—消费曲线的形状可能会因个体或家庭的特定消费偏好而异。某些消费品可能会呈现更大的增长，而其他消费品则可能增长较小。

（4）消费函数。消费函数是收入和消费之间的函数关系。它可以用数学表达式来表示，通常写为$C(Y)$，其中C表示消费，Y表示收入。

消费函数可以是线性的，如$C(Y)=aY+b$，其中a和b是常数，表示消费的斜率和截距。消费函数也可以是非线性的，根据具体情况而变化。

2.收入—消费曲线的解释

收入—消费曲线的斜率反映了所谓的边际倾向消费（MPC）。MPC表示当收入增加一单位时，消费增加的单位数量。如果MPC等于1，那么每增加一单位的收入，消费也增加一单位；如果MPC小于1，那么消费的增加速度小于收入的增加速度。

收入—消费曲线的截距反映了没有收入时的消费水平，也就是消费者的最低消费水平。

3.消费者均衡点

消费者均衡点发生在曲线上，表示个体或家庭的消费与其收入匹配，使其感到最满足。在这一点上，MPC等于1，即增加的收入都被用于消费，不会被用于储蓄或减少债务。

总之，收入—消费曲线是经济学中的重要工具，用于解释消费者在不同经济条件下的消费行为。通过研究这个曲线，可以更好地理解消费者如何根据收入水平来调整他们的支出，并了解他们的储蓄和债务习惯。这有助于预测消费趋势，制定经济政策以及理解个体和家庭的财务决策。

（二）恩格尔曲线

恩格尔曲线是一种经济学工具，用于描述商品的需求如何随着个体或家庭收入的变化而变化。它是由德国经济学家恩斯特·恩格尔于19世纪提出的，并被用来分析消费者支出模式的经验规律。

1.收入与需求的关系

恩格尔曲线研究的核心问题是，随着个体或家庭的收入水平提高，他们在各种商品和服务上的消费行为会如何变化。这一概念的关键在于，人们在不同经济状况下的消费偏好和模式可能会发生显著的演变。

在低收入水平时，个体或家庭通常会将大部分收入用于满足基本需求，如食品、住房和基本医疗保健。因此，在这个阶段，他们的支出主要集中在这些必需品上，而非生活中的奢侈品或高端服务。这种情况在恩格尔曲线上表现为支出在基本生活成本方面占据主导地位。

然而，随着个体或家庭的收入不断增加，他们开始有更多的自由来追求更广泛的消费选择。他们可能会增加对高品质食品、时尚商品、旅游和娱乐等奢侈品和服务的开支。这反映为恩格尔曲线上的一种趋势，即支出开始从基本需求向非必需品和高级服务领域转移。

这种消费模式的变化与国家或个体的经济增长密切相关。随着国家整体经济繁荣，人们的平均收入水平上升，整个社会的消费模式也会发生演变。这一理论对政策制定者、市场分析师和经济学家来说非常重要，因为它可以帮助他们预测和理解不同社会群体在不同经济情况下的消费行为，从而更好地制定市场策略和社会政策。总之，恩格尔曲线的研究提供了深刻的洞察，有助于解释人们如何随

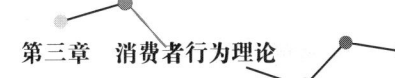

着财务状况的变化而改变他们的购买决策和消费方式。

2.正常商品与劣质商品

根据恩格尔曲线的形状，商品可以分为正常商品和劣质商品，具体如下：

（1）正常商品。正常商品是指随着个体或家庭的收入增加，其需求也随之增加的商品。这意味着人们在经济状况改善时愿意购买更多的正常商品。这些商品通常与高品质、高标准生活方式相关联，因为随着收入的增加，人们追求更好的品质和更多的选择。典型的正常商品包括：高品质食品和美食、高端电子设备和科技产品、品牌时尚和奢侈品、高质量的住房和生活环境改善、高级旅游和休闲活动等。

（2）劣质商品。劣质商品是指随着个体或家庭的收入增加，其需求反而减少的商品。这表明随着经济状况的改善，人们更倾向于放弃购买劣质商品，转而选择更高质量的替代品。这可能是因为他们有了更多的财务余地，可以购买更好的产品，或者因为他们希望改善他们的生活质量。典型的劣质商品包括：廉价食品和快餐、低质量或二手商品、廉价服装和商品、廉价住房或不如意的居住条件、基本生活必需品，如低档医疗服务。

3.收入弹性

恩格尔曲线不仅有助于分类商品为正常商品和劣质商品，还提供了一种衡量他们收入弹性的方法。收入弹性是指商品需求对个体或家庭收入变化的敏感程度，具体来说，正常商品和劣质商品在这方面表现出截然不同的特征。

（1）正常商品的收入弹性。正常商品的收入弹性是正的，这意味着随着个体或家庭的收入增加，对正常商品的需求也相应增加。这种正的收入弹性反映了人们在更高的收入水平下愿意购买更多的正常商品。如果正常商品的需求在收入变化下增加的幅度大于收入的增加幅度，那么其收入弹性将大于1，表示这些商品对收入变化非常敏感。这种情况下，正常商品通常被视为奢侈品或高度可替代的商品。

（2）劣质商品的收入弹性。劣质商品的收入弹性是负的，这意味着随着个体或家庭的收入增加，对劣质商品的需求会减少。这种负的收入弹性反映了人们在更高的收入水平下更倾向于购买更高质量的替代品，而不再购买劣质商品。如果劣质商品的需求在收入变化下减少的幅度大于收入的增加幅度，那么其收入弹性将小于–1，表示这些商品对收入变化非常不敏感。这种情况下，劣质商品通常被视为次要选择或是低质量的商品。

了解商品的收入弹性对市场分析和政策制定至关重要。它可以帮助企业预测市场需求的变化，以及消费者如何响应价格和收入的变化。政府和政策制定者也可以利用这一信息来调整税收政策、社会福利计划和消费者保护政策，以更好地满足不同收入群体的需求，促进社会公平和经济稳定。总之，恩格尔曲线和商品的收入弹性是经济学中重要的工具，有助于深入理解消费行为和市场动态。

4.曲线形状

恩格尔曲线的形状取决于具体商品的性质。不同商品的恩格尔曲线可能是凹形（对劣质商品）或凸形（对正常商品）。

5.政策影响

政府和企业可以利用恩格尔曲线的信息来制定政策和市场战略。例如，对于发展中国家，随着经济增长，人们对高质量商品的需求可能会增加，这对于鼓励国内生产和提高产品质量可能有影响。

总之，恩格尔曲线是一种重要的工具，用于分析不同商品的需求如何随着收入变化而变化，以及商品是否正常或劣质。它有助于了解经济增长对消费模式的影响，并可以用于制定经济政策和市场营销策略。

二、价格变化对消费者均衡的影响

（一）价格—消费曲线

价格—消费曲线是经济学中的一个关键概念，用于描述商品价格与消费者购买数量之间的关系。它通常用于分析正常商品的价格变化如何影响消费者的购买决策。价格—消费曲线是一种图形表示，它显示了在不同价格水平下，消费者购买某种商品的数量或需求的关系。这个曲线通常具有负斜率，表示当商品价格上升时，消费者愿意购买的数量减少，反之亦然。这符合普遍的经济观念，即价格上升会导致需求减少，价格下降则导致需求增加。

对于正常商品，价格—消费曲线的斜率是负的，但不是非常陡峭的。这意味着当商品价格上升时，消费者对该商品的需求会减少，但减少的幅度相对较小。正常商品的需求通常是价格弹性小于1的，这意味着价格上涨并不会导致消费大幅下降。

对于劣质商品，价格—消费曲线可能会更为陡峭，因为这些商品的需求对价

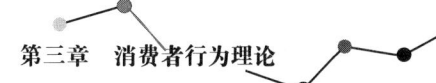

格变化非常敏感。如果价格上升，消费者可能会迅速减少对劣质商品的需求，而如果价格下降，他们可能会增加购买数量。

价格—消费曲线通常以某个价格水平作为基准点，然后显示在不同价格下的需求变化。这个基准点通常是商品价格和数量的初始状态。

价格—消费曲线有助于分析市场中价格变动对消费者行为的影响。它可以帮助企业制定价格策略，了解价格调整可能产生的销售影响。政府和政策制定者也可以使用价格—消费曲线来预测税收政策和价格管制对市场的影响。总之，价格—消费曲线是经济学中用于研究价格与需求之间关系的有用工具。它帮助理解价格变动如何影响消费者的购买决策，以及商品的价格弹性如何影响市场行为。通过分析这些曲线，经济学家和决策者可以更好地预测市场的变化和潜在的政策影响。

（二）单个消费者的需求曲线

单个消费者的需求曲线是在经济学中用来表示某一特定消费者对某种商品的需求关系的图形。它显示了在不同价格下，这个特定消费者愿意购买的数量，通常具有负斜率，表示价格上升时购买数量减少，价格下降时购买数量增加。需求曲线是一种关键工具，用于理解和分析个体消费者在市场上的行为。

需求曲线通常是下凹的，这意味着较低价格下的需求弹性较低，价格上涨会导致需求下降的幅度相对较小，而较高价格下的需求弹性较高，价格下降会导致需求增加的幅度相对较大。

需要注意的是，每个消费者的需求曲线都可以不同，因为它受到多种因素的影响，包括个体的收入水平、个人偏好、商品的替代品和补充品等。因此，市场上的需求曲线实际上是许多个体需求曲线的总和。

需求曲线在经济学中起着重要作用，它有助于市场分析、价格制定和市场预测。根据需求曲线，企业可以调整价格策略，以满足不同消费者群体的需求，同时政府和政策制定者也可以使用需求曲线来评估政策对市场的影响，如税收政策、补贴政策等。因此，需求曲线是经济学中的一个核心概念，有助于理解市场运作和个体消费者行为。

三、收入效应和替代效应

当一种商品的价格发生变化时，会引起该商品的需求量的变化，这种变化可以被分解为收入效应和替代效应。

（一）收入效应和替代效应的基本认知

收入效应和替代效应是微观经济学中用来解释价格变化对消费者购买决策产生的影响的两个关键概念。它们有助于理解价格变化如何影响商品的需求量。

1. 收入效应

收入效应是指当商品的价格变动时，消费者由于购买力的变化而改变其购买数量。

如果商品价格下降，消费者在不改变其实际购买力的情况下可以购买更多的商品，因此购买数量可能增加，这被称为正的收入效应。

相反，如果商品价格上升，消费者的购买力减少，因此购买数量可能减少，这被称为负的收入效应。

收入效应通常与正常商品有关。正常商品是指当收入上升时，需求也上升的商品。在这种情况下，价格下降会增加购买力，导致正的收入效应。

2. 替代效应

替代效应是指当商品的价格变动时，消费者根据其他可替代商品的价格和质量来调整其购买决策。

如果商品的价格上升，消费者可能会寻找替代品，因为原商品变得更昂贵了。这可能导致原商品的购买数量减少，被称为负的替代效应。

相反，如果商品价格下降，消费者可能更倾向于购买原商品，因为它变得更具吸引力。这可能导致原商品的购买数量增加，被称为正的替代效应。

替代效应通常与替代品的可用性和价格有关。如果有许多可替代品，并且它们价格较低，替代效应可能更为显著。

总的效应是价格变化对商品需求的综合影响，当价格上升时，负的收入效应和负的替代效应可能导致购买数量减少。当价格下降时，正的收入效应和正的替代效应可能导致购买数量增加。这些效应一起决定了消费者对价格变化的反应，有助于理解市场中的供求关系和价格弹性。

（二）正常品的收入效应和替代效应

正常品是指当个体或家庭的收入增加时，其需求量也增加的商品。正常品的收入效应和替代效应在价格变化时的解释如下：

第一，正常品的收入效应。当正常品的价格上升时，个体或家庭的购买力降低。这导致他们在不改变其实际购买力的情况下购买更少的正常商品，因此购买数量减少。如果正常商品的价格下降，购买力增加，消费者可能会购买更多的正常商品，因此购买数量增加。

第二，替代效应。当正常品的价格上升时，消费者可能会寻找更便宜的替代品，以替代原商品。这可能导致原商品的购买数量减少，因为消费者更倾向于购买替代品。相反，如果正常商品的价格下降，消费者可能更倾向于购买原商品，因为它变得更具吸引力，而替代品变得不如原商品划算。这可能导致原商品的购买数量增加。

正常品的需求变化是由收入效应和替代效应的相互作用决定的。当价格上升时，负的收入效应和负的替代效应可能导致购买数量减少。当价格下降时，正的收入效应和正的替代效应可能导致购买数量增加。这些效应合在一起决定了正常品在价格变化时的需求弹性和购买决策。

（三）劣等品的替代效应和收入效应

劣等品是指当个体或家庭的收入增加时，其需求量减少的商品，通常与正常品相反。对于劣等品，替代效应和收入效应的影响如下：

第一，劣等品的替代效应。当劣等品的价格上升时，消费者可能会寻找更高质量、更昂贵的替代品来替代劣等品。这导致劣等品的购买数量减少，因为消费者更倾向于购买替代品，以满足其更高的品质和价值需求。相反，如果劣等品的价格下降，消费者可能减少购买替代品的数量，因为劣等品变得更具吸引力。这可能导致劣等品的购买数量增加，因为消费者更倾向于购买价格更低、质量较差但仍能满足其需求的劣等品。

第二，劣等品的收入效应。对于劣等品，当其价格上升时，个体或家庭的购买力减少。这可能导致他们在不改变其实际购买力的情况下购买更少的劣等品，因此购买数量减少。如果劣等品的价格下降，购买力增加，消费者可能会购买更多的劣等品，因此购买数量增加。

劣等品的需求变化是由替代效应和收入效应的相互作用决定的。当价格上升时，正的替代效应和负的收入效应可能导致购买数量减少。当价格下降时，负的替代效应和正的收入效应可能导致购买数量增加。这些效应共同塑造了劣等品在价格变化时的需求弹性和购买决策。

（四）吉芬物品的替代效应和收入效应

吉芬物品（Giffen Goods）是一种罕见的特殊商品类型，其需求在价格上升时反而增加，而价格下降时减少。这与普通的需求理论相反，其中价格上升通常导致需求下降。对于吉芬物品，替代效应和收入效应的影响与其他商品不同。

第一，吉芬物品的替代效应。替代效应通常会导致消费者购买更便宜的替代品，以替代吉芬物品。如果吉芬物品的价格上升，消费者可能更倾向于购买替代品，因为它们相对较便宜。这意味着替代效应在价格上升时会导致吉芬物品的购买数量减少，与一般规律相符。

第二，吉芬物品的收入效应。收入效应对吉芬物品的影响与替代品的可用性以及个体或家庭的收入变化有关。如果吉芬物品是一种低质量的基本生活必需品，并且个体或家庭的收入下降，收入效应可能导致购买数量增加。这是因为价格上升导致购买力降低，但吉芬物品仍然是他们唯一负担得起的选项。

如果吉芬物品是高质量但昂贵的商品，并且个体或家庭的收入上升，那么收入效应可能导致购买数量减少。这是因为价格上升不会影响购买力，但更高的收入使他们倾向于购买更昂贵的替代品。

吉芬物品的需求变化受到替代效应和收入效应的双重影响。替代效应通常在价格上升时导致购买数量减少，而收入效应取决于吉芬物品的性质以及消费者的收入变化情况。这使得吉芬物品的需求表现出了与普通商品不同的行为，即价格上升时需求反而上升，价格下降时需求减少。这是一种非常特殊的现象，不常见于一般市场中。

思考与练习

1.边际效用递减的规律是什么？
2.吉芬物品作为一种特殊的商品类型，其特殊点在哪里？
3.消费者均衡的核心思想是什么？

第四章 企业的生产理论

企业的生产理论是指关于企业如何组织和管理生产活动的理论体系。其中最著名的理论是生产要素理论和生产函数理论。本章主要论述企业的基本概念、生产与生产函数、短期生产函数、长期生产函数、规模报酬原理。

第一节 企业的基本概念

一、企业及其经营机制

企业是指一种经济实体，它致力于生产商品或提供服务以谋求盈利。企业可以采用不同的形式和组织机构，包括个体经营、合伙企业和有限责任公司等。无论采取何种形式，企业通常具有自主经营的能力，即它们能够独立决策和管理其经营活动。具备法人资格的企业在法律上被视为独立的法律实体，有自己的财务和法律责任。企业通常会设立经营场所，用于生产或提供服务，并会进行独立核算，以跟踪收入、支出和盈亏情况，以确保经济运营的有效性和透明度。企业的成功与盈利与其经营决策和市场表现密切相关，因此良好的经营和管理对于企业的长期健康和成功至关重要。

（一）企业的基础认知

1.企业目标

企业的目标可以被分为定性描述和定量描述两个主要方面。

定性描述，指的是企业的长期和短期愿景，以及其在社会和市场上的角色。长期目标通常包括企业的社会贡献目标，如可持续发展和环保目标，以及市场目标，如市场占有率的提高。而短期目标则着重于特定领域，如成本目标、技术能力目标、人员培训目标等。

定量描述，则是关于企业在特定指标上的具体目标，如产品品种的增加、产量的提高、质量的改进、固定资产规模的扩大、利润额的增长、上缴税金的增加，以及福利基金的持续支持。

企业的总体目标通常包括了上述定性和定量描述的各个方面，它们构成了企业的使命和愿景，为企业的经营和战略规划提供了方向。在不断追求这些目标的过程中，企业能够实现自身的盈利和可持续发展，同时也为社会和市场做出积极的贡献。

2.企业责任

企业责任是指企业在社会经济中扮演的角色，以及与其地位相关联的各种义务和责任。作为商品生产者和经营者，企业有责任确保生产的商品质量安全，并提供对消费者的可靠承诺。此外，企业还应承担员工责任，包括提供公平的工作条件和薪酬，以维护员工的权益和福祉。社区责任是企业在所在地社区中的义务，包括支持社区项目、促进当地经济和提供就业机会。生态环境责任是企业在可持续经营方面的责任，包括减少环境影响、资源管理和支持环保措施。此外，企业还承担国家责任，需要遵守国家法律法规、纳税义务以及支持国家的发展目标。消费者责任是企业对消费者的义务，包括提供真实信息、满足消费者需求和提供售后服务。综合来看，企业责任涵盖了多个领域，从经济到社会、环境和法律等各方面，企业应努力平衡这些责任，以实现可持续和负责任的经营。

（二）企业经营机制

1.约束机制

约束机制在企业管理中扮演着至关重要的角色。约束机制对企业的效率、效益和稳定发展至关重要。这是因为它们有助于维持秩序和规范员工行为，从而确保企业能够按照既定目标顺利运营。在没有约束机制的情况下，员工的行为可能会变得不一致，行为准则会混乱，这将使违规行为更加难以制止，从而可能损害企业的集体利益。

约束机制并不是唯一重要的管理工具，激励机制同样至关重要。事实上，激励机制和约束机制应该相辅相成，共同构建一个有效的企业管理体系。激励机制可以通过奖励员工的表现来激发他们的工作热情和创造性，从而提高企业的生产效率和效益。这种积极的工作氛围可以使员工更加投入工作，并愿意为企业的成功贡献自己的力量。企业应该在建立约束机制的同时，注重完善激励机制。这将有助于创建一个有序、高效且充满活力的工作环境，使企业能够实现稳定的发展

和可持续的成功。

2.激励机制

激励机制是将企业远大理想转化为实际行动的工具。为了达到这个目标，企业需要制定合适的激励政策，这应该根据实际情况和员工需求来进行调整。一个成功的激励机制应该综合考虑物质奖励和精神奖励，并因人而异地进行个性化调整。一个良好的激励机制可以显著提高员工的工作积极性，并帮助他们充分发挥其聪明才干。当员工感到他们的工作和贡献受到认可和奖励时，他们更有动力去追求企业的目标。通过建立有效的激励机制，企业可以在竞争激烈的市场中取得优势，并保持充沛的活力。这不仅有助于员工的个人成长，还有助于企业的长期成功和发展。因此，企业领导者应该认识到激励机制的重要性，并投入适当的资源来建立和维护这些机制，以推动企业向前发展。

3.决策机制

企业决策是管理和组织内部的核心活动，分为战略决策和业务决策两个主要领域。战略决策关注企业的长期目标和整体方向，而业务决策则处理日常运营和问题解决。在决策机制中，决策主体可能包括高级管理层、董事会，以及其他与组织目标相关的部门。决策组织和决策方案的选择涉及决策方式的选择，这需要综合考虑经济健康、决策过程中的透明性、高效性和合法性。透明性确保决策过程对相关利益方是可见的和理解的，高效性有助于迅速响应市场变化和问题，合法性则确保决策符合法律法规。

同时，可持续发展的考虑也是企业决策的重要因素之一。决策者需要考虑决策对企业社会责任、环境和社会的影响，以确保决策在长期内对可持续发展有益。

4.创新机制

创新机制是企业发展中至关重要的一环，旨在推动其进入高效状态，实现超常效益。这一机制的核心在于将各种经济要素进行全新组合，从而激发创新的力量。创新机制包括六大要素，即人才、决策、保障、激励、信息和技术。这些要素之间存在着瓶颈制约关系，需要特别关注和重点创新。

企业要构建有效的创新机制，必须依托文化环境、竞争环境和政策环境。其中，政策环境尤为关键。政策环境包括各种政策，如人才政策、社会保障政策和财政激励政策，这些政策可以为企业提供支持和激励，推动创新机制的建设。在政策的引导下，企业可以更加自信地探索创新领域，因为他们知道政府将提供必要的支持和奖励。

社会性的技术创新和体制创新为机制创新提供了组织结构和激励动因。企业应积极探索和采用新技术和新体制，以不断优化和提升创新机制。这意味着企业需要不断地更新自己的技术和管理模式，以适应市场的变化和竞争的压力。只有这样，他们才能在竞争激烈的市场中保持竞争力。

各级领导在推动创新机制建设方面发挥着关键作用。他们可以运用经济杠杆、软硬政策、法律法规等手段，协调投资融资，创造良好的环境，促进企业的创新机制建设和持续创新。领导的支持和引导有助于企业在竞争激烈的市场中取得长期成功。

二、现代企业制度的内容

（一）法人制度方面

"随着企业经营机制的转换，企业将真正成为自主经营、自负盈亏、自我发展、自我约束的法人实体和市场竞争实体，企业的生产经营活动将直接取决于市场的需要。"❶现代企业制度构建在企业法人制度的基础上，这一制度确立了企业作为一个法律实体的地位。企业法人制度赋予了企业法人地位，使其能够独立承担民事责任和享有民事权利。这意味着企业与其出资者分开，有了自己的法人财产，有限责任的特性也保护了出资者免受个人债务的影响。

在企业法人制度下，企业有着明确的组织机构和章程，其中规定了企业的运营方式、管理结构和决策流程。法定代表人代表企业行使权利和承担责任，但不会承担个人信用和债务责任。这一制度的信用性使企业能够获得融资、吸引投资者和进行商业合作，从而促进了经济的增长和企业的发展。

（二）组织制度方面

组织制度在公司治理结构中扮演着关键角色，确保了责权利的合理分配和有效行使。在现代企业，公司治理结构通常包括股东大会、董事会和监事会。股东大会是公司最高权力机构，由股东组成，负责决定重大事项和选举董事会成员。董事会负责公司的经营决策，任命总经理等高管，并制定公司战略。监事会则是

---

❶ 薛红.现代企业制度下国有企业统计工作在内容和方法上的转变问题研究[J].科技视界，2015（35）：307.

对公司内部运营进行监督的机构，确保公司合法合规运作。

公司治理结构的设计旨在平衡不同利益相关方的权益，如股东、管理层和监督机构。这种平衡有助于预防滥权和不当行为，维护公司的长期健康。总经理作为公司的执行者，在经营决策中扮演重要角色，但他们也受到董事会和监事会的监督。通过建立健全的公司治理结构，确保各级管理层的责权利得到适当分配，企业可以更好地实现可持续经营和增长，同时也维护了不同利益相关方的权益。

（三）产权制度方面

产权制度是一种法律制度，旨在分解和规范经济活动中的财产权利，以便合理有效地组合各种经济主体的权利、责任和义务。在这一制度下，出资者在企业中享有最终所有权，而企业本身作为法人也拥有财产权。

出资者的最终所有权包括多个关键权利，例如股东有权参与重大决策，能够转让股权，并享有资产收益。与此同时，企业则享有占有权、使用权、处置权和收益权。这种权利的分配通过产权制度得以明晰化，这对于资源的优化配置至关重要，也是现代企业制度的核心要素之一。

产权制度的另一个关键作用是确保企业对出资者负有责任，包括保值和增值的责任。这有助于维护企业和出资者之间的权益关系，为经济活动提供了坚实的法律基础。因此，产权制度在经济体系中起着至关重要的作用，有助于促进合理的资源分配和维护经济主体之间的权利和义务。

三、现代企业的经济目标

（一）利润最大化

在经济活动中，企业通常将其绩效与利润最大化紧密联系在一起，将其确立为主要目标。这一目标通过有效的生产和销售组织来实现，旨在在一定时间内追求最大利润。利润的定义是企业在特定时间段内经营活动的经济成果，是总收入减去总成本后的余额，因此它在很大程度上反映了企业的经济效益，被广泛视为一个重要的绩效指标。

利润最大化的合理性可以追溯到19世纪，并逐渐被市场经济中的各类企业所接受。这种合理性基于以下原因：

第一，利润代表了企业创造的财富。企业通过生产和销售产品或提供服务，创造了价值和财富，这部分财富在形式上体现为利润。因此，追求利润最大化可以确保企业有效地利用资源，最大限度地提供价值。

第二，利润最大化对各方利益相关者都至关重要。对于投资者来说，利润是他们投入资本后获得的回报，是他们投资决策的核心考量之一。对于员工来说，企业的盈利水平直接关系到他们的薪酬和福利待遇。此外，企业通过积累利润可以进行再投资和再生产，促进经济增长和创造更多就业机会。

第三，追求利润最大化可以推动经济效益提升。企业为了实现这一目标，通常会采取一系列措施，包括改善经济核算、提高管理水平、技术创新、增加劳动生产力和降低产品成本。这些措施不仅有助于提高企业的竞争力，还有助于合理配置资金，最终提高企业的经济效益。通过这些努力，企业可以更好地满足市场需求，增加市场份额，进而实现利润的最大化。因此，利润最大化作为企业的主要目标在经济活动中具有合理性，它不仅有助于企业的生存和发展，还推动着整个经济体系的繁荣和增长。

（二）资本利润最大化

资本利润最大化是企业追求的目标，旨在通过有效组织生产和销售等活动，最大限度地提高资本利润或每单位股本获得利润，反映了资本的获利水平。这一目标可以通过以下两个关键指标来衡量和分析：资本利润率和每股盈余。

第一，资本利润率是税后净值利润与资本总额的比率。这个指标提供了一个清晰的画面，显示企业实际获得的利润与投入的资本成本之间的关系。更高的资本利润率通常表明企业能够更有效地运用其资本，从而获得更高的利润。

第二，每股盈余是净利润与普通股数的比值。这个指标衡量了每股普通股权益的盈利水平。通过比较每股盈余，人们可以了解企业在不同时间段内实现的盈利水平，以及不同企业之间的盈利差异。这有助于识别那些盈利水平较差的企业，为它们提供改进和加强管理的有力信息。

这两个指标把企业实现的利润额同投入的资本成本数比较，能够说明企业的利率，并可以对不同资本规模的企业的盈利水平，或同一企业不同时期的盈利水平进行比较，揭示其盈利水平的差异，从而为盈利水平较差的企业加强和改进各项管理提供可靠的信息。

（三）股东财富最大化

股东财富最大化是股份制企业的核心目标之一，这种企业组织形式允许多个

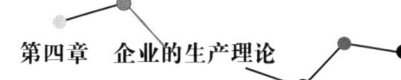

股东共同拥有公司的股份。为了实现股东财富最大化，股份制企业通常通过生产和销售商品或服务来创造价值。普通股是股东持有的一种股票类型，它们通常在市场上进行交易，其价格由供求关系决定，即市价。因此，股东财富最大化不仅取决于企业的经营绩效，还受到市场对股票的估值和投资者情绪的影响。企业需要在提供有吸引力的产品和服务的同时，保持良好的市场声誉，以吸引更多的投资者并维持股价的稳定增长，从而实现股东财富最大化的目标。

1.股东财富最大化的优势

股东财富最大化是公司管理者的首要职责，因为公司的成功与股东的利益直接相关。为了实现这一目标，管理者必须综合考虑多个因素。首先，考虑到资金时间价值，公司必须在投资项目中选择那些具有较高回报率的，以确保资金在时间上的最大化利用。此外，风险是不可避免的，因此管理者需要评估综合风险和收益，以确保投资项目对股东财富最大化的贡献超过了风险。

在筹资问题上，管理者需要考虑资本结构，即债务和股权的比例。选择适当的资本结构可以影响公司的财务健康和风险水平。股东财富最大化还涉及股利问题，公司应确保股息政策与公司的盈利水平和未来投资需求相一致。最后，竞争力是实现股东财富最大化的关键，公司需要不断提高产品或服务的质量和市场份额，以保持竞争优势。

2.股东财富最大化的局限性

股东财富最大化是上市公司的主要目标之一，但它也存在一定的局限性。虽然公司通常通过提供股息收益和资本收益来回报股东，但在这一过程中，可能存在与其他集团利益的冲突。公司需要在满足股东利益的同时，平衡其他利益相关者的需求，如员工、客户、供应商和社会。这就需要在发展策略和业务决策中综合考虑多方因素。

此外，股东财富最大化也受到不可控因素的影响，如经济周期、市场波动、法规变化和竞争局势等。这些因素可能会导致公司的股价波动，对股东的财富产生不利影响。因此，公司需要具备适应性，能够灵活应对外部环境的变化，以确保在不可控因素的影响下，仍然能够实现长期的股东财富最大化目标。

（四）企业价值最大化

现代企业被看作是多边契约关系的综合体，各利益集团（包括股东、债权人、职工、政府等）在其中都承担了一定程度的风险。因此，企业的目标不应仅强调一个集团的利益，而应涵盖多个利益集团的利益。这种多元化的企业目标是为了确保公平和长期稳定的利益分配。

其中，企业价值最大化被认为是一个科学而合理的企业目标。这一目标要求企业在全面考虑资金的时间价值和风险的基础上，通过有效组织生产、销售等经营活动，实现企业的长期稳定发展，以最大程度地增加企业的总价值。

企业价值最大化是许多公司的首要目标，具有多方面的优点。首先，它强调了资本时间价值的重要性，鼓励公司将资源投入具有潜在高回报的项目中，以最大程度地提高资本的效率。然而，这一目标也需要谨慎考虑风险因素，以确保风险与回报之间的平衡。此外，企业价值最大化有助于公司避免短期行为，更注重长期增长，提高了公司的竞争力和稳定性。

然而，实现企业价值最大化并不是没有挑战的。公司需要在各种利益集团之间权衡取舍，如股东、员工、供应商和社会等。同时，量化企业价值需要使用适当的资产评估方法，例如权益净利率、偿债能力和资本增值等指标，以便更好地了解公司的财务状况。此外，企业价值最大化还需要考虑社会和生态效益，以维护公司的社会形象和经营决策的可持续性。综合而言，企业价值最大化是一项复杂的任务，要在各种因素之间进行权衡和取舍，以实现长期的可持续增长和财务成功。

第二节 生产与生产函数

一、生产

生产是指将各种资源（如劳动、资本、原材料、技术等）组合起来，以制造或提供产品或服务的过程。这个过程旨在满足人们的需求和欲望，从而创造出有用的、有价值的物品或服务。生产是经济体系中至关重要的环节，对国家的繁荣和经济增长起着关键作用。

在经济学中，生产是供给的基础，供给指的是市场上可用的产品和服务的总量。生产的水平可以受到多种因素的影响，包括生产要素的可用性、技术进步、政府政策、市场需求等。因此，生产研究和生产管理是经济学、管理学和政策制定的重要领域，旨在优化资源利用、提高生产效率，并满足社会的需求。

二、生产函数

生产函数是经济学中的一个核心概念，用于描述生产过程中输入生产要素和输出产品之间的关系。生产要素通常包括劳动、资本、土地和企业家才能。劳动是指人力资源的投入，资本是指生产工具和资产的投入，土地是指自然资源的投入，而企业家才能则是创新和管理的能力。这些生产要素通过生产函数的组合相互作用，决定了企业的产出水平和效率。了解如何有效地组合这些要素对于企业的成功和经济增长至关重要，因为它可以帮助企业更好地理解如何最大化产出并实现长期可持续发展。如果用Q代表总产量，用L代表劳动，K代表资本，N代表土地，E代表企业家才能，生产函数的公式如下：

$$Q=f(L, K, N, E) \tag{4-1}$$

生产函数是经济学中的一个重要概念，用于描述生产过程中的关系。它涉及多个生产要素，包括自然资源、技术条件、劳动和资本。自然资源是生产的基础，提供了原材料和能源，技术条件则反映了生产过程的有效性和创新性。劳动代表了人力资源的投入，而资本涵盖了生产工具和设备。生产函数将这些要素组合在一起，描述了如何通过它们的不同组合来获得产量。了解生产函数对于企业和政策制定者至关重要，因为它可以帮助他们优化资源配置，提高生产效率，最大程度地利用有限资源，以实现更高的产量和经济增长。这样，生产函数的公式如下：

$$Q=f(L, K) \tag{4-2}$$

如果再假定资本是固定不变的，因而产量Q随L的变动而变动，生产函数可表示为：$Q=f(L, K)$。例如，假设生产函数是$Q = KL - 0.5L^2 - 0.3K^2$。

如果再假定资本K的数量不变，可以考察产量是怎样随着投入劳动L的变化而变化。如假定$K=10$，则生产函数公式如下：

$$Q = f(L,K) = f(L) = 10L - 0.5L^2 - 30 \tag{4-3}$$

该式表明，与L任一给定值相应有一个产出量Q。

生产函数一般可分为两种类型：①固定比例生产函数；②可变比例生产函数。生产一种产品使用的L与K的组合比例固定不变，这称为固定技术系数。换言之，要扩大（或缩减）产量，L与K必须同比例增加（或减少）。如L与K的组合比例是$L:K=1:3$，当劳动增加1倍为2时，资本的数量也必须增加1倍，即从3个单位增加为6个单位，这样的生产函数称为固定比例生产函数。固定比例生产函数中各种生产要素彼此之间不能替代。例如，织布需要一定比例的织布机和棉纱，织布机和棉纱不能相互替代，仅增加织布机不增加棉纱，布的产量不能提高。只有在增加织布机的同时按固定技术系数增加棉纱的投入，布的产量才能同比例地增加。

生产中的劳动与资本的组合比例可以变动，这种生产函数被称为可变比例生产函数。在这种生产函数中，各种生产要素可以以不同的比例相互组合，这个比例被称为可变技术系数。

在可变比例生产函数中，生产者可以根据不同的需求和条件选择不同的生产方法。如果需要生产一定数量的产品，可以采用劳动密集型生产方法，即多用劳动要素而少用资本要素。这意味着生产过程中劳动力占据主导地位，而资本的使用相对较少。

生产者也可以选择采用资本密集型生产方法，即多用资本要素而少用劳动要素。使用这种方法，机器、设备和其他资本要素占据主导地位，而劳动力的使用相对较少。这通常需要高度自动化的生产过程。因此，可变比例生产函数为生产者提供了灵活性，使他们能够根据市场需求、成本和资源可用性等因素来决定最佳的生产方式。这种灵活性可以帮助企业在不同的情况下优化生产效率，从而取得竞争优势。

第三节　短期生产函数

一、可变生产要素的生产函数

由生产函数 $Q = f(L, \bar{K})$ 出发，假定资本投入量是固定的，用 $\bar{K}$ 表示，劳动投入量是可变的，用 L 表示，则生产函数公式如下：

$$Q = f(L, \bar{K}) \tag{4-4}$$

由于资本 K 不变，所以在短期内，产量是劳动要素投入的函数，并随着劳动而变动，因此，该函数通常记作下式：

$$Q = f(L) \tag{4-5}$$

这就是通常采用的一种可变生产要素的生产函数的形式，它也被称为短期生产函数。

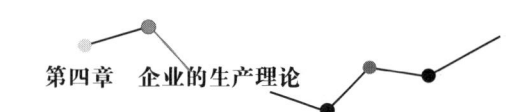

二、总产量、平均产量和边际产量

总产量、平均产量和边际产量是微观经济学中的重要概念，它们描述了生产过程中的不同方面。它们之间的关系可以通过生产函数来解释，通常使用以下方式表示：

第一，总产量。总产量是生产过程中所获得的总产品数量，通常以单位数量（如单位商品或单位服务）来衡量。总产量随着生产要素的增加而增加，但不一定按比例增加。

第二，平均产量。平均产量是总产量与所使用的生产要素数量之间的比率。它表示每增加一个单位的生产要素，平均产量会如何变化。平均产量通常用以下公式表示：

$$平均产量 = 总产量 / 生产要素数量 \qquad (4-6)$$

当平均产量增加时，表示每增加一个单位的生产要素，总产量的增加超过了生产要素的增加。这通常反映了生产过程的有效率性提高。

第三，边际产量。边际产量是增加一个额外单位的生产要素后，总产量的变化。它表示生产要素的边际贡献。边际产量通常用以下公式表示：

$$边际产量 = \Delta 总产量 / \Delta 生产要素数量 \qquad (4-7)$$

如果边际产量为正，表示增加一个额外单位的生产要素将增加总产量，这通常发生在生产要素未被充分利用的情况下。如果边际产量为零，表示增加一个单位的生产要素不会改变总产量，通常发生在生产过程的极点。如果边际产量为负，表示增加一个额外单位的生产要素将减少总产量，这可能意味着生产过程已经过度拥挤，生产要素的增加导致了效率下降。

总之，总产量、平均产量和边际产量之间的关系反映了生产过程中生产要素的使用效率和增加生产要素对总产量的影响。这些概念对于经济学家、生产经理和政策制定者来说都具有重要意义，可以帮助他们优化生产过程和资源配置。

三、边际报酬递减规律

边际报酬递减规律指的是在生产过程中，随着可变要素的投入逐渐增加，初始时会出现边际产量的增加，但最终会达到一个点，在此点之后，边际产量开始逐渐减少。这一规律不仅存在于农业，也存在于工业、行政部门等各个领域。例如，在农业中，密植作物可能导致产量减少；在工业中，过多的劳动力

可能导致生产效率下降；而在行政部门，机构和人员过多可能引发效率下降和官僚主义问题。

"在短期，生产过程受到生产要素边际报酬递减规律的支配，而传统的生产函数模型无法完整地表现边际报酬递减规律的整个运动过程。"[1]边际报酬递减的原因在于可变要素（如劳动力、原材料）和不变要素（如设备、技术）之间存在最佳的配合比例。当这两者协同工作时，生产效率得以最大化。然而，过多的可变要素投入会导致资源浪费和生产效率下降。

边际报酬的短期和长期效应特别重要，它在短期生产中更为明显。随着可变要素投入的增加，初始时可能会看到边际产量的增加，但在一定点后，会迅速出现边际产量递减的趋势。因此，管理者和决策者需要谨慎关注这个临界点，以免陷入资源浪费和低效率的境地。

边际报酬递减规律强调的是在任何一种产品的短期生产中，随着一种可变要素投入量的增加，边际产量最终会呈现出递减的特征。换言之，该规律提醒人们要看到在边际产量递增阶段后必然会出现边际产量递减阶段。

第四节　长期生产函数

假定生产者使用劳动和资本两种可变生产要素来生产一种产品，则两种可变生产要素的长期生产函数可写为下式：

$$Q = f(L, K) \tag{4-8}$$

式中：L——劳动的投入量；

　　　K——资本的投入量；

　　　Q——产量。

技术系数是生产过程中的重要参数，它与生产要素的配合比例密切相关。在追求最适组合以实现生产资源的有效利用时，企业需要考虑消费者均衡和收入分配，以确保产品购买力的提高。通过效用最大化和成本分配的精确计算，企业可以更好地配置生产资源，以实现利润最大化的目标。这一过程不仅涵盖了技术因素的优化，还关乎整个经济体系的平衡和繁荣。

---

[1] 甘臣林，陈银蓉，徐小伟.基于边际报酬递减规律的短期生产函数模型[J].统计与决策，2016（5）：17.

一、等产量曲线的特征与计算

等产量曲线是表示两种生产要素的不同数量的组合可以带来相等产量的一条曲线，或者说是表示某一固定数量的产品，可以用所需要的两种生产要素的不同数量组合生产出来的一条曲线。

假设，现在资本与劳动两种生产要素有A、B、C、D四种组合方式，这四种组合方式都可以达到相同的产量，如表4-1所示。

表4-1 能带来相同产量的两种生产要素的组合形式[1]

组合方式	资本（K）	劳动（L）
A	6	1
B	3	2
C	2	3
D	1	6

根据表4-1，可绘制出图4-1。在图4-1中，横轴代表劳动量L，纵轴代表资本量K，Q为等产量线，即线上任何一点所表示的资本与劳动不同数量的组合，都能生产出相等的产量。等产量线与无差异曲线相似，所不同的是，它所代表的是产量，而不是效用。

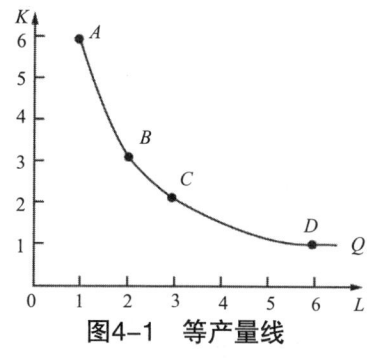

图4-1 等产量线

等产量线具有以下特征：

第一，等产量线是一条向右下方倾斜的线，其斜率为负值。这就表明，在生产者的资源与生产要素价格既定的条件下，为了达到相同的产量，在增加一种生产要素时，必须减少另一种生产要素。两种生产要素同时增加，是资源既定时无法实现的；两种生产要素同时减少，不能保持相同的产量水平。

第二，在同一平面图上，可以有无数条等产量线。同一条等产量线代表相同的产量，不同的等产量线代表不同的产量水平。离原点越远的等产量线所代表的

---

[1] 本节图表引自：吴光华.微观经济学基础[M].武汉：华中科技大学出版社，2019：59-68.

产量水平越高，离原点越近的等产量线所代表的产量水平越低，可以用图4-2表示这一点。在图4-2中，Q_1、Q_2、Q_3是三条不同的等产量线，它们分别代表不同的产量水平，$Q_1<Q_2<Q_3$。

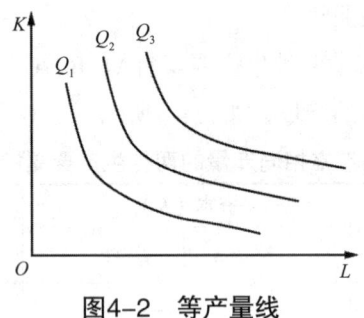

图4-2 等产量线

第三，等产量曲线凸向原点。在保持相同产量水平条件下，两种要素存在替代关系，一种要素增加，另一种要素必然减少。等产量曲线凸向原点，是由边际技术替代率递减决定的。

边际技术替代率（MRTS），是在维持产量水平不变的条件下，增加一单位某种生产要素的投入量时所减少的另一种生产要素的投入数量。劳动对资本的边际技术替代率的公式如下：

$$\text{MRTS}_{LK} = -\frac{\Delta K}{\Delta L} \tag{4-9}$$

式中：ΔK——资本投入量的变化量；

ΔL——劳动投入量的变化量。

公式中加一个负号是为了使MRTS值在一般情况下为正值，以便于比较。或者换一种表达式，如下：

$$\text{MRTS}_{LK} = \lim_{\Delta L \to 0} -\frac{\Delta K}{\Delta L} = -\frac{dK}{dL} \tag{4-10}$$

从公式可以看出，等产量曲线上某一点的边际技术替代率就是等产量曲线在该点的斜率的绝对值。边际技术替代率还可以表示为两种生产要素的边际产量之比。对于任意一条给定的等产量曲线来说，当用劳动投入去替代资本投入时，在维持产量水平不变的前提下，由增加劳动投入量所带来的总产量的增加量和由减少资本量所带来的总产量的减少量必定是相等的，则有下式：

$$|\Delta L \cdot \text{MP}_L| = |\Delta K \cdot \text{MP}_K| \tag{4-11}$$

式中：MP——边际产量。

整理得下式：

$$-\frac{\Delta K}{\Delta L} = \frac{MP_L}{MP_K} \qquad (4-12)$$

由边际技术替代率的定义公式可得下式：

$$\mathrm{MRTS}_{LK} = -\frac{\Delta K}{\Delta L} = \frac{MP_L}{MP_K} \text{ 或 } \mathrm{MRTS}_{LK} = -\frac{dK}{dL} = \frac{MP_L}{MP_K} \qquad (4-13)$$

边际技术替代率递减规律是指在生产中，当两种不同的生产要素相互替代时，随着一种要素的投入增加，每单位这种要素所能替代的另一种要素数量递减。这一规律主要源于生产技术对不同生产要素的投入量有适当的比例要求。

以劳动和资本两种要素投入为例，当劳动投入量较少而资本投入量较多时，可以相对容易地通过增加劳动投入来弥补一些资本投入，以维持产量水平。这意味着劳动对资本的替代是相对容易的。然而，当劳动投入增加到很多而资本投入量减少到很少时，再用劳动去替代资本将变得困难，因为每单位劳动所能替代的资本数量递减。

这一规律还体现在等产量曲线的性质上。由于边际技术替代率递减，等产量曲线的斜率的绝对值会递减，使得曲线呈现凸向原点的形状。这意味着在增加一种要素的投入量时，所能得到的额外产量会递减，因此需要更多的该要素才能维持同一产量水平。

二、等成本线的计算

等成本线又称企业预算线，它是一条表明在生产者的成本与生产要素价格既定的条件下，生产者所能购买到的两种生产要素数量的最大组合的线。

假定某企业有货币成本600元，劳动的价格为2元，资本的价格为1元，如果全购买劳动，可购买300单位，如果全购买资本，可购买600单位，这样，可绘制出图4-3。

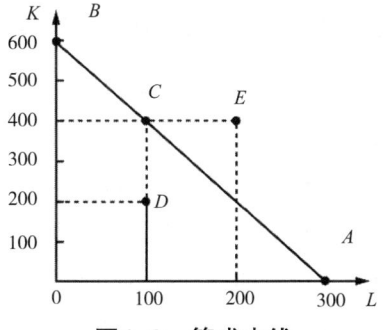

图4-3 等成本线

在图4-3中，连接A、B点则为等成本线。该线上的任何一点，都是在货币与生产要素价格既定条件下，能购买到的劳动与资本的最大数量的组合。

在C点，购买100单位劳动，400单位资本，正好用完600元[2×100+1×400=600（元）]。该线内的任意一点所购买的劳动和资本的组合，都可以实现，但并不是最大数量的组合，即没有用完货币。

在D点，购买100单位劳动，200单位资本，只用了400元[2×100+1×200=400（元）]。在该线外的任意一点，所购买的资本和劳动的组合大于C点，无法实现，因为所需要的货币超过了既定的成本。

在E点，购买200单位劳动，400单位资本，这时要支出800元[2×200+1×400=800（元）]，无法实现。等成本线是使用等产量分析研究生产要素最适组合的限制条件。

假定要素市场上既定的劳动的价格即工资率为ω，既定的资本的价格即利息率为r，厂商既定的成本支出为C，则成本方程如下：

$$C = \omega L + rK \tag{4-14}$$

由成本方程可得下式：

$$K = -\frac{\omega}{r}L + \frac{C}{r} \tag{4-15}$$

由公式可知，等成本线的斜率为两种生产要素价格之比的负值。

三、生产者均衡

在生产过程中，寻找生产要素的最优组合是关键。这个最优组合旨在实现最大产量，同时确保最小成本。为了确定这个组合比例，分析师通常会绘制等产量线，这些线显示了在不同的两种生产要素组合下可以获得相同的产量水平。企业需要权衡这些可能的组合，以确定总成本最低的生产要素配置，从而实现在市场上以最低价格买进原材料，这有助于提高竞争力和利润。

（一）成本最小化

由于产量既定，所以只有一条等产量曲线。如图4-4所示，图中的三条等成本线，C_1的成本太低，不能达到生产产量水平Q。生产同样的产量，厂商既可以选择等产量曲线和C_3的两个交点M和N所对应的两种生产要素的组合，也可以选择C_2代表的成本水平，使用等产量曲线和C_2的切点E所对应的两种要素的组合。只有E点所代表的劳动和资本的组合，才是厂商的生产均衡点。

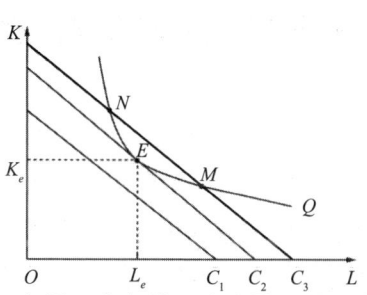

图4-4 产量既定条件下成本最小的要素组合

（二）产量最大化

如图4-5所示，由于成本既定，所以图中只有一条等成本线，图中三条等产量曲线，其中Q_1代表的产量水平最高，但既定的总成本太低，无法生产Q_3代表的产量水平。等成本线与Q_1有两个交点M和N，与Q_2有一个切点E，这说明既定的成本支出既可以采取M和N所代表的要素组合生产Q_1的产量，也可以采取E点所代表的要素组合生产Q_2的产量，而Q_2代表的产量水平大于Q_1，所以只有E点才是生产要素的最优组合点。

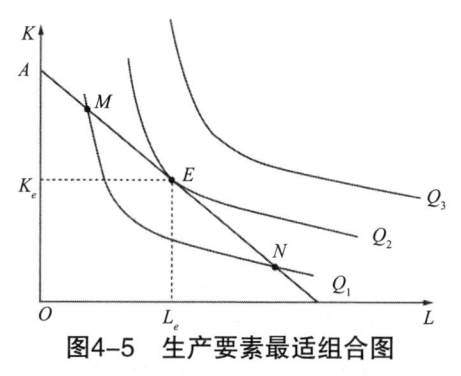

图4-5 生产要素最适组合图

无论产量既定还是成本既定，等成本线和等产量线的切点E，都是生产者均衡点。在该点上，等产量曲线的斜率正好是等成本线的斜率。由于等产量线的斜率的经济含义是两种生产要素的边际产量之比，而等成本线斜率的经济含义是两种生产要素的价格之比，所以生产者均衡或生产要素最优组合的条件如下：

$$\mathrm{MRTS}_{LK} = \frac{\mathrm{MP}_L}{\mathrm{MP}_K} = \frac{P_L}{P_K} \quad (4-16)$$

即为了实现既定条件下的最大产量，厂商必须选择最优的生产组合，使得两要素的边际技术替代率等于两要素的价格比例。

第五节　规模报酬原理

规模报酬分析是在长期生产过程中对生产规模的研究，着重考察生产要素的配置如何影响产量变化。在条件不变的情况下，企业可以经历三种不同类型的规模报酬变化。首先，规模报酬递增表示通过扩大生产规模，产量的增长速度超过了成本的增长速度，这通常伴随着成本效益的提高。其次，规模报酬不变表明生产规模的扩大与产量的增加之间存在线性关系，成本与产量成比例增长。最后，规模报酬递减表示随着生产规模的扩大，产量的增长速度低于成本的增长速度，可能导致效益下降。因此，规模报酬分析有助于企业确定最佳的生产规模，以实现成本效益和竞争优势。

一、规模报酬递增的来源

在追求产量增加的目标时，企业通常需要考虑增加生产要素。通过增加生产要素，企业有望实现规模报酬递增的效益，这意味着随着生产规模的扩大，每单位生产要素的效率提高。这种效率提升往往与更高程度的劳动分工和专业化相关联，从而提高了劳动生产率。通过资源集约化使用，包括更先进的机器设备的运用，企业可以提高使用效率，从而减少生产中的浪费和成本。此外，规模报酬递增还增强了企业的生产能力，使其能够更灵活地满足市场需求，并增加了在原材料采购、产品运输和分销渠道中的讨价还价能力。

不可分性是在追求产量增加时需要注意的关键概念。生产要素的不可分性意味着它们不容易分割或拆分，因此在决定增加生产要素的同时，必须考虑如何协调它们以实现最大产量。这可能需要优化生产规模，以确保生产要素的合理配置。此外，原材料采购也是关键因素之一，因为有效的采购策略可以降低成本，提高供应链的效率。而在产品运输和分销渠道方面的优化可以帮助企业降低分销成本，并更快地将产品送达消费者手中。

产量增加是企业在竞争激烈的市场中获得竞争优势的关键之一。通过增加生产要素、实现规模报酬递增、提高劳动分工和专业化程度、优化劳动生产率以及资源集约化使用，企业可以提高生产效率和生产能力。同时，关注不可分性和有效的原材料采购策略有助于降低成本。在分销渠道和产品运输方面的改进可以加强企业的分销能力，从而提高讨价还价能力。综合考虑这些关键因素，企业可以更好地实现产量增加，并在市场中保持竞争力。

二、规模报酬不变的含义

规模报酬不变是生产经济学中的一个关键概念，指的是在生产过程中，当生产要素，如劳动和资本，以相同的比例增加时，产量也以相同的比例增加。这意味着，无论规模扩大还是缩小，生产过程的效率保持不变。这种情况下，企业可以更加灵活地调整生产规模，而不必担心规模经济或规模不经济的影响。

生产要素的合理配置对于维持规模报酬不变至关重要。劳动和资本是两个主要的生产要素，它们的比例决定了产量的增加比例。通过仔细平衡这两个要素，企业可以实现效率最大化，确保生产过程在不同规模下都能够维持规模报酬不变。这意味着无论企业扩大还是减小生产规模，都可以保持相对稳定的成本结构，从而提高竞争力。

总而言之，规模报酬不变是一种理想的生产状态，它使企业能够在不同规模下实现一定程度的生产效率。通过合理配置生产要素，特别是劳动和资本，企业可以确保在不同的生产规模下保持生产过程的效率。这有助于降低生产成本，并使企业更具竞争力。然而，要实现规模报酬不变，需要对生产过程进行仔细的规划和管理，以确保生产要素的协调和优化。

三、规模报酬递减的原因

在追求产量增加的过程中，企业需要仔细考虑生产要素的配置和规模报酬递减的可能性。规模报酬递减是指在生产规模扩大时，产量增加速度低于成本增加速度，导致生产效率下降的现象。这一现象可能由多种原因引起，其中之一是生产要素的可得性。地理位置对于获取适当的生产要素至关重要，包括原材料供应和劳动力市场的情况。不适当的地理位置可能导致生产成本增加，从而引发规模报酬递减。

除了地理位置之外，管理效率和监督控制机制也是决定规模报酬的关键因素。有效的管理和监督控制机制可以帮助企业更好地协调生产要素，提高生产效率，降低成本。此外，信息传递和决策时机也至关重要。及时获取并分析相关信息，以便在需要时做出决策，有助于避免规模报酬递减的情况发生。因此，管理和决策方面的因素在追求产量增加时不容忽视。

规模报酬的三种情况，如图4-6所示。

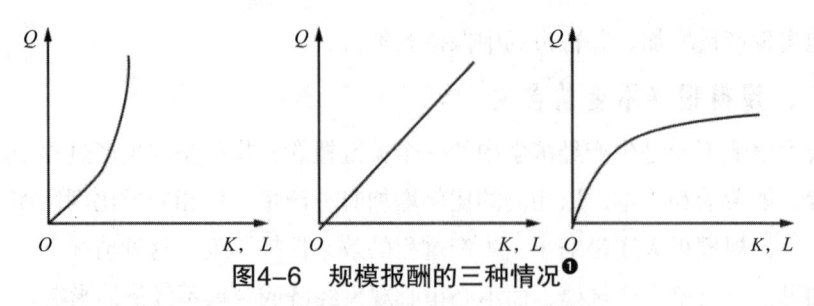

图4-6 规模报酬的三种情况[1]

规模报酬的三种情形可以用以下数学表达式来解释。

令生产函数$Q=f(L,K)$，如果$f(\lambda L,\lambda K)>\lambda f(L,K)$，其中，常数$\lambda>0$，则生产函数$Q=f(L,K)$具有递增的性质。

如果$f(\lambda L,\lambda K)=\lambda f(L,K)$，其中，常数$\lambda>0$，则生产函数$Q=f(L,K)$具有不变的性质。

如果$f(\lambda L,\lambda K)<\lambda f(L,K)$，其中，常数$\lambda>0$，则生产函数$Q=f(L,K)$具有递减的性质。

企业规模报酬是制定战略决策时至关重要的因素，它可以分为递增、不变和递减三种情况。在递增的情况下，随着生产规模的扩大，企业可以实现更高的生产效率，从而获得更高的收益。不变的规模报酬表示生产规模的变化对生产效率没有明显的影响，而递减则表明规模扩大可能导致生产效率下降，从而降低了收益。因此，企业需要仔细分析其行业技术特点和市场条件，以确定最适合的规模报酬类型。

不同行业的规模报酬类型受到行业技术特点和市场条件的影响。在重工业行业，通常存在递增规模报酬，因为这些行业通常需要大量的投资和设备，以满足市场需求。轻工业可能会面临规模不变或递减的情况，因为其产品通常较为标准化，投资量相对较小。服务行业的规模报酬通常与服务的性质有关，具体情况因行业而异。此外，市场需求、产品标准化、矿藏量、交通条件、能源供给和原料供给等因素也会对规模报酬产生重要影响，企业需要在决策中考虑这些因素。

最终，政府政策也可以影响企业的规模报酬和经济效益。政府的产业政策、补贴计划、税收政策等可以在一定程度上影响企业的投资决策和规模选择。企业应该密切关注政府政策的变化，并相应地调整其战略，以实现最大的经济效益。

总之，规模报酬对企业的发展和盈利能力至关重要，它受到多种因素的影响，因

---

[1] 本节图片引自：吴光华.微观经济学基础[M].武汉：华中科技大学出版社，2019：68.

此需要在全面的背景下进行分析和决策。

思考与练习

1.生产理论的核心是生产要素,包括劳动、资本、土地和企业家才能。请解释这些生产要素在企业生产过程中的作用,并提供示例。

2.什么是生产函数?它如何表示企业的生产过程?可以通过什么方式来表达生产函数?

3.边际产品是什么意思?为什么边际产品递减是一个重要的经济概念?请提供一个相关的实际案例。

4.适度规模是什么?为什么企业追求适度规模?适度规模如何影响生产要素的使用和生产成本?

5.解释长期生产和短期生产的概念。企业在长期和短期内会做出哪些不同的生产决策?

6.生产理论与生产成本之间有何关系?解释固定成本和变动成本,以及它们如何随着产量的变化而变化。

7.请说明在适度规模下,产出和成本之间的关系。

8.规模报酬如何与生产函数相关联?在生产函数中如何体现不同类型的规模报酬?

第五章　成本与利润理论

成本与利润理论着重于分析企业在生产和经营过程中所面临的成本结构以及其盈利能力。深入研究这一理论有助于人们理解企业如何制定生产和经营策略，以最大程度地提高其盈利能力。本章着重探究了成本及其影响因素、短期成本与长期成本，以及收益和利润。

第一节　成本及其影响因素

一、成本的基本认知

成本是各种生产要素的总价值，用于制造产品或提供服务。假设劳动、资本、土地、企业家才能等要素都已经得到充分利用，那么成本就代表了那些从其他特定生产用途调配而来的资源的价值。从整个社会的角度来看，成本反映了资源的有限性。如果全球的资源不受限制，永无穷尽，那么所谓的成本就不再具有实际意义。因为在这种情况下，生产某种商品就不需要放弃生产其他任何产品。对于一家企业而言，成本包括用于购买劳动力、机器、厂房、原材料和管理等资源的货币支出。

成本一词在不同场合有不同含义，具体如下：

（一）显性成本和隐性成本

显性成本和隐含成本是经济学和会计学中常用的两个重要概念，用于描述企业或个人在经济活动中所面临的成本。

显性成本是指直接明确可计量和可观察到的成本，通常以货币形式支付或记录。这些成本包括了企业为购买生产要素（如劳动力、原材料、设备等）而支付的实际费用，以及其他日常经营活动中需要支付的费用，如租金、工资、原材料采购费用、电费、水费等。显性成本是企业报表中的主要成本项目，易于跟踪和记录，因此它们通常是会计核算的一部分。

隐性成本是指与经济决策相关的机会成本，这些成本通常不以直接的货币支付形式出现，但是它们反映了在做出某项决策时所放弃的最高价值的机会。隐性成本通常涉及自有资源的利用。例如，如果一个企业的所有者放弃了在其他投资中可以获得的回报，以便将资源用于自己的企业，那么这个放弃的回报就是隐性成本。隐性成本在评估企业的经济绩效和决策时非常重要，因为它们反映了资源的真正机会成本，即放弃其他潜在收益以追求当前决策的机会成本。

显性成本是直接支付的货币成本，而隐性成本是与机会成本相关的资源成本，通常不以直接货币支付的形式出现。在经济分析中，考虑显性和隐性成本可以帮助更全面地理解经济决策的成本和效益。

（二）真实成本和机会成本

真实成本是指企业或个人在生产或经营过程中明确支付的直接货币支出。这些支出通常包括工资、租金、原材料、设备购买、广告费用等，都是以明确的货币形式出现在财务报表中的成本。真实成本是容易量化和跟踪的，因为它们是明确的支出。

机会成本是指在做出决策时，放弃了最高价值的替代选择所造成的成本。"机会成本是一种模式，是对未来的预测，通过淘汰次方案，留下最优的方案，从而规避一定的风险，提升资源利用率。"❶机会成本不以货币形式出现在财务报表中，而是体现在资源的最佳利用方式上。它反映了当做出某种选择时，放弃了其他潜在收益的价值。机会成本可能包括放弃的其他投资机会、时间价值或者其他可替代用途的资源价值。机会成本通常更难量化，但在决策分析中非常重要，因为它可以帮助评估不同选择的效益和风险。

（三）私人成本和社会成本

私人成本是指个体或企业在经济活动中直接承担的成本，通常以货币形式支付或以其他明确方式产生。这些成本包括了个体或企业为生产、消费或采取某种行动而支付的实际费用。私人成本通常出现在企业的会计报表中，涵盖了显性成本，如原材料、工资、租金等，以及隐性成本，如机会成本。

社会成本是指经济活动对社会整体造成的总成本，包括了私人成本以及与

---

❶ 黄颖，赵丽华.机会成本的应用——以LQ集团为例[J].中国集体经济，2022（16）：86.

活动相关的外部性成本。外部性是指某个经济活动对第三方产生的非直接的、非市场化的影响。社会成本不仅包括了个体或企业直接承担的私人成本，还考虑了这些活动可能对社会其他成员或环境造成的额外成本或效应。例如，污染是一个常见的外部性成本，企业可能会产生污染，但这会导致社会的环境成本和健康成本。

（四）短期成本与长期成本

短期成本和长期成本是经济学和企业管理中用来描述不同时间段内的成本的两个关键概念。它们有助于分析企业经营和决策中的成本结构和变化。

短期成本是指在相对较短的时间范围内，通常是在生产要素的某些方面不能被调整的情况下，企业所面临的成本。在短期内，某些生产要素，如固定资本（如厂房、设备）和某些契约（如租约）通常是不可变的，不能随意改变。因此，在短期内，企业只能调整可变成本，如劳动力和原材料，以满足市场需求。短期成本包括固定成本、可变成本和总成本等。在短期内，企业可能会面临规模不经济的情况，因为生产规模不能灵活调整，导致边际成本可能会波动。

长期成本是指在较长时间范围内，企业可以调整所有生产要素，包括固定资本。在长期内，企业可以改变其规模，扩展或减少生产能力，并且可以重新谈判契约或更改生产技术。因此，长期成本考虑了所有成本，包括固定成本和可变成本，以及生产规模的变化。在长期内，企业可以更灵活地适应市场需求，并寻求规模经济，以最大程度地降低成本。

（五）沉没成本

沉没成本是指已经发生并不可逆转的成本，它们在经济决策中应该被视为不具备影响力的因素。在制定决策时，不应该考虑已付出的沉没成本，而应该专注于未来的机会成本和潜在收益。持续投入资源到一个不再有经济合理性的项目或决策中只因为已经投入了大量资金或时间是一个常见的错误，被称为"沉没成本谬误"。因此，理解沉没成本的本质有助于避免这种谬误，确保决策更加理性，以最大程度地利用可用的资源并追求更有利可图的机会。在经济学和企业管理中，正确处理沉没成本是一项关键的决策原则。

还有其他一些成本概念。比如，生产领域发生的成本称生产成本，销售领域发生的成本称销售成本；短期中支付在固定要素上的成本叫固定成本，支付在变动要素上的成本叫变动成本；支付给全部要素的费用叫总成本，平摊到每单位产品上的成本叫平均成本，每增加一单位产品所增加的成本叫边际成本等。以上讲述的仅是企业生产经营方面的成本。在企业生产经营以外，还有私人成本和社会成本。

二、成本的现实意义

第一，商品价格的基础。商品价格的确定受到多种因素的影响，但其中最基本的因素之一是成本。商品和服务在市场上的定价实际上是由它们的生产或提供成本决定的。通常情况下，价格由产品的平均成本再加上一定的利润率构成，这被广泛称为成本加成定价。如果成本下降，企业有可能在不减少利润的情况下降低价格，从而在价格竞争中获得竞争优势。相反，如果许多产品的成本持续高涨，价格上涨几乎是不可避免的，这就是通货膨胀的成本推动因素。高成本导致高价格不仅对消费者不利，也对企业、整个行业以及社会经济发展产生不利影响。

第二，企业效益的源泉。成本的降低对企业经济效益有着积极的影响，它可以以两种方式带来益处。如果企业降低了成本但保持产品价格不变，那么这直接增加了企业的利润。同时，如果企业选择将成本下降反映在产品价格上，那么可以吸引更多的消费者，扩大市场份额。这表明，不管产品价格是否发生变化，降低成本都有助于提升企业的经济效益。

相反，成本上升将对企业的效益产生负面影响。因此，如何通过改革和强化管理来降低成本，被视为提高企业效益的关键任务。这种努力可以通过提高生产效率、优化资源利用、控制成本浪费等方式实现，从而增加企业的竞争力并提升其长期可持续发展的潜力。

第三，经济决策的重要依据。企业在利用生产资源时需要牢记机会成本，这意味着要将资源分配到效率最高的用途上，实现最大化的资源利用。这种原则不仅适用于企业和政府决策，事实上，它贯穿着每个理性个体在做任何事情时的考虑。唯一的区别在于，每个人对成本的理解和重要性可能略有不同。

每个理性的人在做决策时都会权衡成本和效益，努力使决策达到最佳的结果。无论是个人还是组织，都需要考虑如何最好地利用有限的资源来满足需求和达到目标。因此，成本概念在个人和组织的决策过程中都扮演着重要的角色，帮助他们做出明智的选择，以最大程度地实现自己的目标和利益。

第四,可持续发展的保证。经济可持续发展原则要求确保当今的发展不会危及未来世代的权益。从可持续性的角度来看,有些事情在局部和短期内可能看起来很可行,但从全球和长期的角度来看则并不明智。因此,可持续发展要求以更长远的眼光看待经济和社会活动,权衡短期和长期的成本与效益,确保决策和行动不会危及未来世代的生存和发展。这种综合性的考虑对于保护环境、维护生态平衡以及实现长期繁荣至关重要。

三、成本的影响因素

第一,要素价格。要素价格是企业经营中的关键因素之一,直接影响着成本结构和盈利能力。劳动力价格决定了员工工资和薪酬,高工资意味着高劳动力成本,因此企业常常需要平衡工资水平和员工的生产力,以控制劳动成本。原材料价格的波动也会对生产成本产生直接影响,特别是对于依赖于原材料的企业。资本成本,包括机器、设备和房地产等的购置和维护费用,也是重要的因素,因为它们构成了固定成本的一部分,对企业的长期盈利能力产生影响。此外,能源价格、税收政策和法规都可以对成本产生重要影响,需要企业进行有效的管理和适应。

第二,自然条件。自然条件包括地理位置、气候、资源可获得性等。企业所在的地理位置和气候条件可以直接影响生产过程中的能源消耗、原材料可获得性以及运输成本。例如,位于资源丰富地区的企业可能能够以较低的成本获得所需的原材料,而位于偏远地区或气候恶劣地区的企业可能面临更高的运输和能源成本。

第三,科学技术。科学技术的进步可以显著降低生产成本。新技术的采用可以提高生产效率、降低资源浪费、改善产品质量,从而降低总成本。相反,技术落后的企业可能需要更多的资源来维持生产,导致成本上升。

第四,管理水平。企业的管理水平对成本控制和效率至关重要。高效的管理可以减少浪费、提高生产流程、优化资源分配,从而有效地降低成本。反之,管理不善或低效的企业可能会面临成本上升的风险。

第五,企业规模。企业规模对成本有显著影响。通常来说,大规模企业可以享受规模经济的优势,因为它们可以分摊固定成本、获得更有利的采购条件,并更容易引入高效的生产技术。相比之下,小规模企业可能会面临更高的平均成本,因为它们无法享受相同的规模经济优势。

第二节 短期成本与长期成本

一、短期成本

在经济学和企业管理中，短期成本是一个重要概念，它涉及企业在相对较短的时间内（通常是一年或更短）生产商品或提供服务的成本。了解短期成本有助于企业做出关于生产和定价的决策，以及应对市场波动。"从本质上讲，短期成本是满足简单再生产的补偿价值尺度。"❶

（一）短期成本的分类

短期成本可以分为两种主要类型，即固定成本和可变成本，具体如下：

第一，固定成本。固定成本是企业在短期内不变的成本，无论生产规模是多少。它们通常包括租金、管理人员的薪水、折旧费用等。不管生产多少产品，这些成本都不会发生变化。

第二，可变成本。与固定成本不同，可变成本会随着生产量的变化而变化。这包括原材料、直接劳动力和一些运营费用。随着生产规模的增加，可变成本也会增加，反之亦然。

（二）短期成本曲线

为了更好地理解短期成本，可以绘制不同类型的成本曲线，其中包括以下三种：

第一，短期总成本曲线。短期总成本曲线显示了在不同生产水平下，总成本的变化情况。通常，总成本在一开始以较低的生产水平上升，然后以递增的速度增长。

第二，短期平均成本曲线。平均成本是总成本除以生产量得出的结果。短期平均成本曲线显示了在不同生产水平下，平均每单位产品的成本。这个曲线通常呈U形，即在一定生产水平下会有最低的平均成本点。

第三，短期边际成本曲线。边际成本是生产一个额外单位产品所需的额外成本。边际成本曲线显示了在不同生产水平下，生产额外单位产品的成本。边际成本通常会在平均成本最低点处相等。

---

❶ 胡鹰.企业成本结构对短期成本决策的影响[J].商业会计，2016（12）：46.

（三）短期成本的影响因素

第一，生产规模。增加生产规模通常会导致可变成本的增加，但固定成本保持不变。这可能导致平均成本的降低，因为固定成本在更多的产品分摊下减少。

第二，生产技术。采用更高效的生产技术可以降低短期成本，因为它可以提高生产效率，减少资源浪费。

第三，输入要素价格。变动的输入要素价格，如原材料和劳动力成本，会影响到可变成本。如果这些价格上升，短期成本可能会上升。

在短期内，企业需要仔细权衡这些因素，以确定最佳的生产水平和定价策略，以实现最大的利润或效益。然而，需要注意的是，短期成本只是经营决策的一部分，长期成本也需要考虑。

二、长期成本

长期成本是在更广泛的时间范围内考虑的，通常包括一年以上的时间。长期成本考虑了更多的因素，例如资本设备、技术进步和市场需求的变化。

（一）长期成本的分类

长期成本与短期成本的主要区别在于时间范围的扩展。在长期内，企业可以更自由地调整其生产规模、引入新技术、改变生产设备，以适应不同的市场条件。

第一，长期总成本。这是在更长时间范围内，包括购置资本设备和技术升级等因素后的总成本。

第二，长期平均成本。长期平均成本考虑了更广泛的时间范围和更多的生产变化。它通常会显示出不同生产水平下的平均成本。

第三，规模经济与规模不经济。长期成本曲线通常表现出规模经济和规模不经济的特征。规模经济意味着随着生产规模的增加，平均成本会降低。相反，规模不经济表示在某一点之后，继续扩大规模可能会导致成本上升。

（二）长期成本曲线

第一，长期总成本曲线。这条曲线显示了不同生产水平下的长期总成本变化。与短期不同，长期总成本曲线考虑了资本设备和技术的变化。

第二，长期平均成本曲线。长期平均成本曲线显示了在不同生产水平下的平均成本，通常显示出规模经济的特征。

第三，规模经济与规模不经济。长期成本曲线还反映了规模经济和规模不经济的情况。规模经济表现为长期平均成本递减，而规模不经济表现为长期平均成本递增。

（三）长期成本的影响因素

第一，投资于资本设备。企业可以选择投资于更先进的资本设备和技术，这可以提高生产效率并影响长期成本。

第二，技术进步。科学技术的进步可以改善生产过程，降低成本。

第三，市场需求变化。市场需求的变化可能需要企业改变其生产规模和产品组合，这会对长期成本产生影响。

第三节 收益和利润

一、总收益与平均收益

（一）总收益

总收益，作为企业财务分析的核心概念之一，是指企业在销售产品或提供服务时所积累的全部收入。这一关键概念在经济学和会计学领域中具有广泛的应用，它可以通过将销售数量与销售价格相乘来进行精确计算，即总收益=销售数量×销售价格。这个概念反映了企业在一定时间段内的销售绩效，提供了有关企业经济活动的关键信息，包括市场规模、销售活动的效益以及产品或服务的市场表现。总收益在企业决策和财务分析中的角色如下：

第一，衡量市场规模。总收益可以用来评估企业在某一市场或行业中的市场规模。通过分析不同企业的总收益，可以确定市场中的主要参与者，了解各个竞争对手的市场份额，并识别市场的增长趋势。

第二，评估销售绩效。企业通常会将总收益与之前的销售数据进行比较，以评估销售绩效的变化。这可以帮助企业确定销售策略的有效性，以及是否需要调整定价、市场营销或供应链管理等方面的战略。

第三，利润和成本管理。总收益是计算利润的一个重要组成部分。通过将总收益与总成本相减，企业可以计算出净利润。这有助于企业了解其经营活动是否

盈利，并在必要时采取措施来提高利润率。

第四，定价策略。总收益对于制定定价策略至关重要。企业需要考虑总成本、市场需求和竞争情况，以确定最佳的销售价格，最大化总收益或利润。

第五，投资和扩张决策。在制订投资和扩张计划时，企业需要考虑潜在的总收益。这可以帮助企业确定是否值得投资于新的生产线、市场进军或产品开发等方面的项目。

总收益不仅是企业财务分析的核心概念，还在企业的日常经营决策中扮演着至关重要的角色。通过精确计算和深入分析总收益，企业能够更好地理解市场和销售活动，并制定更有效的战略，以取得长期成功。这个概念的应用范围广泛，对于企业家、投资者和经济学家来说都是不可或缺的工具。

（二）平均收益

平均收益是经济学和市场分析中的一个关键概念，它是总收益除以销售数量得到的结果，即平均收益=总收益/销售数量。平均收益提供了有关销售活动的重要见解，其作用和关联如下：

第一，评估市场价格。平均收益是每个销售单位所带来的平均收入，因此它与市场价格密切相关。企业通常会将平均收益与市场价格进行比较，以确定其产品或服务在市场中的定价策略是否合理。如果平均收益高于市场价格，可能表明企业的产品或服务定价过高，反之亦然。

第二，收入预测和规划。企业可以使用平均收益来预测未来的收入。通过了解每个销售单位的平均收入，企业可以更好地规划其销售和生产策略。这对于制定财务预算和管理库存等方面至关重要。

第三，产品定位和市场战略。平均收益还可以用于确定产品在市场中的定位。不同定价策略会导致不同的平均收益水平。高端产品通常具有较高的平均收益，而低成本、大规模销售的产品可能具有较低的平均收益。企业可以根据其战略目标和目标市场来选择适当的平均收益水平。

第四，利润分析。平均收益是计算利润的关键因素之一。企业可以将平均收益与平均成本进行比较，以确定其经营活动是否盈利。如果平均收益高于平均成本，企业将获得正利润。

第五，市场竞争和定价策略。在竞争激烈的市场中，了解竞争对手的平均收益水平对于制定竞争性定价策略至关重要。企业可以根据竞争对手的价格策略来调整自己的定价，以保持竞争力。

平均收益是企业经济分析的一个关键要素，它提供了关于市场价格、产品定位、利润状况和竞争策略的重要信息。企业需要仔细监测和管理平均收益，以确保其在市场中取得成功，并实现长期可持续发展。这个概念的应用涵盖了市场学、战略规划、定价策略和财务管理等多个领域，对于企业的决策制定过程具有深远的影响。

二、经济利润、会计利润和正常利润

（一）经济利润、会计利润和正常利润的基本认知

经济利润、会计利润和正常利润是经济学和会计学中的三个不同但相关的概念，它们在理解企业盈利和决策制定过程中发挥着关键作用。

第一，经济利润是一个更广泛的概念，它代表了在进行某项经济活动时所获得的总收入减去总成本的差额。这包括了明确的会计成本，如原材料成本、人工成本、租金、折旧等，但它还考虑了一个关键因素，即机会成本。机会成本是指如果没有从当前的经济活动中获得这笔收入，而选择从其他经济活动中获得的潜在收益。经济利润的计算方法将会计利润和机会成本结合在一起，使得人们能够更全面地了解企业或个人是否在特定活动中实际上实现了经济增值。

第二，会计利润是一种较为狭窄的概念，它只涵盖了根据会计准则和报告要求计算出来的利润。通常情况下，会计利润只考虑了明确的会计成本，如生产成本、营销费用、租金等，而不考虑机会成本。会计利润通常用于税务目的和财务报告，并被用作评估公司的财务健康状况以及对股东的回报。

第三，正常利润是指企业或个人所必须获得的最低利润水平，以鼓励他们继续在市场上从事某项经济活动。这个概念强调了机会成本，即如果参与者在其他经济活动中能够获得更高的利润，他们可能会离开当前的市场。正常利润可以被视为一种成本，因此不会被包括在经济利润中。

（二）经济利润、会计利润和正常利润之间的关系

第一，经济利润这一概念在经济学中具有重要意义，因为它提供了一种更全面的利润计算方式，包括了所有相关成本，无论是明确的会计成本还是不容忽视的机会成本。这使得经济利润成为一个更为精确的衡量标准，用以评估在特定经济活动中是否实现了真正的经济增值。在经济利润的计算中，机会成本

的纳入意味着决策者需要权衡各种选择,以确保他们从当前活动中获得的利润高于其他可能性。这有助于引导资源的有效配置和决策制定,以最大程度地提高整体经济效益。

第二,会计利润是一种用于会计报告和税务目的的计算方式,它通常只考虑明确的会计成本,这些成本在企业的财务报表中明确列示。会计利润是为了满足会计准则和法规而计算的,因此它具有法律和会计的正式认可,用于报告企业的财务健康状况和税收申报。虽然会计利润在一定程度上反映了企业的盈利能力,但它无法捕捉到机会成本的重要影响,因此它在决策中的有效性相对较低。

第三,正常利润是指为了继续参与市场活动而必须获得的最低利润水平。这个概念强调了机会成本的存在,因为如果在某个市场上无法获得正常利润,企业或个人可能会考虑退出该市场,转向其他更具吸引力的机会。正常利润可以看作是市场竞争中的一种基准,反映了市场中的最低预期回报水平。它对于确定市场的健康状况和企业的竞争能力至关重要,因为它代表了企业在市场上维持其存在所需的最低经济回报。

在实际业务决策中,了解这些不同类型的利润概念对于企业管理者和投资者至关重要。经济利润提供了一个更全面的视角,帮助决策者更好地评估项目或业务的盈利潜力。会计利润则为会计报告提供了基础,而正常利润则有助于决策者理解市场竞争和产业中的最低预期回报水平。综合考虑这些概念,可以更好地引导企业和个人做出明智的经济决策。

三、利润最大化与厂商短期决策

利润最大化是企业经营的核心目标之一,它意味着企业努力追求在一定时期内(通常是一年)实现最大的净利润。净利润是总收入减去总成本的差额,它是企业生存和发展的驱动力之一。长期内实现持续的利润最大化可以帮助企业增强竞争力、扩大市场份额和提供更多投资机会。

(一)影响短期决策的因素

虽然利润最大化是一个长期目标,但在短期内做出的决策可以直接影响企业的利润表现。

1. 定价策略

在短期内,定价策略是厂商需要仔细考虑的关键因素之一。定价策略不仅会直接影响销售和市场份额，还会对每单位产品的利润产生重要影响。

（1）降价策略。在某些情况下，厂商可能会选择在短期内降低产品或服务的价格。这样做可能会刺激更多的消费者购买，增加销售量。然而，降价通常伴随着每单位产品的利润减少。这种策略常常用于清理库存、应对竞争对手的价格战或推动销售以达到季度或年度销售目标。厂商必须权衡销售量和利润之间的关系，以找到一个合适的降价幅度，从而最大化短期利润。

（2）提价策略。厂商也可以选择在短期内提高产品或服务的价格。这可能会导致每单位产品的利润增加，但可能会减少销售量。提价策略常常用于高端产品或服务，或者在市场上有品牌忠诚度的情况下，因为消费者愿意为高品质或特定品牌支付更高的价格。然而，提价策略需要谨慎，因为价格上涨可能会引发消费者反感或导致市场份额下降。

（3）价格弹性。制定定价策略时，还需要考虑价格弹性，即价格变化对需求的敏感程度。如果产品或服务的价格弹性较低，即消费者对价格变化不太敏感，那么提价可能会带来更高的短期利润，因为需求不会大幅下降。相反，如果价格弹性较高，那么降价可能更有效，因为它能够吸引更多价格敏感的消费者。

（4）竞争环境。市场竞争环境也对定价策略产生影响。在高度竞争的市场中，厂商可能更倾向于采用价格竞争策略，以吸引更多消费者。在垄断市场中，厂商可能更容易提高价格，因为它们具有更多的市场权力。

2.成本控制

成本控制作为企业管理中至关重要的一环，在短期内扮演着关键的角色。它涵盖了一系列战略和操作，旨在有效地管理和减少各种费用，以增加公司的利润。

（1）厂商可以通过降低生产成本来实现成本控制。这可能包括采用更有效率的生产方法、精简供应链流程以减少浪费、提高生产效率，或者通过采用更节能的技术来降低能源成本。通过这些方法，企业可以降低每个生产单位的成本，从而提高总体利润。

（2）减少非必要支出也是成本控制的重要组成部分。这可能包括取消或缩减不必要的开支项目，审查和优化运营过程，以确保每一分钱都被合理而有效地使用。企业可以通过审查公司的开支清单，识别出可以削减或精简的部分，从而实现成本的节约。

（3）优化供应链是成本控制的关键策略。通过更好地管理供应链，企业可以降低采购成本、减少库存和物流成本，提高交货速度，以及减少运输和仓储费用。这将有助于降低整体成本，从而增加净利润。

3.产品组合

产品组合优化是企业在短期内实现更高利润的关键战略之一。这涉及仔细审视企业的产品或服务组合，以确定哪些产品或服务可以最大程度地提升盈利。

（1）产品盈利能力分析。企业首先需要评估每个产品或服务的盈利能力。这包括考虑每个产品的生产成本、销售价格以及销售量。通过分析这些因素，企业可以识别出哪些产品贡献了最高的利润，哪些产品可能需要调整或淘汰。

（2）产品生命周期管理。了解产品的生命周期是重要的。有些产品可能已经接近或处于成熟阶段，利润增长有限，而其他产品可能仍然处于增长阶段，具有更大的潜力。企业可以通过投资更多资源或者淘汰落后的产品来优化其产品组合。

（3）市场需求和趋势。了解市场需求和趋势对于产品组合优化至关重要。企业应该密切关注市场趋势，以确定哪些产品或服务在当前市场环境中更具吸引力。这可能需要灵活地调整产品组合以满足不断变化的市场需求。

（4）资源分配。企业需要考虑如何有效地分配资源，以支持高利润产品或服务的生产和营销。这可能包括重新分配人力资源、生产设备或市场推广资金，以确保高利润产品得到足够的支持。

（5）客户分析。分析客户群体和他们的需求也是关键。企业可以重点关注那些高价值客户，提供符合其需求的产品或服务，以增加客户忠诚度和利润。

（二）长期可持续性与利润最大化的权衡

虽然在短期内追求利润最大化是重要的，但企业还必须考虑长期可持续性。过于短视的决策可能会损害企业的声誉、客户忠诚度和未来增长潜力。因此，在制定短期决策时，厂商需要综合考虑长期战略目标。

此外，不同行业和市场条件也会影响短期决策。一些行业可能更加注重短期盈利，而另一些可能更注重长期可持续性和创新。

思考与练习

1. 短期成本与长期成本分别有哪些类型？
2. 经济利润、会计利润和正常利润之间的关系是什么？
3. 影响短期决策的因素包括哪些？

第六章　完全竞争市场

完全竞争市场是微观经济学中的一个重要概念，它代表了市场结构的一种理想化形式。这种形式的理论模型为人们提供了一个框架，用来探讨市场运作的基本原理以及市场参与者之间的互动。本章主要研究完全竞争市场的基本概念、完全竞争企业的供求与收益曲线、完全竞争企业和行业的短期与长期均衡，以及完全竞争市场的效率与福利分析。

第一节　完全竞争市场的基本概念

一、完全竞争市场的特点

"在西方国家，完全竞争市场也可以叫作纯粹竞争市场，在现实生活中是不存在的，是一种理想化的市场。"[1]完全竞争市场是一种市场结构，其中存在许多小型卖方和买方，其产品或服务是高度同质化的，市场参与者可以自由进入或退出市场，信息透明度高，没有单个市场参与者能够对市场价格施加影响。自由竞争的市场具有以下四个特点：

第一，在完全竞争市场中，市场上存在大量买家和卖家，每个个体的需求量和供给量都微不足道，其市场份额相对较小。这意味着每个单独的买家的购买量以及每个企业提供的产量都无法对市场价格产生显著影响。市场价格是由市场的总体供给和总体需求决定的，而不受个别市场参与者的影响。

在这种市场环境下，每个消费者都必须按照市场上已经确定的价格来购买产品或服务，而每个生产者也必须以同一市场价格来销售其产品。这种市场结构强调了价格的均等性，没有企业能够单独决定产品的价格。因此，市场价格在完全竞争市场中通常是透明的、公平的，而且在短期内很难改变。

---

[1] 杨秋妍.对于完全竞争市场的分析与评价[J].中国市场，2020（16）：49.

第二，产品同质。在完全竞争市场中，产品同质化是一个显著的特征。这意味着市场中所有的企业提供的产品或服务都是完全相同的，没有任何种类、质量或地点上的差别。这一特点反映了市场中的极高替代性，消费者无法分辨不同供应商提供的产品，因为它们在所有方面都是一模一样的。

第三，企业在完全竞争市场中具备自由进入和退出市场的特权。这意味着，如果一个市场有利可图，吸引了潜在的资源流入，企业可以自由地进入市场，而不受任何限制。反之，如果市场变得不再具有吸引力，或者出现亏损，企业可以迅速退出市场，也没有任何障碍或限制。这一特征强调了市场的竞争性和自由度，它对市场的动态性和资源的有效配置起着关键作用。

第四，买卖双方都享有完全信息。这意味着消费者和生产者都具备了与做出明智决策相关的所有关键信息。例如，消费者清楚地了解他们购买的产品的价格、成本和质量，而生产者了解了生产所需的投入要素的价格、生产技术等方面的信息。在这种市场中，不存在欺诈行为，每个市场参与者都能够基于其拥有的完全信息来确定最优的购买量或产量，以最大化自己的利益。

这种市场条件消除了信息不对称导致的市场低效问题。信息不完全或不对称通常会导致市场参与者做出不明智的决策，因为他们缺乏足够的信息来做出最佳选择。然而，在拥有完全信息的市场中，每个人都能够做出明智的决策，根据自己的需求和资源来选择最有利的交易。这有助于确保资源的有效配置，避免了浪费和市场低效率。

二、完全竞争市场中的企业利润最大化

可以先用表6-1的例子分析企业实现利润最大化的条件。该表前三列分别为某家庭养鸡场短期内的产量（Q）、总收益（TR）和总成本（TC）。需要注意的是，第三列的总成本包括固定成本和可变成本，固定成本在这个例子中是3元，可变成本则取决于产量。

表6-1 利润最大化的产量[1]

产量（斤/天）	总收益（元）	总成本（元）	利润（元）	边际收益（元）	边际成本（元）
0	0	3	-3	6	—

---

[1] 本节图表引自：张亚丽，陈端计.经济学：基本原理与应用[M].广州：中山大学出版社，2020：131-154.

第六章　完全竞争市场

续表

产量（斤/天）	总收益（元）	总成本（元）	利润（元）	边际收益（元）	边际成本（元）
1	6	5	1	6	2
2	12	8	4	6	3
3	18	12	6	6	4
4	24	17	7	6	5
5	30	23	7	6	6
6	36	30	6	6	7
7	42	38	4	6	8
8	48	47	1	6	9

表6-1的第四列是养鸡场的利润，可以用总收益减去总成本计算。如果养鸡场没有产量，它就有3元的亏损。如果生产1斤鸡蛋，就有1元的利润。从表中可以看出，当养鸡场生产4斤或5斤鸡蛋时，总收益超过总成本的值最大，实现了利润最大化，此时利润为7元。

确定利润最大化产量的另一种方法是使用边际分析，即比较每生产一单位产量的边际收益（MR）与边际成本（MC）来找出利润最大化的产量。表6-1的第五列和第六列为边际收益和边际成本。对于企业来说，边际收益是每销售一单位产量增加的收入，边际成本则是企业每增加一单位产量多支付的成本。从表中可以看到，养鸡场利润最大化的产量在边际收益等于边际成本，即MR＝MC的水平，相应地，每天生产5斤鸡蛋是企业利润最大化的产量。这是因为，当企业的产量在MR＞MC的水平时，养鸡场每增加一单位产量所带来的总收益的增加量大于所付出的总成本的增加量，增加产量有利可图。

表6-1中，养鸡场生产第2斤鸡蛋的边际收益为6元，而边际成本为3元，边际利润为3元。所以，只要产量在MR＞MC的水平，企业就没有达到最优产量，应该继续生产。但是，当企业的产量在MR＜MC的水平时，养鸡场增加一单位产量所带来的总收益的增加量小于所付出的总成本的增加量，企业生产该单位产量是不利的，会减少利润。养鸡场生产第6斤鸡蛋的边际收益为6元，而边际成本为7元，利润减少1元，于是养鸡场会减少产量。减产虽然少得到一些收入，但也能省下一些成本。所以，只要产量在MR＜MC的水平，企业减少产量能够增加利润。

由此可见，只要边际收益和边际成本不相等，企业就会调整产量，直到寻找到能够带来最大利润的均衡产量，这个均衡产量就是MR=MC的产量。表6-1中养鸡场的最优产量为5斤鸡蛋，这是MR=MC的产量。产第5斤鸡蛋时养鸡场不赚也不亏，企业的总利润不增也不减，实际上是达到了最大值，再增加或减少一单位产量都可能导致利润下降。所以，MR=MC就是企业利润最大化的实现条件。这个条件是放之四海而皆准的，不仅适用于这里所说的完全竞争市场，也适用于不完全竞争市场。

另外，还可以用图形找到企业利润最大化的产量，如图6-1所示。

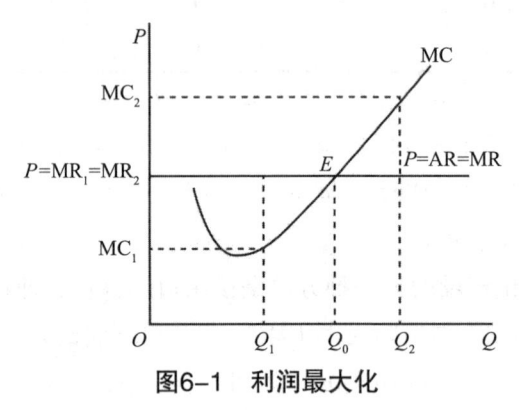

图6-1 利润最大化

竞争企业的需求曲线是一条由市场价格P出发的水平线，这条线同时也是企业的平均收益曲线（AR）和边际收益曲线（MR），边际成本曲线（MC）为先下降后上升的U形，这两条线相交于E点。可以在图中寻找利润最大化的产量。假定企业的产量为Q_1，在这种产量水平时，边际收益大于边际成本。换言之，如果企业增加一单位产量，增加的收益（MR_1）会大于增加的成本（MC_1），这时企业增加产量可以增加利润。同样的道理，如果企业的产量为Q_2，这种情况下，边际收益小于边际成本。如果企业减少一单位产量，节约的成本（MC_2）将大于失去的收益（MR_2），这时企业减少产量可以增加利润。企业对产量的调整一直持续到产量达到MR=MC为止，此时，边际收益等于边际成本，相应的产量Q就是企业利润最大化的产量。

当企业根据MR=MC的均衡条件选择最优产量时，并不意味着一定能获得利润。从更广泛的意义上讲，实现MR=MC的均衡条件，可以使企业处于既定的成本和收益状况所给定的最好境况中。也就是说，如果在MR=MC时，企业能够获

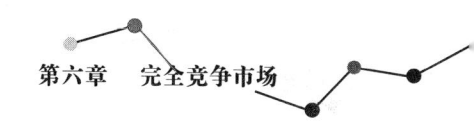

得利润，则它所得到的一定是相对最大的利润；相反，如果在MR＝MC时，企业是亏损的，那么，它所遭受的一定是相对最小的亏损。

第二节 完全竞争企业的供求与收益曲线

一、完全竞争企业的需求曲线

在完全竞争市场中，企业需求曲线是基于市场需求和产品需求状况形成的关键概念。在像小麦市场这样的完全竞争市场中，有许多竞争企业提供相似的产品，因此每个企业都是价格接受者，无法单独影响市场价格。根据需求定理，企业在这种市场中会选择生产和销售数量，以使其边际收益等于小麦价格。当小麦价格上涨时，企业的需求量增加，因为他们可以获得更高的收益。这些企业的需求曲线汇总在一起形成了市场需求曲线，反映了市场中所有企业的行为。市场需求曲线是决定市场价格和数量的关键因素，对于理解完全竞争市场的价格和供应机制至关重要。如图6-2（a）所示，市场需求曲线D与市场供给曲线S（所有生产者形成的）的交点决定了小麦的均衡价格。

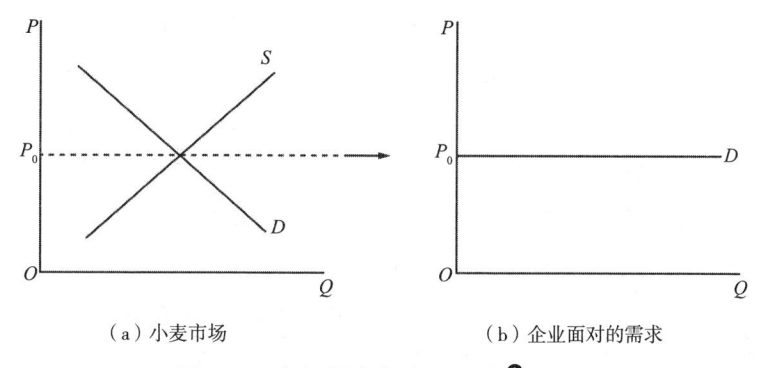

（a）小麦市场　　　　　　　（b）企业面对的需求

图6-2　市场需求与企业需求[1]

就生产小麦的农场来说，小麦的均衡价格一旦确定，企业的产量无法改变价格。也就是说，既定价格下农场可以出售任何数量的小麦，农场没有必要降低价格，也不能提价，那样的话销售量为零。因此，完全竞争企业的需求曲线是一条由既定价格水平出发的水平线，如图6-2（b）所示。水平的需求曲线表明，由于

---

[1] 本节图表引自：张亚丽，陈端计.经济学：基本原理与应用[M].广州：中山大学出版社，2020：131-154.

竞争市场有无数卖家，每个企业所占有的市场份额微乎其微，这相当于是每个企业所面对的，只是一条向右下方倾斜的市场需求曲线上的其中一小点，把那一点放大之后，看起来几乎就是一条水平线。所以，企业无论如何移动自己的供给曲线，也不可能改变市场均衡价格，它只能接受给定的市场价格，在既定的市场价格下，企业可以卖出愿意卖出的产量。

在完全竞争市场中，市场价格是由买者和卖者的集体行动决定的。市场中存在众多的买家和卖家，每个人都是价格接受者，无法单独影响市场价格。市场上的每个卖家都在生产不同数量的产品，根据市场供给曲线，随着产量的变化，他们可以调整价格。买家的需求取决于消费者的收入、技术进步和政府补贴等因素，这些因素会影响需求曲线的位置和形状。

市场均衡是在市场上个体行动的基础上实现的，当市场上的供给曲线和需求曲线相交时，市场价格和数量都达到了均衡状态。这个均衡价格反映了市场力量的相互作用，既不会有过剩也不会有短缺。在完全竞争市场中，市场均衡通常被认为是一种理想状态，因为它充分反映了市场中的个体行动和集体行动，确保了资源的有效配置和公平的价格竞争。

二、完全竞争企业的收益曲线

收益是指企业出售产品所得到的收入。总收益（TR）是指企业出售产品所得到的全部收入。它等于产品价格与销售量的乘积，记为 $TR = P \cdot Q$。以家庭养鸡场为例，如果鸡蛋的市场价格为6元/斤，养鸡场销售1000斤鸡蛋，那么，它的总收益就是6000元。由于张三养鸡场的鸡蛋产量与鸡蛋的市场规模相比是微不足道的，所以，他接受既定的鸡蛋市场价格。如表6-2所示，随着销售量的增加，由于市场价格不变，总收益以不变的速率上升。

表6-2 竞争企业的总收益、平均收益和边际收益

产量（斤）	价格（元）	总收益（元）	平均收益（元）	边际收益（元）
1	6	6	6	6
2	6	12	6	6
3	6	18	6	6
4	6	24	6	6
5	6	30	6	6
6	6	36	6	6
7	6	42	6	6
8	6	48	6	6

平均收益（AR）是指企业平均出售每一单位产量得到的收入。它等于总收益除以产量，记为AR=TR/Q。由于总收益为价格乘以产量（$P \cdot Q$），所以平均收益可表示为AR=$P \cdot Q/Q=P$。可见，平均收益等于产品的价格。从表6-2中可以看出，平均收益为6元，正好等于1斤鸡蛋的价格。需要强调的是，平均收益与价格相等，这一结论不仅适用于完全竞争企业，也适用于不完全竞争企业。

边际收益（MR）是指企业每增加一单位产量的销售所引起的总收益的变动量。可以用总收益变动量除以销售量变动量计算边际收益。记为MR=$\Delta TR/\Delta Q$，或者MR=dTR/dQ。在表6-2中，边际收益为6元，等于1斤鸡蛋的价格。这是因为，在竞争市场，由于价格不变，企业每多销售一单位产量所引起的总收益增量等于价格。因此，对竞争企业来说，边际收益等于价格。

根据表6-2的数据，可以画出竞争企业的收益曲线。图6-3（a）显示，在完全竞争市场，由于企业是市场价格的接受者，总收益曲线（TR）是一条从原点出发向右上方倾斜的直线。这是因为，边际收益是TR曲线的斜率，而边际收益始终等于固定不变的价格，所以，竞争企业的TR曲线是一条的斜率不变的直线。

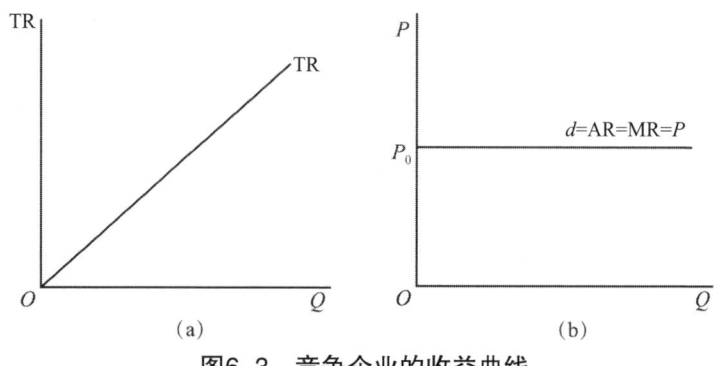

图6-3　竞争企业的收益曲线

图6-3（b）显示，在完全竞争市场，企业的平均收益曲线（AR）、边际收益曲线（MR）与需求曲线（d）重合，都是一条由既定价格水平出发的水平线。因为在企业的每一销售水平上都有AR＝MR＝P，而且企业的需求曲线就是一条由既定价格水平出发的水平线。需要说明的是，由于在任何类型市场上企业的平均收益都等于价格，即AR=P，所以，企业的平均收益曲线与需求曲线重叠。这不仅在完全竞争市场是成立的，即使在以后分析的不完全竞争市场也是成立的，只要企业对产品收取单一价格，其平均收益曲线和需求曲线就是同一条线。

第三节 完全竞争企业和行业的短期均衡

一、完全竞争企业和行业短期均衡情况

众所周知，短期内竞争企业的不变要素投入量无法变动，即生产规模是给定的，企业只能在给定的生产规模下，通过改变可变要素的投入量来调整产量，以实现MR＝MC的利润最大化的均衡。下面分析企业如何在既定的生产规模下确定最优产量。

短期内，当企业遵循MR＝MC的原则确定其最优产量时，有可能获得利润，也可能亏损，究竟处于哪种情况，这与每个企业的技术水平和经营状况有关。技术水平和经营状况不同的企业，其成本也会不一样。因此，短期内即使各企业面临的需求曲线是相同的，但它们获取利润的情况也会不同。

在图6-4（a）中，企业的技术水平和经营状况比较好。由于生产效率较高，市场价格高于企业的平均成本。根据MR＝MC的利润最大化条件，企业的最优产量在MR曲线和MC曲线的交点E。由于价格大于平均成本，企业获得利润，即图中阴影部分的面积。

在图6-4（b）中，企业的技术水平和经营状况一般。市场价格等于平均成本，企业的最优产量仍然在MR曲线和MC曲线的交点E，该点正好与AC曲线的最低点重合，表明在均衡产量上，由于价格等于平均成本，企业收支相抵，没有利润，但实现了正常利润。由于在这一均衡点E，企业没赚到钱，也无亏损，所以，该均衡点也被称为企业的收支相抵点。

在图6-4（c）中，企业的技术水平和经营状况较差。市场价格低于平均成本，企业的最优产量在MR曲线和MC曲线的交点E，该均衡点在AC曲线的下方。由于价格低于平均成本，企业面临亏损，其亏损量为图中阴影部分的面积。

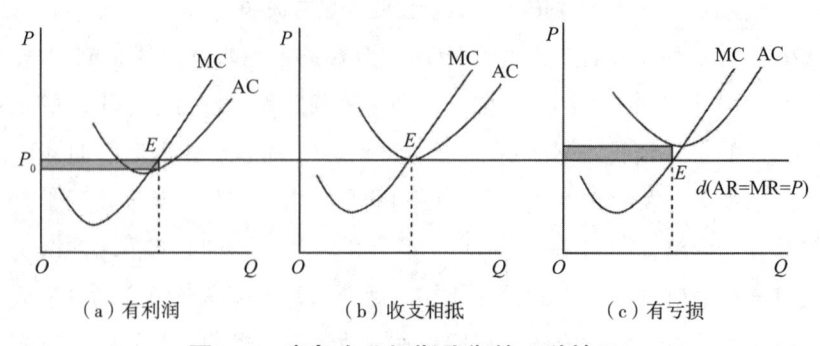

（a）有利润　　　　　（b）收支相抵　　　　　（c）有亏损

图6-4　竞争企业短期均衡的三种情况

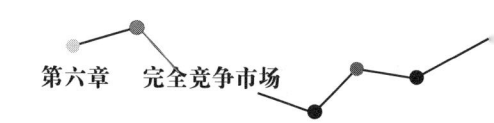

短期内，当价格低于平均成本，企业亏损时，通常人们的第一直觉是关闭企业，停止亏损。但这不一定是明智的选择。也许继续生产比关门歇业更为明智。其中的原因是，短期内企业无法避免它引起的固定成本。也就是说，短期内，即使没有产量，企业也必须支付固定成本，比如支付厂房和设备的租金，或者偿还银行的贷款利息。既然固定成本在任何情况下都必须支付，那么短期内企业亏损时必须考虑的问题是：如何选择会使亏损少一些，继续营业亏损少一些还是关门歇业亏损少。可用图6-5说明企业短期停止营业的决策。

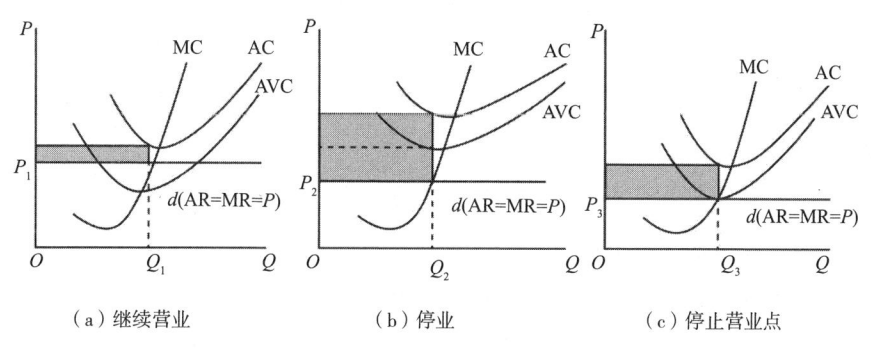

(a) 继续营业　　　　　(b) 停业　　　　　(c) 停止营业点

图6-5　企业短期停止营业的决策

如图6-5所示，U形的平均可变成本（AVC）曲线位于AC曲线的下方，也是被MC曲线从下方穿过它的底部。该图说明，企业短期停止营业的决策与固定成本没有关系，应当考虑的是产品价格和平均可变成本的关系。

图6-5（a）显示，在最优产量水平Q_1上，价格（P_1）低于平均成本，企业是亏损的，其亏损量为图中的阴影面积。这种情况下企业不应该停止生产，因为在Q_1的产量上，价格大于平均可变成本（$P>$AVC），所以，企业虽然亏损，但可以继续生产。这是因为，固定成本已经投入，无论是否生产都要支出。如果停止营业，企业的损失等于固定成本。而继续营业，其全部收益除弥补可变成本之外，还有剩余，可用来弥补一部分固定成本。所以，当价格大于平均可变成本但小于平均成本时，企业生产比不生产亏损会小一些

图6-5（b）显示，在最优产量水平Q_2上，价格（P_2）不仅小于平均成本，而且小于平均可变成本（$P<$AVC）。企业在这种情况下继续生产，其全部收益连可变成本都无法完全弥补，更谈不上弥补固定成本。企业应该停止生产，虽然停产后亏掉了固定成本，但可变成本可降为零。所以，当价格小于平均可变成本

时，企业应该停止生产。

图6-5（c）显示，在最优产量水平Q_3上，价格（P_3）小于平均成本，但是等于平均可变成本最低点（$P=AVC$）。显然，在Q_3的产量上，企业是亏损的，亏损为图中的阴影面积。此时，企业的全部收益刚好可以弥补可变成本，其亏损额等于固定成本。这种情况下，企业生产与不生产的结果都一样，亏损的都是固定成本，可变成本则不会有亏损。由于在这一均衡点上，企业处于停止营业的临界点，所以，价格等于平均可变成本最低点（$P=AVC$）被称为停止营业点。

根据以上分析，完全竞争企业的短期决策条件如下：

第一，短期均衡条件：$MR=MC=P$。企业按照这一条件决定产量，有利润时一定是相对最大的利润，有亏损时一定是相对最小的亏损。所以，该条件也被称为利润最大或亏损最小的均衡条件。

第二，短期可生产条件：$P \geqslant AVC$。短期内，企业若亏损，只要价格大于或者等于平均可变成本的最低点，那么企业可以继续生产。

二、完全竞争企业和行业短期供给曲线

（一）竞争企业的短期供给曲线

在完全竞争市场，$P=MR$，所以，完全竞争企业的短期均衡条件$MR=MC$可以写成$P=MC$。也就是说，在每一个给定的价格水平P，企业可以通过观察P和MC曲线的交点来确定使利润最大化的产量。

如图6-6所示，当价格低于P_1时，企业停止生产。如果市场需求发生变动，市场价格上升了，企业会根据$P=MC$的原则确定最优产量。比如，当价格为P_1时，企业的最优产量是Q_1，Q_1是价格（P_1）等于边际成本的产量。当价格上升为P_2时，企业发现，在Q_1的产量水平上现在价格（P_2）大于边际成本，因此企业会增加生产。新的最优产量是Q_2，此时边际成本等于更高的价格（P_2）。如果价格上升到P_3，那么，在Q_2的产量水平上价格（P_3）又大于边际成本，企业继续生产，最优产量增加到Q_3，这时边际成本等于更高的价格（P_3）。当价格继续上升到P_4，利润最大化的产量从Q_3增加到Q_4……

当市场价格分别为P_1、P_2、P_3、P_4时，企业根据$P=MC$的原则，选择的最优产量顺次为Q_1、Q_2、Q_3、Q_4。边际成本曲线（MC）上的a、b、c和d表示了这些不同的价格水平与企业不同的最优产量之间的对应关系。只要价格高于平均可

变成本曲线最低点（$P \geqslant AVC$），企业就愿意生产。而在价格小于平均可变成本（$P < AVC$）时，企业会停止生产。因此，商品价格和企业最优产量点的组合，都出现在MC曲线上大于和等于AVC曲线最低点的部分，这部分MC曲线准确地表现了和一定价格相对应的企业短期最优产量之间的一一对应关系。

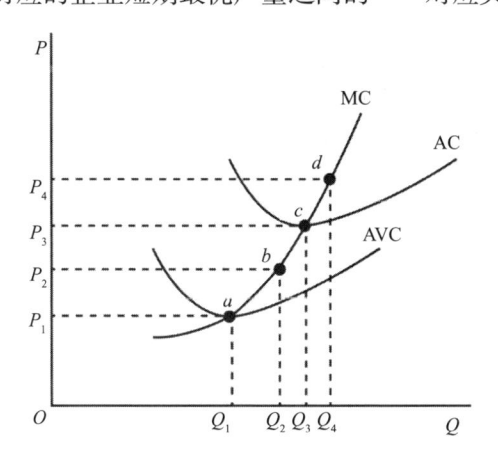

图6-6 企业的短期供给曲线

（二）完全竞争企业和行业的短期供给曲线

竞争企业在一个市场中的短期供给曲线是有关它们产品生产的关键元素之一。这些企业在短期内可以通过调整产量来响应市场需求和价格变化。当市场价格上升时，竞争企业通常会增加产量，因为这会提高它们的利润。这一短期供给曲线汇总到行业短期供给曲线中，反映了整个行业在短期内对市场价格变化的响应。这个行业短期供给曲线影响了行业供给量和市场价格的决定，因此对于理解市场中价格和产量的波动至关重要。竞争企业的行为和它们对价格的敏感度在市场经济中扮演着重要的角色，对于市场的动态性和效率有着重要影响。

第四节 完全竞争企业和行业的长期均衡

一、长期均衡的形成条件

竞争企业在长期中对生产要素的调整表现为两个方面，一是对最优生产规模的选择，二是企业进入或者退出一个行业的决策。

（一）最优生产规模的选择

如图6-7所示，完全竞争的市场价格为P_0，在短期内，假定企业已拥有的生产规模用SAC_1曲线和SMC_1曲线表示。既定的生产规模下，企业会根据短期利润最大化的实现条件$MR=SMC$，选择短期边际成本SMC_1与价格P相等时对应的产量Q_1，此时企业获得的利润为矩形P_0E_1GF的面积。但在长期，企业所有的要素投入都可以调整，也就是说，企业可以选择最优的生产规模，获得更多的利润。因此，企业会选择SAC_2曲线和SMC_2曲线表示的生产规模。根据长期利润最大化的实现条件$MR=LMC$，企业会达到长期均衡点E_2，相应的最优产量为Q_2，企业利润为矩形P_0E_2IH的面积。显然，由于企业调整生产规模的自由度增加，利润变得更大了。

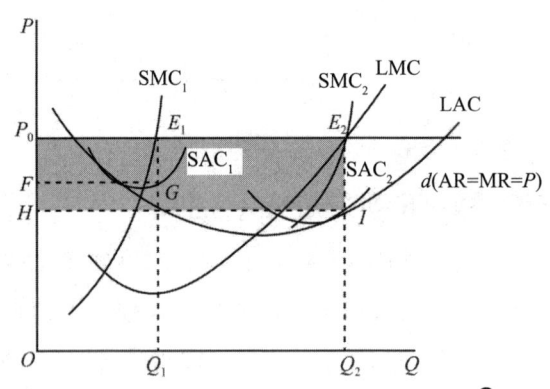

图6-7 长期中企业对生产规模的选择[1]

（二）企业进入或退出一个行业

在长期，如果市场没有进入障碍，该市场产品的生产技术和生产要素所有企业都可以以同等条件（价格）获得，企业不可能持续地赚取利润。这是因为，利润的存在会吸引新企业进入，如果发生亏损，企业一定会退出市场。下面分析企业在长期进入或退出一个市场如何引起市场供给曲线的移动，以及对价格、产量和利润的影响。以生猪市场为例，因为生猪市场只有很低的进入门槛，启动时只需要建猪圈和购买猪苗。

如图6-8所示，假设市场上所有的养猪场都掌握相同的技术，拥有同样的成本曲线。图6-8（a）显示，当生猪市场需求曲线D与市场供给曲线S_1相交于E_1，

---

[1] 本节图表引自：张亚丽，陈端计.经济学：基本原理与应用[M].广州：中山大学出版社，2020：131-154.

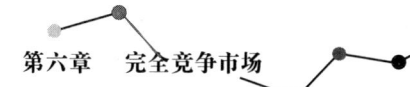

决定生猪的市场价格为P_1。图6-8（b）显示，在P_1的价格水平上，企业根据价格等于边际成本（MR=LMC）的原则决定产量，利润最大化的均衡点为E_1，企业的最优产量为Q_1。此时，企业获得利润。利润的存在为新企业的进入提供了激励，因为本企业的利润就是其他企业的机会成本，如果本企业获得的利润高于其他企业，那是别人在亏损，他们会转行进来与本企业竞争。随着行业内企业数量的逐步增加，市场上生猪的供给会增加，市场价格逐步下降，一直下降到价格（P）等于长期平均成本（LAC），新企业的进入才会停止。此时，企业的最优产量为Q。在这一产量水平上，利润消失，企业只获得正常利润。

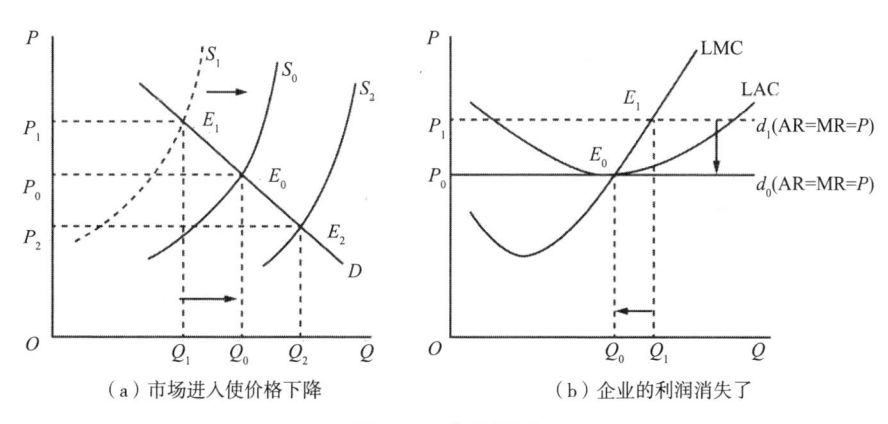

（a）市场进入使价格下降　　（b）企业的利润消失了

图6-8　市场进入

图6-8呈现了一个关键现象，即生猪市场的供应曲线呈上升趋势，然而，养猪场的产出量却出现下降。产生这一现象的原因在于生猪市场价格的逐渐下滑，导致每家企业都按照其供应曲线（或称边际成本曲线）向下移动，从而减少其产量。然而，由于市场中企业的数量增加，整个市场的总产出却呈现出增加的趋势。

再来看企业退出市场的情况，如图6-9所示。假设养猪场的成本和市场需求与以前一样，但现在生猪市场的供给曲线为S_2。图6-9（a）显示，市场需求曲线D与市场供给曲线S_2相交于E_2，决定生猪的市场价格为P_2，P_2的价格低于P_0。图6-9（b）表明，在P_2的价格水平上，企业根据价格等于边际成本（MR=LMC）的原则决定产量，利润最大化的均衡点为E_2，企业的最优产量为Q_2。此时，企业是亏损的，最优产量意味着亏损最小化。由于现在企业的收益不足以弥补其平均成本，这使亏损企业选择退出市场。随着行业内企业数量的减少，市场上生猪的供给就会减少，市场价格逐步上升，一直上升到价格（P）等于长

期平均成本（LAC），企业的退出才会停止。此时，企业的最优产量为Q。在Q的产量水平上，亏损消失了，企业获得正常利润。

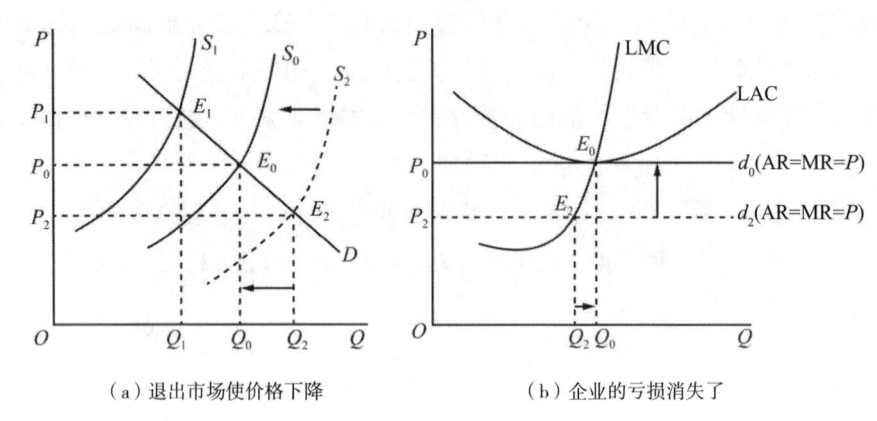

（a）退出市场使价格下降　　　　　（b）企业的亏损消失了

图6-9　退出市场

根据以上分析，只要市场价格高于平均成本最低点，企业有利润，就会诱惑其他企业进入市场；只要市场价格低于平均成本最低点，企业有亏损，亏损企业就会选择退出市场。这种调整一直持续到价格等于长期平均成本最低点为止，即图6-10中的P。

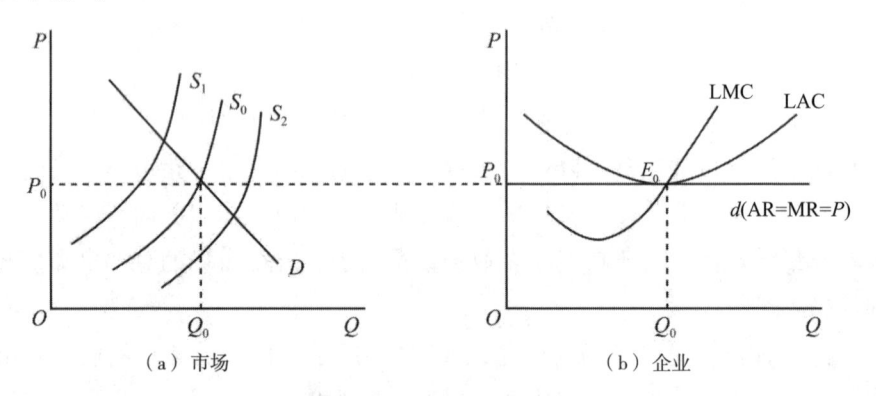

（a）市场　　　　　　　　　　　（b）企业

图6-10　长期均衡

理解竞争企业长期均衡条件需要注意以下问题：

第一，长期均衡是在总收益等于总成本、利润为零的条件下实现的。这里所谓的利润是指经济利润，即扣除了机会成本的利润，而非会计利润。这表明企业既没有亏本也没有过多的获利，所有成本得到了充分的弥补。

第二，长期均衡点位于长期平均成本曲线（LAC）的最低点。这意味着在市

场自由进入或退出的情况下,竞争企业的长期均衡状态会发生在企业有效规模时。这也表明在竞争市场中,所有企业都以最低的平均成本提供产品,从而导致产品价格下降到平均成本曲线的最低水平。

第三,企业的长期退出决策不同于短期暂停生产的决策。在短期内,即使发生亏损,只要产品价格高于平均可变成本,企业仍然会选择生产。然而,在长期内,企业是否退出市场会考虑价格与平均成本之间的关系。只要价格低于平均成本($P<AC$),企业就会退出市场。尽管退出可能导致企业失去收益,但企业不必支付固定成本。只要价格高于平均成本,即$P>AC$,企业就能够盈利,因此会进入市场。因此,竞争企业的长期均衡一定会发生在其平均成本的最低点。

第四,竞争企业的长期供给曲线由两部分组成:一是收支相抵点,二是该点以上的边际成本曲线。这表明在长期均衡条件下,企业将以价格等于边际成本的水平供应产品。

二、企业和行业的长期供给曲线类型

(一)成本不变企业和行业的长期供给曲线

成本不变行业是指在一个小行业内,长期供给曲线呈现成本不变的特征。这种行业的生产要素需求相对稳定,长期平均成本不随产量变化而变动。在完全竞争市场中,这些小行业通常供给充分,生产要素价格(如原材料)对供给价格的影响有限。然而,在垄断性市场中,生产要素价格的变化可能对供给价格产生更大的影响。

当需求增加时,成本不变行业的长期供给曲线通常会保持水平,因为生产要素价格相对稳定,不会受到需求增加的直接影响。只有在生产要素价格发生显著变化或生产要素供给受到限制时,长期供给曲线才会发生改变。因此,成本不变行业的供给曲线通常表现为一种稳定的特征,能够应对市场中的价格影响。

(二)成本递减企业和行业的长期供给曲线

成本递减行业是一种特殊类型的市场,其长期供给曲线具有独特的特点。在这类行业中,随着供给的增加,生产成本逐渐减少,这通常是由于规模扩大带来的规模经济效应。随着生产要素需求的增加,生产要素价格也可能上升,但由于成本递减效应,长期平均成本会逐渐降低。这意味着在成本递减行业中,供给增加通常会导致市场价格的下降，因为企业可以以更低的成本生产更多的产品，从而提供更有吸引力的价格。这种行业的长期供给曲线反映了供给的弹性，而成本递减效应对于市场价格和供给量的决定起着关键作用。这种特性使得这些行业在竞争市场中更具竞争力。长期中市场需求和供给的增加会使均衡价格下降，主要原因如下：

第一，技术进步的结果。技术的不断进步通常会提高生产效率，降低生产成本，从而使产品或服务的供给增加。这种技术进步可以包括生产方法的改进、自动化和机械化的采用、生产工艺的创新等。技术进步使企业更有效地生产，并且通常会导致价格下降，以吸引更多的消费者。

第二，与"外部经济"有关。"外部经济"是指某个产业或市场的扩大对整个经济或其他相关产业产生的积极外部影响。例如，当一个新产业兴起时，它可能会带动相关产业的增长，促进就业和创造更多的市场机会。这种外部经济效应可以导致市场供给增加，从而降低价格。

第三，类聚可方便同行企业互相合作，从而降低合作的交易费用。类聚效应是指相关企业在相近的地理位置或市场中聚集在一起，以便更容易合作和互相交流。这种集聚通常会减少合作的交易费用，提高效率，并促使供给增加。例如，科技园区或商业园区中的企业可能更容易共享资源和合作，从而减少了他们的生产成本，降低了价格。

（三）成本递增企业和行业的长期供给曲线

成本递增行业是一种特殊类型的市场，其长期供给曲线呈现独特的特点。在这类行业中，随着供给的增加，生产成本逐渐上升，这通常是由于规模扩大所带来的规模不经济效应。尽管供给增加可能导致生产要素需求上升，进而推高生产要素价格，但由于成本递增效应，长期平均成本逐渐增加。这意味着在成本递增行业中，供给的增加通常会导致市场价格上升，因为企业需要以更高的成本生产更多的产品，从而传递成本上涨给消费者。这种行业的长期供给曲线反映了供给的弹性，而成本递增效应对于市场价格和供给量的决定具有关键作用。

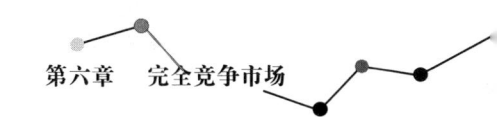

第五节 完全竞争市场的效率与福利分析

一、完全竞争市场的效率

在经济学领域，完全竞争市场是一个引人注目的主题，与效率密切相关。这个市场模型通常与维弗雷多·帕累托的帕累托效率和帕累托改进概念联系在一起。在完全竞争市场中，资源被最优配置，这导致了福利的最大化，这在市场经济中具有重要意义。在这个市场环境中，交易和价值的形成也是关键因素。

例如，在一个完全竞争的市场中，馒头店老板需要考虑如何以最有效的方式生产馒头，以最大程度地满足顾客的需求。这意味着他必须追求帕累托效率，即没有资源浪费，并且没有人可以变得更富有而不损害其他人的福利。如果馒头店老板能够找到生产馒头的最佳方法，并且将资源用于最优配置，他就可以实现帕累托效率，这将有助于市场的整体效率。

然而，在实际市场中，很少有市场是完全竞争的，因为通常存在各种市场机制和市场失灵的情况。但是，完全竞争市场作为一个理论模型，提供了一个理想的参考点，用于评估市场效率和资源分配的情况。

市场效率是一个经济体系中非常重要的概念，帕累托效率是其中的一种特殊形式。帕累托效率指的是一种资源分配状态，其中不可能通过重新分配资源来使某些人更富裕，而不损害其他人的福利。这种状态下，资源被有效地配置，社会福利达到了最大化。在竞争市场的均衡模型中，通常会实现帕累托效率。消费者和生产者在市场上通过自愿交易来追求个体最大的剩余，即消费者剩余和生产者剩余。总剩余是社会福利的度量，它表示市场的总效益。

市场效率对于资源配置至关重要，因为它确保了资源的最佳使用，以满足社会的需求。竞争市场通过价格机制将资源引导到最需要的地方，从而实现了资源的有效配置。然而，要实现市场效率，需要确保市场是竞争性的，没有垄断或垄断力量，且市场参与者有完全信息。政府政策和监管也可以对市场效率产生影响，以确保资源得到最佳分配。综上所述，市场效率是经济体系中追求资源配置和社会福利最大化的关键目标之一，它通过帕累托效率和均衡模型来实现资源的有效分配。

图6-11表明，在市场达到均衡时，购买者中那些对商品的估价高于市场价格

的（在需求曲线上表示为EA段）都会购买商品；而那些对商品的估价低于市场价格的购买者（在需求曲线上表示为ED段）则选择不购买商品。另一方面，成本低于市场价格的卖方（在供给曲线上表示为EB段）选择生产和销售商品，而成本高于市场价格的卖方（在供给曲线上表示为ES段）则选择不生产。在市场的自我调节下，所有有着高购买意愿的购买者都能获取所需商品，而那些以低于市场价格的成本生产商品的企业都积极参与生产。当供求量达到均衡时，市场不再存在能够提高社会福利的交易机会，也就是说，不能通过增加或减少产量来增加总剩余。因此，在完全竞争市场均衡状态下，资源配置是高效的。

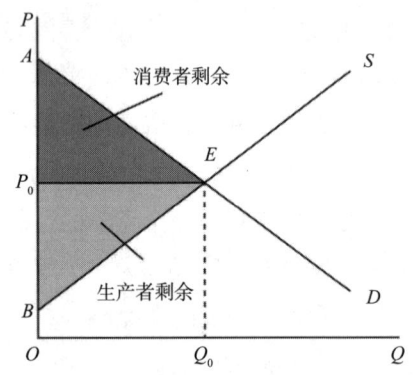

图6-11 竞争市场均衡实现了最大的总剩余[1]

图6-12呈现了一个市场无效率的情况。需求曲线D代表着买家的支付意愿，供给曲线S则代表卖家的成本。当市场交易量低于均衡水平Q_1时，消费者愿意支付的最高价格高于市场均衡价格，而生产者的最低价格低于市场均衡价格。显然，消费者的支付意愿超过了生产者的成本，这意味着资源没有被有效地配置到那些对其评价最高的生产者手中。在这种情况下，总剩余仅限于图中阴影区域的面积。与图6-11相比，总剩余减少了，减少的部分正是图6-12中的空白三角形D_1ES_1的面积。这个三角形区域代表了因偏离市场均衡而导致的社会福利损失。这意味着，如果生产者增加产量并以低于P_D但高于P_S的价格销售给消费者，那么买卖双方的福利都能够提高。因此，只要市场的交易量低于均衡数量Q_0，企业就会增加生产，这种增加将持续到买卖双方在均衡价格处交易，达到均衡交易量Q_0为止。社会总福利达到了最大值，即已不能再增加一方的利益而不损害另一方的

---

[1] 本节图表引自：张亚丽，陈端计.经济学：基本原理与应用[M].广州：中山大学出版社，2020：131-154.

利益而改变总剩余。这表明市场处于均衡状态时是"有效"的，资源得到了有效配置。

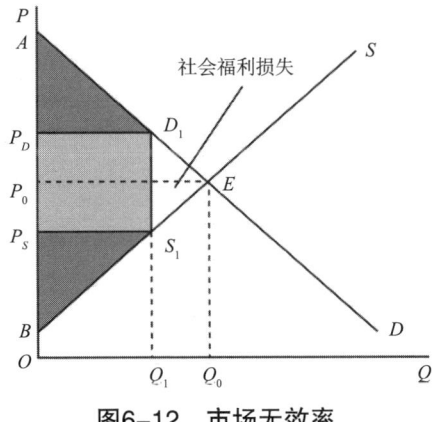

图6-12 市场无效率

效率问题在经济学中是一个关键的讨论点，它涉及资源的最佳分配和利用。在经济学中，均衡状态是一种理想的状态，其中资源被分配到了它们的最佳用途，以最大程度地提高总剩余，即社会福利的总体效益。然而，由于资源是有限的，不合理的资源分配可能会导致浪费和效率下降。因此，有效解决效率问题是经济体系的重要目标之一，旨在确保资源的最佳利用，从而增加总剩余，提高社会福利。在实际经济中，政府政策和市场机制通常被用来促进资源的有效配置，以实现更高的效率水平。

二、完全竞争市场的福利

完全竞争市场通常被认为是市场经济中效率最高的市场结构之一，因为它可以实现最大化的福利。福利经济学的核心目标之一是研究市场结构下的资源分配和福利效果。在完全竞争市场中，福利通常可以分为两个主要方面：消费者福利和生产者福利。

（一）消费者福利

第一，价格接近边际成本。在完全竞争市场中，价格往往接近于产品的边际成本，这意味着消费者可以以相对低的价格获得产品。这种价格接近边际成本的特点有助于最大化消费者剩余，即消费者愿意为产品支付的价格低于他们愿意支付的最高价格，从而增加了消费者的福利。

第二，多样性和选择。完全竞争市场通常有多家生产者提供相似但略有差异的产品，这为消费者提供了更多的选择。这种多样性增加了消费者的福利，因为他们可以根据个人偏好和需求做出更好的选择。

第三，消费者剩余。由于价格接近边际成本和多样性选择的存在，消费者在完全竞争市场中通常能够获得更多的消费者剩余。消费者剩余是指消费者愿意为产品支付的价格与他们实际支付的价格之间的差额。

（二）生产者福利

第一，生产者剩余。在完全竞争市场中，生产者通常能够获得生产者剩余，这是指他们以低于他们愿意接受的最低价格出售产品所获得的收益。这鼓励生产者提供更多的产品，并促进资源的有效分配。

第二，创新和效率。完全竞争市场中的生产者必须不断提高效率，以降低成本并与竞争对手竞争。这种竞争激励创新，提高了生产者的效率，从而为消费者提供更好的产品和更低的价格。

需要注意的是，完全竞争市场仅在理论上存在，现实世界中很少能完全符合完全竞争的条件。市场经济中通常存在各种市场结构，包括垄断、寡头垄断和不完全竞争，这些结构可能导致不同程度的资源分配和福利效果。因此，政府通常需要干预市场，以确保最大化社会福利，并解决市场失灵的问题。政府的角色包括监管、税收政策、反垄断法和社会福利计划等，以维护市场效率和公平性。

思考与练习

1. 完全竞争市场在现实中很少存在的原因是什么？
2. 企业进入和退出市场的依据？
3. 确定利润最大化产量的方法有哪些？

第七章　不完全竞争市场

不完全竞争市场是一种市场结构，与完全竞争市场和垄断市场相对立。在不完全竞争市场中，存在多个生产者或卖家，但它们并不完全相同，因此它们在市场上拥有一定的市场力量，能够影响价格和产量。基于此，本章主要讨论垄断市场、垄断竞争市场、寡头垄断市场、博弈与信息均衡。

第一节　垄断市场

一、垄断市场的基本认知

垄断是市场中的一种市场结构，其特征是市场上只存在一个或极少数的卖者，通常是大型企业，拥有独特的产品或服务，能够控制价格和产量，而且市场进入门槛往往非常高，限制了其他企业的竞争。例如，微软公司，其Windows操作系统垄断了个人电脑市场，导致了有限的竞争机会。同样，电视节目播映权也可以成为垄断的体现，因为少数几家拥有这些权益的公司可以控制内容分发和价格。经济学家研究垄断市场的影响，并探讨如何平衡保护生产者和维护市场竞争的问题。例如，中国有线电视网络有限公司这样的企业也可能在特定领域拥有垄断地位，这需要政府监管和政策干预来确保市场的公平与效率。因此，垄断对市场和企业产生广泛的经济影响，需要经济学家和政策制定者的关注与研究。

（一）垄断成因

1.政府创造的垄断

政府创造的垄断有以下两种情况：

（1）政府通过专利法和知识产权法为企业提供了法律保护，以鼓励创新和知识产权的保护。专利权赋予发明者对其发明的排他性权利，这意味着他们可以在一定时间内独家生产和销售他们的商品，如新药或杂交水稻种子，从而鼓励企业投资于核心技术和创新。这种法律保护也扩展到其他领域，如书籍、商标、电影和音像制品，甚至计算机软件，为作者和创作者提供了知识产权的保护，以鼓励创新和创作。然而，这些权利通常具有一定的有效期，以确保新的发明和创意能够最终成为公共领域的一部分，从而促进市场的竞争和进一步的创新。因此，政府通过知识产权法和专利法平衡了创新和市场竞争之间的关系，为企业和创作者提供了合理的法律框架。

（2）政府特许。政府特许和行政许可审批在各行业中起着关键作用，它们直接影响了市场的进入门槛和行政垄断的存在。在中国，政府特许和行政许可涵盖了多个行业，如邮政、烟草、盐、广播电视、铁路、电信、石油化工和银行等。虽然这些授权可以帮助政府监管和管理特定行业，但也可能导致垄断现象的出现。政府特许和行政垄断通常限制了竞争压力，因此可能减少了研发新技术、降低成本以及提高消费者利益的机会。此外，这些垄断利润有时可能导致寻租和贪污受贿行为，损害了市场内外的利益。因此，政府官员在管理特许和许可审批过程时需要保持透明和公平，以确保创造新财富的机会均衡分配，并促进健康的市场竞争，以最大程度地满足社会的利益。

2. 自然垄断

自然垄断是一个经济学概念，指的是在市场容量有限的情况下，一家企业能够比两家或更多企业提供更具效率的产品或劳务。这种垄断形式出现在市场需求饱和且平均成本随着市场提供的增加而下降的情况下，因此只有一家企业能够在成本上保持竞争力。尽管自然垄断使得企业能够以较低的成本提供物品或劳务，但也可能导致垄断利润的形成，因为市场容量有限，其他竞争者难以进入市场。经济学家关注如何在自然垄断情况下平衡市场效率和保护消费者利益，通常需要政府监管和政策干预来确保垄断企业合理定价和提供高质量的产品或劳务，以满足市场需求。

自然垄断的经济学概念揭示了市场的复杂性和政府的角色。在自然垄断情况下，一家企业能够以更低的成本提供产品或服务，这通常对消费者有利，因为他们可以以更低的价格购买所需的物品或劳务。然而，这也可能导致垄断企业在市场上形成主导地位，进而可能滥用其垄断权力，提高价格或提供低质量的产品或服务。

因此，在自然垄断情况下，政府的角色变得至关重要。政府必须努力平衡

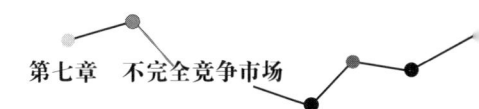

市场效率和保护消费者利益的目标。政府可以通过监管垄断企业的价格和服务质量来确保公平竞争和满足消费者需求，这可以通过设定价格上限或要求垄断企业提交定价计划来实现。政府可以制定准入规则，以鼓励新的竞争者进入市场，尽量减少垄断企业的市场份额，这可以通过降低市场准入壁垒、鼓励竞争性招标或促进创新来实现。同时，政府可以设立独立的监管机构，负责监督垄断企业的行为，并确保其遵守法规。透明度是关键，政府应当公开垄断企业的业绩数据和决策，以增加公众监督和反馈的机会。另外，政府官员应当定期进行市场调查，以了解市场变化和垄断企业行为的影响，根据这些调查结果，政府可以调整政策和监管措施，以确保市场效率和消费者利益的平衡。

总之，自然垄断是一个复杂的经济现象，需要政府的智慧和干预来确保市场运行得公平而高效。在这个过程中，政府的角色是平衡各种利益，以确保市场能够最大程度地满足消费者的需求，同时鼓励创新和竞争，防止滥用垄断权力。这是一个持久而重要的挑战，需要不断的监测和政策调整来维护市场的健康和公平。

如图7-1所示，由于城市电力市场的需求规模有限，一家电网公司可以以每度电0.5元的成本配送600万度电，如果是两家电网公司配送600万度电，每度电的成本则达到1元。以此类推，参与电力市场的企业越多，每个企业的产量越少，平均成本越高。

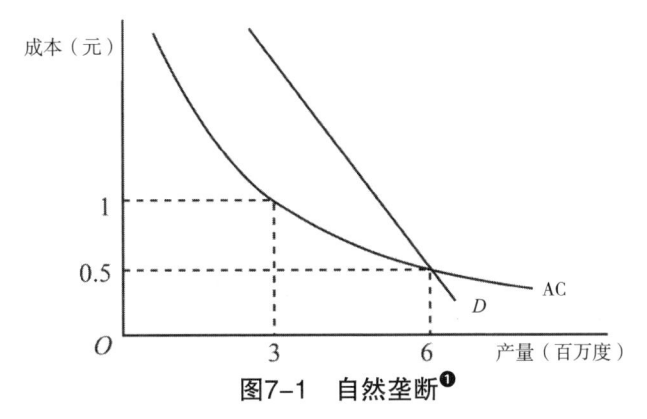

图7-1 自然垄断[1]

自然垄断是一个涉及企业在特定市场中的独特地位的经济现象，通常表现为

---

[1] 本节图表引自：张亚丽，陈端计.经济学：基本原理与应用[M].广州：中山大学出版社，2020：162.

市场进入的吸引力较低。在自然垄断中,企业可以通过在市场容量有限的情况下提供最低平均成本的产品或服务来占据垄断地位。这种情况下,其他竞争企业很难进入市场,因为市场规模较小,成本优势成为一项障碍。在自然垄断中,市场结构倾向于集中,因为一家企业占据了大部分市场份额,从而减小了市场竞争的程度。这对经济学家来说是一个备受关注的问题,因为它涉及如何平衡市场的吸引力和竞争力。政府监管和政策干预可以用来确保垄断企业合理定价和提供高质量的产品或服务,同时也为潜在的进入者提供机会,以增加市场竞争的程度,最终维护市场的公平与效率。

自然垄断企业通常以最低成本产量来满足市场需求规模,这是因为市场需求相对较小,而大规模生产是保持竞争力的关键。这种情况使得其他企业很难进入市场,因为他们无法与自然垄断企业在成本效益上竞争。因此,市场规模通常不足以支撑多个竞争性企业,市场结构更趋向于垄断。在这种市场结构下,竞争性市场竞争程度有限,这引发了经济学家的关注。政府监管和政策干预可能需要用来确保自然垄断企业不滥用其垄断地位,例如通过合理定价和提供高质量产品来维护市场的公平性和效率。然而,这也需要平衡,以保护市场竞争并促进市场扩大,为潜在的竞争性企业提供机会,以维护市场结构的健康和可持续性。

(二)福利损失

市场交易涉及消费者和生产者,他们参与交易的目的是获得价值,这体现在他们的支付意愿和生产成本之间的差异上。消费者剩余代表了消费者愿意支付的价格与实际价格之间的差额,这反映了他们在交易中获得的利益。生产者剩余则反映了生产者的实际生产成本与实际价格之间的差额,是生产者在交易中获得的收益。总剩余是消费者和生产者剩余之和,它是市场交易的经济福利的一个重要衡量标准,也是经济学中的关键概念。通过衡量市场中的剩余价值,人们可以更好地了解市场交易对消费者和生产者的福利产生的影响,从而帮助制定更有效的经济政策。

可用图7-2说明垄断造成的社会福利损失。

图7-2(a)展示了竞争市场的重要概念。需求曲线在这里扮演着关键的角色,它反映了消费者对商品的价值评估,决定了他们是否愿意购买。消费者剩余是一个关键概念,它代表了消费者愿意支付的价格与实际支付价格之间的差额,这一差额实际上是需求曲线与市场价格形成的三角形面积。另外,供给曲线代表

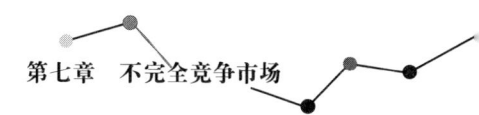

着企业的生产成本，企业剩余则表示实际获得价格与生产成本之间的差额，对应于供给曲线与市场价格形成的三角形面积。

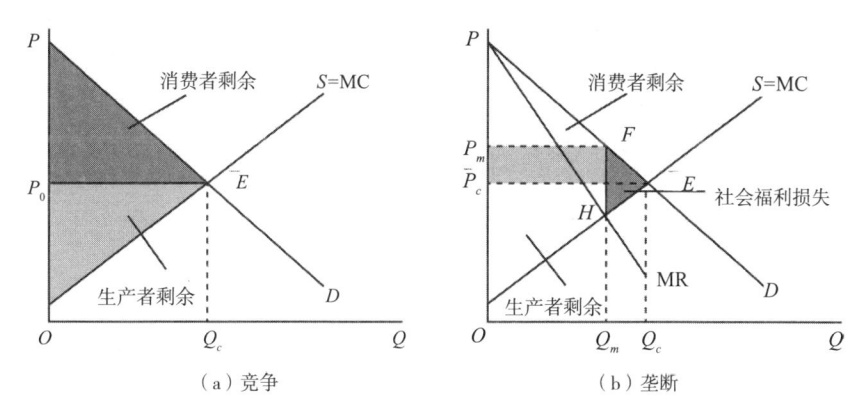

图7-2 垄断的低效率

在竞争性市场中，效率产量（Q_c）是由需求曲线和供给曲线的相交点来决定的。这个点反映了市场上消费者愿意购买的数量和企业愿意供应的数量之间的平衡。当市场产量低于Q_c时，增加了总剩余，因为消费者愿意购买更多的商品。相反，当市场产量高于Q_c时，总剩余减少，因为过量的供应导致商品价值下降。在Q_c上，每单位产量的价值等于生产的边际成本，这最大化了消费者剩余和生产者剩余之和，使市场达到了效率最高。

与竞争市场不同，图7-2（b）展示了垄断市场的特征。在垄断市场中，垄断企业具有控制市场的能力，它们选择生产边际收益曲线与边际成本曲线相交的产量Q_m，并收取高于边际成本的价格P_m。这种价格高于边际成本的策略使得一些消费者愿意支付高于生产边际成本但低于垄断企业价格的价格，但由于价格高，他们最终不会购买该商品。

垄断市场的产量Q_m被认为是无效率的，因为存在许多潜在的消费者，他们愿意支付高于生产成本的价格来购买商品，但由于垄断企业控制市场，这些消费者不能购买所需的商品。这就导致了图7-2（b）中所示的垄断市场的低效率，这种低效率导致了社会福利的损失，因为潜在的交易未能实现。因此，垄断市场通常被认为是对消费者和社会不利的市场结构，因为它们导致了资源分配的失灵和效率的下降。

第一，消费者剩余的变化。在垄断市场中，企业通常会将产量限制在Q_m，并将价格设定为P_m，以确保其自身利润最大化。然而，这种策略导致了消费者剩余的减少，这是经济学上的一个重要概念，它衡量了消费者因购买商品而获得的超过实际支付的利益。

具体来说，消费者剩余减少表现在两个方面。首先，消费者被迫支付更高的价格，这意味着他们必须花更多的钱来购买所需的产品或服务。其次，一些消费者可能因为高价格而不再购买该商品或服务，从而失去了获得产品所带来的任何剩余。这种情况下，市场出现了一种歧视，即只有那些付得起高价的消费者才能享受产品的好处，而其他人则被排除在外。这种减少的消费者剩余对于经济体系和社会福利产生了负面影响，因为它限制了消费者的福祉和可支配收入，同时也加剧了社会不平等。

第二，生产者剩余的变化。在垄断市场中，企业能够以较高的价格P出售其产品或服务，这导致了生产者剩余的增加。生产者剩余是指生产者从销售产品中获得的超过实际成本的收益。这种增加的生产者剩余部分是由于一些消费者剩余被转移到了生产者那里。由于价格较高，生产者能够以更高的价格销售产品，从而获得额外的利润。然而，还存在社会福利损失，这被表示为深色三角形FEH，如图7-2（b）所示。

深色三角形FEH代表了由于垄断企业的价格高、产量低而导致的社会福利损失。这种损失是无谓的，因为它不会让任何一方受益。事实上，它代表了因市场垄断而产生的效率损失，因为生产和消费都没有达到最优水平。价格高于竞争性市场水平，而产量低于理论上的最佳水平，导致了总剩余的减少，这对整个经济体系都不利。

因此，虽然垄断企业可以通过增加自己的生产者剩余来获利，但社会福利受到了影响，因为存在无谓的损失，这减少了整个社会的福祉。因此，垄断市场的影响不仅限于消费者和生产者，还涉及了社会的总体福利。

二、垄断企业的曲线分析

市场价格，是指在市场上交易的商品或服务的价格，通常由供求关系决定。企业在市场中销售他们的产品或服务，与其他企业竞争以吸引消费者。企业通过生产一定数量的商品来满足市场需求，这就涉及产量的决策。价格和产量之间的关系是经济学中的一个核心概念，通常涉及边际收益的考虑。边际收益是指每增加一单位产量所带来的额外收益，企业通常会考虑边际收益来决定最佳产量水

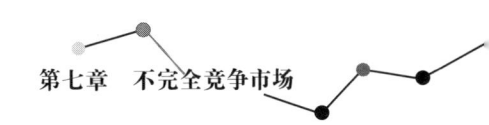

平。通过综合考虑价格、产量和边际收益等因素，企业可以优化其销售策略，最大化收益。这些经济学概念在市场中发挥着重要作用，帮助企业做出决策，同时也对消费者和市场产生影响。

在既定的市场价格下，企业想卖多少就卖多少，竞争企业的产量变化不会改变市场价格，如图7-3（a）所示。由于价格不变，企业每多销售一单位商品增加的收益等于商品价格，所以，竞争企业的边际收益等于价格。

（a）竞争企业的需求曲线　　　　（b）垄断企业的需求曲线

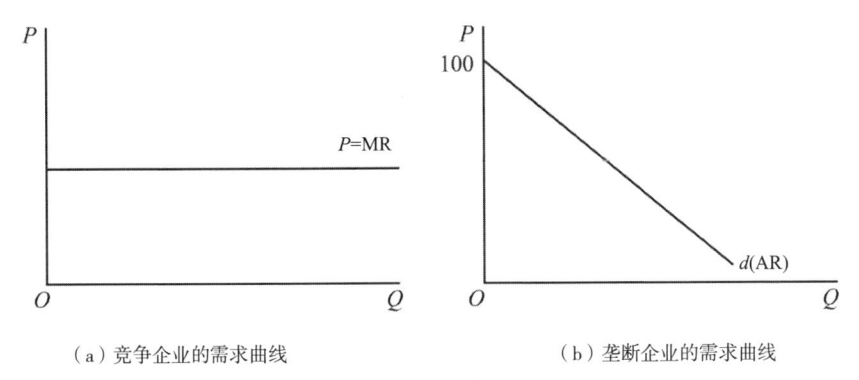

图7-3　竞争企业和垄断企业的需求曲线

垄断市场是一种市场结构，其中一家企业或少数几家企业掌握着市场上绝大部分份额，因此具有市场影响力。这些垄断企业通常是价格制定者，拥有定价权和产量控制权，可以在市场上独自决定产品或服务的价格和产量。在这种市场中，市场价格往往受垄断企业的决策影响，而不是受市场竞争的力量所驱动。垄断市场的经济学意义非常重要，因为它涉及供给和需求之间的不平衡，以及对市场竞争和效率的影响。垄断市场通常会引发讨论，如何平衡垄断企业的定价权和维护消费者的权益，同时确保市场效率。经济学家研究这些问题，以了解垄断市场对社会福利的影响，并探索政府干预和监管的角色，以确保市场在维护消费者权益的同时仍然保持竞争和效率。因此，垄断市场是经济学中一个重要而复杂的概念，对经济体系和市场结构产生广泛的影响。

考虑机场餐饮店的例子，如图7-3（b）所示，在价格为100元时，没有人买盒饭，价格越低，盒饭的销售量就越多。所以，要使消费者多买，就必须降低盒饭的市场价格。所以，垄断企业面临一条向右下方倾斜的需求曲线。其经济含义是：垄断企业面临着价格和销售量之间的权衡。为了增加销售量，企业必须降低市场价格，垄断企业的销售量与市场价格反方向变动。由于市场是独家垄断的，垄断企业就是行业供给者，垄断企业的需求曲线就是垄断市场的需求曲线。由于垄断企业是市场上唯一或主要的供应者，他们可以通过调整销售量来影响市场价格。然而，这一决策会受到市场需求曲线的影响，这是消费者对产品或服务的需求与价格之间的关系。在独家垄断市场中，需求曲线通常较为陡峭，这意味着垄断企业需要谨慎地决定销售量，以最大化其总收益。

再来看垄断企业的产量变动如何影响企业的收益。表7–1用具体数据给出了一个垄断企业的例子。假设这是广州白云国际机场唯一的一家餐饮店。

表7–1 垄断企业的总收益、平均收益和边际收益

销量	价格（元）	总收益（元）	平均收益（元）	边际收益（元）
0	100	0	0	—
1	90	90	90	90
2	80	160	80	70
3	70	210	70	50
4	60	240	60	30
5	50	250	50	10
6	40	240	40	−10
7	30	210	30	−30
8	20	160	20	−50

表7–1前两列详细记录了盒饭的销量（Q）和价格（P）数据，清晰地展示了销量与价格之间的关系。数据表明，随着销量的增加，产品价格呈下降趋势，这构成了需求曲线的基本特征。第三列是总收益（TR），揭示了一个更为复杂的现象。随着销量的增加，总收益呈现出先增后减的趋势。这意味着虽然销量增加，但并不一定导致总收益的增加。这背后的原因在于，销售更多的产品需要降低价格，这将在一定程度上抵消销量增加所带来的好处。第四列的平均收益（AR）提供更多的见解。平均收益等于商品价格，这与需求曲线完全重合，适用于所有企业。这意味着，无论企业规模大小，价格对平均收益都有着直接的影响。

表7–1的最后一列是垄断企业的边际收益（MR），这是一个关键的概念。边际收益指的是每增加一单位产品销售所增加的收益。对于垄断企业来说，这一概念至关重要。因为垄断企业面临着价格递减效应，降价可能导致销售增加，但也会对每单位产品的收益产生负面影响。因此，垄断企业在制定降价策略时需要精

第七章　不完全竞争市场

确权衡边际收益和销售增加。他们需要找到一个平衡点，以最大化总收益。这就要求他们仔细考虑每次降价可能带来的销售增加，以及降价可能引发的价格递减效应。只有在边际收益和价格递减之间取得恰当的平衡，垄断企业才能够在市场中取得最大的收益。

图7-4显示了边际收益和价格的关系。当盒饭价格为80元时，卖2个盒饭，总收益为160元。当卖3个盒饭时，为了吸引更多顾客，盒饭价格降低至70元，总收益增至210元。此时边际收益是销售第3个盒饭所带来的额外收益，为50元。可以看到，边际收益小于原价格（80元）和新价格（70元）。这表明，为了销售更多产品，垄断企业必须降低价格，但降价带来的收益增加并不等于前两个盒饭的价格差[80-70=10（元）]。这是因为在销售第3个盒饭时，前两个盒饭的价格也下降到70元，每个盒饭的价格减少了10元。因此，计算边际收益时需要考虑这一点。边际收益不仅包括销售第3个盒饭所带来的50元额外收益，还要扣除前两个盒饭价格下降所减少的20元。因此，实际的边际收益为30元（50-20）。

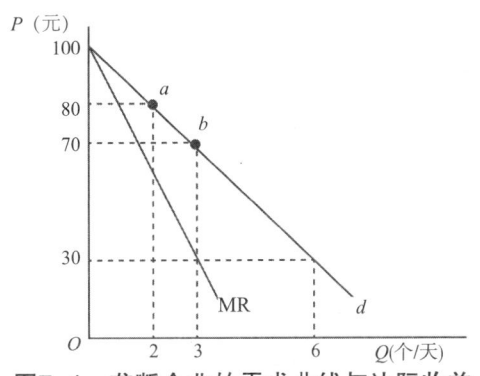

图7-4　垄断企业的需求曲线与边际收益

图7-4画出了一个垄断企业的需求曲线和边际收益曲线。这两条线在纵轴上的起点相同，因为第一单位的边际收益等于商品价格。垄断企业通常采用单一价格策略，这意味着他们以相同的价格向所有消费者出售其产品或服务。当垄断企业考虑增加产量时，他们需要关注边际收益，即每增加一个单位产量所带来的额外收益。边际收益通常与需求曲线和边际收益曲线有关，需求曲线显示了消费者愿意购买产品的价格和数量的关系，而边际收益曲线显示了边际收益与产量之间的关系。当垄断企业考虑增加产量时，他们需要比较边际收益与产量价格的关

系。如果边际收益大于产量价格，增加产量可能会增加总收益。然而，如果边际收益小于产量价格，增加产量可能会导致总收益下降。因此，垄断企业在市场行为中需要精确权衡增加产量与价格下降之间的关系，以最大化其总收益。

三、垄断企业的利润最大化

企业在不同类型的市场环境下做出不同的决策。在完全竞争市场中，有许多竞争企业，市场价格由市场供求决定，企业的产量对市场价格没有显著影响。在这种情况下，企业通常会增加产量，以最大化其利润，其中边际收益等于边际成本。边际成本是生产一个额外单位的产品所需的成本。然而，在不完全竞争市场中，市场由少数几家企业或垄断企业主导，它们具有更大的市场影响力，可以通过调整产量来影响市场价格。在这种情况下，企业的决策涉及权衡边际收益与边际成本，以确定最佳产量和价格水平。垄断企业通常会考虑边际量，即边际收益与边际成本之间的差异，以最大化其总收益。因此，决策考虑边际量，这对垄断企业和竞争企业都是适用的。下面用边际分析法说明垄断企业的决策。

如图7-5为一个垄断企业的需求曲线、边际收益曲线和边际成本曲线。需求曲线和边际收益曲线如同图7-5所示的曲线。边际成本（MC）就是图中的那条U形曲线。当然，对企业决策来说，有意义的是"边际成本递增"的那部分。

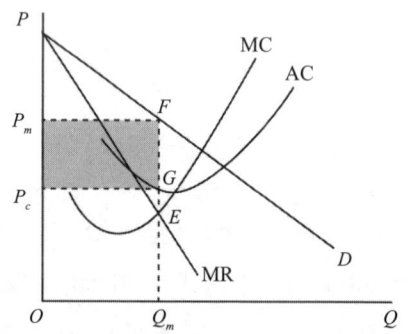

图7-5 垄断企业的最优产量、价格和利润

利润最大化原则是企业经营中的一个核心目标，其实现方式是根据 MR＝MC 的原则，即边际收益等于边际成本。垄断企业在这一理论框架下有其独特的方式来实现利润最大化。

图7-5中边际收益曲线和边际成本曲线的交点 E 决定了垄断企业在产量水平 Q_m 上实现其利润最大化。这是因为在 Q_m 以下的产量水平上，垄断企业的边际收

益大于边际成本，这意味着增加产量将增加企业的利润。然而，当产量超过Q_m时，边际收益小于边际成本，这时减少产量将有助于增加利润。因此，垄断企业将选择产量水平Q_m来最大化其利润。

垄断企业的利润最大化价格是通过在需求曲线上找到与边际成本曲线交点E相对应的产量，然后延伸虚线到需求曲线上，找到可收取的最高价格。这一价格高于边际成本，这与竞争企业的情况形成鲜明对比，竞争企业的价格等于边际成本。

这种差异对于理解垄断的社会福利损失非常重要。在竞争市场中，企业的价格等于边际成本，这意味着资源得到了有效利用，社会福利最大化。然而，垄断市场中，企业的价格高于边际成本，这导致了资源分配的失调，因为消费者必须支付更高的价格来购买产品。这种差异导致了社会福利的损失，因为社会福利不再达到最大化水平。

四、垄断企业的价格策略

在垄断市场中，企业通常是价格制定者，即他们可以自主决定商品或服务的价格。这种市场结构使垄断企业能够采取不同的价格定位策略，以最大化垄断利润。垄断企业可能采用差别的价格策略，根据不同条件和消费者来制定不同的价格，这被称为价格歧视。价格歧视策略涉及将商品以不同价格销售给不同的消费者或市场。这种差异的价格策略可以采用多种形式，如一度性价格歧视（将不同价格提供给不同的客户），二度性价格歧视（基于购买数量或频率制定不同价格），以及三度性价格歧视（基于不同市场条件和需求情况制定不同价格）。通过实施价格歧视，垄断企业可以更精细地满足不同消费者的需求，从而最大化其利润。

（一）实行有差别价格策略的条件

垄断市场中的企业要成功地实行有差别的价格策略，必须具备以下三个条件：

1.对价格具备控制能力

在垄断市场中，垄断企业具有较高的价格控制能力，因为他们是市场上唯一或主要的供应者，可以自主决定商品或服务的价格。这种市场结构下，价格策略通常以最大化垄断利润为目标，可能包括采用差别的价格策略，即价格歧视。

市场结构也可以是完全竞争市场,其中有许多竞争企业,市场价格由市场供求决定,企业的价格控制能力非常有限。在这种市场环境中,竞争激烈,企业通常会受到市场竞争的压力,以提供具有竞争力的价格和高质量的产品或服务。价格差异和定价策略在不同市场结构中也会有所不同。在垄断市场中,价格差异通常更明显,因为垄断企业可以根据市场条件和消费者需求来制定不同的价格。而在完全竞争市场中,价格差异较小,因为竞争企业会受到市场价格的约束。

2.根据需求弹性分割市场

企业在市场行为中常常考虑需求弹性和差别定价等因素。需求弹性指的是市场上的消费者对价格变化的敏感程度。如果需求弹性较高,消费者对价格变化较为敏感,而如果需求弹性较低,消费者对价格变化不太敏感。差别定价是一种市场策略,是指企业在不同的市场或消费者群体中制定不同的价格。这可以导致市场分割,即将市场细分成价格较低的市场和价格较高的市场。在市场策略中,企业可能会采取价格差别的定价策略,这意味着他们在不同的市场或消费者之间设置不同的价格,以最大化利润。价格差别通常是基于市场分割不彻底,即市场中存在不同类型的消费者,其中一些更愿意支付更高的价格,而另一些则只愿意支付较低的价格。

3.考虑需求弹性和价格策略

需求弹性表示消费者对商品价格变化的敏感程度,如果需求弹性较高,价格上涨可能导致需求下降较多,反之亦然。在垄断市场中,垄断企业可以根据需求弹性来调整商品价格,以最大化其利润。价格策略是企业决定商品价格的方法,垄断企业可以采取不同的价格策略。一种常见的价格策略是价格歧视,即根据不同的市场或消费者群体制定不同的价格,这种策略可以有效地分开高收入者和低收入者,以最大化收入。举例来说,电信局可以采用价格歧视策略,对高收入者提供高价位的安装服务,而对低收入者提供较低价位的安装服务。这种差异定价策略可以根据市场差异来满足不同消费者的需求,提高市场效率和垄断企业的利润。

(二)有差别价格策略的类型划分

1.一级差别价格

一级差别价格是一种价格差异化策略,垄断企业采用这种策略时,他们针对不同的消费者或市场部署不同的价格。这意味着同一产品或服务在不同的情况下被定价为不同的价格。垄断企业通常会考虑产品的生产成本以及市场需求情况来制定一级差别价格。他们希望通过将价格与不同消费者的需求和支付能力相匹配，最大化总收益。一级差别价格策略旨在充分利用市场中不同消费者之间的价格弹性差异。

如图7-6所示，一般地，一级差别定价使垄断企业为每单位产量获取可能的最高价格。因此，愿意支付最高价格（对产品效用评价最高）的消费者被认出并被索取最高的价格P_1，同样，愿意为第二个单位的产品支付P_2价格和为第三个产品支付P_3价格的消费者被认出，并被要求支付相应的价格。如果垄断企业的边际成本为P_M，那么利润最大化的产量是Q_E，在这一点上，该产品所能获得的最高价格刚好等于边际成本，任何想使出售商品的数量超过Q_E的努力会使利润减少。因为，产量大于Q_E将使价格低于边际成本。相反，产量少于Q_E也不会使利润最大，因为此时，价格高于边际成本。

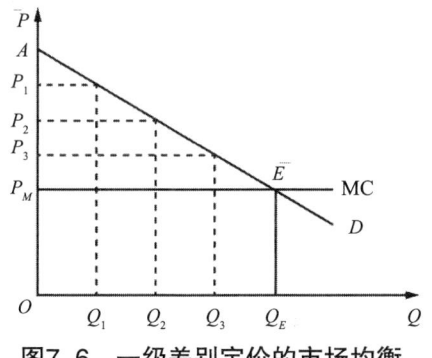

图7-6 一级差别定价的市场均衡

在图7-6中，在完全竞争的条件下，市场价格等于MC，此时，消费者剩余为△AP_ME的面积，但在垄断的条件下，就没有一点消费者剩余，因为原来作为消费者剩余的△AP_ME的面积已经成为垄断企业的经济利润。

垄断是一种市场结构，其中存在一个或少数几个企业垄断市场上的产品或服务供应。虽然垄断通常被视为对竞争不利，但它也可以带来一些好处。对垄断企业而言，他们可以实现更高的利润，因为他们可以控制价格并减少竞争的压力。这使得他们有更多的资金用于研发、创新和扩大业务。此外，垄断企业通常更容易维护稳定的市场份额，因为其他竞争者难以进入市场。然而，对消费者而言，垄断往往导致较高的价格和较少的选择。因为垄断企业可以控制价格，所以他们倾向于将价格设定在较高水平，这可能对消费者造成不利影响。此外，消费者在垄断市场上通常面临较少的选择，因为垄断企业不受市场竞争的压力，不需要提供多样化的产品或服务。政府通常会采取一些措施来防止或监管垄断，以维护市场竞争和消费者权益。在国债市场、政府采购、投标和拍卖等领域，政府经常采取措施来确保公平竞争和最低价格标准，以保护公共利益。

2.二级差别价格

定价策略在市场中扮演着重要的角色，而二级差别定价和一级差别定价是两种常见的策略。在一级差别定价中，不同的消费者或市场群体面临不同的价格，这有助于最大化总收益，因为它反映了个体需求和支付能力的不同。而二级差别定价通常基于购买数量或批量，尽管价格差异较小，但它仍能鼓励消费者增加购买数量，以获得更低的平均成本。这些定价策略的制定需要考虑市场需求、成本、价格弹性等因素，经济学家使用定价模型来分析和优化这些策略，以实现企业的经济目标，如最大化利润。同时，消费者的购买行为也受到不同定价策略的影响，市场行为在不完全竞争的市场中表现出多样性，反映了市场力量和差异因素的影响。这些概念在经济学中扮演着重要的角色，帮助我们理解定价、消费者行为以及市场运作的复杂性。

3.三级差别价格

在市场中，垄断者常常采用不同的差别价格策略，包括三级差别价格，以满足不同消费者的需求和支付能力。这种策略涉及将商品定价为不同的价格，根据市场分割和需求价格弹性系数来制定价格。这样的价格差异可以通过差别价格来实现，反映了市场中的不同需求。经济学家使用定价模型来研究和分析这些定价策略，以深入了解市场行为和垄断者如何通过市场分割来最大化其利润。消费者的反应和市场分割对于理解市场中的价格差异和市场结构也具有重要意义。

三级差别定价是指垄断者对同一种商品在不同的市场上采用不同的价格，或者对不同的人收取不同的价格。对每个消费者都收取单位产量的最高价格，也就是完全的差别价格，是最常见的一种三级差别定价。在消费者市场中，企业采用多层次的差别定价策略，常见的是三级差别定价。这种策略将产品或服务的价格分为不同层次，根据需求价格弹性系数、地理位置、用途、年龄、性别等因素来制定不同的价格。举例来说，电话费用可以根据企业用电话和家用电话的不同情况以及消费者的年龄和性别来调整价格。类似地，电影票价可以根据儿童和成人观众来设定不同的价格水平。这种市场划分和定价策略是经济学研究的一个重要领域，涉及市场行为、消费者反应以及企业如何利用不同因素来最大化其收益。了解这些概念有助于深入理解市场运作和定价策略的多样性。

市场中的定价策略可以在不同情况下采用不同的形式。垄断者通常具有市场控制力，可以根据需求弹性和其他因素来制定价格。差别定价是一种常见的策略，包括一级差别定价、二级差别定价和三级差别定价。一级差别定价涉及将产品价格根据不同消费者特征制定为不同的价格。二级差别定价通常根据购买数量或产品用途来制定价格。而三级差别定价更细致，可以根据地理位置、需求价格弹性以及其他消费者特征来制定不同的价格。这种市场分割策略旨在最大化垄断者的总收益。价格变化和成本变化也可能影响定价策略。垄断者可能会调整价格以适应市场变化，但仍力求在价格和成本之间实现最大差距，以获得最高利润。

五、垄断市场的效率分析

第一，垄断企业在市场中通常能够实现垄断利润，因为它们具有市场控制力，可以影响价格和产量。在垄断市场中，企业的产品定价通常高于边际成本，这意味着企业每售出一单位产品都能获得较高的利润，因为价格超过了生产该单位的成本。边际成本是生产一个额外单位的产品所需的额外成本，而边际收益是销售一个额外单位的产品所获得的额外收益。在垄断市场中，边际收益通常大于边际成本，这使得企业能够实现垄断利润。垄断企业的收益曲线显示了不同价格水平下的总收益。与完全竞争市场不同，垄断市场中的收益曲线通常具有向下倾斜的趋势，因为要提高销售量，必须降低价格。尽管垄断企业可以实现垄断利润，但这通常导致社会福利较低。由于价格高于边际成本，垄断市场通常会导致资源分配不够有效，因此可能会损害社会效率。

第二，完全竞争市场和垄断市场代表了两种不同的市场结构，它们对市场价格、效率和经济利益产生不同的影响。在完全竞争市场中，存在大量的卖家和买家，每个企业都是价格接受者，无法对市场价格产生显著影响。市场价格在这种情况下通常会接近最低平均成本，这是因为生产技术是相似的，生产成本也相对较低。这种市场结构通常以高度效率和消费者受益的方式运作，价格相对较低，生产者和消费者都从竞争中获得好处，因此不会出现过多的超额利润。相比之下，在垄断市场中，市场由少数几家或一家企业垄断，垄断企业拥有技术上的优势，通常可以以高于边际成本的价格出售产品。这导致价格较高，从而增加了垄断企业的利润，但也降低了消费者的利益。垄断市场可能导致收入不平等，因为超额利润主要流向垄断企业。

第三，垄断企业在市场上通常拥有市场控制力，但技术进步和创新可以对其产生积极的影响。技术创新和发展在一定程度上可以减轻垄断企业的市场压力，并对经济产生多方面的利益。技术创新可以提高生产效率，降低生产成本，从而有助于降低产品价格。这有助于消费者获得更多的选择和更低的价格，降低了垄断企业对市场的控制力，提高了市场竞争力。技术创新可以激发垄断企业的竞争积极性。当垄断企业面临来自新技术和创新产品的竞争时，他们可能会不断改进自己的产品和服务，以保持市场份额并吸引消费者。然而，技术创新也可能导致社会成本，因为它可能导致旧技术和产业的淘汰，可能会影响到就业和经济结构。此外，垄断企业可能会试图通过专利和知识产权来限制竞争，从而减缓技术创新的速度。

第四，垄断和完全竞争市场代表了两种不同的市场结构，它们对产量、价格、利润和市场行为产生截然不同的影响。在垄断市场中，通常由一个或少数几个企业垄断市场，这些企业通常具有较高的市场控制力。为了实现利润最大化，垄断企业通常会限制产量，并将产品价格设定在较高水平。这导致了垄断利润的生成，但通常意味着价格较高，消费者的选择受到限制。相反，在完全竞争市场中，存在大量的卖家和买家，市场价格通常由市场供求关系决定。企业在这种市场中无法影响价格，因此它们的产量通常会受到市场需求的限制。在这种市场结构下，企业的主要目标是生产足够的产品以满足市场需求，而不是追求垄断利润。

市场均衡涉及价格、成本，以及生产者与消费者之间的关系。在完全竞争市场中，市场均衡通常体现在价格等于边际成本的情况下。这意味着企业生产的最后一单位产品的成本等于市场价格，从而实现了资源的有效配置。这种市场结构下，边际效益通常最大化，消费者和生产者都能受益。相反，在垄断市场中，市场均衡发生在边际收益等于边际成本的情况下。垄断企业通常能够以高于边际成本的价格销售产品，从而实现垄断利润。这导致了价格较高，但可能降低了消费者的边际效益。市场均衡反映了供求关系和市场结构对价格和资源配置的影响。

第五，垄断是市场结构中的一种情况，通常由一个企业或少数几家企业控制市场，这可能导致一些经济问题。在垄断市场中，价格通常高于边际成本，这会导致消费者支付较高的价格，同时垄断企业获得较高的利润。虽然垄断企业可以获得利润，但社会整体福利往往受到损害，因为市场交易可能会陷入无效率状态。社会整体福利是指市场中消费者和生产者的总剩余，而无效率表示资源未能以最有效的方式分配。垄断市场的无效率通常产生于价格高于边际成本导致的过度收费和供应不足。这对社会经济效率产生了不利影响。为了解决垄断市场的问题，公共政策通常会采取反垄断措施，以限制垄断企业的市场力量。这包括监管和法规，旨在促进竞争和保护消费者利益。在自然垄断的情况下，公用事业可能需要特殊处理，以平衡垄断企业的市场控制力和社会经济效率。

第二节 垄断竞争市场

一、垄断竞争市场的关键特征

垄断竞争是指一个有许多企业出售相似而不相同产品的市场。"垄断竞争市场是普遍存在于现实经济中的市场结构之一"[1]，根据其含义，垄断竞争市场具有以下关键特征：

（一）许多企业

垄断竞争市场是一种充满活力的市场，其特点是有大量的企业参与市场竞争，每个企业都只能占据市场的一小部分份额。这种市场结构在许多行业中都非常常见，如零售、餐饮、媒体和娱乐等领域。在这种市场中，每家企业都可以独立制定产量和价格决策，而不必过多考虑竞争对手的反应。这种市场的特点使得消费者受益，因为它通常会导致更多的选择和更低的价格。

垄断竞争市场的一个重要特点是市场上存在众多的企业。这意味着消费者有更多的选择，可以根据他们的个人偏好来选择产品或服务。例如，想要购买一杯咖啡的消费者可以在许多咖啡馆之间进行选择，而不仅是被迫去一个特定的咖啡连锁店。这种多样性有助于满足不同消费者的需求，促进了市场的竞争性和创新性。

由于市场上存在众多的企业，每家企业的市场份额相对较小。这意味着每家

---

[1] 刘黎清.垄断竞争市场与企业的创新战略[J].科学管理研究，2002（4）：13.

企业的产量或价格决策对整个市场的影响都是微不足道的。举个例子，假设某个地区有20家不同的比萨店，每家店铺都只占据市场份额的5%。如果其中一家店铺决定降低比萨价格，那么它的市场份额可能会略微增加，但整个市场的价格水平不会受到重大影响。这意味着每家企业可以自主决定价格和产量，而不必担心其他企业的反应。由于企业规模相对较小，它们不太可能互相勾结，控制市场价格。在垄断竞争市场中，企业之间的竞争非常激烈，它们都希望吸引更多的消费者并提高自己的市场份额。因此，企业往往会采取竞争性的策略，如降低价格、提高产品质量或提供更好的客户服务，以吸引消费者。这种竞争性的动态使得市场价格受到一定程度的竞争性压力，有助于维持价格在合理水平上。

垄断竞争市场的另一个特点是产品的差异化。即使在同一行业中，不同企业提供的产品或服务也可能有所不同。这种差异化可以是基于产品特性、品牌声誉、营销策略等多种因素。例如，一家手机制造商可能提供不同型号的手机，每个型号都具有不同的功能和价格。这种差异化使得消费者有更多的选择，可以根据他们的需求和预算来选择合适的产品或服务。

此外，垄断竞争市场通常具有低的市场进入壁垒。这意味着新企业可以相对容易地进入市场并与现有企业竞争。这种低壁垒通常是由于市场规模相对较小、生产技术相对成熟，以及消费者需求多样化等因素造成的。新企业的进入可以进一步增加市场的竞争性，促使现有企业不断提高自己的绩效，以保持竞争优势。

尽管垄断竞争市场具有许多优点，但也存在一些挑战和问题。由于市场上存在众多的企业，竞争可能会导致一些企业无法生存下去。竞争激烈的行业中，一些企业可能会面临营收下滑、亏损甚至倒闭的风险。这可能导致失业问题和资源的浪费。政府通常需要采取措施来保护市场中的小企业和消费者，以确保市场的稳定和公平。又由于市场上存在众多的产品和服务选择，消费者可能会感到困惑和不知所措。他们需要花费更多的时间和精力来比较不同产品和服务，以找到最合适的。这可能会导致信息不对称问题，使一些消费者无法做出明智的决策。因此，政府和企业需要提供清晰的信息和指导，帮助消费者做出明智的选择。

此外，垄断竞争市场中的企业可能会采取激烈的竞争策略，如不断降低价格，以吸引消费者。这可能导致价格战，对企业的盈利能力产生负面影响。为了维持竞争优势，企业可能会降低成本，包括降低员工工资和提供较差的劳动条件，这可能对劳工市场和社会产生负面影响。政府需要监管市场，以确保企业采取合法和道德的竞争策略。

（二）企业生产有差异的产品

企业生产有差异的产品，这是市场经济中一种常见且重要的现象。在这个市场中，每个企业都在生产与其他企业的产品非常相似但又不完全相同的商品。这种产品差异化使得每家企业都拥有自己产品的垄断权，因为消费者在一定程度上不能用一个企业的产品完全替代另一个企业的产品。这种差异化产品市场产生了独特的竞争环境，其中既有垄断因素又有竞争因素，被称为垄断竞争市场。

产品差异化的原因多种多样，可能源于技术创新、品牌形象、设计特色、材料质量等方面的差异。企业通常会通过在产品的各个方面进行创新和改进来满足不同消费者的需求和偏好，从而在市场中获得竞争优势。这种差异化的产品在市场上创造了一种有趣的动态。这种市场动态中的垄断和竞争因素是垄断竞争市场的关键特征。垄断竞争市场结合了传统垄断市场和完全竞争市场的特点，创造了一种独特的市场结构。在传统垄断市场中，一家企业可以独占市场，并以较高的价格销售其产品，而在完全竞争市场中，存在许多小型企业，它们生产几乎完全相同的商品，并且价格接近边际成本。垄断竞争市场位于这两者之间，为市场提供了更多的多样性和竞争力。

这种市场结构对消费者和企业都有一些重要的影响。对于消费者来说，垄断竞争市场通常意味着更多的选择。由于存在多个企业生产差异化的产品，消费者可以根据自己的需求和偏好来选择最适合他们的产品。这种多样性有助于满足不同群体的需求，提高了消费者的福祉；对于企业来说，垄断竞争市场具有一定的挑战和机会。一方面，企业需要不断努力提高产品质量和创新，以保持其市场份额和价格竞争力；另一方面，企业可以通过不断提高产品独特性和品牌价值来获得竞争优势，从而实现更高的利润率。

此外，垄断竞争市场还有助于刺激市场竞争和创新。企业为了吸引消费者和与竞争对手竞争，通常会不断改进其产品，提高产品性能和质量。这种竞争压力鼓励了技术创新和产品发展，从而推动了市场的进步。

（三）自由进入与退出

垄断竞争市场，是一个充满了活力和变化的商业环境。在这个市场中，企业的规模相对较小，因此进入或退出市场都相对容易。这种低进入壁垒意味着自由竞争，但也带来了一个挑战，那就是企业往往只能在长期中获得零利润。在理解垄断竞争市场的特点和运作方式方面，让我们以餐饮业为例展开讨论。

餐饮业是垄断竞争市场的典型代表。在每个城市居住小区，我们都可以找到众多餐馆，每一家都提供各种各样的美食。由于餐馆规模相对有限，一家餐馆如果降低菜价，其他竞争对手不一定会跟随降价，因此价格竞争并不是主要的竞争手段。相反，餐馆之间的竞争更多地体现在如何提供差异化的产品和服务，从而控制菜单价格。例如，通过提供独特的菜式、舒适的餐饮环境、出色的服务等方式，餐馆可以增强其竞争力。

垄断竞争市场的企业通常致力于生产差异化的产品，以便在市场中建立自己的"垄断地位"。每家餐馆都可以提高价格而不必担心失去所有顾客，因为它们提供的产品和体验在某些方面是独一无二的。然而，与完全垄断不同，垄断竞争市场的产品之间存在显著的替代性。这意味着即使一家餐馆提供独特的菜式，如果价格定得过高，也会失去一部分顾客。因此，企业需要不断努力提供高质量的产品和服务，以保持竞争力。

在垄断竞争市场中，企业进入和退出市场相对容易，这是因为市场的低进入壁垒。以开一家小吃店为例，只需要租用一间小房子，购置一些简单的厨具、餐具、餐桌椅以及所需的食材。这相对低廉的启动成本使得许多人都可以尝试创业。然而，正因为市场容易进入，竞争激烈，企业要在长期中实现盈利变得相对困难。

在餐饮市场中，常常看到新的餐馆不断开业，同时一些老餐馆也可能关闭。这表明了市场的动态性和变化性。企业必须不断适应市场需求，改进产品和服务，以在竞争激烈的环境中生存下来。虽然垄断竞争市场存在低进入壁垒，但企业仍然需要付出巨大的努力来获得和保持市场份额，以实现长期的可持续发展。

二、垄断竞争市场的短期均衡

短期内竞争企业的不变要素投入量无法变动，即生产规模是给定的，企业只能在给定的生产规模下，通过改变可变要素的投入量来调整产量，以实现 $MR=MC$ 的利润最大化的均衡。下面分析企业如何在既定的生产规模下确定最优产量。

第七章　不完全竞争市场

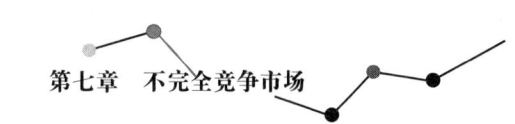

短期内，当企业遵循MR=MC的原则确定其最优产量时，有可能获得利润，也可能亏损，究竟处于哪种情况，这与每个企业的技术水平和经营状况有关。技术水平和经营状况不同的企业，其成本也会不一样。因此，短期内即使各企业面临的需求曲线是相同的，它们获取利润的情况也会不同。图7-7表示竞争企业短期均衡的三种情况。

在图7-7（a）中，企业的技术水平和经营状况比较好。由于生产效率较高，市场价格高于企业的平均成本。根据MR=MC的利润最大化条件，企业的最优产量在MR曲线和MC曲线的交点E。由于价格大于平均成本，企业获得利润，即图中阴影部分的面积。

在图7-7（b）中，企业的技术水平和经营状况一般。市场价格等于平均成本，企业的最优产量仍然在MR曲线和MC曲线的交点E，该点正好与AC曲线的最低点重合，表明在均衡产量上，由于价格等于平均成本，企业收支相抵，没有利润，但实现了正常经营。由于在这一均衡点E，企业没赚到钱，也无亏损，所以，该均衡点也称为企业的收支相抵点。

在图7-7（c）中，企业的技术水平和经营状况较差。市场价格低于平均成本，企业的最优产量在MR曲线和MC曲线的交点E，该均衡点在AC曲线的下方。由于价格低于平均成本，企业面临亏损，其亏损量为图中阴影部分的面积。

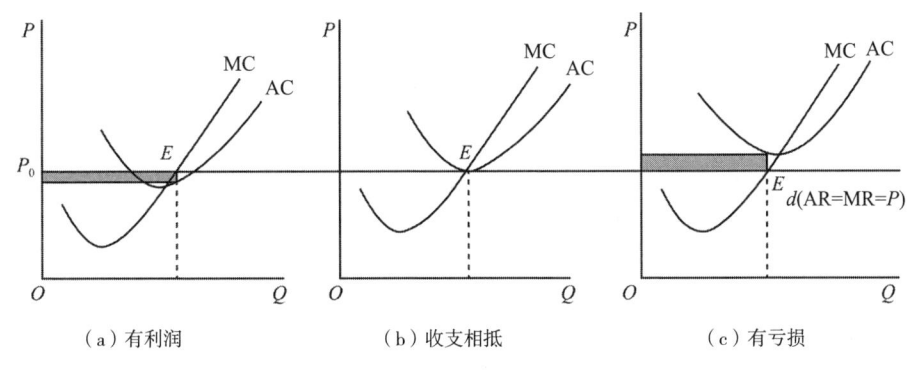

（a）有利润　　　　　（b）收支相抵　　　　　（c）有亏损

图7-7　竞争企业短期均衡的三种情况

短期内，当价格低于平均成本，企业亏损时，人们的第一直觉通常是关闭企业，停止亏损。但这不一定是明智的选择，也许继续生产比关门歇业更为明智。其中的原因是，短期内企业无法避免它引起的固定成本。也就是说，短期内，即使没有产量，企业也必须支付固定成本，比如支付厂房和设备的租金，或者偿还银行的贷款利息。既然固定成本在任何情况下都必须支付，那么短期内企业亏损时必须考虑的问题是：如何选择会使亏损少一些，继续营业亏损少一些还是关门歇业亏损少。可用图7-8说明企业短期停止营业决策的情况。

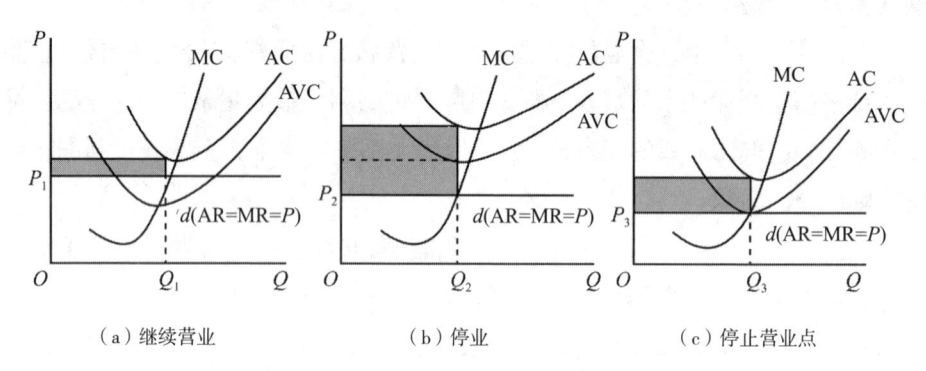

（a）继续营业　　　　（b）停业　　　　（c）停止营业点

图7-8　企业短期停止营业决策

如图7-8所示，U形的平均可变成本（AVC）曲线位于AC曲线的下方，也是被MC曲线从下方穿过它的底部。该图说明，企业短期停止营业决策与固定成本没有关系，应当考虑的是产品价格和平均可变成本的关系。

图7-8（a）显示，在最优产量水平Q_1上，价格（P_1）低于平均成本，企业是亏损的，其亏损量为图中的阴影面积。这种情况下企业不应该停止生产，因为在Q_1的产量上，价格大于平均可变成本（$P>AVC$），所以，企业虽然亏损，但可以继续生产。这是因为，固定成本已经投入，无论是否生产都要支出。如果停止营业，企业的损失等于固定成本。而继续营业，其全部收益除弥补可变成本之外，还有剩余，可用来弥补一部分固定成本。所以，当价格大于平均可变成本但小于平均成本时，企业生产比不生产亏损会小一些。

图7-8（b）显示，在最优产量水平Q_2上，价格（P_2）不仅小于平均成本，而且小于平均可变成本（$P<AVC$）。企业在这种情况下继续生产，其全部收益连可变成本都无法完全弥补，更谈不上弥补固定成本。企业应该停止生产，虽然停产后亏掉了固定成本，但可变成本可降为零。所以，当价格小于平均可变成本时，企业应该停止生产。

图7-8（c）显示，在最优产量水平Q_3上，价格（P_3）小于平均成本，但是等

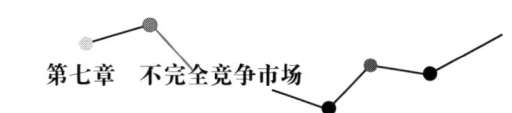

于平均可变成本最低点（$P=AVC$）。显然，在Q_3的产量上，企业是亏损的，亏损为图中的阴影面积。此时，企业的全部收益刚好可以弥补可变成本，其亏损额等于固定成本。这种情况下，企业生产与不生产的结果都一样，亏损的都是固定成本，可变成本则不会有亏损。由于在这一均衡点上，企业处于停止营业的临界点，所以，价格等于平均可变成本的最低点（$P=AVC$）称为停止营业点。

根据以上分析，完全竞争企业的短期决策条件如下：

第一，短期均衡条件：$MR=MC=P$。企业按照这一条件决定产量，有利润时一定是相对最大的利润，有亏损时一定是相对最小的亏损。所以，该条件也称为利润最大或亏损最小的均衡条件。

第二，短期可生产条件：$P \geq AVC$。短期内，企业若亏损，只要价格大于或等于平均可变成本最低点，企业可以继续生产。

三、垄断竞争市场的长期均衡

在长期经济分析中，生产要素的灵活性和固定成本的影响显得尤为重要。长期考虑允许企业在生产要素上做出更大的调整，例如增加新的设备、招聘新的员工或改变生产工艺。长期成本是企业在这个过程中需要考虑的成本，它们包括固定成本和可变成本。企业的长期利润是一个关键的考量，它取决于需求曲线和边际成本与边际收益的关系。当边际收益等于边际成本时，企业实现了正常利润，这意味着企业的收入正好足够覆盖了所有成本。然而，如果边际收益超过边际成本，企业将获得超额利润，这是一种吸引新资本进入市场的信号。相反，亏损发生在边际成本高于边际收益时，这可能导致企业退出市场或采取其他调整措施。在长期分析中，企业的生产决策和产品供求关系对于价格形成具有重要影响。企业会根据市场需求和长期成本来调整产量和价格，以追求最大的利润。因此，长期分析有助于理解企业在竞争市场中的行为，以及它们如何适应市场条件和长期变化。正是资本的这种进退使企业面临的需求曲线（$AR=P$）的位置发生变动，从而影响企业所获得的收益额。这是垄断与垄断竞争的重要区别，也是垄断竞争企业长期决策和短期决策的重要区别。

因此，综合考虑这几种情况，垄断竞争从长期来看也只有一种均衡，即超额利润为零的情况，如图7-9所示。

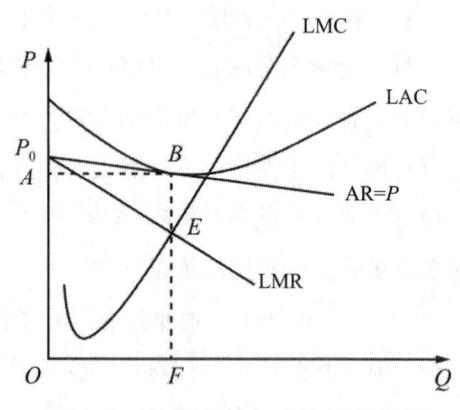

图7-9 垄断竞争企业的长期均衡

四、垄断竞争市场的效率评价

垄断竞争是一种市场结构，它介于完全竞争市场和垄断市场之间。在垄断竞争市场中，存在多家小型企业，它们生产类似但不完全相同的产品。这种市场结构引发了一些关于经济效率的复杂问题。与完全竞争市场不同，垄断竞争市场中的企业能够在短期内实现超过平均成本的价格，从而获得超额利润。然而，在长期均衡下，由于市场进入和退出的自由，竞争的压力将推动价格接近边际成本，企业将只能获得正常利润。这意味着垄断竞争市场在长期均衡时可以实现某种程度上的效率，因为价格接近了成本，但仍然不如完全竞争市场那样效率高。

然而，垄断竞争市场也有其自身的优势，例如在产品创新和多样性方面具有潜力。尽管市场竞争不如完全竞争市场那么激烈，但企业在不断追求创新和不同的市场定位，以吸引消费者。因此，垄断竞争市场虽然在效率方面存在一些局限，但在提供多样性和创新方面有其优势。效率和多样性在垄断竞争市场中的平衡一直是经济学家和政策制定者关注的焦点。

（一）对生产者而言，利弊并存

技术进步在垄断竞争市场中可以产生积极的影响。通过不断改进生产方法和产品设计，企业可以提高生产效率，从而降低平均成本。这可以使企业更具竞争力，并在市场上实现更高的效率水平。此外，技术进步还可以创造新的市场机会，促使企业不断创新，以满足不断变化的消费者需求。保护措施，如专利制度，可以鼓励企业进行创新投资，因为它们知道他们的技术创新将在一定时间内受到法律保护。外部创新压力也可以推动企业提高市场效率，因为来自其他市场

第七章　不完全竞争市场

参与者的竞争将迫使它们提供更好的产品和服务。

在垄断竞争市场中，平均成本通常较高，这可能导致资源的利用效率低下。因为企业面临较低的市场竞争压力，它们可能没有足够的动力来降低成本和提高效率。这可能导致资源浪费，因为企业可能会使用更多的资源来生产同样数量的产品。这也可能对社会福利产生不利影响，因为市场效率不高，价格与边际成本之间的差额可能较大，导致市场中的消费者和生产者剩余减少。在垄断竞争市场中，需求曲线通常不如在完全竞争市场中那样接近边际成本曲线，这可能导致价格与成本之间的差距较大。因而垄断竞争的市场结构要比垄断的更有效率，如图7-10所示。

图7-10（a）是垄断竞争市场的长期均衡，而图7-10（b）为完全竞争市场的长期均衡，两者的差别反映了两种市场的经济效率的差别：①完全竞争市场里的企业，其生产的有效规模（利润最大时的产量）总是在平均成本的最低点，与此相对，垄断竞争企业利润最大时的产量要小于成本最低时的规模；②在完全竞争的条件下，价格等于边际成本，而在垄断竞争的条件下，价格高于边际成本。

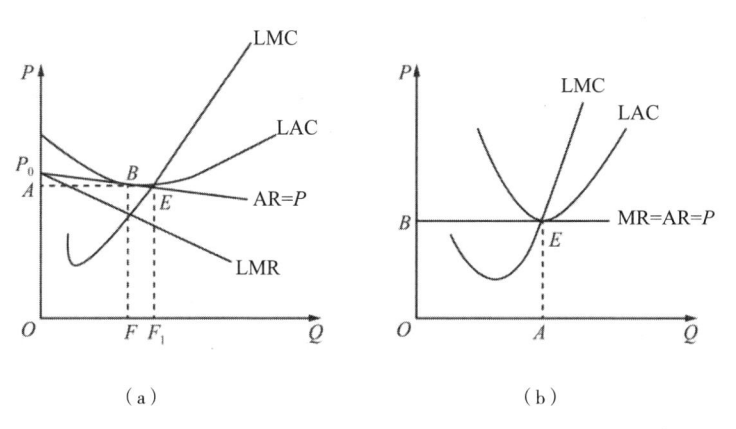

图7-10　垄断竞争与完全竞争长期均衡的比较

（二）对消费者而言，利弊并存

在完全竞争市场中，价格通常等于边际成本，这使得市场价格相对较低，从而使消费者受益。这是因为在完全竞争市场中，有许多卖家提供同质产品，消费者可以根据他们的个性化需求自由选择。这个市场结构鼓励了价格竞争，促使企业提高质量和提供更好的售后服务，以吸引顾客。此外，多样化需求也被满足，因为不同类型的产品可以满足不同的消费者需求，包括个性化需求。品牌在这个市场中通常不是主要的决定因素，因为产品通常是同质的，这进一步减少了价格上涨的风险，使市场更有利于消费者。

在垄断竞争市场中，价格通常高于边际成本，这可能对消费者产生不利影响。虽然市场中有多个卖家，但产品之间存在差异，企业可以通过差异化产品来设置较高的价格。这种差异性产品和品牌的存在可能导致市场价格上涨，消费者需要支付更高的费用。此外，垄断竞争市场中可能缺乏价格竞争，因为产品差异性使得消费者的选择受限，企业更容易设置较高的价格水平。这可能导致市场价格偏离边际成本，对消费者造成损害。

第三节　寡头垄断市场

寡头垄断是一种市场结构，其中市场上存在少数几家大型企业掌握着绝大部分市场份额。在这种市场结构下，少数几家企业能够对产品供给和市场价格产生显著影响。由于市场上仅有少数竞争者，这些企业之间的竞争相对较少，因此寡头垄断市场通常缺乏充分的竞争。

在寡头垄断市场中，市场价格和产量通常受到企业的控制。这些企业可以通过协调价格和产量来维持相对高的市场价格，从而获得更高的利润。尽管寡头垄断市场中存在竞争，但由于市场份额分配不均匀，这种竞争通常不足以将市场价格推向边际成本水平，从而可能导致市场价格偏高，对消费者不利。与垄断竞争市场不同，寡头垄断市场中企业通常能够维护较高的市场价格，而不必担心其他企业迅速进入市场并拉低价格。因此，寡头垄断市场的市场力量较为有限，需要监管来维护竞争和消费者权益。

"寡头垄断市场是一种较为普遍的市场组织。"[1]寡头垄断市场是一种市场结构，其中市场上存在少数几家大型企业垄断绝大部分市场份额。在这种市场中，通常存在产品差异，这意味着各家企业提供的产品在某些方面具有不同的特点，以满足不同消费者的需求。例如，在汽车行业，不同制造商生产各种不同类型和品牌的汽车，每辆汽车都具有独特的特性和特点，以满足不同消费者的品味和需求。同样，在电信行业中，各家运营商提供不同的通信服务套餐，包括不同

---

[1] 董卫杰.寡头垄断市场的显著特点分析[J].中国市场，2009（27）：7.

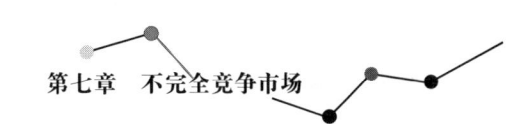

的速度、覆盖范围和价格，以满足不同客户的通信需求。

尽管存在产品差异，寡头垄断市场通常具有较高的经济利润，因为这些企业能够在市场中维持相对高的价格水平。这种垄断地位通常是由于规模经济效应、专有技术和固定投资等因素造成的，这些因素对其他企业构成了进入障碍。此外，销售渠道也可能受到限制，这使其他竞争者难以进入市场。因此，在寡头垄断市场中，消费者通常需要更高的价格来购买产品或服务，因为市场格局使得竞争较少，企业能够保持较高的市场定价。政府和监管机构通常需要关注这些市场，以确保消费者权益得到保护，并促进竞争。

一、寡头垄断市场的特征

寡头垄断是一种特殊的市场结构，通常表现为市场上存在少数几家大型企业或组织，它们掌握着绝大部分市场份额。在这种市场结构下，竞争程度相对较低，因为市场上的竞争者有限。这种寡头垄断的形成往往受到规模经济的影响，大型企业可以通过规模扩大来降低平均成本，从而具备竞争优势。同时，进入障碍也可能存在，新竞争者难以进入市场，因为需要大量资本或技术资源。

在寡头垄断市场中，产品差异通常存在。不同的企业可能提供具有不同特点和品质的产品，以满足不同消费者的需求。这导致了价格决策的重要性，企业可能通过价格战或定价策略来吸引消费者。然而，有时企业可能会勾结，以协同行动来维护较高的市场价格，从而获取更高的收益。这种勾结行为可能对消费者不利，因为它可能导致价格上升，消费者需要支付更多。

一些行业常见寡头垄断市场，包括石油、钢铁、化工和汽车等。这些行业的市场份额通常由少数几家大型企业主导，它们对市场价格和产量的决策具有显著的影响力。政府和监管机构通常密切关注这些行业，以确保市场竞争和消费者权益得到保护，同时维护行业的可持续发展。维持寡头垄断市场的竞争性是一个复杂的挑战，需要权衡企业自由市场运作和市场公平性之间的利益。

二、寡头垄断市场企业的利润

寡头垄断市场企业的利润最大化是经济学分析中一个重要的课题。寡头垄断市场是一种市场结构，其中少数几家大型企业掌握了市场的主导地位，因此它们具有相对较高的市场权力。在这种情况下，企业的行为受到多种因素的影响，不仅是追求即时的、短期的利润。

第一,寡头垄断企业在长期内追求最大利润,而不是每时每刻都追求最大利润。这意味着它们愿意在某些情况下放弃一部分短期利润,以换取长期的市场稳定。这是因为这些企业面临充满不确定性的市场环境,价格和产量决策需要在竞争对手、需求波动和政府政策等因素的影响下做出。如果企业过于追求短期利润,可能会引发价格战,导致利润下降,市场不稳定,以及潜在的法律问题。因此,为了确保企业的长期生存和稳健增长,寡头垄断企业通常会采取谨慎的经营策略,而不是不顾一切地追求即时利润。

第二,从高级管理人员的角度来看,他们通常只持有企业极小一部分的股权。因此,他们的个人目标可能与企业实现长期最大利润的目标不完全一致。管理人员更关心的是自己的职位安全、个人声誉、权力、高薪水以及过上美好的生活。他们的决策可能会受到这些个人因素的影响,而不仅仅是追求股东的长期利益。然而,需要强调的是,尽管管理人员的个人目标与企业的长期利润最大化目标之间可能存在某种程度的关联和因果关系,但企业通常会设立激励机制,以确保管理人员的行为与股东利益保持一致。

三、寡头垄断市场企业的价格策略

(一)黏性价格策略

黏性价格策略是一种市场定价策略,通常由寡头垄断企业采用。在这种策略下,企业在绝大多数情况下不愿意主动改变产品价格,因为这样做可能会导致失去一部分市场份额。相比之下,降低价格更容易引发激烈的竞争反应,可能导致价格战,最终损害所有竞争对手的利润。因此,寡头垄断企业更加敏感于价格的下降,有时宁愿减少利润,也不愿意冒降价引发价格战的风险。

然而,寡头垄断企业有时候会采用一些隐蔽的竞争策略,以在不明显降低价格的情况下提高市场竞争力。这些策略包括延长顾客支付的期限、改变产品内部配置等变相的价格策略。

1.延长支付期限

企业可以通过延长顾客支付产品价格的期限来提高黏性价格。这意味着顾客可以在更长的时间内分期付款,减轻了短期内承担高价格的负担。这对于价格敏感的消费者来说是一种吸引力,同时也有助于企业保持相对高的价格水平。

2.改变产品内部配置

企业可以把改变产品的内部配置,而不直接改变价格作为提升竞争力的手

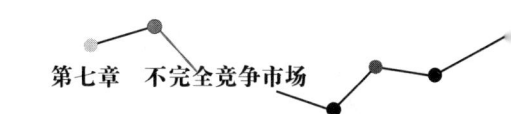

段。这可以包括在产品中增加附加功能、改进质量或提供额外的服务，从而为产品增值。虽然这可能会导致成本上升，但它可以让企业保持价格不变，同时提供更高的产品价值，吸引更多的顾客。

黏性价格策略的优点在于，它们有助于企业在一定程度上维持价格稳定，减少市场不确定性。此外，这些策略还有助于建立品牌忠诚度，因为顾客可能会认为企业提供了更好的支付条件或更有价值的产品配置，从而更加忠诚于该品牌。

（二）价格领导

价格领导模式是一种市场竞争策略，通常出现在市场结构较为集中的情况下，其中少数几家大型企业或领先企业对市场价格制定具有显著影响力。这种模式中，一家企业通常被认为是价格领导者，其他企业则根据价格领导者的价格来制定自己的价格，以确保市场的稳定和竞争。

在价格领导模式中，价格领导者通常会考虑生产效率和成本结构，以确定适当的价格水平。他们需要权衡边际成本和边际收益，以实现利润最大化的目标。通过在市场上保持相对较高的市场份额，价格领导者能够更好地控制市场，并吸引更多的消费者。然而，这也可能导致竞争者进入市场的难度增加，因为他们必须能够与价格领导者的价格竞争，这可能需要高度的竞争力和资源。价格领导模式的稳定性和可持续性通常受到市场结构和竞争者进入的影响。

在价格领导模式下，其他企业通常会根据领导企业的价格来给他们自己的产品定价。这种模式的一个关键特点是，领导企业的价格变动将直接影响到整个市场的价格水平。其他企业需要密切关注领导企业的价格决策，以确保他们的定价能够在市场中竞争。

价格领导模式有一些优势和劣势。一方面，领导企业通常能够实现一定程度的市场控制，因为他们的决策会影响到整个市场，这可以让他们在市场中获得更高的利润，但也可能引发反垄断监管的关注；另一方面，其他企业可能会感到受限，因为他们需要遵循领导企业的价格策略，难以自主定价。

四、寡头垄断市场企业的定价方法

寡头垄断企业在定价方法方面通常具有较高的自主权，其中一种常见的定价方法是成本加成定价法。这种方法基于企业的产品成本，并添加目标回报率和利润要求来确定最终的定价策略。企业首先计算其产品的生产成本，包括直接成本

和间接成本，然后在成本基础上添加所需的利润率，以确保达到其盈利目标。这种定价方法允许企业在市场上实现一定程度的定价控制，以实现盈利目标，并根据市场需求和竞争情况进行相应的定价策略调整。因此，成本加成定价法是寡头垄断企业常用的一种定价策略，旨在平衡成本和利润要求，同时考虑市场竞争和产品需求。成本加成定价法包括以下三个步骤：

第一步：确定正常产量。因为确定产量后才能确定成本，但产量与价格又有密切联系。为了避免这一问题，在操作上可以采用一种假定的产量。一般而言，这一产量是用企业生产能力（潜在产量）乘以一定的百分比来确定的。如通用汽车公司在使用成本加成定价法时，根据销售额是生产能力的80%的市场经验来确定产量，即把计算成本的产量确定在生产能力的80%。一般而言，正常产量可以假定为正常生产能力的60%~70%。当然，具体比例要看市场状况：在市场繁荣时期，该比例可以高些；市场萧条时，该比例可以低些。

第二步：根据正常产量，确定平均固定成本和平均变动成本，即确定平均成本。

$$AC=AFC+AVC \quad (7-1)$$

$$AFC=FC/Q, \quad AVC=TVC/Q \quad (7-2)$$

式中：AC——平均成本；

FC——固定成本；

AFC——平均固定成本；

VC——变动成本；

AVC——平均变动成本；

Q——产量。

第三步：根据平均成本确定加成的利润额。加成的利润额取决于企业的目标回报率，它取决于企业最高决策者对可能得到的利润率和最适宜的利润率的看法，也取决于该行业的特点。因此，如果总利润为X，则成本加成为X/Q（Q为产量）。因此，商品的价格如下：

$$P=AFC+AVC+X/Q \quad (7-3)$$

由于企业最高决策者对利润的看法相对稳定，所以除非生产成本发生重大变化，寡头垄断的价格相对稳定。

成本加成定价法中的加成，是由需求弹性和竞争状况决定的，同时也取决于企业高层决策人员的利润预期。它是经理们为追求长期最大利润而使用的一种简单的决策方法，在企业决策中得到广泛使用。使用这种方法有利于稳定价格，并能为价格的变动提供正当的理由。

五、寡头垄断市场企业的竞争策略

（一）价格竞争

价格竞争是在寡头垄断市场中最常见的竞争策略之一。企业可以通过降低其产品或服务的价格来吸引更多的顾客，从而增加其市场份额。这种策略在一定程度上可以有效，尤其是对于价格敏感的顾客而言，他们更有可能选择价格较低的产品。然而，价格战并不总是一个可持续的策略。

价格战可能导致企业的利润下降，因为它们需要降低价格以吸引顾客，但成本仍然保持不变或仅有轻微下降。这可能对企业的财务健康造成不利影响，尤其是如果价格降低到低于成本的水平。价格战也可能引发恶性竞争循环，导致市场不稳定和企业的不确定性增加。

然而，有时候企业会采取价格战的策略，以削弱竞争对手并在市场中建立更强大的地位。这种战略可能是一种长期规划的一部分，企业希望通过削减竞争对手的市场份额来实现垄断地位，然后在价格上升后提高利润。这需要谨慎的策略规划和强大的财务支持，以承受短期内的价格压力。

在实施价格竞争策略时，企业需要考虑：①定价弹性。了解市场对价格变化的敏感程度，以确定降价的幅度；②成本结构。确保价格战不会导致亏损，同时考虑成本的灵活性；③长期规划。在考虑价格战时，要有明确的长期战略，包括如何在市场稳定后提高价格并提高利润。

（二）产品差异化

在寡头垄断市场中，企业面临着独特的竞争环境，通常由少数几个大型企业控制市场份额。在这种情况下，企业必须采取不同的竞争策略来保持竞争优势和吸引消费者。其中一种常见的竞争策略是产品差异化。产品差异化是指企业通过改进产品的质量、性能、功能或设计，使其在市场上与竞争对手区别开来。这种差异化可以帮助企业为产品制定更高的价格，并吸引那些追求高品质或特殊功能的顾客。

产品差异化策略的关键是让企业的产品在某种方式上与竞争对手不同。这可以通过以下四种方式来实施：

第一，改进质量。企业可以投入更多的资源来提高产品的质量，确保产品更可靠、耐用，并能够满足消费者的高品质要求。例如，汽车制造商可以采用更高级的材料和工艺，以提高汽车的质量和安全性。

第二，增加性能。通过提高产品的性能，企业可以满足那些寻求更高性能的消费者的需求。例如，电子公司可以生产更快、更强大的计算机或智能手机，以满足技术爱好者的需求。

第三，添加功能。在产品中添加新的功能或特性是另一种常见的差异化方法。这可以使产品更多样化，以满足不同类型的顾客需求。例如，智能电视可以添加智能家居集成功能，以吸引智能家居爱好者。

第四，设计创新。产品的设计也可以成为一种差异化因素。通过独特、吸引人的设计，企业可以吸引那些注重外观和风格的消费者。例如，高端时尚品牌经常侧重于产品的设计创新。

在寡头垄断市场中，企业需要仔细考虑产品差异化策略的实施，以确保能够获得持续的竞争优势。同时，企业还需要密切关注市场动态，以及消费者对产品特性的需求变化，以及竞争对手的动向。产品差异化是一个复杂的策略，但如果能够正确执行，它可以为企业带来显著的竞争优势和市场份额。

（三）市场扩张

在寡头垄断市场中，企业竞争的策略至关重要，其中一种重要的策略是市场扩张。市场扩张涵盖了企业寻找新市场机会的努力，以增加销售、收入和市场份额。

第一，进入新的地理区域。企业可以选择将其业务扩展到新的地理区域，这可以是国内扩张或国际市场的进军。通过进入新的地理市场，企业可以获得新的客户群体，开拓新的销售机会。例如，一家成功的跨国公司可以将其产品或服务引入新兴市场，以利用该市场的增长潜力。

第二，目标不同的客户群体。另一种市场扩张策略是针对不同的客户群体。企业可以调整其产品、定价和营销策略，以满足不同类型的顾客需求。这种策略通常涉及市场细分，将市场划分为不同的细分市场，并根据每个细分市场的需求进行定制。

第三，推出新的产品线。企业还可以通过推出新的产品线或服务来实现市场

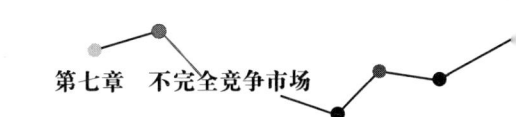

扩张。这可以是与现有产品或服务相关的扩展，也可以是全新的创新产品。通过不断创新，企业可以吸引新的顾客，并保持市场竞争的优势。

第四，收购和并购。另一种常见的市场扩张策略是通过收购或并购其他公司来扩大规模。这种策略可以迅速增加企业的市场份额，进一步巩固其在市场中的地位。例如，一家电信公司可以通过收购竞争对手来扩大其覆盖范围和客户基础。

市场扩张策略带来了多方面的好处，不仅对企业自身有利，还有利于整个市场的竞争环境：①多样化风险。市场扩张可以减轻企业对现有市场的依赖，降低经济周期和市场波动对企业的影响。这种多样化有助于稳定企业的收入流和利润。②增加市场份额。通过市场扩张，企业可以增加其市场份额，使其在行业中的地位更加稳固。这有助于提高企业的竞争力和议价能力。③提高竞争性。市场扩张可以创造更多的竞争机会，鼓励企业提高创新和效率，以满足不断变化的市场需求。④增加就业机会。市场扩张通常需要增加生产和服务能力，这将创造更多的就业机会，有助于经济增长。

（四）合作与联盟

合作与联盟是指寡头垄断市场中的企业之间建立协作关系，共同开展一项或多项业务活动的策略。这种协作关系可以采取多种形式，包括战略联盟、合资企业、合并等。它的核心目标是通过与其他企业合作来实现共同的商业目标，从而增加竞争优势和市场份额。

实施合作与联盟策略需要谨慎地规划和执行。

第一，选择合适的合作伙伴。选择合适的合作伙伴至关重要。合作伙伴应具有互补的资源和能力，以实现协同效应。

第二，明确合作目标。确定明确的合作目标和期望是成功的关键。双方应清楚了解他们希望从合作中获得什么，并制订明确的合作计划。

第三，建立有效的沟通和管理机制。建立有效的沟通渠道和管理机制，以确保合作伙伴之间的协作顺利进行。

第四，确保合作公平和持久。合作应该基于公平的条件和长期的合作关系。避免短视和不公平的合作协议。

在寡头垄断市场中，采用合作与联盟策略具有五个优点：①共享风险和成本。合作伙伴可以共同承担风险和成本，特别是在研发新产品或进入新市场时。

这有助于降低企业的财务压力，减轻其独立承担所有风险和成本的负担；②扩大市场份额。通过与其他企业合作，企业可以扩大其市场份额。这有助于实现更高的销售额和更大的市场影响力，提高企业的竞争地位；③共享资源和知识。合作伙伴可以共享彼此的资源和知识。这包括技术、专业知识、供应链和分销渠道等。共享这些资源有助于提高生产效率和产品质量；④加强创新。通过联合研发和创新，企业可以更快地推出新产品或服务。这有助于满足市场需求，并在竞争激烈的市场中保持竞争优势；⑤提高谈判能力。联盟可以提高企业在供应商和顾客之间的谈判能力。由于联盟的规模更大，它们通常能够更好地谈判价格和交易条件。

（五）品牌建设

在寡头垄断市场中，企业面临着一种独特的市场结构，其中少数几家大型企业控制着市场份额。在这种市场背景下，企业需要制定巧妙的竞争策略，以维持自身的市场地位并寻求增长。品牌建设是其中一个关键策略，它在寡头垄断市场中扮演着重要的角色。

品牌建设是一种战略性的活动，旨在创建并维护企业的品牌形象，以在市场上建立积极的品牌认知度和忠诚度。在寡头垄断市场中，品牌建设变得尤为重要，原因有以下五点：

第一，区分度。在市场上，竞争对手可能提供类似的产品或服务。通过建立强大的品牌，企业可以在竞争中脱颖而出，让消费者更容易记住和选择他们的产品。

第二，信任和声誉。一个强大的品牌传递了值得信任和可靠的信息。消费者更愿意购买来自知名品牌的产品，因为他们相信这些产品会提供高质量和一致的体验。

第三，忠诚度。有一个强大的品牌可以吸引忠诚的顾客群体。这些忠诚的顾客可能会坚持购买该品牌的产品，即使有其他替代品可供选择。

第四，定价权。强大的品牌通常能够在一定程度上维持较高的价格水平。消费者更愿意为一个值得信赖的品牌付出更多的钱。

第五，市场份额保持。在寡头垄断市场中，企业可能需要竞争维持自己的市场份额。一个有力的品牌可以帮助企业保持其市场份额，抵御竞争对手的压力。

实施品牌建设策略需要一系列战略和战术，以确保企业的品牌形象得以塑造

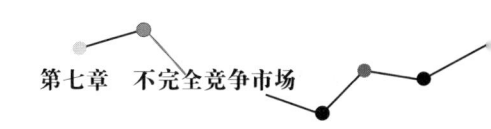

和传播。

第一，广告和宣传。企业可以通过广告和宣传活动提高品牌的知名度。这可以包括电视、广播、互联网和社交媒体广告，以及公共关系活动。

第二，一致的品牌形象。品牌形象应该在所有市场活动中保持一致。这包括品牌标志、口号、包装设计以及品牌声音和语调。

第三，产品质量和服务。一个强大的品牌不仅依赖于市场宣传，还依赖于产品质量和客户服务。品牌承诺的实际交付对于建立信任至关重要。

第四，品牌体验。企业应该努力创造积极的品牌体验，这包括购物过程、售后服务和与品牌互动的各个方面。

第五，社会责任。许多消费者更加关注企业的社会责任。参与慈善活动和可持续发展举措可以增强品牌形象。

第六，顾客互动。与顾客的积极互动可以增强品牌忠诚度。这可以通过社交媒体、客户反馈和定期促销活动来实现。

（六）政府和监管因素

政府和监管机构在寡头垄断市场中扮演着至关重要的角色，他们通过制定法规和政策来确保市场的公平竞争和保护消费者权益。

第一，反垄断法规。反垄断法规是政府最常用的工具之一，用于防止寡头企业滥用其市场支配地位。这些法规旨在监督价格操纵、垄断定价和不正当竞争行为。对于企业来说，遵守反垄断法规至关重要，因为不合规的行为可能导致高额罚款和法律诉讼。企业需要制定合规政策，培训员工，并定期进行内部审核，以确保他们不会触犯反垄断法规。

第二，竞争政策。政府制定竞争政策，旨在促进市场竞争和防止寡头垄断市场的形成。企业应密切关注这些政策的制定和更新，以了解哪些行为可能被认为是反竞争的。同时，他们可以积极参与政策制定过程，以确保政策的公平性和合理性。

第三，价格监管。政府可能会对某些行业的价格进行监管，以确保企业不会滥用其市场支配地位来提高价格。企业需要与监管机构合作，提交价格计划和报告，确保其价格政策符合法规。此外，他们还需要制定透明的价格策略，以增加消费者的信任。

第四，消费者保护。政府在保护消费者权益方面扮演着关键角色。企业应该积极与监管机构合作,确保他们的产品和服务符合消费者权益的最高标准。这包括提供清晰的产品信息、有效的客户服务和解决消费者投诉的机制。

第五,合并和并购审查。政府可能会对企业的合并和并购进行审查,以确保它们不会导致市场垄断或减少竞争。企业在进行合并和并购时需要与监管机构合作,提交必要的文件和数据,并展示这些交易对市场的影响是积极的,不会损害竞争。

在寡头垄断市场中,企业需要谨慎制定竞争策略,以适应市场环境并维护自身竞争力。

第一,不搞反竞争行为。企业必须遵守反垄断法规,不参与价格操纵、垄断定价或其他反竞争行为。这有助于维护市场的公平性,并降低法律风险。

第二,积极参与政策制定。企业可以积极参与竞争政策的制定过程,提供反馈意见,确保政策的公平性和合理性,以及政府决策的透明度。

第三,维护透明度。提供透明的价格政策和产品信息有助于增加消费者的信任。这可以通过清晰的价格标签、产品说明和客户服务来实现。

第四,合规培训。为员工提供合规培训,确保他们了解反垄断法规和竞争政策,并能够在日常工作中遵守这些法规。

第五,定期审查和改进。企业应该定期审查其经营实践,发现和纠正潜在的合规问题,并不断改进其竞争策略,以应对市场变化。

在寡头垄断市场中,政府和监管机构的角色至关重要。他们通过制定法规和政策来确保市场的公平竞争和保护消费者权益。企业需要积极与政府合作,遵守法规,制定合规政策,并维护透明度,以确保其在市场中的稳定性和竞争力。政府监管不仅有助于防止市场滥用,还可以促进市场竞争和消费者福祉。因此,政府与企业之间的合作和互动是寡头垄断市场中的关键要素。

第四节 博弈与信息均衡

一、博弈论

(一)博弈论的概念及其价值

博弈论是一门研究策略性决策问题的学科,广泛应用于各个领域,包括政

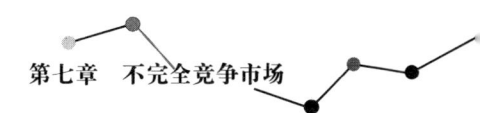

治、军事、社会和经济领域。在策略性环境中，参与者的行动相互依赖，他们的利益会相互影响，从而引发各种决策问题。

在政治领域，博弈论用于分析政治家和政府之间的互动，包括协商、合作和竞争。政治博弈可以解释为什么一些政治家会选择合作，而其他人则采取非合作的策略。博弈论还有助于理解讨价还价过程和协议的达成，以实现最佳政治结果。

在军事战略中，博弈论可以用来分析不同国家之间的军事行动和冲突。国际关系学家使用博弈理论来研究军事决策和战略选择，以预测国际关系中的行动和反应。

在经济领域，博弈论广泛应用于价格竞争、贸易战和拍卖问题。企业和消费者之间的竞争行为可以使用博弈模型来解释，以便分析市场动态和最优策略。拍卖理论则帮助竞拍者确定最优的出价策略，以获得所需的商品或服务。

博弈论作为一种数学和分析工具，对于解释参与者的行动和预测结果具有强大的解释能力和分析能力。因此，它在生物学、计算机科学、政治学和军事战略等多个领域中都具有广泛的应用。通过博弈论，我们能够更好地理解和解决策略性决策问题，推动不同领域的研究和实践。

博弈论是一门研究决策制定者在互相影响下做出选择的数学模型和分析方法的学科。它的应用领域非常广泛，其中之一就是经济学。博弈论在经济学领域的应用价值是不可忽视的，它为经济学家提供了一种强大的工具，用于研究市场行为、竞争策略、合作协议等多个方面的经济现象。以下探讨博弈论在经济学中的应用，以及它对经济学研究和政策制定的重要性：

第一，博弈论在经济学中的应用可以帮助人们理解市场行为和竞争策略。在市场经济中，企业和个人经常面临着决策，如何定价、市场推广、产品开发等。博弈论可以用来分析不同市场参与者之间的互动和决策过程。例如，博弈论可以用来研究价格竞争下的市场行为，包括价格战、价格领袖策略等。通过建立博弈模型，经济学家可以预测不同策略下的市场结果，帮助企业和政府做出更明智的决策。

第二，博弈论在研究合作和协议方面有着重要作用。在现实世界中，企业和个人经常需要与其他参与者合作，达成共同的利益。博弈论可以用来研究不同合作和协议策略下的最优选择。例如，合作博弈可以用来分析合资企业、联盟和合同协议。通过博弈论的分析，可以确定最佳的合作结构和奖励机制，以促进合作伙伴之间的互利关系。

第三，博弈论可以应用于研究拍卖市场和拍卖策略。拍卖是一种常见的市场交易方式，博弈论可以帮助人们理解拍卖参与者之间的策略竞争。例如，博弈论可以用来分析不同类型的拍卖机制，如英格兰拍卖、封闭式拍卖和第一价格拍卖等。通过对拍卖策略的研究，可以确定最优的拍卖设计，以实现最大的效益。

第四，博弈论可以用来研究公共政策和市场监管。政府机构通常需要制定政策来调整市场行为，以维护公共利益。博弈论可以用来分析不同政策选项下的可能结果，以帮助政府决策。例如，博弈论可以用来研究环境政策下的排放许可证制度，或者监管政策下的市场垄断行为。通过博弈论的分析，政府可以更好地理解市场参与者的行为动机，制定更有效的政策。

（二）占优策略与纳什均衡

1. 占优策略

占优策略是博弈论中的一个核心概念，它在多人博弈中用于描述一个参与者的最佳决策策略。具体而言，一个策略被称为占优策略，如果无论其他参与者采取何种策略，该策略都能够使参与者获得最高的收益或最小的损失。占优策略是理性决策的结果，参与者会根据自己的利益来选择这种策略。

占优策略可以分为弱占优策略和强占优策略两种类型。弱占优策略是指一个策略在某些情况下会使参与者获得最高收益，但在其他情况下可能不会。而强占优策略则是在所有情况下都能够使参与者获得最高收益的策略。

在经济学领域，占优策略的应用具有重要意义，因为经济活动中常常涉及资源分配、市场竞争、成本最小化等问题，需要制定最佳策略以实现经济效益的最大化。

（1）线性规划。线性规划是一种常见的占优策略，它通过建立数学模型来解决资源有限的问题。在经济学中，线性规划通常用于优化资源分配和成本管理。其基本思想是将问题抽象成一个线性方程组，通过最大化或最小化目标函数来确定最佳决策。

案例：生产计划。假设一个制造公司需要决定每种产品的生产数量，以最大

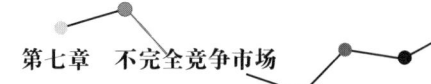

化总利润。公司有限定的生产资源和市场需求，可以将这个问题建模成线性规划问题。通过构建一个目标函数，例如总利润，以及一组约束条件，如生产资源的限制和市场需求的限制，可以使用线性规划方法来确定最佳的生产计划，从而实现最大化经济效益。

（2）动态规划。动态规划是一种用于处理具有阶段性和状态转移问题的占优策略。在经济学中，动态规划常用于长期投资、资源管理和政策制定等领域。它将问题分解成多个阶段，并通过递归求解每个阶段的最优决策，最终得出整体的最优解。

案例：投资组合优化。考虑一个投资者需要在不同的资产类别中分配资金，以实现长期的投资目标，如最大化投资组合的收益或最小化风险。动态规划可以用来确定每个阶段的最佳资产配置，以逐步优化投资组合，以适应市场波动和投资目标的变化。

2.纳什均衡

纳什均衡是著名数学家约翰·纳什在博弈论领域提出的一个关键概念。博弈论研究了参与者之间的策略博弈，其中不同参与者在特定的策略组合下追求最大化自身利益。纳什均衡描述了在策略博弈中的一种稳态，其中每个参与者都根据其他参与者的策略来预测行动，做出理性的决策，无法通过改变自己的策略来获得更多的收益。

在静态博弈中，纳什均衡指的是一组策略组合，其中每个参与者的策略是最优的，其他参与者的策略是固定的。在这种均衡状态下，没有参与者有动机单方面改变他们的策略，因为任何单独的策略变化都将导致收益的损失。因此，纳什均衡表示了一种策略配置，它使得所有参与者都无法通过单独行动来改善自己的情况。

纳什均衡的概念对于理解策略博弈和参与者之间的互动至关重要。它强调了每个参与者的理性决策和相互依赖性，为分析各种决策情境提供了有用的工具。在博弈论的应用中，研究纳什均衡有助于预测参与者的行为，并为各种决策问题提供了深入的理解。

（三）重复博弈

1.连锁店悖论

塞尔顿1978年提出"连锁店悖论"，其指出在N个市场都开有连锁店的企业，对各个市场的竞争者是否应该采取打击排斥的策略选择。由于N个市场的竞争者一般不会同时进入竞争，忽略各个市场环境、竞争者不同方面的微小差异，这个问题相对连锁企业是一个N次的重复博弈。

如果连锁企业对开始几个市场的竞争者不计代价地打击，那么这种打击的示范效应将吓退其余市场的潜在竞争者，从而使连锁企业能够独享其余$N-1$甚至更多的市场利益，这样总体上是合算的。这就称为"连锁店悖论"。

第一，N个市场拥有者比潜在竞争者的实力有绝对优势的假设。N个市场如果比潜在竞争者有绝对的优势，那么连锁店企业必然会对潜在竞争者采取打击的策略，因为N个市场拥有者的企业抵御风险的能力强，能够承受打击对自己本身所带来的损失。但N个市场拥有者对竞争者的打击能否奏效取决于是否有统一的决策机制，企业对各个市场采取分散决策还是统一决策打击效果是不一样的。

企业对N个市场决策是统一决策：如果是统一决策，那么连锁店悖论将成立，企业对最初潜在进入者的打击必然吓退后来的潜在进入者，那么企业仍然能够独占市场。由于A的市场势力远远大于潜在的进入者，A采用损失一个市场的做法换取整个市场的盈利保证，总体上是合算的。

企业对N个市场决策是分散决策：如果对各个市场分散决策，那个市场决策者只是接受总公司对潜在进入者的打击命令，那么依照现在公司运行模式来看，目前各个总部对各个分公司采取的管理措施一般以利润作为管理业绩的主要评价标准，各个分公司都有不执行此决定的策略。假设两个市场A_1和A_2，分别采用打击与不打击两种策略，最终两个市场决策者都会选择不打击，这实际上也是一个典型的囚徒困境。虽然这个纳什均衡对A_1和A_2两个市场来说是个体最优选择，但对整个连锁企业来说却不是最好的局面。

第二，假设N个市场拥有者与竞争者势力相当。两者在N个市场竞争，最终只会造成两方的损失，同时也会给其他潜在进入者以可乘之机。如果两者都是理性的，必然会考虑给对方机会，使两者实现双赢的局面。此外，如果N个市场拥有者连锁店实力弱于进入者实力，N个市场拥有者更难采取打击的策略。正如许多实力强的公司纷纷进入自己并不熟悉的领域，有一个重要原因就是其能抵御对手打击带来的风险损失。

2.重复博弈的定义和特征

重复博弈是博弈论领域中的一个重要概念，它研究的是在一个博弈过程中，

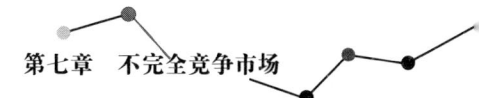

参与者可以多次互动并做出决策的情况。博弈论是研究策略性决策的学科，而重复博弈则考虑了博弈的时间维度，具有更丰富的博弈结构。

在重复博弈中，博弈的概念扩展到了连续的决策序列，每个阶段都有一个策略空间，参与者在其中选择行动。这个博弈结构可以包括基本博弈，它可以在每个阶段中重复，参与者可以获得总支付的贴现值，考虑到了时间价值。

参与人在重复博弈中可以考虑长期利益，因为他们的决策不仅会影响当前阶段的利润，还会影响未来的博弈历史。合作和报复是重复博弈中常见的策略，因为参与者有机会建立声誉，通过合作来实现长期的利益，或者采取报复行动来应对对手的背信行为。

纳什均衡在重复博弈中仍然是一个重要的概念，但它的性质取决于信息的完备性和参与者的策略选择。在信息完备的情况下，参与者可以准确预测对手的行动，而在不完备信息的情况下，信任现象和声誉会影响博弈的结果。此外，利润分配也是重复博弈中的一个关键问题，因为参与者通常希望在合作中获得公平的利润分配。通过研究重复博弈，我们可以更深入地理解博弈过程中的策略选择和博弈的长期动态。

3.完全信息下的重复博弈

（1）有限次重复博弈。有限次重复博弈是一种博弈论中的模型，其中玩家在一定数量的回合中重复进行博弈。每一回合，玩家必须选择一个策略，而他们的收益会根据他们的选择以及其他玩家的选择而变化。与单次博弈不同，有限次重复博弈考虑了之前回合的结果对当前回合的影响，这导致了更复杂的决策制定过程。

在有限次重复博弈中，最常见的策略之一是"托宾税策略"。这种策略的核心思想是，在博弈的早期回合中，采用合作的方式，并且对方也愿意合作。然而，如果对方背叛了合作，那么在接下来的回合中，采取报复性的策略，以最大限度地降低对方的收益。这种策略的目标是建立信任，并通过威胁报复来维持合作。

然而，在有限次重复博弈中，存在一个经典的困境，即"囚徒困境"。在囚徒困境中，两名嫌疑犯被关押在不同的牢房里，他们都有机会合作与背叛对方。如果两名嫌疑犯都合作，那么他们都会获得相对较轻的刑罚。但如果其中一人背叛了另一个，而另一个继续合作，那么背叛者将获得最轻的刑罚，而合作者将面临重刑。如果两人都背叛对方，那么他们都将受到中等刑罚。

在囚徒困境中，理性的自利行为会导致最不利的结果，即两名嫌疑犯都会选择背叛，尽管这不是他们的最佳策略。这个例子表明，有限次重复博弈中存在合作的潜力，但也存在自私的诱惑，导致难以达成合作。

（2）无限次重复博弈。无限次重复博弈是博弈论中的一个重要概念，它研究的是博弈过程可以无限次重复的情况。在博弈论中，考虑博弈的重复性可以导致不同的均衡结果和策略选择。

在无限次重复博弈中，合作和不合作仍然是重要的策略。参与者可以选择在多次博弈中合作，共同获得更大的收益，或者选择不合作，追求短期的利润最大化。然而，在无限次重复博弈中，惩罚机制变得更为关键。可信的威胁和冷酷策略（触发策略）可以用来惩罚对手的不合作行为，从而鼓励合作。

贴现因子在无限次重复博弈中扮演着重要的角色。它反映了参与者对未来收益的重视程度。较高的贴现因子意味着参与者更加关注长期收益，可能更倾向于合作。子博弈的概念也在无限次重复博弈中涌现，即每一轮博弈可以看作是一个独立的博弈，而整个博弈过程是由多个子博弈组成的。信誉和机会主义也是无限次重复博弈中的关键因素，因为参与者的短期行为会影响他们在未来博弈中的信誉和合作机会。

帕累托最优是在无限次重复博弈中追求的目标，即通过合作获得的收益达到最大化，同时确保合作的稳定性。在一些博弈理论模型中，耐心也是一个重要的考虑因素，因为它决定了参与者愿意多次合作以获得更高的长期收益。古诺双寡头博弈是一个典型的示例，其中两个厂商通过合作控制产量来实现帕累托最优，并共享垄断利润。

总之，无限次重复博弈提供了一种更加复杂和现实的博弈模型，考虑了时间维度和长期合作的动态。在这种博弈中，参与者需要权衡短期和长期的利益，并制定策略以达到最优的均衡结果。

4.不完全信息下的重复博弈

KMRW重复博弈模型是用于研究完全信息博弈中的有限重复博弈。在这个模型中，参与者在一系列博弈中相互争夺收益，每轮博弈都可以看作一个合作型子博弈。KMRW模型的一个关键特点是共同知识假定，即参与者对博弈的规则和对手的策略都具有完全知识。这种信息完全假定使得KMRW模型可以精确地分析声

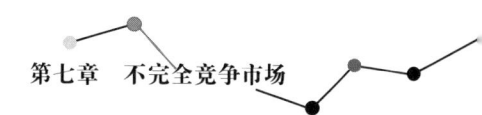

誉的演化和博弈的结果。

声誉模型涉及连续变量的声誉，这是参与者在博弈中根据对手的行为形成的信誉值。声誉的动态演化由贝叶斯更新规则控制，这意味着参与者会根据对手的实际行为来更新其对对手策略的信念。声誉模型探讨了策略选择与收益之间的关系，以及声誉如何适应对手的策略来影响博弈结果。

阿克谢罗德竞赛是一种博弈形式，通常涉及循环赛中的多个电脑程序。在这种竞赛中，每个程序需要选择一种策略来与其他程序匹配，并通过博弈支付累计值来衡量其表现。竞赛结果可以用于研究博弈中的子博弈完美性和针锋相对策略。通常，竞赛中的结果受到共同知识和不完全信息的影响，因为每个程序的先验信念可能不同，从而导致连锁店悖论等现象的出现。

KMRW重复博弈模型、声誉模型和阿克谢罗德竞赛是博弈论领域中的重要概念和研究方法，用于研究有关完全信息、不完全信息、声誉和策略选择等方面的问题。这些模型和理论有助于我们更好地理解博弈过程中的动态演化和策略形成。

二、信息经济学

信息经济学是一门研究信息在经济领域中的作用和影响的学科，其理论和方法深受多位经济学家的贡献。索尔斯坦·凡勃伦是信息经济学的先驱之一，他关注资本的性质和知识的增长，认为信息是经济增长和发展的关键因素。他的贡献促进了预期效用理论和不确定条件下的选择理论的发展，这些理论探讨了在信息不完全或有限的情况下，人们如何做出决策。另一些著名的经济学家，如奈特、米塞斯和哈耶克，以及马夏克、阿罗和西蒙，也为信息经济学的发展做出了贡献。他们的研究深化了对市场中信息流动和信息作为商品的理解。鲍莫尔、里斯曼和皮克勒等经济学家则在信息经济学领域的基础理论和应用研究方面有着突出的工作，其中包括柠檬市场理论、信号发送模型、信息甄别模型等。

信息经济学还可分为宏观信息经济学和微观信息经济学。宏观信息经济学关注信息在整个经济体系中的影响，而微观信息经济学更专注于信息在个体市场中的作用。理论信息经济学研究信息的经济性质，不完全信息理论、契约理论、机制设计理论和委托代理理论等则深入探讨了信息对契约和激励的影响。信息搜寻匹配和交易成本是微观信息经济学中的关键概念，涉及了在不完全信息环境下，经济主体如何搜索、匹配和完成交易。

总的来说，信息经济学是一个涵盖广泛领域的学科，它研究了信息在经济活动中的重要性，以及信息对市场、契约和决策的影响。这一领域的研究对于深化我们对经济行为和资源分配的理解具有重要价值。

（一）不对称信息

信息经济学是一门研究信息在经济中的作用和影响的学科。在信息经济学中，价格是一个重要的概念。价格反映了市场上的供求关系，但在不完全信息的情况下，价格可能不完全反映商品的真实价值。这导致了竞争中的私人信息和非对称信息问题，其中卖方和买方拥有不同的信息水平，从而影响了市场效率。

有限理性是指人们在决策时受到有限的信息和认知能力的制约，这在集体理性中尤为重要。机制设计理论关注如何设计制度来解决信息不对称问题，尤其是在非价格机制中，如劳动市场、医疗保险和旅游景点等领域。契约理论考察了合同和契约如何在信息不完全的情况下管理逆向选择和道德风险。

在这些情况下，隐藏行动和隐藏知识成为关键因素。委托—代理模型研究了代理人如何在代表委托人时处理信息不对称，而信号传递模型则关注信息如何通过信号传递来影响市场行为。信息甄别模型探讨了市场中的参与者如何筛选和识别有用的信息。

信息经济学提供了一种理解信息在经济中的复杂作用的框架，涵盖了价格、不完全信息、竞争、私人信息、非对称信息等多个重要概念，并应用于各种领域，如股票市场、契约理论和不同市场中的信息问题。

（二）逆向选择

1.旧车市场与逆向选择

逆向选择是信息经济学中一个重要的概念，由经济学家阿克洛夫提出。它特别突出了在存在信息不对称的情况下，市场可能会倾向于选择低质量产品或服务。一个经典的例子是二手车市场，其中卖方通常比买方更了解车辆的实际状况，导致买方往往无法准确评估汽车的质量。

信息不对称是逆向选择的根本原因之一。在市场中，卖方通常拥有更多的信息，而买方可能只能依赖于有限的信息来做出决策。这种不平等的信息分布可能导致买方倾向于低估产品的质量，从而选择低质量的产品。

期望值在逆向选择问题中扮演着关键角色。买方根据他们对产品质量的期望来决定是否购买，但由于信息不对称，他们的期望值可能被高估或低估，导致市场失灵。

在这种情况下，自然选择和人工选择都可能发挥作用。自然选择是指市场机制自动排除低质量产品的趋势，而人工选择则需要政府或其他机构介入，制定规则和监管来改善市场运作效率。

机制设计是一种用来解决逆向选择问题的方法，通过设计市场规则和契约来减轻信息不对称的影响，从而提高市场的运作效率。逆向选择问题凸显了信息经济学在理解市场中信息不对称和质量选择方面的重要性，它也为经济学家和政策制定者提供了改进市场机制的思考方向。

2.逆向选择的其他实例

（1）保险市场。保险市场在面对高风险和低风险投保人时经常涉及信息不对称的问题。健康保险市场是一个明显的例子，其中高风险投保人可能更有动力购买保险，而低风险投保人可能倾向于不购买。这种信息不对称可能导致保险公司面临困境，因为他们需要平衡高风险和低风险的投保人。

为了克服信息不对称，保险公司采用不同的保险定价策略。然而，如果不谨慎，这可能导致市场崩溃。例如，财产保险市场中的盗窃保险可能会受到当地犯罪率的影响，而高风险社区的亏本局面可能会导致保险费率上升，迫使低风险投保人离开市场。

消费者的选择也在保险市场中起着重要作用，他们通常会根据个人的健康状况和风险水平来选择保险产品。然而，如果消费者不诚实地提供信息，例如在健康状况或体检证明方面隐瞒真相，这将导致信息逆向选择问题，影响市场效率。

为了解决这些问题，保险公司需要巧妙制定策略，以吸引高质量的投保人，同时防止低质量的投保人滥用系统。政府监管也可以在保险业务提供方面发挥重要作用，确保市场的稳定和公平。因此，保险市场是一个复杂的领域，涉及信息不对称、信息逆向选择以及保险公司策略等多个关键概念。

（2）信贷市场。信贷市场是经济体系中的一个关键组成部分，其目的是将资金从储蓄者转向借款人，以促进经济增长。信贷分配是信贷市场中的核心问题之一，它关系到如何将有限的资金分配给不同的借款人。在信贷市场中，经常会出现过度需求或非均衡状态，这使得新古典经济学的价格理论无法充分解释市场情况。

信息不对称是信贷市场中的一个常见问题，斯蒂格利茨和温斯等经济学家提出了一些关于这一问题的理论。借款人通常拥有比银行更多的信息，特别是关于自己的风险和预期收益。这导致了贷款合同的制定和贷款利率的设定问题，因为银行必须考虑风险和预期回报。

在贷款市场中，借款人可以被分为低风险客户和高风险客户。银行的贷款利率设定通常反映了这些不同风险水平，但在某些情况下，信息不对称可能导致银行面临"柠檬问题"，即高风险借款人伪装成低风险客户，从而使银行陷入风险。

银行在信贷市场中的策略非常重要，因为它们需要平衡风险和潜在收益。违约风险是银行需要谨慎管理的因素之一，但也存在高潜在收益的机会。信贷市场效率的提高涉及如何更好地识别借款人质量、优化贷款合同和管理违约风险，这些都是银行在制定策略时需要考虑的关键因素。

（3）劳动力市场。在劳动力市场中，企业雇佣员工时面临一个复杂的挑战，即员工的表现各不相同，这使得完美的监督和管理变得十分困难。在这种情况下，企业通常只能基于整体员工综合表现和生产效率来确定工资水平，而不进行个别评估定价。虽然员工了解自己的工作能力，但他们常常会感到工资不成比例。当员工感到工资不公平时，他们可能会减少工作投入，甚至考虑离职，这进一步导致员工的工作水平下降，影响了企业的生产效率。为了解决这一问题，企业主可能会尝试调整工资标准，以提高员工的激励程度。

因此，最终留在公司的员工通常是生产效率最低的那部分人。这种情况与旧车市场中的逆向选择现象有着本质上的相似之处，员工在这里扮演了卖方的角色，而他们的生产效率则反映了劳动力市场中的劳动力质量。

3.逆向选择的解决方法

在经济体系的运作中，市场已经发展出一系列制度安排来解决因信息不对称而引发的逆向选择问题。以下是一些在经济生活中广泛采用的解决方法的列举。

（1）声誉机制。声誉在商业中扮演着至关重要的角色，其作用不仅在于解决信息不对称问题，还在于维护长期的买卖关系。企业意识到这一点，因此采取了多种措施来建立声誉。其中一种关键的方式是通过选址，选择适当的地理位置，以展示其可靠性和可访问性。例如，一家位于繁忙商业区的餐厅可能会比偏远地区的竞争对手更容易吸引顾客，因为其位置传达了一种信任感。

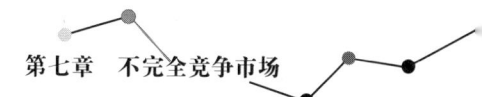

此外，商标也是建立声誉的重要因素之一。一个知名的商标代表了品质和可靠性，因此，一些公司将大量资源投入品牌建设中，以确保其声誉在市场中得到认可。广告也是建立声誉的常见手段，通过广告，企业可以传达其产品或服务的优势，并赢得消费者的信任。通过这些措施，企业能够在竞争激烈的市场中建立声誉，从而吸引更多的客户。

长期交易关系对于声誉的建立尤为重要。在长期的买卖合作中，买卖双方有更多机会建立互信，因此声誉更容易在这种情况下稳步增长。然而，在一次性消费场所，通常采用标准化产品，这可以通过降低信息不对称问题来解决。消费者在购买这些产品时可以更容易地获得有关产品的信息，因此不需要依赖声誉来做出购买决策。

（2）政府的规制。政府规制在确保市场的公平运作和解决信息不对称问题方面发挥着重要作用。这种规制的一个重要示例是劳动法，它要求雇主提供医疗保险给员工。通过这一规定，政府确保了雇员在就业关系中享有基本的健康保障，从而减轻了信息不对称问题对雇员的不利影响。另一个示例是车险规定，要求购车的消费者必须购买汽车保险。这一规定有助于确保道路上的所有司机都有适当的保险覆盖，以应对潜在的交通事故和风险。这也减少了信息不对称问题，因为所有车辆都必须遵守相同的规定。

信用记录制度是解决信息不对称问题的另一个政府规制示例。银行和金融机构可以访问借款人的信用记录，这有助于他们评估借款人的信用风险。这一规定使借款人更容易获得贷款，并且能够获得更有竞争力的利率。通过这种方式，政府规制有助于提高金融市场的效率。此外，证券市场也受到政府的规制，其中包括信息披露制度。根据这一制度，上市公司必须定期公开其财务和经营信息，以提供给投资者。这一规定降低了投资者搜索信息的成本，因为他们可以轻松地访问所需的信息。这提高了市场的透明度，有助于提高市场的效率。

（三）信号发送与信息甄别

信号发送在经济学中扮演着至关重要的角色，特别是在信息不对称问题方面。当交易主体之间存在信息不对称时，一方可能会试图发送信号，以影响对方的决策。信息甄别是一种机制，用于识别有用的信号并过滤掉噪声，以帮助市场更好地应对信息不对称问题。

信息不对称问题可以导致市场失灵，因为一方可能会利用信息不足的另一方，从而损害市场的有效运作。在完全信息的理想情况下，市场效率通常更容易实现，因为每个交易主体都拥有相同的信息。然而，在现实生活中，信息不完全是普遍存在的，因此需要有效的机制来应对信息不对称问题。

市场效率问题通常涉及如何在信息不完全的情况下实现最佳的市场运作。一种解决办法是设计有效的机制，以鼓励信息的传递和分享，同时减少信息不对称带来的负面影响。这可以包括建立透明的市场规则、制定契约、监管市场行为等手段，以促进市场的有效运转。因此，信号发送和信息甄别在解决信息不对称问题和提高市场效率方面起着关键作用。

1.信号发送

信号发送在市场交易中发挥着关键作用，特别是在存在信息不对称的情况下。迈克尔·斯宾塞的研究强调了信息信号的重要性，特别是在劳动力市场中。在竞争性市场中，高技能员工通常能够提供更高的生产效率，但雇主往往难以准确评估每位申请者的技能水平。这就引发了逆向选择问题，雇主无法分辨高技能和低技能的求职者。为解决逆向选择问题，信息信号起到了至关重要的作用。劳动者可以通过发送信号，如学历、工作经验或专业认证，来提供关于自己技能水平的信息。这些信号可以帮助雇主更好地了解候选人，降低信息不对称带来的成本，从而更准确地匹配高技能员工和高生产效率的岗位。

市场解决方案通常涉及建立有效的信号系统，使信息不对称问题得以缓解。这包括培训和教育机构颁发证书，行业协会颁发资质，以及其他方式来验证和认可技能。这些信号不仅有助于劳动力市场的运作，还有助于提高市场效率，减少逆向选择问题的影响，促进更好的资源分配和经济增长。

（1）在劳动力市场中，生产效率是一个至关重要的概念，它涉及工人的生产能力和价值。低生产效率的工人通常表现出平均边际产出较低的特征，这可能是由于教育程度不足、学历较低或学习能力有限等因素造成的。在这种情况下，信息不对称问题可能会对雇主产生影响，他们需要确定工人的实际生产能力。

为了解决信息不对称问题，劳动力市场中的雇主通常依赖于各种信号工具。这些信号可以包括学历、工作经验、专业认证等，它们可以作为工人生产能力的指示器。然而，这些信号不仅是为了提供信息，还需要考虑它们的可信度和成本，以确保雇主能够做出有效的决策。

效率提高是劳动力市场的一个重要目标，通过提高高效率工人的比例并降低低效率工人的比例，可以提高整体生产效率。为了实现这一目标，需要进行生产效率评估，以确定工人的真实价值。这可以通过分析工人的工作表现、成就记录和相关信号来实现，以帮助雇主更好地理解和评估劳动力市场中的不同工人。因此，生产效率评估和信号发送在劳动力市场中起着关键作用，有助于实现更高的市场效率和资源分配。

信号发送机制在劳动力市场中起着至关重要的作用，尤其是在面对逆向选择问题时。逆向选择是指在市场交易中，信息不对称导致买方难以辨别高能力劳动者和低能力劳动者，这可能会导致雇主选择低能力劳动者。为了解决这个问题，教育程度和学历成为市场信号的关键因素。随着社会对高等教育的普及，越来越多的人追求大学学历，这导致了扩招和成人教育的发展，包括网络教育等。然而，与此同时，名牌大学的竞争也日益激烈，许多人认为只有通过攻读高难度的教育才能在就业市场上脱颖而出。

这种情况下，大学学历成为一种重要的市场信号，它传递了教育程度和学习能力的信息，有助于雇主更好地识别高能力劳动者。然而，教育成本也在不断上升，这引发了对教育效益和就业竞争的讨论。一些人选择攻读研究生学位，如考研，以提高市场信号的可信度，而另一些人则质疑高等教育是否值得高昂的投资。因此，在劳动力市场中，信号发送机制和教育成本之间存在复杂的关系，需要综合考虑市场信号、竞争和就业前景。

（2）产品质量在消费者和生产者之间的关系中扮演着至关重要的角色。信息不对称是一个常见的问题，导致逆向选择问题的出现，消费者难以准确判断产品的质量。为了解决这个问题，信号发送在产品市场中发挥着重要作用。一种常见的信号发送方式是通过保证书和维修服务。生产者可以向消费者提供产品保修，以显示他们对产品质量的信心。这种信号不仅提供了产品质量的附加信息，还为消费者提供了额外的赔偿和维修服务，从而增强了产品的吸引力。

品牌建设也是一种有效的信号发送方式。建立良好的市场声誉和品牌价值可以使产品在消费者眼中具有更高的信誉。通过广告推销，生产者可以传达其产品的市场优势和品质标准，从而影响消费者的购买决策。

总之，信号发送是解决逆向选择问题和建立产品质量声誉的关键机制。通过透明的市场信号和品牌建设，生产者可以有效地传递产品质量信息，增加消费者对产品的信任，从而在竞争激烈的市场中获得竞争优势。这有助于维护市场中的产品质量，并为消费者提供更多选择。

2.信息甄别

信息甄别在经济学原理中扮演着重要角色，在逆向选择问题和保险合同中显得尤为重要。保险市场常常面临高风险和低风险投保人之间的信息不对称，这使得保险公司难以准确评估投保人的风险水平。为了解决这一问题，保险公司需要设计合适的保险费和赔偿金。

保险费通常根据投保人的期望收益来确定。高风险投保人可能需要支付更高的保险费，以反映其更高的风险。然而，这也需要考虑到工作能力和生产率的差异，特别是在劳动力市场中。不同的雇主可能会采用不同的激励机制，如计件工资制或计时工资制，来反映工作效率和工作能力。

在市场选择中，信息不对称问题可能会导致市场失效，因为消费者和生产者难以准确评估产品或劳务的质量。信息甄别可以帮助解决这一问题，通过提供有关产品或服务的额外信息，从而增强市场效率。这在各个领域都有应用，包括保险市场和劳动力市场，有助于建立更公平和有效的市场机制，满足经济学原理中的效用最大化原则。

（四）道德风险

1.道德风险的产生

道德风险是信息经济学中的一个重要概念，特别涉及委托—代理关系中的逆向选择和隐藏行动问题。在委托—代理关系中，委托人雇佣代理人来代表其利益，但由于信息不对称，代理人可能会追求自身效用最大化，而不是委托人的利益。这种道德风险可能导致隐藏行动和隐藏信息，对合同执行和市场效率造成负面影响。

为了应对道德风险，合同通常包括监督和控制成本的条款，以确保代理人履行其职责。然而，委托—代理成本可能很高，这可能导致信息不对称的问题，因为委托人难以完全了解代理人的行为。这种市场失灵可能在多个领域出现，包括火灾险、医疗保险和汽车保险等。

赔偿率是一个与道德风险密切相关的概念。高赔偿率可能会导致代理人不履行其职责，因为他们知道在发生事故或损失时会获得较高的赔偿。为了解决这一问题，市场可能会出现市场退出和无效率，这强调了信息经济学的重要性，以寻找有效合约和市场机制，以应对道德风险并提高市场效率。

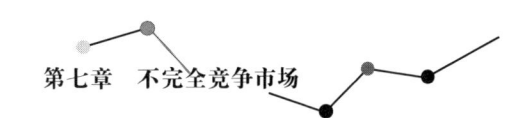

2.道德风险的解决方法

道德风险问题在合同设计中占据了重要地位,特别涉及隐藏行为和损失分担。不同类型的保险合同,如财产保险、汽车保险、房屋保险和健康保险,以及银行贷款和房屋按揭贷款,都存在潜在的道德风险问题。委托—代理理论提供了一个理论框架,帮助解决这些问题。

在保险市场中,保险公司需要设计合同,以鼓励保险人采取预防措施,减少潜在的损失。否则,被保险人可能会倾向于采取高风险行为,因为他们知道在出现损失时可以得到赔偿。这需要合同中明确的激励机制,以防止道德风险问题的发生。另外,在银行贷款和房屋按揭贷款市场中,借款人和贷款机构之间存在委托—代理问题。贷款机构需要确保借款人遵守合同,并采取预防措施,以减少风险。这可能涉及抵押品和担保。委托—代理理论可以帮助贷款机构设计合同,以确保激励借款人遵守合同,并降低潜在的道德风险。

总之,道德风险问题在各种合同和金融市场中都是重要的,合同设计和激励机制的正确构建是解决这些问题的关键。委托—代理理论提供了一个有用的工具,帮助分析和解决这些复杂的道德风险问题,以确保市场的顺利运作和经济效率。

(五)委托—代理关系与激励

委托—代理理论是经济学中的一个重要概念,它涉及存在信息不对称的交易关系中的代理人和委托人之间的雇佣安排。在这种关系中,代理人被雇佣来代表委托人的利益,但由于信息不对称,代理人可能会受到个人福利和任务委托之间的目标不一致驱动,从而追求与委托人不同的利益,导致效率损失。委托—代理理论的关键是解决代理人和委托人之间的利益追求问题,以确保最大化委托人的福利。这通常需要设计合适的激励机制,以激发代理人履行其职责,并对其行为进行监督。在缺乏有效的激励和监督的情况下,代理人可能会追求自身的利益,从而导致效率损失和不完美的交易结果。

委托—代理理论提供了一个框架,帮助人们理解信息不对称情况下的代理关系,以及如何设计有效的合同和激励机制来解决代理人和委托人之间的目标不一致问题,以实现最大化福利和降低效率损失。这在各种领域,包括企业管理和金融市场中都具有广泛的应用。

1. 委托—代理关系

委托—代理关系是一种普遍存在于不同领域和组织中的关系模式，其中一方（代理人）被委托执行特定任务或代表另一方（委托人）的利益。在医疗领域，医生与患者之间存在委托—代理关系，患者委托医生提供医疗保健服务，并依赖医生的专业知识。类似地，在教育领域，老师与学生之间也存在这种关系，学生委托老师传授知识和技能。在现代企业中，股东与经理之间的委托—代理关系涉及股东将管理公司的任务委托给经理，股东期望经理能够最大化股东价值。而在政府领域，选民委托政府代表他们的利益，期望政府通过决策和政策改进社会福利。

特别是在国有企业改革方面，委托—代理关系显得尤为重要。中国国有企业的董事会、中小股东以及基层管理者之间的关系复杂，这涉及国有企业官员与企业之间的合作关系，以及财产委托、投资项目的决策。在农村地区，私有制农业经济也存在着土地所有者与佃农之间的委托—代理关系，土地所有者期望佃农有效地管理土地资源。总的来说，委托—代理关系在不同社会和经济背景下发挥着关键作用，涵盖了各种各样的合同和雇佣关系，需要有效的合同和激励机制来确保代理人履行其职责并最大程度地满足委托人的期望。

委托—代理关系涉及一方（代理人）被委托完成任务或代表另一方（委托人）的利益。在这种关系中，存在一些基本条件。首先是市场独立，这意味着委托人和代理人之间必须存在市场不确定性，以及各自理性的行动选择。委托人决定将任务委托给代理人，考虑到代理人的行动将如何影响其预期收益。另一个关键因素是付酬能力和付酬方案。委托人通常会制订一种付酬方案，以激励代理人采取符合委托人利益的行动。然而，信息不对称问题可能会威胁到这种付酬方案的有效性。代理人可能拥有比委托人更多的信息，这可能导致市场不确定性增加，从而使委托—代理关系更加复杂。因此，在处理委托—代理关系时，需要仔细考虑信息不对称和市场不确定性，以确保有效的付酬和合同机制，以满足理性行动的基本条件。

在委托—代理关系中，委托人委托代理人来履行特定任务或代表其利益，这涉及行为监督以确保最终结果符合期望。例如，在公司管理中，股东充当委托人的角色，而经理则是代理人，股东希望经理的工作绩效能最大化公司的价值。然而，委托—代理关系中存在信息不对称问题，经理通常拥有比股东更多的信息，

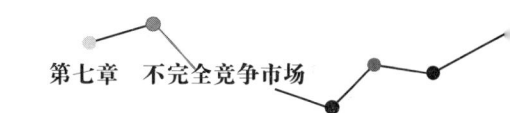

这可能影响其努力程度和自身效用的权衡。因此，为了解决这一问题，需要设计有效的监督机制和合同，以确保代理人的行为与委托人的利益保持一致，同时降低信息不对称可能带来的不利影响。另外，委托—代理关系并不局限于单个个体之间，也可以是多个委托人与多个代理人的形式。

委托—代理关系是一种常见的经济关系，通常涉及两个主要交易双方：委托人和代理人。在这种关系中，委托人委托代理人代表他们执行特定的任务或交易。就业安排和福利水平通常是委托—代理关系中的关键考虑因素。委托人希望代理人能够在工作中付出足够的努力，以实现共同的利益。为了确保代理人的工作努力和监督他们的行为，合约安排通常是必不可少的。这些合同可以规定报酬结构和利益分配方式，以激励代理人为委托人创造价值。然而，信息不对称可能会导致合约安排的效率损失，因为委托人通常无法完全了解代理人的行为和动机。帕累托有效是一种理想情况，它指的是在委托—代理关系中实现了资源的最优分配，使双方都能获得最大的利益。因此，在这种关系中，监督和信息透明度非常重要，以减少不对称信息可能导致的问题。维护合适的报酬和福利水平也有助于建立长期的委托—代理关系，从而实现共同的目标。

2.委托—代理框架下的激励

在股东与经理之间的委托—代理关系中，存在一系列约束条件和激励机制，旨在确保经理为股东最大化利益。股东希望经理采取决策以增加公司的价值，而经理可能有自己的动机和效用水平。为了确保经理的行为符合股东的利益，需要采用激励机制，如股票期权或奖金制度。这些激励机制旨在提高经理的动力，使其致力于公司的长期成功，而不是短期利润。同时，信息激励机制和信号也可以用来确保股东获得准确的信息，以便做出决策。

然而，由于信息不对称，经理可能会隐瞒私人信息或采取隐藏行动，以牟取自己的私利。这可能导致信息欺骗和利益冲突。因此，委托—代理模型旨在找到激励相容的方法，以确保股东和经理的利益在一定程度上一致，并减少代理成本和风险。通过合理的约束条件和监督，可以降低信息不对称的风险，从而更好地维护股东与经理之间的关系。

在满足激励机制的两个约束条件下，信息经济学中有四种典型的激励合约。假设代理人的劳动量为x，产量y与他的劳动投入高度相关，有$y=f(x)$；$s(y)$是委托人根据产量向代理人支付的报酬，委托人希望$y-s(y)$最大。代理人的劳动成本为$c(x)$，代理人的效用水平为$s(y)-c(x)=s[f(x)]-c(x)$，保留效用为U_0。

根据上述假设，满足激励机制的参与条件为：

$$s[f(x)]-c(x) \geqslant U_0 \tag{7-4}$$

激励相容的约束条件为：

$$s[f(x^*)]-c(x^*) \geqslant s[f(x)]-c(x) \tag{7-5}$$

式中：x^*——代理人获得最大效用时的努力水平。

最优的x^*可以从图7-11求得。x^*将出现在产出曲线$f(x)$与代理人的成本曲线$c(x)$之间垂直距离最大的点上。此时两条曲线对应的切线平行。

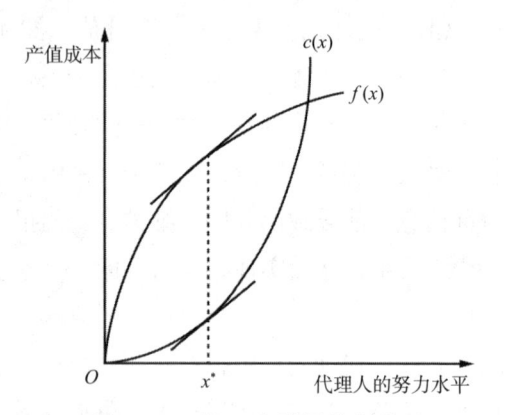

图7-11 代理人的最优努力水平

（1）收取租金。在信息对称时，土地所有者（委托人）按一定的价格R将土地租给农民（代理人）耕种，农民能够获得除去地租后的所有剩余。这一激励机制可以用函数表达为：

$$s[f(x)]=f(x)-R \tag{7-6}$$

农民的参与约束了地租的价格。因为农民的总效用必然等于其保留效用U_0，所以：

$$f(x^*)-c(x^*)-R=U_0 \tag{7-7}$$

地租为：

$$R=f(x^*)-c(x^*)-U_0 \tag{7-8}$$

这时的地租使农民自愿地付出x^*水平的努力，代理人在为自己的利益最大化努力工作的同时也实现了委托人希望的产出水平。

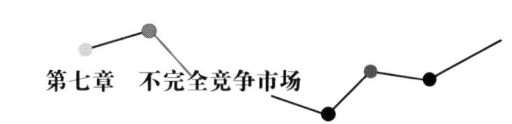

当信息不对称时，如果委托人将土地租给代理人，那么代理人得到支付固定租金后的全部剩余。这时代理人承担了随机因素可能带来的风险。如果代理人比委托人更不愿意承担风险的话，那么就会降低上述激励机制的效率，代理人不会接受这样一种激励安排的合约。为了规避风险，代理人宁愿放弃预期的剩余而将风险转移给委托人。如果希望激励代理人去承担风险，必须给他更高的预期收益作为补偿，即此时的租金应低于R。

（2）劳动工资。在信息对称时，如果土地所有者采用雇佣劳动的合约，则他除了一次性支付给农民报酬K以外，还可以以工资率ω对农民的单位劳动支付报酬。此时农民的劳动报酬由两部分构成，即：

$$s[f(x)] = \omega \cdot x + K \tag{7-9}$$

在这里，工资率ω等于农民付出x^*水平劳动时的边际产值$MP(x^*)$。K是一个固定报酬，在约束中可以视为常数，且它只需要满足参与约束即可。现在就是要确定ω，使它能够实现代理人恰好愿意付出x^*水平的劳动。于是，问题转化为：

$$\max[\omega \cdot x + K - c(x)] \tag{7-10}$$

对此式求农民工作努力水平x的一阶导数，容易得到，农民选择的x将使他的边际成本等于工资率，即$\omega = MC(x)$。又由于$MP(x^*)$，所以农民对x^*的最优选择是使得$MP(x^*) = MC(x^*)$，这正好是土地所有者所希望的理想水平。通过参与约束$\omega \cdot x^* + K - c(x^*) \geq U_0$可确定农民的固定报酬$K$：

$$K = c(x^*) + U_0 - \omega \cdot x^* \tag{7-11}$$

当信息不对称时，委托人只能观察到代理人的劳动投入时间，而不能观察到代理人的劳动努力程度，那么，这种激励工资的合约安排是不可行的。

（3）目标产量承包。当信息对称时，委托人给代理人一项简单的选择，代理人要么接受，要么拒绝。如果代理人付出x^*水平的劳动后，恰好得到保留效用U_0代表的收益。同时，代理人的付出也实现了委托人的效用最大化。在一般情况下，不需要在这三种激励计划中再做选择。

（4）次优激励机制——分成制。当信息对称时，在分成制度下，委托代理的双方都按照一定比例从最终的收益中获得各自的利润。假设农民的收益为：

$$s(x) = \alpha f(x) + F \tag{7-12}$$

式中：$\alpha < 1$——农民获得的产值比例；

F——一个常数,农民的固定收入。

这样一来,代理人的最大化收益是:

$$\max[af(x)+F-c(x)] \qquad (7-13)$$

因此,代理人将选择劳动水平x^*,使其满足$a\mathrm{MP}(x^*)$。虽然代理人的报酬部分依赖于最终的产量,但代理人与委托人共同分担了产量波动带来的风险。这样一来,分成制既对代理人形成激励,又使他不需要承担所有的产量波动风险。可见,在信息不对称时,有效的激励机制必须使代理人的报酬随劳动信号的波动而波动,同时又能分担代理人的风险。因此,在分成制下,为了提高自身的效用水平,代理人仍然会选择努力工作。

(六)价格离散与信息搜寻

1.价格离散

超市是一个经济学中常见的零售业态,它提供各种商品供顾客购买。商品的价格在超市中起着关键作用,因为它直接影响到消费者的购买决策。价格差价在超市中也很常见,不同品牌或型号的商品可能会有不同的价格,消费者可以根据自己的预算和需求做出选择。地理位置是超市的一个重要因素,它决定了超市的客户群体和竞争对手。超市的地理位置可以影响商品的价格和种类,因为不同地区的消费者需求和购买力可能会有所不同。除了价格,服务质量也是超市竞争的一个方面。好的服务质量可以吸引更多的顾客,包括友好的员工、清洁的环境和高效的结账过程。从经济学的角度来看,超市是一个充满价格离散现象的领域。价格离散指的是商品的价格存在差异,即使是相似的商品也可能有不同的价格。这可能是由于不同的供应商、品牌、包装或促销活动等因素引起的。超市作为零售业的一部分,在商品、价格、地理位置、服务质量和价格离散等方面都受到经济学的影响,影响着消费者的购物体验和购买行为。

市场经济中的价格离散是一个常见的现象。不同品牌、不同地理位置、不同销售条件下的商品价格可能相差甚远。这种离散性通常反映了市场的多样性和竞争程度。市场价格变化和价格波动则随着供求关系的变化而频繁发生。市场参与者必须积极获取信息,以便在这个变幻莫测的市场环境中做出明智的决策。品牌连锁店以其统一的品牌标识和一致的购物体验在市场上占据一席之地,但商品质量和质量不确定性仍然是市场上的重要考量因素。市场的产业结构和规模也会影响竞争力,不同产业和规模的市场拥有不同的市场力量和谈判策略,进一步影响

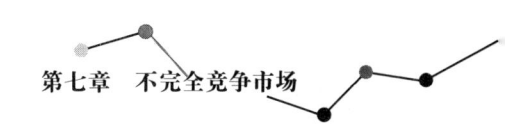

了价格形成和市场竞争。

然而，在这个充满价格离散和市场竞争的世界中，信息获取和市场信息演变至关重要。市场参与者需要不断了解市场变化，以适应不断变化的市场条件。同时，市场的价格波动和供求关系也需要谨慎考虑，以制定有效的定价策略和销售策略。品牌连锁店可以通过提供一致的购物体验来吸引消费者，但商品质量和质量不确定性仍然是市场的主要关注点。最终，市场的产业结构和规模将决定市场参与者的市场力量和竞争策略，因此需要深入了解和研究市场的特点，以取得成功。

市场规模的扩大在经济中常常引发一系列变化。随着市场规模的增加，价格离散通常会减少，因为更多的市场参与者和更多的商品选择通常会导致价格更趋于合理和竞争更加激烈。然而，信息搜寻变得更为重要，因为市场变得更加复杂。不对称信息也可能存在，一些市场参与者可能拥有更多信息，而其他人则可能处于劣势。在这种情况下，消费者往往会采用"货比三家"的策略，比较不同商品的价格和质量。商品质量成为决策的一个关键因素，因为消费者希望在购买时能够物有所值。价格比较也成为常态，消费者追求最优惠的价格。

企业需要考虑生产计划和市场需求的变化，以满足不断扩大的市场规模。投入要素的管理变得更加复杂，需要更多的资源来满足市场需求。市场参与主体包括生产者、中间商和消费者，他们共同构成了市场生态系统。在这一扩大的市场中，信息集合也成为关键。消费者需要获取有关产品和服务的准确信息，企业需要了解市场趋势和竞争对手的动向。因此，随着市场规模的扩大，信息的获取和管理变得尤为重要，以实现最优状态并满足不断增长的市场需求。

2.信息搜寻

市场中的价格是由供需关系决定的，它在经济中扮演着关键的角色。消费者通常寻求最低价格，以获得最大的经济效益，而企业家则需要考虑生产成本、搜寻成本和定价策略，以在市场中获得竞争优势。时间偏好也是决定价格的因素之一，因为消费者可能会愿意支付更高的价格来立即获得商品或服务。卖方需要在考虑竞争和利润的情况下制定定价策略，同时要遵守价格限制和法规。商品销售的成功与价格的合理性和市场的需求密切相关，因此，价格在市场经济中扮演了至关重要的角色。

在价格离散的市场中，消费者和企业都面临着一系列的决策。消费者希望获

得物美价廉的商品，因此需要进行信息搜寻，以找到最优信息，从而降低搜寻成本。企业则需要考虑如何提供理想工作环境，以吸引高效员工，从而提高经济活动的效益。在决策中，搜寻次数和机会成本也是重要考虑因素。消费者可能需要多次搜寻以找到最佳价格，但这也会带来机会成本，因为他们花在搜寻上的时间本可以用于其他活动。企业在雇佣员工或寻找供应商时也会考虑搜寻次数和机会成本，以确保最终的决策能够带来预期的边际收益。价格离散的市场中，消费者和企业都需要在信息搜寻、机会成本和效益之间做出权衡，以实现他们的理想目标并最大化经济效益。

在市场经济中，消费者和企业之间的决策过程是复杂而多维的。消费者常常需要权衡搜寻成本和机会成本，以寻找物美价廉的商品。他们会考虑价格离散程度，以确定市场上商品价格的波动程度，同时比较边际成本和边际预期收益，以决定是否进一步寻找更好的选择。老年人可能会有更多的优势地位，但也更注重经济效益。与此同时，企业在决策中也需要综合考虑各种因素。他们在定价策略和供应链管理中会考虑边际成本和边际预期收益，以最大化利润。市场中的搜寻量和老年人的特殊情况也会影响他们的战略选择。综合而言，市场经济是一个复杂而多变的生态系统，其中搜寻量、价格离散程度、机会成本和物美价廉的商品都在塑造着消费者和企业的决策行为。

思考与练习

1. 在垄断竞争市场中，企业通常会通过产品差异化来区分自己。这种差异化是否总是有益的？过度差异化有没有可能导致市场的不稳定性？

2. 寡头垄断市场中的少数几个大型企业通常会相互竞争，同时也会合作。这种竞争与合作之间的平衡如何影响市场的稳定性和消费者福祉？

3. 博弈理论被广泛用于分析企业和个体之间的策略互动。在一个垄断竞争市场中，企业如何使用博弈理论来制定价格策略，以获得最大的利润？

4. 信息不对称是博弈理论中的一个关键概念。在垄断竞争市场中，信息不对称可能导致市场不均衡和不公平的结果。如何改善信息不对称，以促进更公平的市场？

5.在一个寡头垄断市场中,政府是否应该采取措施来监管市场,以确保竞争的公平性?如果是这样,那么应该采取什么样的监管措施?

6.在垄断竞争市场中,广告和品牌建设是常见的策略。这些策略如何影响消费者的购买决策和市场的长期稳定性?是否存在过度广告的可能性?

第八章 生产要素的价格与收入分配

生产要素的价格与收入分配是经济学中的重要概念,涉及生产中的资源和如何将由生产创造的收入分配给不同的经济参与者。政府政策、市场力量和社会价值观都可以对这些因素产生影响,以实现更公平和可持续的收入分配。本章主要探究生产要素价格理论,工资、地租、利息和利润的决定,欧拉定理与收入分配。

第一节 生产要素价格理论

一、生产要素价格理论概述

在西方经济学中,把生产要素分为四类:土地、劳动、资本和企业家才能,这四类生产要素的价格分别被称为地租、工资、利息和利润。生产要素的价格理论就是要说明它们是如何决定的。

(一)边际生产力理论

生产要素价格是经济学中一个关键概念,它与边际生产力理论密切相关。边际生产力理论认为,生产过程中每增加一单位的劳动要素或资本要素,将会产生边际生产力,即额外的产出。然而,这种递减规律表明,随着劳动力或资本的增加,其边际生产力会逐渐减小,最终导致生产要素价格的变动。这一规律在工资和利息的形成中起着关键作用,因为随着生产要素的递减,生产力、工资和利息水平也会受到影响。因此,理解生产要素价格与边际生产力理论之间的关系对于经济学家和政策制定者来说至关重要,因为它们直接影响着资本和劳动力市场的运作和资源配置。

此后，马歇尔[1]对这一理论进行综合与改进，形成了要素的供求均衡价格理论。现代微观经济学就是在此基础上形成的。现代理论认为，生产要素的价格不仅取决于要素的边际生产力，还取决于其他一些因素，如要素的供给。生产要素的价格是一个关键的经济概念，它直接受到边际生产力和供给的影响。边际生产力表示在生产过程中增加或减少一单位的生产要素（如劳动力或资本）所带来的额外产出。供给则涉及生产要素的供应量，这又与边际成本和边际收益密切相关。

在追求利润最大化的背景下，企业通常会考虑要素供给以及维持要素再生产成本。这意味着他们需要权衡生产要素市场价格与生产要素的边际生产力。通过供需分析，企业可以确定在什么价格水平上购买或租赁生产要素，以使他们的生产达到最大化的利润。这也涉及考虑边际成本和边际收益，以确保他们的生产过程是有效的。因此，理解生产要素的价格与供给、边际成本、边际收益以及如何实现利润最大化对于企业的经济决策和生产要素市场的稳定至关重要。

（二）要素需求

当深入研究生产要素的需求与产品需求之间的差异时，可以进一步探讨这个主题的各个方面，包括它们的影响、特性和经济意义。

1.需求特性

（1）直接需求与间接需求。产品需求是消费者直接购买产品以满足个人需求的过程。相比之下，生产要素的需求是企业为了生产产品和服务而购买的，它们不直接满足企业自身的需求，而是通过生产创造价值。

（2）衍生需求。生产要素的需求是派生的，因为它们依赖于与之相关的产品和服务的市场需求。这种派生性使得企业需要不断地调整生产要素的使用，以满足市场需求的变化。

（3）联合需求。不同的生产要素通常需要同时配合使用。例如，制造汽车需要钢铁、机器设备和劳动力的联合作用。因此，它们之间的需求是相互依赖的，价格和供应变化可能导致企业重新配置这些要素的比例。

2.影响因素

（1）市场需求。企业的生产要素需求受市场需求的直接影响。如果市场对

---

[1] 阿尔弗雷德·马歇尔（1842—1924），近代英国最著名的经济学家，新古典学派的创始人，剑桥大学经济学教授，19世纪末和20世纪初英国经济学界最重要的人物。

某种产品或服务的需求下降，企业将减少生产，从而减少对生产要素的需求。

（2）技术进步。技术的发展可以改变生产要素的需求。例如，自动化和机器人技术的进步可能减少对劳动力的需求，增加对机器设备和技术专业人员的需求。

（3）价格变化。生产要素的价格对企业的需求产生重要影响。当生产要素价格上升时，企业可能会寻求替代性要素或采用更有效率的生产方法，以降低成本。

3.经济意义

（1）资源配置。生产要素的需求决定了资源的配置方式。企业必须决定如何分配有限的资源，以满足产品和服务的需求。这涉及权衡不同生产要素的成本和效益。

（2）就业。生产要素的需求直接关系到就业机会。企业增加对劳动力和其他生产要素的需求，可以创造更多的就业机会，反之亦然。

（3）经济增长。生产要素的需求与经济增长密切相关。随着企业对生产要素的需求增加，国家经济也会增长，反之亦然。因此，政府和经济政策制定者通常密切关注生产要素需求的变化，以制定政策来促进经济增长。

总之，生产要素的需求具有独特的特性，包括派生需求、联合需求以及对市场和技术的高度敏感。了解这些差异对于企业战略制定、政府政策制定以及经济分析都具有重要意义。对于企业来说，管理生产要素需求是确保竞争力和盈利能力的关键因素。对于政府和经济观察者来说，生产要素需求的变化是监测经济健康和制定政策的重要指标。

二、生产要素的需求曲线

（一）使用生产要素的收益与成本

1.使用要素的收益

生产要素是构成企业生产和经营的基础资源，包括劳动、资本、土地和企业管理等。在企业运作中，有一项关键原则是追求最大化收益。劳动是生产中不可或缺的要素，通过将劳动与其他生产要素相结合，企业制造出各种产品，从而实现盈利。在生产决策中，边际收益和边际生产力的概念至关重要。边际生产力表示每增加一单位生产要素，产出的增加量，而边际收益则表示增加一单位生产所带来的额外收益。在条件不变的情况下，企业可以通过比较边际产品价值和生产要素成本来确定最佳资源配置。边际收益产品是指最后一单位生产要素所贡献的额外收益，对于企业在资源管理和生产决策中的权衡具有重要影响。这些概念有助于企业优化其生产过程，以实现最大的收益。

边际产品价值是以价值的形式来表示要素的边际生产力，用VMP表示，其公式是：

$$VMP = MP_L \cdot P \qquad (8-1)$$

式中：MP_L——要素的边际产量；

P——产品价格。

式（8-1）表明在其他条件不变时，企业增加一单位要素的使用量所增加的产品价值。需要注意的是，边际产品价值（VMP）与产品的边际收益（MR）之间的区别。VMP是要素的边际产品价值，是针对要素而言的；而MR是产品的边际收益，是针对产品而言的。

表8-1是某企业的边际产品价值和要素的边际产量表。根据表8-1，把企业的要素的边际产品价值和要素的边际产量画在以劳动的使用量为横轴，以要素的边际产量和边际产品价值为纵轴的坐标系中，得到如图8-1所示的边际产品曲线和边际产品价值曲线。

表8-1 边际产品价值和要素的边际产量[1]

要素数量	要素的边际产量	产品价格	边际产品价值	要素价格
5	5	2	10	10
6	4	2	8	8
7	3	2	6	6
8	2	2	4	4
9	1	2	2	2

在图8-1中，边际产品价值曲线和要素的边际产量曲线都是向右下方倾斜的，但二者位置不同，因为要素的边际产品价值曲线的位置高低取决于两个因素：一个是要素的边际产量；另一个是在完全竞争市场中产品的价格，为定值。因此，要素的边际产品价值曲线和要素的边际产品曲线的位置取决于产品的价格。当价格大于1时，要素的边际产品价值曲线在要素的边际产品曲线上边；当产品价格小于1时，要素的边际产品价值曲线在要素的边际产品曲线下边；当产品价格恰好为1时，两条曲线重合。

---

[1] 本节图表均引自：张卫东.微观经济学[M].武汉：华中科技大学出版社，2019：178-189.

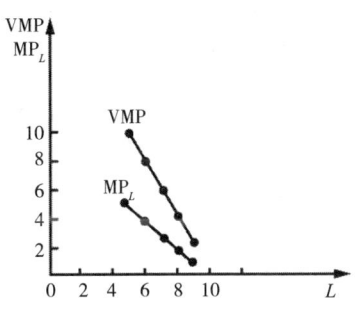

图8-1　VMP和MP_L曲线

边际收益产品（MRP）是以收益的形式来表示要素的边际生产力，其公式是：

$$MRP = \frac{dTR}{dL} = \frac{dTR(Q)}{dQ} \cdot \frac{dQ}{dL} = MR \cdot MP_L \quad (8-2)$$

式中：TR——企业的总收益；

MR——产品的边际收益；

MP_L——要素的边际产量。

边际收益产品是指在其他条件不变时，企业每增加一单位生产要素的投入量所增加的产品收益。很显然，根据边际产品价值和边际收益产品的公式，如果是处于完全竞争产品市场中，企业产品的边际收益就等于产品价格，那么，要素的边际产品价值等于要素的边际收益产品，即VMP=MRP。当处于非完全竞争市场时，P＞MR，因此要素的边际产品价值一定大于要素的边际收益产品，即VMP＞MRP。

生产要素的平均收益是在其他条件不变时，平均每单位生产要素的产品收益，用公式表示为：

$$ARP = \frac{TR}{L} = \frac{P \cdot Q}{L} = P \cdot AP_L \quad (8-3)$$

式中：P——产品价格；

AP_L——平均每单位生产要素的产量。

如果在完全市场中，$MRP = VMP = P \times MP_L$，那么根据边际量与平均量之间的关系，当MRP＞ARP时，ARP递增；当MRP＜ARP时，ARP递减；当MRP=ARP时，MRP与ARP相交于ARP的最高点。

2.使用要素的成本

在分析企业使用生产要素的原则时还需考虑的另一个重要方面就是使用要素

的成本,也从使用要素的边际成本和生产成本两方面分析。

边际要素成本(MFC)的公式为:

$$\text{MFC} = \frac{\text{dTC}}{\text{d}L} = \frac{\text{dTC}(Q)}{\text{d}Q} \cdot \frac{\text{d}Q}{\text{d}L} = \text{MC} \cdot \text{MP}_L \tag{8-4}$$

式中:TC——企业的总成本;

　　　MC——产品的边际成本;

　　　MP_L——要素的边际产量。

式(8-4)表示在其他条件不变时,企业每增加一单位生产要素的使用所带来的成本增加量。需要注意的是,边际要素成本与产品的边际成本之间的区别。MFC是边际要素成本,是针对要素而言的;而MC是产品的边际成本,是针对产品而言的。

平均要素成本AFC的公式为:

$$\text{AFC} = \frac{\text{TC}}{L} = \frac{w \cdot L}{L} = w \tag{8-5}$$

式中:w——要素的市场价格。

平均要素成本AFC是在其他条件不变时,企业平均投入一单位生产要素所花费的成本,它等于生产要素的市场价格。当要素市场是完全竞争市场时,每个企业都是要素市场的价格接受者,从而有MFC=AFC=ω,关于这一点,我们在后面完全竞争市场要素使用原则时可以有更深的理解。

(二)完全竞争市场的生产要素需求曲线

1.要素市场完全竞争的内涵与特点

要素市场完全竞争是一种经济理论模型,其中生产要素(如劳动力、资本、土地等)的买卖发生在一个具有特定特征的市场环境中。

(1)众多买家和卖家。在要素市场完全竞争中,存在大量的买家和卖家,没有个别买家或卖家能够对市场价格产生显著影响。每个买家和卖家的规模都相对较小,以至于它们无法单独左右市场价格。

(2)无差异化的产品。在要素市场,生产要素被视为相同的、可替代的产品。这意味着同一种类型的生产要素(例如,相同技能水平的劳动力或相同类型的资本设备)在市场上是相互替代的,没有差异化的特征。

(3)自由进出市场。新的买家和卖家可以自由进入或退出市场,没有任何障碍或限制。这种自由进出市场的性质确保了市场的竞争性质，因为新的竞争者可以随时进入市场，从而增加了市场竞争程度。

（4）完全信息。在要素市场完全竞争中，市场参与者都拥有完全的信息，包括有关市场价格、供应和需求情况的信息。这确保了市场上的所有参与者都能够做出明智的决策，以最大化其利润或效用。

（5）市场价格由市场供求决定。市场价格在要素市场完全竞争中是由市场供求关系决定的。当生产要素的供给量与需求量相等时，价格达到均衡，这个价格通常被称为均衡价格。

（6）无价格控制。在要素市场完全竞争中，没有政府或其他机构对价格进行干预或控制。价格是通过市场机制自由形成的。

要素市场完全竞争模型通常用于经济理论分析，以研究不同要素的定价和分配方式。然而，实际世界中的要素市场往往不是完全竞争的，因为存在着市场垄断、政府干预、信息不对称等因素，这些因素可以影响市场价格和资源分配。因此，要素市场完全竞争模型通常被视为一种理想化的经济模型，用来理解市场机制的基本原理和特性。在分析要素市场时，一个企业只有同时处于完全竞争的产品市场和完全竞争的要素市场，这个企业才算是完全竞争企业。

在不完全竞争企业中，产品市场和要素市场的运作方式与完全竞争有着明显的不同。在完全竞争下，有很多小型企业生产相似的产品，价格和供应都受市场力量的影响。然而，在不完全竞争中，存在几种情况：

①垄断市场：其中一家企业掌握市场的主导地位，能够操控价格和供应，这种情况下，消费者的选择有限，企业有更大的定价权和市场支配力；②寡头垄断：少数几家企业控制市场，但市场上仍有多个竞争者存在，这导致价格通常较高，但消费者仍然有一些选择；③不完全竞争的竞争性寡头市场：多个企业在市场上存在，但它们提供的产品可能在某些方面有差异，这导致了一种介于垄断和完全竞争之间的市场情况，企业可以在一定程度上影响价格和市场份额。

总之，不完全竞争企业面临多种市场情况，每种情况都对产品市场和要素市场的运作产生不同影响，需要企业采取不同的战略来适应竞争环境。

2.完全竞争企业使用要素的原则

在一个完全竞争市场中，企业面临着特殊的市场条件，其中产品市场和要素市场都具备竞争的特点。首先，产品市场的完全竞争意味着企业卖出的产品是标准化的，价格由市场供求关系决定，企业无法操纵价格。这使得企业在产品市场中成为价格接受者，只能接受市场价格。同时，要素市场也是完全竞争的，这意味着企业在购买生产要素（如劳动力、原材料等）时同样无法影响要素的价格，因为要素市场中也有众多卖家和买家，没有企业能够主导价格。因此，企业在要素市场中同样是价格接受者，只能接受市场上要素的价格。

在这种情况下，企业面临着一项重要的经济原理，即边际分析。企业会选择生产直到边际成本等于边际收益。因此，企业使用生产要素的边际产品价值来评估是否值得增加生产，因为这个价值告诉他们每增加一单位要素的成本会带来多少额外的收益，与边际收益产品相等。这种平衡决策有助于企业在完全竞争市场中最大程度地利用资源，以实现效益最大化。在这种市场条件下，企业必须密切关注市场的价格信号，并灵活调整生产和要素购买，以在竞争激烈的环境中生存和繁荣。即VMP=MRP，同时企业使用边际要素成本等于生产要素的价格，即MFC=w。因此，完全竞争企业达到利润最大化的要素使用量一定满足如下条件：

$$\text{VMP} = w \tag{8-6}$$

企业使用要素的边际产品价值等于该要素的市场价格。

3.完全竞争企业的要素需求曲线

完全竞争企业对生产要素L的需求函数是指，在其他条件不变时，完全竞争企业对要素的需求量与要素价格w之间的关系。以下仍然使用表8-1进行说明。表8-1的最后一列是要素价格。由于在完全竞争市场中，要素的价格与要素的边际产品价值相同，因此，表8-1的最后两列完全相同。

由于VMP=$MP_L \cdot P$，因此，要素的需求函数可改写为：

$$MP_L \cdot P = w \tag{8-7}$$

式中：MP_L——要素的边际产量，它是要素的函数。

在完全竞争的产品市场中，由于产品价格P是固定的，因此根据式（8-7）就可确定一个从要素价格w到要素使用量L的函数关系，即确定了完全竞争企业的要素需求函数。

根据表8-1的数据，可以得到图8-2所示的企业要素需求曲线。

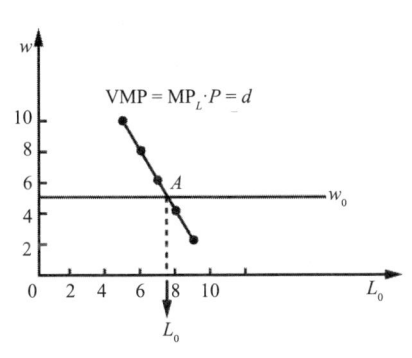

图8-2　企业要素需求曲线

可以看出，企业的生产要素需求曲线有以下两个重要特点：

第一，要素需求曲线明显地向右下方倾斜。这意味着，随着要素价格的上升，企业倾向于减少要素的使用量，以维持生产的均衡。这一特点反映了企业在资源有限的情况下如何做出决策，以最大化其利润。当要素价格较低时，企业倾向于增加要素的使用，因为较低的成本有助于提高生产效率。然而，一旦要素价格上升，企业会考虑减少要素使用，以节省成本并维持盈利水平。

第二，处于完全竞争市场下时，单一要素的需求曲线与边际产品价值曲线完全重合。这是一个非常重要的观察，因为它揭示了企业如何在市场中做出生产要素的使用决策。在这种情况下，要素需求曲线中的L表示最优生产要素需求量，这个数量是要素价格P的函数。企业会将要素的数量调整到边际产品价值等于要素价格的水平，以最大化利润。边际产品价值曲线中的L表示要素的使用量，这个数量是要素投入量L的函数，这种相互关系使企业能够精确决定要素的最佳使用量，以实现最大的盈利。

需要注意的是，虽然要素需求曲线与边际产品价值曲线重合，但它们代表不同的含义。要素需求曲线关注的是企业如何根据要素价格做出生产要素的需求决策，以最大化利润。边际产品价值曲线则关注的是边际产品的价值与要素投入量之间的关系，以帮助企业决定最优的要素使用量。

此外，要素需求曲线和边际产品价值曲线的重合隐含着两个重要条件。一是要素的边际产品MP_L不受要素价格w变化的影响。这意味着，边际产品的价值在不同的要素价格下保持不变，这是在完全竞争市场中的一个重要假设。二是产品的价格P不受要素价格w变化的影响，前提是讨论限于一个企业的调整。这一假设意味着企业的生产决策不会直接影响产品价格,因为企业是价格接受者而不是价格制定者。这两个条件对于理解企业如何在市场中运作以及资源如何分配至关重要。

4.生产要素的市场需求曲线分析

单个企业的要素需求曲线并不仅是各个企业的需求曲线水平的简单总和。这是因为在单个企业的要素需求曲线分析中,通常假设其他企业不会调整其要素使用量,产品市场的供给曲线和产品价格也将保持不变。然而,当考虑整个市场的要素需求曲线时,这一假设不再成立。当要素价格发生变化时,市场中的每个企业都会相应地调整其要素使用量。这将导致产品供给曲线发生变化,从而影响产品价格。因此,在整个市场中,产品价格P将随着要素价格的波动而发生变化,这将对企业的边际产品价值产生影响。

换言之,当多个企业都对其要素使用量进行调整时,单个企业的要素需求曲线也会随之调整。这意味着企业需要更加灵活地应对市场上要素价格的变化,以确保其生产和定价策略能够适应整个市场的需求和供给变化。因此,企业在制定要素采购和生产计划时必须谨慎考虑市场上要素价格的波动,以保持竞争力并实现利润最大化。

仍假定企业M在生产过程中只使用一种生产要素,如图8-3所示。下面将详细介绍企业M在不同阶段的生产和要素需求情况。

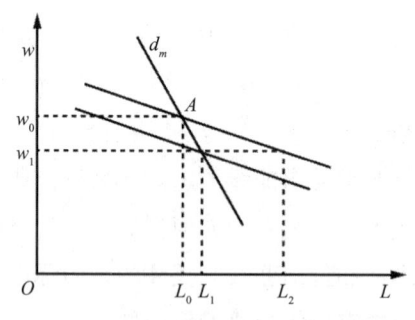

图8-3 多个企业调整时单个企业要素需求曲线

初始阶段,企业M的劳动要素价格为w_0,产品价格为P_0,劳动的边际产品价值曲线为MP_L。在这个价格水平下,劳动要素需求量为L_0。这一点可以在图示中清晰地看到。随着时间的推移,劳动价格下降到w_1,而产品价格保持不变,边际产品价值曲线仍然是MP_L。在这一新的价格水平下,劳动要素需求量减少到L_2。

这是因为企业M能够以更低的成本聘请更多的劳动力。

值得注意的是，如果其他企业也在劳动价格下降后增加劳动使用量，这将导致市场上的产品供应增加，从而降低产品价格至P_1。这一点反映了市场竞争的影响。

此外，劳动的边际产品价值曲线VMP会随产品价格P的变化而移动。当劳动价格曲线w与VMP曲线相交于某一点C时，对应的劳动量为L_1，表示企业在要素价格为w_1下的劳动需求量。这一交点C可以视为企业的最优要素使用组合。

为了形成企业M对要素L的需求曲线d_m，这个过程被重复进行。多个类似于A点和C点的点被连接起来，形成了一条曲线，反映了企业M在不同要素价格下的劳动需求情况。需要注意的是，这条曲线向右下方倾斜，说明当劳动价格下降时，企业M愿意聘请更多的劳动力，但曲线比原曲线更陡峭，表明企业对价格变化更为敏感。

在求得d_m后，整个市场的要素需求曲线只要通过水平加总d_m即可得到。假设一个有n个企业的完全竞争市场，各企业经过行业调整后的要素需求曲线分别为d_1，d_2，…，d_n，那么该要素市场的需求曲线即为：

$$D = \sum_{n}^{m=1} d_m \qquad (8-8)$$

（三）不完全竞争市场的生产要素需求曲线

对于不完全竞争市场要素的需求曲线的分析，可以根据不完全竞争企业的三种情况——卖方垄断、买方垄断和双边垄断，分别进行讨论。

1.卖方垄断

卖方垄断是一种市场结构，其中少数几家企业或者甚至只有一家企业占据主导地位，它们是某种产品或服务的唯一供应者。在卖方垄断市场中，企业通常具有较高的市场权力，因为它们能够单方面决定产品的价格和供应数量，而买家在市场上的选择非常有限，甚至没有其他替代品可选。

（1）卖方垄断的关键特点。

第一，市场权力。在卖方垄断市场中，卖方（或卖方企业）通常拥有市场上唯一的产品或服务，这使得它们在市场上具有垄断地位。这意味着它们能够控制产品的价格，因为没有其他竞争对手能够提供相同的产品。

第二，价格控制。卖方垄断企业通常能够设定高于市场竞争水平的价格，以最大程度地增加利润。它们可以利用其市场垄断地位来限制供应量，从而推高产品价格。

第三，限制市场竞争。卖方垄断企业通常会采取各种策略来维持其市场垄断地位，例如通过专利、专有技术、品牌知名度或其他壁垒来限制竞争者进入市场。这有助于确保没有其他竞争者可以轻松进入市场并挑战其垄断地位。

第四，产品差异化。尽管卖方垄断企业是市场上唯一的供应者，但它们可能会通过产品差异化来区分自己的产品，以吸引不同类型的消费者。这可以包括不同的品牌、特性或包装。

第五，政府监管。由于卖方垄断市场可能导致价格过高和低质量产品，政府通常会对这些市场进行监管，以确保公平竞争和保护消费者权益。监管机构可能会采取行动来限制垄断企业的行为，以确保价格合理和产品质量符合标准。

卖方垄断是一种市场结构，其中少数几家企业或者一家企业独占市场，它们能够控制产品的价格和供应数量。这种市场结构可能会导致消费者付出更高的价格，并限制市场的竞争程度，因此通常需要政府监管来维护公平竞争和保护消费者权益。

（2）卖方垄断企业的要素需求曲线。卖方垄断市场、不完全竞争市场和企业垄断是不同的市场结构，它们在产品市场上呈现出不同的特征。卖方垄断市场中通常存在一个主导的卖方，他能够控制价格和供应，这导致了市场上的产品差异化。不完全竞争市场则介于完全竞争和企业垄断之间，存在多个竞争企业，但产品可能存在一定差异，因此市场力量相对均衡。完全竞争市场是一种极端情况，其中众多小企业销售相同或高度相似的产品，价格由市场供需决定。在这些市场中，产品需求曲线和要素供给曲线成为决定价格和产量的关键因素，而市场情况则反映了市场参与者的行为和市场力量的分布，直接塑造了市场的运行方式。对不同市场结构和市场情况的理解对于企业战略、政策制定和市场分析至关重要。

卖方垄断市场代表了不完全竞争市场的一种情况，其中一个垄断者控制着产品市场。在这种市场中，垄断者通常能够操纵价格和供应，因为消费者的选择有限。这与完全竞争市场形成鲜明对比，后者有许多完全竞争者，价格和供应受市场力量的影响。在卖方垄断市场中，垄断者能够通过调整产品价格来影响产品需求曲线，因为他们没有直接的竞争对手。这使他们能够实施定价策略，以最大化利润。然而，与产品市场不同，要素市场涉及生产要素的交换，如劳动、资本和土地。在这里，供给方和需求方之间的交互形成要素供给曲线和要素需求曲线。这些曲线反映了市场上生产要素的供应和需求关系。

根据企业要素的使用原则对于任意企业都是适用的，即边际收益产品等于边际要素成本，MRP=MFC。对于卖方垄断企业而言，在产品市场是垄断的条件下，边际收益MR和边际产量都是向右下方倾斜的，故其边际收益产品也必然是向右下方倾斜的；在完全竞争要素市场的条件下，其边际要素成本等于要素市场给定的要素价格水平。因此，综合两方面就可将卖方垄断企业要素的使用原则写为：

$$\text{MRP} = w \tag{8-9}$$

在这里，把MRP曲线和w曲线画在同一图形上，如图8-4所示。

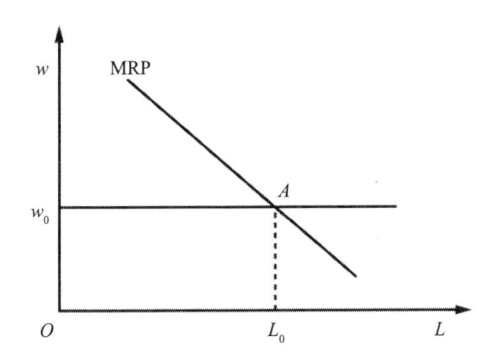

图8-4 卖方垄断企业的要素需求

在给定要素价格w_0时，企业可得要素的需求量为L_0。

在卖方垄断企业中，边际产量MP是一个恒定的数值，不受外部因素的干扰，而边际收益MR则完全由产品市场的需求和定价决定。要素市场分析中，其他条件保持不变的情况下，边际收益产品曲线保持稳定，反映了企业在不同要素价格下的边际收益情况。

卖方垄断企业在要素使用中遵循一定的原则，其中每个要素价格都对应着一个特定的需求量。这些需求量可以在MRP曲线上找到。换言之，MRP曲线不仅代表了每个要素的边际产品收益，还可以看作是卖方垄断企业的要素需求曲线。

（3）卖方垄断市场的要素需求曲线。在分析完全竞争的市场要素需求曲线时曾经指出，要素价格改变时，在市场内的企业，要素使用量和产品价格是关键的经济变量。在卖方垄断市场中，通常有一家垄断者，他们能够通过控制产品价格来实施市场支配力。这使得要素使用量和产品价格之间的关系变得非常重要。垄断者可能会调整要素使用量以影响生产成本，并决定产品价格与最大化利润。同时，要素供给和需求之间的关系形成了要素需求曲线，反映了企业在决策中如何使用要素资源。此外，市场需求曲线反映了市场中所有企业的产品需求总量，对于卖方垄断者来说，了解市场需求也至关重要，因为它可以帮助他们确定最优的价格和产量水平。在不断变化的行业环境中，企业需要不断调整策略，以适应市场的需求和竞争环境，这使得要素使用量、产品价格和市场需求曲线之间的相互作用变得至关重要。

2.买方垄断

买方垄断是一种市场结构，其中少数几个买家或者一个买家占据主导地位，拥有决定性的市场权力，可以影响产品或服务的价格和供应条件。与卖方垄断不同，买方垄断关注的是买方的集中度，而不是供应商的数量。

（1）买方垄断的关键特点。

第一，市场权力。在买方垄断市场中，少数几个或者一个买家拥有相对垄断的地位，因为他们是唯一或主要的需求方。这使他们能够对供应商施加压力，以获得更有利的价格、条款和条件。

第二，价格协商能力。买方垄断者通常能够在价格协商中获得有利地位，因为供应商需要满足他们的需求以获得订单。他们可以要求供应商降低价格、提供更多的服务或改进产品质量，以满足自己的需求。

第三，限制供应商选择。由于买方垄断者通常是市场上的主要需求方，他们可以限制供应商的选择，将供应商数量减少到只有少数几家，甚至只有一家。这可以通过长期合同、独家协议或其他方式来实现。

第四，影响市场价格。买方垄断者的决策和协商结果可以直接影响市场上产品或服务的价格。他们通常会争取获得更低的价格，这可能导致供应商降低价格以满足他们的需求。

第五，供应商竞争。在买方垄断市场中，供应商之间可能会竞争，争取买方垄断者的订单。这可能会导致供应商之间的竞争激烈，以满足买方的要求。

第六，政府监管。与卖方垄断一样，买方垄断也可能需要政府监管，以确保公平竞争和保护供应商权益。监管机构可能会采取措施来限制买方垄断者的行为，以确保市场的平衡和公平性。

买方垄断是一种市场结构，其中少数几个或者一个买家拥有市场上的主导地位，他们能够对供应商施加压力，以获得更有利的价格和供应条件。这种市场结构可以影响市场价格和竞争程度，通常需要政府监管来维护公平竞争和供应商的权益。

（2）买方垄断的要素需求曲线。买方垄断是一种不完全竞争市场的情况，与完全竞争相对立。在这种市场中，有多家企业竞争，但消费者具有市场支配力，因为产品市场上有限的供应者使得他们能够影响产品价格。与此不同，完全竞争市场中存在众多竞争者，价格和供应由市场力量决定。垄断者在买方垄断市场中通常会面临挑战，因为他们必须满足消费者的需求，同时控制产品价格。产品需求曲线反映了消费者愿意以不同价格购买产品的数量，垄断者需要在满足需求的同时最大化利润。此外，要素市场也在这一情境中发挥着关键作用。要素供给曲线表示生产要素供应方愿意以不同价格提供要素资源的数量。垄断者必须管理要素成本，以确保能够生产出能够满足消费者需求的产品。

在买方垄断市场中，企业需要认真研究产品需求线和要素供给曲线的交互作用，以制定有效的定价策略，并在不完全竞争市场中取得竞争优势。这种市场情况下的决策和战略制定对企业的成功至关重要。

同样，根据企业要素的使用原则，即边际收益产品等于边际要素成本（MRP=MFC），由于企业在产品市场上是完全竞争的，故MRP=VMP。而在要素市场上，由于买方垄断企业所面临的要素市场供给曲线$w(L)$是向右上方倾斜的，而根据边际要素成本的公式 $MFC = \dfrac{dTC}{dL} = \dfrac{dTVC}{dL} = \dfrac{d(wL)}{dL} = w + L \cdot \dfrac{dw}{dL}$ 可知，在买方垄断时$dw/dL>0$，因此，对于买方垄断企业而言，$MFC>w$，且MFC曲线与要素价格$w(L)$曲线一样是向上方倾斜的。综合两方面，买方垄断企业的要素使用原则为：

$$VMP = MFC \qquad (8\text{-}10)$$

即要素的边际产品价格等于边际要素成本。

将w曲线和MFC曲线画在一张图中，得到图8-5。

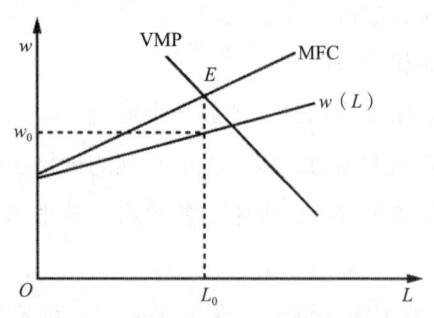

图8-5 买方垄断企业的要素需求

在图8-5中，VMP和MFC曲线相交的E点标志着企业的要素需求点。在这一点，企业实现了最优的生产要素需求量，用记作L_0，并且对应的要素价格为w_0。这种状态反映了要素市场的一种平衡状态，其中企业通过在给定的要素价格下购买适当数量的要素以实现最大的利润。

E点代表的是买方垄断企业的要素需求组合点，而买方垄断企业的要素需求曲线实际上并不存在。这与产品市场上的垄断企业没有产品供给曲线类似。买方垄断企业在要素市场上由于对要素价格的控制而具有较大的灵活性。他们可以根据边际产品价值来调整要素需求量，或者根据要素价格进行相应的调整，以满足其生产需求。

买方垄断企业的控制力使得在相同的要素价格下可以对应多种要素需求量，同时，也可以在相同的要素需求量下对应多个要素价格。因此，与典型的需求曲线不同，买方垄断企业的要素需求曲线和要素市场的需求曲线都不存在。这种情况下，市场不再具有传统的需求和供给曲线，而是受到买方垄断企业的市场力量和控制力的影响，其要素需求点在其掌握之中，反映了其在要素市场上的独特地位。

3.双边垄断

双边垄断，也称为双重垄断或两边市场垄断，是一种市场结构，其中既有卖方垄断也有买方垄断的元素。这意味着市场上同时存在具有市场权力的供应商和需求者。这种市场结构通常较为复杂，因为卖方和买方都具有一定的市场权力，他们的互动会对产品或服务的价格和供应条件产生重要影响。

（1）双边垄断的关键特点。

第一，卖方垄断元素。在双边垄断市场中，通常存在一个或少数几个卖方，

他们提供某种特定的产品或服务。这些卖方通常拥有市场上唯一或主要的供应来源。卖方垄断者通常能够通过控制产品供应量、定价策略或其他方式来最大程度地提高自己的利润。他们在供应方面拥有较高的市场权力。

第二，买方垄断元素。与卖方垄断者相对应，双边垄断市场中也存在一个或少数几个买方，他们需要特定的产品或服务。这些买方拥有市场上唯一或主要的需求来源。买方垄断者通常能够通过控制需求规模、对供应商的选择或在价格协商中的策略来施加市场权力，以获得更有利的交易条件。

第三，双边互动与价格协商。在双边垄断市场中，卖方和买方之间的互动至关重要。卖方通常试图推高价格，而买方试图压低价格。价格协商通常是市场中的一项关键活动。卖方垄断者试图以更高的价格出售产品，而买方垄断者试图以更低的价格购买产品。最终的价格和供应条件取决于协商的结果。

第四，市场均衡和政府监管。由于双边垄断市场可能导致价格和交易条件的不合理波动，政府通常需要进行监管，以确保市场的公平竞争和保护市场的平衡。监管机构可能会采取措施来限制双边垄断者的行为，以确保市场的公平性、保护供应商和需求方的权益，以及维护市场的稳定性。

双边垄断是一种复杂的市场结构，既有卖方垄断也有买方垄断的元素。在这种市场中，供应商和需求方之间的互动决定了产品或服务的价格和供应条件，政府监管通常是必要的，以确保市场的公平竞争和保护各方的利益。双边垄断市场在实际经济中并不常见，但在某些特定领域，如音乐产业和在线市场平台，可能会存在这种市场结构。这种市场结构需要仔细的经济分析和监管来维护市场的有效性和公平性。

（2）双边垄断的要素需求曲线。双边垄断是一种市场结构，其中企业在产品市场和要素市场均存在垄断情况。在产品市场，这些企业面临着向右下方倾斜的产品需求曲线，这是因为它们的市场地位确保了它们可以支配价格。这一趋势表明，随着价格的上升，产品的需求量减少。同时，在要素市场，双边垄断企业也面临向右上方倾斜的要素供给曲线，同样是因为它们的垄断地位。这意味着随着要素价格的上升，这些企业会提供更多的要素。

在这种市场结构下，双边垄断企业遵循要素的使用原则，即MRP=MFC。这确保了企业在要素市场上的资源使用是最有效率的。图8-6是一个示例，展示了双边垄断企业如何确定最优要素价格和使用量。

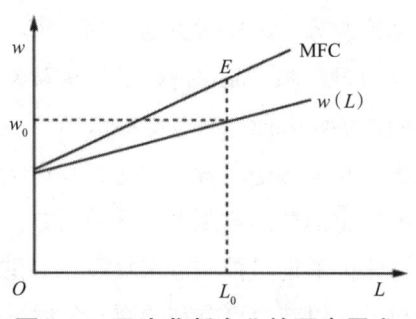

图8-6 双边垄断企业的要素需求

MRP曲线与MFC曲线的交点确定了最优要素需求量为L_0，对应的要素价格为w_0。与买方垄断企业不同，双边垄断企业在产品市场和要素市场上都不面临明确的需求曲线。

三、生产要素的供给曲线

资源供给是指资源所有者根据他们的私有产权自由决定将资源用于特定的目的。资源供给和产品供给之间有密切关系，因为资源供给的决策直接影响产品供给和市场供应量。资源有限性是一个重要的考虑因素，因为个体消费者和资源所有者面临时间有限的情况，需要在不同资源用途之间做出选择。私有产权和保留自用资源的权利允许资源所有者在资源分配方面拥有决策权，同时追求效用最大化和收益最大化。要素价格在资源分配中发挥关键作用，因为它们反映了资源的稀缺性和需求。因此，资源供给和资源分配是经济体系中重要的概念，涉及资源的所有权、配置以及如何最大程度地满足社会的需求。

在私有产权下，资源的所有者可以自由决定如何使用自己的资源。他可以留下来自用，也可以出租，还可以出售。具体选择哪一种用途，取决于不同用途所产生的收益。然而，由于资源的有限性，他若将更多的资源作为要素供给提供给市场，那么他留下自用的资源就会更少。这部分自用的资源被称为保留自用资源。因此，在一定的要素价格水平下，所有者会在要素供给与保留自用两种用途间分配资源，以获得效用的最大化。

（一）生产要素供给的原则

要素供给方包括资源的所有者和消费者，他们通过理性行为来决定如何分配有限的资源，以实现效用最大化。资源所有者面临决策，要么将资源出售给其他市场参与者（消费者或其他要素供给者），要么选择保留自用资源以满足个人需求。在资源供给和需求之间，边际效用发挥着关键作用，即考虑每一单位资源的额外满足度。边际效用递减规律表明，随着资源的不断增加，其额外满足度逐渐减小。均衡状态是资源供给和需求之间达到一种平衡的状态，其中边际效用相等，这意味着再分配资源将不会增加总体效用。资源调整是指资源供给者和消费者根据市场条件和个人偏好来进行资源重新配置，以实现效用最大化的目标。因此，理性的资源供给和需求行为在市场中推动着资源的合理分配。

1.要素供给的边际效用

要素供给是资源或产品提供给市场的行为，涉及资源的转让、交换或使用。边际效用是指额外一单位的资源或产品对个体满足度的影响，它在决策中起着关键作用，因为人们通常会尝试将资源用在能带来最大边际效用的方式上。间接效用则是通过使用资源或产品来满足其他需求，进一步增加了资源的价值。收入是通过资源供给和转让他用而获得的货币或实物补偿，它可以用来购买产品或满足其他消费需求。自用是资源供给者或所有者将资源用于满足自身需求的行为，而转让他用则是将资源提供给他人以满足其需求。产品是指由资源生产或提供的物品或服务，通常是为了满足消费者的需求。消费者通过购买产品来实现效用，效用是个体在消费产品或使用资源时感受到的满足感。因此，要素供给、边际效用、间接效用以及资源的自用和转让都在资源分配和消费决策中发挥重要作用，涉及着经济活动中的资源和满足需求的过程。

假设要素供给（以劳动为例）的增量为 ΔL，由此而产生的收入增加量为 ΔY，由收入增量带来的效用水平的增加量为 ΔU，那么边际效用为：

$$\frac{\Delta U}{\Delta L} = \frac{\Delta U}{\Delta Y} \cdot \frac{\Delta Y}{\Delta L} \quad (8-11)$$

或者在取极限的情况下为：

$$\frac{dU}{dL} = \frac{dU}{dY} \cdot \frac{dY}{dL} \quad (8-12)$$

式中：dU/dL——要素供给的边际效用，它表示要素供给量增加一单位时所引起的消费者效用的增量；

dU/dY 和 dY/dL——分别为收入的边际效用和要素供给的边际收入。

由于单个消费者在包括众多要素供给者的要素市场中，是生产要素市场中的完全竞争者，即它提供的要素供给量并不能影响要素市场的价格，因此，要素边际收入等于要素的价格，从而 $dY/dL=w$。因此，在完全竞争条件下，要素供给的边际效用可以写为：

$$\frac{dU}{dL} = \frac{dU}{dY} \cdot w \tag{8-13}$$

2.自用资源的边际效用

自用资源本身具有两种效用：直接效用和间接效用。比如，当消费者把拥有的时间用来休息，他就得到直接的效用；若他把拥有的时间用来干家务劳动，他就因节约请别人来做家务所需的开支而得到了间接效用。但为了分析更简单，假定自用资源的效用都是直接的。若用l表示自用资源数量，那么，自用资源的边际效用就是dU/dl，它表示增加一单位自用资源所带来的消费者效用水平的增加量。

因此，消费者效用最大化条件可表示为：

$$\frac{dU}{dL} = \frac{dU}{dY} \cdot w = \frac{dU}{dl} \tag{8-14}$$

从而，可得：

$$\frac{dU/dl}{dU/dY} = \frac{w}{w_y} \tag{8-15}$$

式中：w_y——收入的价格，且$w_y=1$。

从而上式左边表示自用资源与收入的边际效用之比，右边是自用资源与收入的价格之比。这一公式与产品市场中分析效用最大化的公式是一致的。

需要补充的是，假定消费者的资源总量为$\overline{L}$，那么，消费者要素供给的约束条件可以写为$(\overline{L}-l)+l=\overline{L}$，其中$(\overline{L}-l)$表示要素供给量。如果假定资源的价格为$w$，约束条件还可写为$Y+w \cdot l = w \cdot \overline{L}$。消费者要素供给就是在该约束条件下使效用函数$U=U(Y, l)$达到最大。

（二）生产要素供给的分析工具

对于要素供给的原则，可以利用无差异曲线来进行说明，如图8-7所示。在图中，横轴代表要素所有者的资源L，纵轴代表要素供给所带来的收入水平Y。假设消费者初始拥有$\overline{L}$的资源和Y_0单位的非要素收入，即它在图中M点位置。U_1、U_2和U_3是要素所有者的三条无差异曲线。同一条无差异曲线上，不同的点代表相同的效用水平。与产品无差异曲线相同，这里的无差异曲线也向右下方倾斜并向原点凸出，且离原点越远的无差异曲线拥有越高的效用水平。图中的EM曲线是消费者的约束线。Y_1点表示要素所有者将全部资源都作为要素供给给市场时，其全部的收入即为 $Y_1=Y_0+w\cdot \bar{L}$。

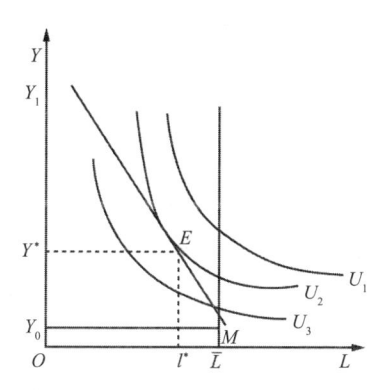

图8-7 要素所有者的无差异曲线

从图8-7可以看出，要素所有者效用最大化的点即为E点。它是无差异曲线与约束线的切点。换言之，当要素所有者把全部的资源中 l^* 部分用于自用，$\bar{L}-l^*$ 用于要素供给，从而获得 Y^* 的收入水平时，其效用水平达到最大化。

在最优点处，无差异曲线的斜率和约束线的斜率相同。约束曲线的斜率为 $-\frac{Y_1-Y_0}{\bar{L}}=-w$，无差异曲线的斜率是收入的增加量与自用资源增加量之比即 $\frac{dY}{dl}$。因此，在最优点 $dY/dl=-w$，可改写为：

$$-\frac{dY}{dl}=w \qquad (8-16)$$

式（8-16）左边是资源供给的边际替代率，它表示当要素所有者增加一单位自用资源时减少的收入量；而右边的要素价格可以看成是要素所有者为增加一单位自用资源所必须放弃的收入的增加量。

（三）生产要素供给曲线分析

在要素所有者的初始非要素收入、既定资源数量的条件下，给定一个要素的价格，可以根据式（8-16）得到一个最优自有资源数量，从而得到一个要素的供给量。因此，就可以得到要素的供给曲线。

如图8-8所示，在图中随着要素价格由 w_1 升至 w_2，再升至 w_3 而得到的三条预算约束线分别与三条无差异曲线 U_1、U_2、U_3 相切于 E_1、E_2、E_3 点。这些切点的轨迹称为要素价格扩展线。它反映了自用资源的数量如何随着要素价格的变化而变化，从而也反映了要素供给的数量如何随着要素价格的变化而变化。

图8-8 要素价格扩展线

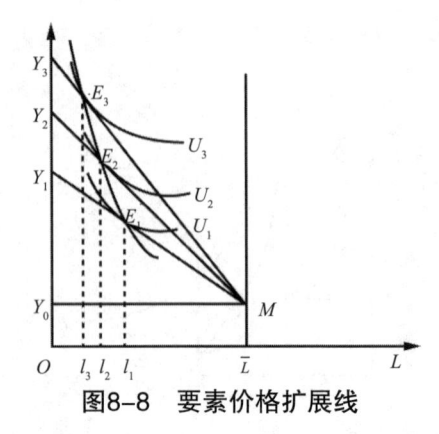

在给定要素价格w_1条件下，自用资源的数量为l_1，那么要素的供给量为$\bar{L}-l_1$，于是便得到了要素供给曲线上的一点，A点，如图8-9所示；当要素价格为w_2时，自用资源的数量为L_2，那么要素的供给量为$\bar{L}-l_2$，对应图中B点；当要素价格为w_3时，自用资源的数量为l_3，那么要素的供给量为$\bar{L}-l_3$，对应图中C点……将这些点连接在一起便得到了要素的供给曲线。

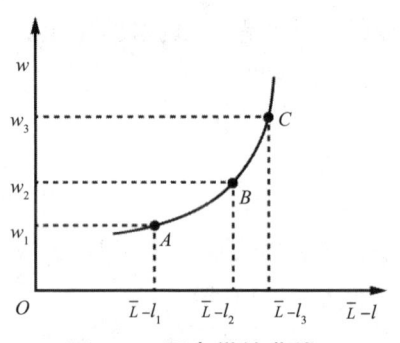

图8-9 要素供给曲线

这里需要指出的是，要素供给曲线的形状并不总是如图8-9所示是向右上方倾斜的，而是可以向右上垂直，甚至可以向右下方倾斜，其形状主要取决于无差异曲线的形状。

第二节　工资、地租、利息和利润的决定

一、工资的决定理论

工资是劳动力为提供劳动服务而获得的报酬，通常以货币形式支付。劳动力是指人们能够提供的劳动服务的总和，这些服务在劳动市场上供给给潜在雇主。在劳动市场中，供给和需求决定了工资率和单位劳动时间的定价。供给方是指愿意提供劳动力的劳动者数量，而需求方是雇主或企业愿意雇佣的劳动者数量。当供给和需求达到均衡点时，工资率被确定下来，这反映了劳动力在市场上的价格。工资率是劳动力在单位劳动时间内获得的货币报酬，它可以根据不同的行业、地区和技能水平而变化。货币工资水平是劳动者薪酬的数量，通常以货币单位表示，如美元或欧元。因此，工资在劳动市场中扮演着重要角色，它受供给和需求的影响，决定了劳动者的收入水平，对个体和经济都具有重要意义。

（一）劳动供给问题

劳动供给问题涉及如何在时间资源有限的情况下分配劳动时间。个体消费者通常需要平衡工作、休息和娱乐，以合理利用时间资源。这包括考虑到睡眠时间和闲暇时间，以确保满足生活中各种消费活动的需求。在这个过程中，效用成为一个重要考虑因素，因为个体追求满足感和生活品质的最大化。收入水平在这一问题中也发挥关键作用，因为它决定了个体的经济能力，可以影响到闲暇需求和消费活动。

自用资源是指个体将资源用于满足自身需求的情况，这可能包括工作时间和休息时间。合理配置劳动时间涉及考虑机会成本，即放弃某种活动可能会导致的潜在价值损失。

价格变动可能会引发替代效应和收入效应，从而影响劳动供给量。替代效应指价格上升可能导致个体更愿意供给劳动，因为其他活动变得更昂贵。与此相反，收入效应表示价格上升可能导致个体减少工作时间，因为他们的实际收入增加，可以享受更多的闲暇。

综合来看，劳动供给问题涉及时间分配、效用最大化、经济能力和机会成本等多个因素，这些因素共同影响了个体的劳动时间分配和消费决策。

（二）劳动供给曲线

劳动供给曲线是向后弯曲的，表示随工资的上升，劳动供给量是先增后减的。如图8-10所示，S曲线的b点以下部分表示工资较低时，随着工资的增长，消费者愿意提供的劳动量也在增加，这段供给曲线斜率是正的，劳动供给曲线向右上方倾斜。当工资涨到W_1时，消费者的劳动供给量达到最大值L_1。S曲线的b点以上部分表示工资进一步提高，劳动供给量不仅不会增加，反而会减少，这段供给曲线的斜率是负的，劳动供给曲线从工资W_1处起向后弯曲。

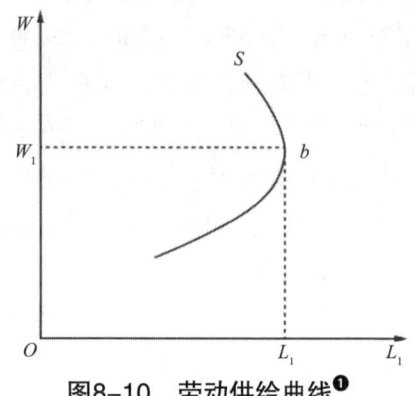

图8-10　劳动供给曲线[1]

劳动供给曲线是一个关键的概念，它描述了个体在不同工资率下愿意供给多少劳动时间。通常，这条曲线具有正斜率，这意味着随着工资率的上升，个体更愿意提供更多的劳动时间。这是因为较高的工资率可以提供更多的经济激励，使个体更倾向于工作以增加收入。然而，劳动供给曲线也可能出现向后弯曲的情况。这意味着在某一点之后，随着工资率的继续上升，个体可能会减少劳动时间的供给。这种情况通常反映了闲暇愿望的增加，即个体更加重视休闲和生活质量，而不仅是追求更高的收入。替代效应和收入效应是解释劳动供给曲线形状的重要概念。替代效应指工资上升导致个体更倾向于工作，因为工作时间的机会成本上升，而休闲时间的机会成本下降。与此相反，收入效应指工资上升可能导致个体减少工作时间，因为他们实际收入已经提高，可以享受更多的闲暇时间。

在图8-10中，在b点以前，工资率较低，替代效应大于收入效应，消费者为了得到更多工资收入会增加劳动时间，从而劳动的供给随工资率的上升而增加，表现为劳动的供给曲线向右上方倾斜。在b点以后，工资率较高，替代效应小于

---

[1] 本节图表均引自：张卫东.微观经济学[M].武汉：华中科技大学出版社，2019：188-197.

收入效应，消费者减少劳动时间而增加闲暇消费，从而劳动的供给随工资的上升反而减少，表现为供给曲线向后方弯曲。这样，整条劳动供给曲线就先向右上方倾斜，后向后方弯曲。

（三）劳动市场的供求曲线

1.劳动市场的供给曲线

劳动市场的供给曲线是用来表示单个消费者或整个劳动市场中劳动力供给的图形。这条曲线可以帮助我们理解劳动者在不同工资水平下愿意提供多少劳动时间，以满足他们的经济需求和生活愿望。

（1）工资水平和供给曲线。通常情况下，劳动供给曲线呈正斜率，这意味着随着工资水平的上升，劳动者更愿意提供更多的劳动时间。高工资水平具有吸引力，因为它提供了更多的财富和提升生活品质的机会。

（2）变化因素。劳动市场供给曲线的形状和位置受多种因素影响。这些因素包括个体的非劳动收入（投资收益、财产租金等）、保留时间（用于休闲或其他非工作活动的时间）、习俗和社会规则（如工作时间的文化期望）、人口（总劳动力的数量）、年龄构成和性别构成等。

（3）影响因素。随着社会和经济的发展，劳动市场供给曲线可能会发生变化。例如，当新工人加入劳动市场时，他们可能会对工资水平有不同的期望和需求，从而改变了供给曲线。此外，政策变化、技术进步和行业需求的变化也可以影响劳动市场供给曲线的位置和形状。

劳动市场供给曲线是一个复杂的图形，受多种因素的影响。理解这些因素如何影响劳动者的工作决策对于政策制定者和企业来说至关重要，因为它们可以帮助预测和解释劳动市场的变化和趋势。

2.劳动市场的需求曲线

劳动市场的需求曲线是描述企业或厂商在不同工资率下愿意雇佣多少劳动力的图形。这条曲线可以帮助我们理解企业在完全竞争市场中如何决定劳动力的使用量。

（1）完全竞争。在完全竞争市场中，许多厂商在相同的产品市场上竞争。这意味着每个厂商都是价格接受者，即他们无法通过提高产品价格来增加销售额，因此他们必须在给定的产品价格下操作。

（2）劳动需求和边际产品价值。厂商的劳动需求取决于劳动力的边际产品价值，即每额外雇佣一名工人所带来的额外产出价值。如果边际产品价值高于工资率，那么增加劳动力将带来更多的利润。

（3）工资率的影响。随着工资率的增加，厂商的劳动需求可能会受到影响。当工资率上升到超过边际产品价值时，厂商可能会减少劳动力的使用，因为额外的成本超过了额外的产出。

（4）横向相加和需求曲线形状。厂商的劳动需求通常是横向相加的，这意味着他们将根据工资率增加或减少劳动力的使用，而不是改变已雇佣工人的工资。需求曲线的形状取决于边际产品价值和工资率之间的关系。如果边际产品价值下降得很快，需求曲线可能会呈陡峭的倾斜；如果下降较缓慢，曲线可能会平缓倾斜。

劳动市场的需求曲线反映了企业在完全竞争市场中雇佣劳动力的决策过程。工资率和边际产品价值是影响需求曲线形状和位置的关键因素。这对于理解劳动市场中的工资水平和就业水平非常重要。

（四）劳动市场均衡的决定

劳动市场的均衡是由供给和需求之间的关系决定的。劳动市场的均衡点发生在供给曲线和需求曲线相交的地方。这个点决定了均衡工资水平和均衡劳动数量。在均衡点，供给和需求达到了平衡，没有劳动者愿意供给多于雇主愿意雇佣数量的劳动力，也没有雇主愿意雇佣多于劳动者愿意供给数量的劳动力。劳动市场的均衡可以受到各种因素的干扰，如政府政策、工会活动、技术变革等。这些干扰可以导致供给和需求不再平衡，从而影响工资水平和劳动数量。总的来说，劳动市场的均衡是一个动态过程，受到多种因素的影响。供给和需求的变化以及外部干扰都可以影响劳动市场的均衡工资水平和均衡劳动数量。理解这些因素对于政策制定和经济分析非常重要。

劳动市场供求曲线的交点决定均衡工资水平和均衡劳动数量。如图8-11所示，劳动需求曲线D和劳动供给曲线S的交点是劳动市场的均衡点，决定了均衡工资水平为W_0，均衡劳动数量为L_0。

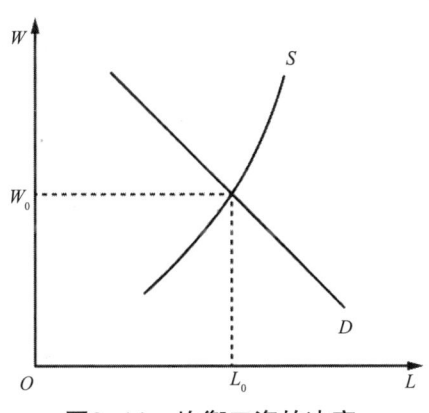

图8-11 均衡工资的决定

（五）工资差别和工资激励

完全竞争市场和完全垄断市场代表了两种极端的市场结构，对工人的工资差异和劳动力市场有着深刻的影响。在完全竞争市场中，许多小型企业竞争激烈，工人的工资通常受市场供需关系的影响，因此工资差异较小。然而，在完全垄断市场中，一家企业掌握市场垄断地位，可以自行决定工资水平，从而可能导致巨大的工资差异。工会垄断可以在工人和雇主之间形成一种权力平衡，工会代表工人的利益，谈判更高的工资和更好的工作条件。这种情况下，偷懒现象可能减少，因为工人有动力履行他们的职责，以维护他们的工资水平和福利。

然而，约束和激励也在这些市场结构中发挥着重要作用。在完全竞争市场中，工人可能会感到约束，因为他们无法轻易要求更高的工资，这可能降低了他们的激励。相反，在完全垄断市场中，企业可能会缺乏激励，因为他们不受竞争的压力，也不需要努力提高生产效率。

1.工资差别

所谓工资差别，是指具有相似教育背景和工作经历的各工人之间的工资差异。工资差别主要有补偿性工资差别、效率性工资差别和歧视性工资差别等。

（1）补偿性工资差别是指工资水平在不同职业或特定工作环境下的差异，这些差异通常是为了补偿某些非货币特征或工作条件而设定的。

第一，职业性质。不同职业可能涉及不同的风险、自主程度、乐趣和不合意的因素。某些职业可能具有高度的风险，因此可能会支付更高的工资来补偿工人面临的风险。相反，某些职业可能会提供更多的乐趣或满足感，从而降低工资要求。

第二，工作环境和特殊条件。工作环境，如工作地点、加班、夜班工作等，也可能导致补偿性工资差异。例如，在危险或偏远的工作地点工作的采矿工人可能会获得额外的工资，以弥补工作环境的不便和风险。

第三，附加工资和补贴。一些工作可能提供附加工资或补贴，以鼓励工人承担额外的责任或工作条件。这些额外的支付也构成了补偿性工资差异的一部分。

第四，社会地位和情感因素。在某些情况下，工资水平可能反映了社会地位和情感因素。例如，某些高度社会认可的职业可能支付较高的工资，因为它们被视为有更高的社会地位。

第五，平衡和厌恶情绪。个体可能会在工作和生活之间寻求平衡，因此可能会选择接受较低的工资，以获得更多的休闲时间或家庭时间。此外，一些工作可能会带来厌恶情绪，工人可能需要额外的工资来补偿这种不愉快的工作体验。

补偿性工资差异是一个复杂的现象，涉及多种因素，包括工作性质、工作条件、社会认可和个体偏好。理解这些差异对于工资决策、人力资源管理和政策制定都非常重要。

（2）效率性工资差别是指工资水平在不同个体之间的差异，这些差异主要由个人的生产效率决定。生产效率指的是一个个体在一定时间内能够生产多少产品或提供多少服务。生产效率与生产率直接相关，生产率是指单位时间内生产的产品或提供的服务数量。差异在于，生产效率关注个体，而生产率则通常用于衡量整个产业或公司的效率。个人之间的生产效率存在差异，这可以由多种因素引起，包括技能、教育水平、经验、工作动力、健康状态等。因此，某些个人可能会更快、更有效率地工作，从而产生更多的产出。

当雇主愿意支付较高的工资给那些表现出较高生产效率的员工时，就会产生效率性工资差别。这种差别是基于个体的实际工作表现，以激励员工提高生产率和绩效。效率性工资差别通常是合理的，因为它们反映了个体的实际贡献。这些差别可以鼓励个体投入更多的努力，提高其技能水平，或者提供更高质量的工作。这种激励可以促使个体不断改进，最终提高整体生产效率。

（3）信息不完全工资差别是指由于信息不对称而导致的工资差异。

第一，找工作和搜寻成本。当个体正在寻找工作时，他们通常需要投入大量的时间和精力来搜寻工作机会。这包括查找招聘信息、提交求职申请、参加面试

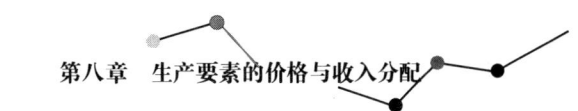

等。这些搜寻成本可以在不同的工作市场中产生差异。

第二，商店和售价。考虑到信息不完全，雇主可能会根据候选人的工作市场信息和求职历史来决定工资水平。类似于商店设置不同售价的策略，雇主可能会为同一职位的不同候选人提供不同的薪酬。

第三，厂商和雇佣员工。厂商在雇佣员工时可能会面临信息不完全的情况。他们可能无法完全了解候选人的技能、经验和表现，因此工资水平可能会根据他们对候选人的了解程度而有所不同。

第四，不同职业的情况。在一些职业中，信息不完全的问题可能会更加显著。例如，保姆或钟点工等临时工作可能更容易受到信息不完全的影响，因为这些工作通常不涉及长期雇佣合同。

第五，信息不对称。信息不完全工资差别的关键因素之一是信息不对称，即雇主和求职者之间的信息差异。求职者可能了解自己的技能和经验，但雇主可能无法完全了解或评估这些因素，因此工资谈判可能会受到不完全的信息的影响。

在应对信息不完全工资差别时，透明的招聘流程、参考资料的验证、标准化的面试程序以及薪酬公平原则可以有助于减少工资差异。此外，劳动市场的竞争也可以推动雇主提供更具吸引力的工资来吸引和保留优秀的员工。

2.工资激励

工资激励是一种广泛应用于工作场所的激励制度，旨在提高工人的生产效率和工作质量。在这个制度中，工人的报酬与他们的工作数量和质量直接相关。这种激励制度在美国工人中较为常见，雇主通常会根据工人的表现来决定他们的收入形式。计件工资是一种常见的工资激励方式，其中工人根据完成的工作数量来获得报酬，这鼓励他们提高生产效率，而不是偷懒。同时，效率工资也是一种激励机制，它鼓励工人提高工作质量，从而获得更高的收入。然而，这种制度选择也伴随着一定的风险，例如，如果工人因病休假或其他原因不能工作，他们的收入可能会受到影响。总的来说，工资激励制度通过将工人的收入与他们的工作数量和质量相关联，可以有效地激发他们的激情和表现，从而实现双赢的局面，对雇主和工人都有利。

工资激励在完全竞争的劳动市场中扮演着重要角色。在这个竞争激烈的环境中，工人的工资往往与其生产效率密切相关。雇主通常愿意支付更高的工资给那些能够提供更高边际产出的员工，以鼓励他们保持高效工作并提供高质量的工作

成果。然而，这种激励也伴随着风险，因为工人可能会偷懒或选择跳槽，寻找更好的薪酬和机会。为了吸引和留住高效的员工，厂商可能会采用效率工资制度，即支付高于市场平均水平的工资，以鼓励员工保持忠诚、提供高质量的工作并保持高效率。通过这种方式，工资激励不仅有助于提高工人的工作表现，还有助于厂商吸引和留住最有价值的员工，从而在竞争激烈的劳动市场中取得竞争优势。

二、地租的决定理论

地租是指土地所有者从土地出租或出售中获取的收入。在经济学中，地租通常被视为一种生产要素的价格，这一生产要素是土地或自然资源。地租的大小取决于土地的位置、可用性、土地品质以及土地的用途。土地是一种有限的自然资源，因此其供应是固定的。这意味着土地的供应量在短期内无法改变。由于土地的有限性和独特性，地租的价格通常由市场决定，取决于土地的稀缺性和需求。土地所有者可以通过出租或出售土地来获取地租收入。这种收入来源于土地的使用权，而不是土地所有者的努力或投资。地租的存在在一定程度上反映了土地的自然稀缺性，因为某些地点的土地可能因其位置、自然资源或用途而更具价值。

土地要素是生产过程中不可或缺的一部分，与劳动力和资本要素一起构成了生产要素的重要组成部分。土地的价值在很大程度上取决于需求和供给，以及土地的特定用途。土地边际产品价值表示了额外使用一单位土地对生产的贡献，这是企业在租用土地时所关注的重要指标之一。企业租用土地通常会支付地租，这是为了使用土地而向土地所有者支付的费用。地租的水平取决于土地的特征、位置以及土地的边际产品价值。地租率是地租与土地价值的比率，它可以反映土地的租赁成本相对于土地的总价值。

土地的供给通常是无弹性的，因为土地数量是有限的，不能轻易增加。这使得土地市场的价格和地租率在一定程度上由需求驱动。因此，在土地租赁市场中，企业需要谨慎评估土地的边际产品价值和地租率，以确保租用土地是盈利的，有助于实现利润最大化。土地要素在生产和企业经营中具有重要作用，因此对土地的需求和供给的理解对于经济活动至关重要。

（一）地租决定的影响因素

第一，地理位置。土地的地理位置是决定地租的一个关键因素。位于城市中心、交通要道或繁忙商业区域的土地通常具有更高的地租，因为这些位置对商

业、住宅和其他用途来说更有吸引力。

第二，土地品质和特性。土地的品质和特性也会影响地租。土地的肥沃度、可用性、地形和水源等因素都可以影响其价值和地租水平。高品质的农田或土地可能具有更高的地租，因为它们更适合农业或开发。

第三，土地用途。土地的用途对地租有重要影响。不同类型的土地用途，如住宅、商业、工业或农业，都具有不同的地租水平。市场需求和土地的潜在用途会决定地租的高低。

第四，市场需求和供给。市场上土地的需求和供给也会影响地租。如果某个地区的土地需求高于供给，地租通常会上升。相反，如果供给过剩，地租可能会下降。

第五，政府规定和法律。政府的土地使用规定、税收政策和土地所有权法律也会影响地租。税收政策和地价税可能会影响地租的水平，而土地使用规定可以限制土地的用途，从而影响其价值和地租。

第六，城市发展和基础设施投资。城市的发展和基础设施投资也可以影响地租。新的基础设施项目、道路、公共交通系统和其他发展可以提高某些地区的地租，因为它们增加了土地的可访问性和吸引力。

地租的决定是一个复杂的过程，受多种因素的影响。不同地区的地租水平会因地理、经济和政策因素而异，因此地租的决定需要综合考虑各种因素。

（二）租金、准地租和经济租金

根据地租的概念，西方一些经济学家在研究地租的过程中，进一步提出了租金、准地租和经济租金的概念。

1.租金

地租是指土地的使用或租赁所带来的费用或报酬。土地供给通常被认为是固定不变的，因为土地的数量是有限的，不容易改变。因此，土地的稀缺性使得地租成为一个重要的经济概念。土地服务价格是指土地的使用所带来的服务的价格，这些服务包括土地的位置、可用性和自然资源。一些土地可能因其独特的特点或地理位置而具有更高的服务价格。

资源的分布和土地的自然固定性在地租的形成中起着重要作用。一些地区可能因其位置或自然资源而具有更高的地租。租金是地租的一种形式，通常是由土地的使用权而产生的费用。

2. 准地租

准地租，也称为准租金，是指与土地资源的使用有关的报酬，不同于地租的地租。它通常涉及使用固定资产或经济资源时所产生的额外成本或超额利润。准地租的产生与资源的供给量和需求有关。当资源的供给量相对固定而需求增加时，资源的价格通常会上升，导致准地租的产生。这种情况下，资源的价格超过了其边际成本，产生了超额收入或超额利润。

准地租的概念可以应用于各种资源和经济活动中。它强调了资源的稀缺性和供需关系对价格和报酬的影响。准地租的存在对于资源分配和市场价格的理解非常重要，因为它反映了资源的相对稀缺性和市场上的超额利润。

3. 经济租金

经济租金，也称为经济地租，是指要素供给者从其生产要素（如土地或劳动力）获得的报酬，超过了这些要素在市场上的最低供给价格或成本。这是生产者剩余的一种形式，表示要素供给者因供给市场所需的要素而获得的额外收益。经济租金的大小通常受供给和需求的影响。当某一生产要素（如劳动力）的供给量有限且需求强烈时，要素价格可能会上升，导致经济租金的增加。这种情况下，劳动的经济租金就是劳动者因供给劳动力而获得的额外收益。

要素价格和要素供给量之间存在直接关系。如果要素价格上升，供给者可能会受到激励而提供更多的要素，从而增加要素供给量。这可以影响要素的供给和需求平衡，从而影响要素的收入水平。

经济租金是要素供给者因提供生产要素而获得的额外收益，超过了他们的最低供给价格。它反映了要素供给和需求之间的关系，对于理解要素市场和要素价格形成非常重要。

三、利息的决定理论

利息是指资本所有者因提供资本（如厂房、机器、生产工具等）给其他人或企业而获得的报酬。资本是用于生产的资源，其所有者可以租借或出售它们，从而获取利息收入。资本所有者通常包括那些拥有资本品或投资的人或实体。这些资本品可以用于生产其他商品或提供服务，因此它们在经济活动中起着重要作用。利息是资本的使用权的一种补偿，它通常以一定的比率（如利率）来计算，反映了资本的租借价格或买卖价格。资本所有者的收入通常来自他们的资本投资，这些投资可以帮助企业提高生产效率、创造价值并实现利润。利息作为一种

收入形式，对于资本市场和资本配置至关重要，因为它激励了资本的流动和有效使用。以下主要分析资本利息率。

（一）资本利息

利息是资本所有者要求支付的，而资本使用者又愿意和能够支付的资本要素价格。这里就存在两个经济问题：一是为什么资本所有者要求对资本支付利息；二是资本使用者为什么愿意和能够为资本支付利息。对此，经济学家用时间偏好和迂回生产理论进行了解释，具体如下：

1. 时间偏好

时间偏好是指个体对现期消费和未来消费的偏好或选择。在经济学中，时间偏好与资本利息密切相关，涉及个体在不同时间点上使用资本品（如厂房、机器、生产工具等）来满足物质资料需求的决策。

个体的时间偏好在很大程度上决定了他们是更倾向于现期消费还是未来消费。如果一个人更倾向于现期消费，他们可能会选择将资源用于即时满足物品效用，而不愿意将资源投入未来生产中。这种情况下，他们可能不愿意租借资本品或支付资本利息。

另外，如果个体更加重视未来消费，他们可能会愿意将资源投入资本品中，以满足未来需求。这涉及经济补偿，即个体愿意为了未来的物质资料满足而付出一定的代价，包括支付资本利息。

时间偏好也与物品稀缺性和人生短促有关。由于物品的稀缺性，个体必须在满足当前需求和满足未来需求之间做出选择。由于人生短促，个体通常需要权衡现期消费和未来满足需求的时机。

时间偏好在经济决策中扮演着重要的角色，它涉及个体在现期和未来消费之间的选择，并影响了资本利息和资源配置的决策。个体的时间偏好可以因人而异，因此在经济中产生多样化的行为和决策。

2. 迂回生产

利息是指资本所有者从资本使用者那里获得的报酬，这是因为他们提供了资本，如机器设备、生产工具等，以帮助生产消费品。资本所有者是那些拥有并提供资本的个人、企业或实体，而资本使用者是那些使用资本来进行生产的人或企业。

资本的价值通常与其净生产力和效率相关。资本净生产力是指资本所带来的产出与资本自身的价值之间的比率。高资本净生产力通常表示资本的使用非常有效率。为了实现高效率，生产过程可能涉及迂回生产，即通过多个生产阶段，以提高最终产品的质量和数量。

机器设备、生产工具以及农用机械等资本品在生产过程中发挥关键作用。它们可以提高生产效率，减少生产时间，从而为生产消费品提供更多的资源。

在资本市场中，资本的价值和资本净生产率通常会影响资本的价格，这反映在利息的水平上。资本价值通常受供求关系的影响，而资本净生产率则反映了经济效率。因此，理解这些概念对于资本市场和经济效率至关重要。

（二）均衡利率的决定

均衡利率的决定涉及多个关键因素，这些因素在资本市场的运作中发挥重要作用。

首先，时间利息率对均衡利率产生影响。时间利息率是指资本所有者愿意将现期消费延迟到未来以获取报酬的程度。较高的时间利息率可能意味着资本所有者更愿意将资金投入储蓄或投资中，从而提高了资本供给，推高了均衡利率。

其次，资本需求也是均衡利率的决定因素之一。企业和投资者的资本需求会受到利率的影响。较低的利率可以刺激企业借款和投资，从而提高资本需求，但同时也可能减少储蓄。较高的利率可能会减少资本需求，但增加储蓄。均衡利率需要在资本需求和资本供给之间达到平衡。

再次，资本净生产率。资本的生产率与经济效率密切相关，较高的资本净生产率通常对均衡利率产生上升压力，因为它反映了资本的生产效益。利润最大化的企业倾向于在资本净生产率高的条件下借款并投资，这可能导致较高的均衡利率。

最后，经济周期也会影响均衡利率。在繁荣时期，企业可能更愿意借款进行扩张，从而推高利率。而在衰退期，企业倾向于削减投资和借款，从而导致较低的利率。

总之，均衡利率是资本市场中供需关系的结果。它受时间利息率、资本需求、资本供给、资本净生产率、纯利润以及经济周期等多种因素的影响。理解这些因素如何相互作用有助于解释和预测均衡利率的波动和变化。

四、利润的决定理论

千方百计地追逐利润是厂商的本性。利润之于企业，犹如血液之于生命。利

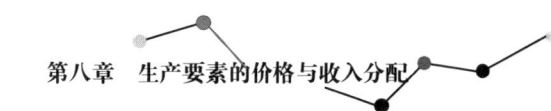

润有会计利润、正常利润和经济利润，会计利润是正常利润与经济利润之和。因此，以下着重分析正常利润和经济利润的来源、性质及其决定。

（一）企业家才能与正常利润

企业家才能与正常利润之间存在密切联系，并在不同市场条件下扮演着重要的角色。正常利润是指企业在市场中获得的一种报酬，用于弥补其显性成本和隐含成本。在完全竞争市场中，正常利润通常是零，因为企业之间存在激烈的竞争，市场价格等于生产成本。然而，在垄断市场中，企业可以获得超过其显性和隐含成本的正常利润，因为它们具有市场垄断权力，能够设定较高的市场价格。在这两种市场条件下，企业家才能都起着关键作用。企业家具有创新和组织管理的能力，可以在生产要素和管理经验方面发挥重要作用。他们的创新可以改进产品、生产工艺或市场战略，从而降低成本或提高产品质量。这有助于企业获得正常利润，特别是在完全竞争市场中，通过降低显性和隐含成本来实现正常利润。

风险也是与企业家才能密切相关的因素。企业家承担着市场不确定性和风险，他们的决策和创新可以帮助企业在市场中生存和获得正常利润。如果企业家的决策成功，他们可以获得超过正常利润的纯利润，这是他们承担风险的奖励。

另外，市场供给和市场需求也会影响正常利润水平。如果市场需求高于市场供给，企业可能能够获得正常利润，因为他们可以以较高的价格销售产品。反之亦然，如果市场供给高于市场需求，企业可能会面临价格竞争，正常利润可能会减少。

企业家才能在市场中发挥着重要作用，影响着企业的正常利润水平。他们的创新、管理经验和决策能力可以帮助企业获得正常利润，同时也承担着市场风险。市场条件、市场供求关系和市场价格也会对正常利润产生影响。

（二）风险决策与经济利润

经济利润是企业在市场竞争中实现的总收益与经济成本之间的差额，它包括了正常利润和可能的额外收益。利润理论涵盖了这种收益的来源和影响因素，其中市场信息和竞争不完全性扮演着关键角色。在竞争不完全的市场中，垄断力可以影响企业的定价和市场份额，从而影响经济利润水平。因此，企业必须运用创新和风险决策能力来应对竞争不完全性和市场垄断力，以实现可持续的利润增长。

风险是商业世界中不可避免的因素，每个厂商都必须面对。厂商决策涉及评估不确定性和可能的亏损，这包括了可分散风险（可以通过多样化降低）和不可分散风险（无法通过多样化降低）。例如，厂商可能会面临系统风险，如火灾、失窃或工伤事故，以及违约风险，这可能影响产品需求和要素供给。在这种情况下，理性的厂商必须权衡风险和期望收益，以做出成功的风险决策，实现经济利润。

对竞争对手的关注也是风险决策中的关键因素。市场竞争可以带来不稳定性，但同时也可能为厂商提供机会。理性的厂商会努力规避风险，同时寻求利用竞争带来的有益机会。风险决策需要考虑市场动态和变化，以确定最合理的经营战略。这包括了权衡风险和收益，以确保企业获得利润收入。

在风险决策中，成功与失误之间的界限模糊不清。然而，合理的风险决策可以最大程度地降低不稳定性，提高经济利润的可能性。这要求厂商在生产经营中具备高度的决策能力和风险管理技能。企业必须追求有益的机会，同时规避不必要的风险，以实现长期的成功和稳定性。因此，理性的风险决策对于经济利润的实现至关重要。

（三）企业创新与经济利润

创新是现代经济领域中至关重要的因素，对厂商和市场产生深远的影响。创新可以表现为新发明、新的生产技术、生产方法，以及产品市场上的新产品。厂商不断努力开发和研究新产品和生产方法，以提高生产要素的效率和质量。创新还可以带来生产要素的新来源，改变企业的组织形式，满足市场需求条件，优化成本条件，从而创造出超过正常利润的机会。

在市场中，创新不仅满足了市场需求，还创造了收益和利润。创新可以提高生产效率和管理效率，降低生产经营成本，寻找原料的新来源，增加产量，或者改进产品品质。在完全竞争市场中，企业通过模仿和追求创新收益来满足市场需求，并获得报酬。然而，创新过程中存在不确定性，因此厂商必须权衡风险与潜在的奖励。

创新不仅是为了经济利润，还驱动着社会进步和发展。创新是社会发展的动力之一，它鼓励人们追求更好的生活方式、解决重大挑战、提高效率和质量，从而促进社会进步。创新也为社会提供了更多的选择和机会，满足了不同层面的需求，有助于改善生活质量和实现可持续发展。

创新的重要性在不同经济领域和产业中都得到了体现。例如，在科技领域，新的发明和技术推动了信息技术、医疗保健和绿色能源等领域的发展。这些创新不仅提供了新的市场需求，还创造了新的产业和就业机会。创新也可以通过改进产品、服务和生产流程来满足不断变化的市场需要，从而提高企业的竞争力。

总之，创新对于厂商和社会都具有巨大的价值。它推动了经济增长，改善了生活质量，促进了社会进步，提供了机会奖励。虽然创新伴随着不确定性和风险，但它是现代经济体系中不可或缺的力量，为持续的经济发展和社会发展提供了动力。因此，鼓励和支持创新是实现可持续发展和社会繁荣的关键。

（四）垄断经营与经济利润

垄断利润是在市场竞争中出现垄断力的情况下实现的超额利润。垄断力使垄断企业能够单方面提高价格，而不用担心过多的顾客流失。这种情况可能由自然垄断产生，其中规模经济使得一个企业能够以更低的成本生产特定产品或服务。另外，技术秘密、产品配方和信息也可以产生垄断力，限制了其他企业的竞争能力。然而，垄断利润往往会损害消费者的利益，因为价格提高可能导致消费者支付更高的价格。

垄断利润可以分为两种主要类型：卖方垄断利润和买方垄断利润。卖方垄断利润发生在卖方市场中，其中垄断企业可以控制价格，而买方垄断利润则发生在买方市场中，其中消费者能够施加价格压力。无论哪种情况，这种不合理的市场力量分布可能导致社会限制，需要政府进行调节。

在短期内，垄断企业可能会提高价格，以实现垄断利润。然而，在长期均衡下，新的竞争者可能进入市场，并打破垄断，从而减少超额利润。垄断竞争是一种市场结构，其中存在多个生产者，每个生产者都能够影响价格，但没有足够的垄断力来完全控制市场。在寡头垄断中，少数几个大型企业控制市场，但它们仍然受到一定程度的竞争。

垄断利润不仅影响消费者，还影响生产者。垄断企业通常可以获得高于正常利润的收益，从而提高了生产者的利益。然而，这种利润的获得通常是通过剥削市场地位实现的，而不是通过提供更好的产品或服务。因此，社会对垄断利润的关注不仅因为它们损害了消费者利益，还因为它们可能导致市场不合理。

为了维护市场的公平和有效运行，政府可能需要采取一定的监管措施，以限制垄断力和垄断利润。这些调节措施可以包括反垄断法律、价格控制、准入限制等。其目的是确保市场在充分竞争的条件下运作,从而使消费者和生产者都能够受益。垄断力和垄断利润的合理调节可以促进社会的繁荣和经济效率。

第三节 欧拉定理与收入分配

一、欧拉定理

关于各种要素价格的决定实际上得出了微观的收入分配理论。在完全竞争市场中,要素需求和要素供给在市场均衡中起着关键作用。要素需求表示企业愿意支付的要素的价格,而要素供给表示要素所有者愿意提供的价格。边际生产力在这个过程中扮演着重要角色,因为它表示了每个额外要素单位对产出的增加。当市场达到均衡时,要素价格将等于其边际生产力,这是基于生产规模报酬不变技术的理论基础。这意味着要素的报酬与其对生产的贡献成比例增加。这一概念反映在欧拉定理中,强调了市场均衡中的产量分配净尽定理,即要素的报酬将完全用于支付生产要素,以实现市场均衡和资源有效分配。

在完全竞争市场中,要素的边际产品价值等于要素价格,即:

$$P \cdot MP_L = w \qquad (8-17)$$

$$P \cdot MP_K = r \qquad (8-18)$$

式中:P——产品价格;

MP_L——劳动的边际产品;

MP_K——资本的边际产品。

还可改写上式为:

$$MP_L = w/P \qquad (8-19)$$

$$MP_K = r/P \qquad (8-20)$$

式中:w/P 和 r/P——分别代表劳动和资本的实际报酬。

式(8-19)和式(8-20)说明,在完全竞争条件下,单位劳动的实际报酬等于劳动的边际产量,以及单位资本的实际报酬等于资本的边际产量。

下面,就用两种生产要素的情况来说明欧拉定理。假定生产函数为:

$$Q = Q(L, K) \qquad (8-21)$$

式中:Q——产量;

L——劳动的投入量；

K——资本的投入量。

在生产规模报酬不变条件下，可以推导出如下结果：

$$Q = L \cdot \frac{\partial Q}{\partial L} + K \cdot \frac{\partial Q}{\partial K} \quad (8-22)$$

这便是欧拉定理。其中，$\frac{\partial Q}{\partial L}$ 表示劳动的边际产量MP_L，$\frac{\partial Q}{\partial K}$ 表示资本的边际产量MP_K。因此，欧拉定理表示，在假定条件下，全部产品Q恰好足够按要素的边际生产力分配给劳动要素L和资本要素K。

当然，如果生产使用规模报酬递增或递减的技术，那么，按边际产品来分配，要么不够全部要素分配，要么分配之后还有剩余。

二、洛伦兹曲线

边际生产力分配理论是一种解释生产要素价格决定的经济理论，但它主要关注了生产要素的市场分配，而未深入涉及社会收入分配的公平度。对于社会收入分配的不公平程度的衡量，需要回顾奥地利统计学家洛伦兹[1]于1905年提出的洛伦兹曲线。洛伦兹曲线是一种重要的工具，用于评估社会收入分配的不平等情况。这条曲线的构建方法是将国家总人口按照其收入进行排序，然后考虑最低收入的一部分人口的收入百分比。随着收入从最低向最高排列，洛伦兹曲线显示了收入和人口累积百分比之间的对应关系。

（一）洛伦兹曲线的特点

洛伦兹曲线是一种用于表示经济不平等或收入分布的图表，用以描述不同社会或经济群体之间的财富或收入分布差异。这个图表通常采用累积百分比的方式来表示相对不平等程度。

第一，横轴和纵轴。洛伦兹曲线的横轴表示人口或家庭按收入升序排列的百分比，纵轴表示这些人口或家庭实际获得的收入累积百分比。

第二，45°线。如果每个人都拥有相同的收入，那么洛伦兹曲线将与45°线重合。这表示完全平等的情况，其中每个人的收入都占总收入的相同百分比。

第三，曲线形状。洛伦兹曲线的形状越向下凹陷弯曲，就意味着收入或财富

---

[1] 洛伦兹是奥地利统计学家，1905年提出用来衡量社会收入分配不公平程度的洛伦茨曲线。后来意大利统计学家基尼于1912年根据洛伦茨曲线进一步提出用于精确反映收入分配不公平程度的基尼系数。

分配越不平等。如果曲线趋近于45°线，那么收入分配越趋于均等。

第四，洛伦兹曲线下的面积。洛伦兹曲线下的面积表示了不平等的程度。曲线下面积越大，不平等越严重。如果曲线下面积等于0.5（即50%），则表示一半的人口或家庭占有全部收入，这是最不平等的情况。

第五，基尼系数。洛伦兹曲线还可以用来计算基尼系数，它是一个常用的不平等指标。基尼系数的取值范围为0~1，其中0表示完全平等，1表示完全不平等。基尼系数等于洛伦兹曲线下的面积除以45°线下的面积。

在图8-12中，横轴表示人口的累计百分比，纵轴表示收入的累计百分比，ODL为该图的洛伦兹曲线。从图8-12中可以看出，在这个国家中，收入最低的20%人口所得到的收入仅占总收入水平的3%左右；而收入最低的80%人口所得到的收入明显低于总收入的一半。

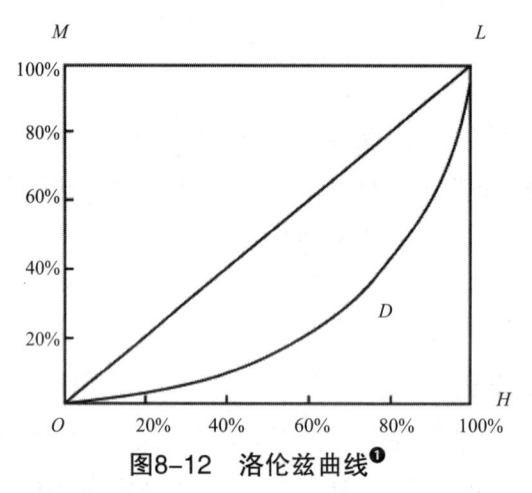

图8-12　洛伦兹曲线[1]

（二）洛伦兹曲线的重要性

第一，政策制定。洛伦兹曲线和基尼系数为政府和决策者提供了有关不平等问题的重要信息。它们可以用来监测不平等的变化趋势，并帮助制定政策来减少贫富差距。

第二，社会科学研究。洛伦兹曲线在社会学、经济学、政治学等社会科学领域中广泛应用，以研究和理解不同社会群体之间的财富和收入分布差异。

第三，国际比较。洛伦兹曲线和基尼系数也用于国际比较，帮助不同国家比较不平等程度，从而更好地了解全球不平等问题。

---

[1] 本节图表均引自：张卫东.微观经济学[M].武汉：华中科技大学出版社，2019：198.

总之，洛伦兹曲线是一个强大的工具，用于可视化和量化不平等问题，有助于促进社会公平和经济政策的发展。

三、基尼系数

基尼系数是一种用来衡量经济或财富分配不平等程度的统计指标。这一系数的范围为0~1，其中0表示完全平等，即每个人都拥有相同的收入或财富，而1表示完全不平等，即所有的收入或财富都集中在一个人或一组人手中。基尼系数的计算通常基于洛伦兹曲线。

（一）基尼系数的计算方法

按照收入或财富的升序排列人口或家庭，然后计算每个百分比区间内的累积收入或财富占总收入或财富的百分比。这一过程用来构建洛伦兹曲线。

基尼系数的计算是通过测量洛伦兹曲线下的面积来完成的。这个面积与完全平等情况下的45°线之间的差异越大，不平等程度越高。基尼系数的计算公式如下：

$$G=A/(A+B) \tag{8-23}$$

式中：G——基尼系数。

A——洛伦兹曲线下的面积，即实际不平等的程度。

B——45°线和完全平等的洛伦兹曲线之间的面积，即理论上的最大不平等。

（二）基尼系数的特点及解释

$0 \leqslant G \leqslant 1$：基尼系数的取值范围始终为0~1，因此它是一个无量纲的相对指标。

$G=0$：完全平等，表示每个人拥有相同的收入或财富。

$G=1$：完全不平等，表示所有的收入或财富都集中在一个人或一组人手中。

$0<G<1$：基尼系数的取值介于完全平等和完全不平等之间，反映了不同程度的不平等。

基尼系数越接近1，不平等程度越高，而越接近0，不平等程度越低。

思考与练习

1.什么是边际生产力？它是如何与生产要素价格相关联的？

2.假设你是一家工厂的经理，你如何确定雇佣劳动力的最佳数量，以最大化利润？

3.劳动力市场的供需关系如何影响工资水平？

4.土地租金是如何形成的，它与土地的边际生产力有什么关系？

5.为什么企业在生产中需要将不同的生产要素组合在一起？

6.为什么不同职业的人赚取不同的薪水？讨论政府政策对收入分配的潜在影响，如最低工资法案或税收政策。

7.使用欧拉定理，尝试解释为什么一些人的财富增长得更快，而其他人的财富增长相对较慢。欧拉定理的哪些方面可以帮助我们理解不平等现象？

8.分析政府税收政策和财富再分配措施对财富分配的影响。如何使用欧拉定理来评估这些政策的效果？

第九章　一般均衡理论与福利经济学

一般均衡理论与福利经济学是现代经济学中的两个关键概念。一般均衡理论是一种宏观经济学的方法，旨在描述市场经济中各种市场之间的相互依赖关系。福利经济学则关注资源分配的社会影响和效果。这两个领域的研究相互补充，有助于更好地理解和指导经济政策的制定。基于此，本章研究一般均衡理论与福利经济学。

第一节　一般均衡理论

一般均衡理论涵盖了所有消费者、生产者、产品市场和要素市场同时实现均衡的情况，以及达到均衡后的结果。该理论的核心思想在于，在不同但相互关联的市场中，各种因素影响着市场的供求关系，这些因素在一个相互依存的系统中共存，该系统的稳定状态即为市场的一般均衡。

一、局部均衡与一般均衡

（一）局部均衡与一般均衡的区别

局部均衡分析是经济学中的一种方法，着重于研究单个行为者（如家庭和企业）以及单个市场（如产品市场和要素市场）内的均衡状态。在这个分析框架下，关注的是局部范围内的供求关系和价格因素。家庭和企业都追求效用最大化和成本最小化的目标，以在局部市场内实现均衡。在产品市场中，家庭是消费者，企业是生产者，他们之间的交互决定了产品的供给和需求。在要素市场中，企业需要雇佣劳动力和使用其他生产要素，同时家庭供应劳动力和其他资源。供给和需求的变化将影响价格和市场均衡。尽管局部均衡分析关注的是单个市场和行为者，但这些局部市场和行为者的互动构成了更广泛的经济系统。通过深入研究这些局部市场的运作，经济学家可以更好地理解整个经济体系的运行方式，从而为决策制定者提供有关资源配置和市场政策的重要见解。

局部均衡分析方法是经济学中一种常用的研究方法，通过将关注点放在特定市场和行为者上，来深入探讨其运行机制。以汽车市场为例，这种方法允许我们分析供求状况、汽车生产厂商的策略以及需求与生产成本之间的关系。在这一理论框架下，我们可以建立各种假设，如汽油价格、劳动力成本和钢铁市场的状况，并简化复杂的变量关系。这使得我们能够进行深入的理论研究，以更好地理解影响汽车市场均衡结果的因素。

在实际的汽车市场中，局部均衡分析方法可以帮助我们探讨不同因素对市场的影响，例如互补品的价格和利润空间。这种方法允许我们预测市场的变化，帮助汽车生产厂商和政策制定者制定更有效的策略。尽管局部均衡分析方法在某种程度上是对现实世界的简化，但它提供了深刻理论洞见，有助于更好地理解复杂市场中的供需动态和决策制定过程。

实际经济运行是复杂而多变的，涉及各种经济代理人在单一市场中的决策和行为。尽管局部均衡分析方法对于研究特定市场的均衡条件非常有用，但它通常忽略了经济体系中其他市场的影响。在产品市场和要素市场之间存在着复杂的关系，这些关系可能在局部均衡分析中被忽略。一般均衡分析方法更全面地考虑了整个经济体系中的相互联系，可以揭示不同市场之间的潜在联动效应，有助于更好地理解经济运行的复杂性。

一般均衡分析方法可以用于建立一个更真实的经济环境模型，考虑了多个市场、多个经济代理人和多个变量。这种方法有助于我们更全面地了解经济体系中的各种因素如何相互影响，以及在不同市场中的变化如何传递到整个经济系统。因此，一般均衡分析方法为我们提供了更深入、更全面的视角，使我们能够更好地理解真实的经济世界，为政策制定和经济决策提供更准确的指导。

（二）从局部均衡到一般均衡的转变

为了研究不同产品和要素市场之间的相互影响，我们首先需要考虑一个简化的市场经济体系。这个经济体系包括两个要素市场，即劳动力市场和原油市场，以及两个产品市场，即汽车市场和钢铁市场。如图9-1所示，在初始状态下，这四个市场都处于均衡状态。这意味着供给和需求曲线在每个市场都相交于均衡点，价格和产量都稳定。假设外部因素突然导致全球原油供应减少，这将引起原油市场的供给曲线向左移动。这一变化导致原油市场的均衡价格上升，同时均衡

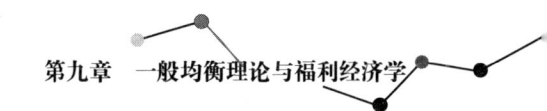

第九章 一般均衡理论与福利经济学

产量下降。这种价格变化不仅会影响原油市场，它还将对其他市场产生影响，因为这些市场之间存在着复杂的相互关系。

其他市场将受到原油市场变化的连锁反应影响，从而产生调整。例如，原油价格上升将直接影响汽车市场和钢铁市场的生产成本，因为这两个行业都依赖于能源。高成本可能导致汽车和钢铁价格上涨，进而影响到这些市场的需求。这种影响可能进一步传递到劳动力市场，因为产业的变化可能会影响劳动力需求。这些市场之间的相互关系形成了一个复杂的系统，调整一个市场可能会产生连锁反应。

这些市场之间的调整是相互关联的，调整结果将反馈回原油市场。例如，汽车市场和钢铁市场的需求下降可能导致劳动力市场的失业率上升，这可能会影响到消费者的购买力，从而影响汽车市场和钢铁市场的需求。这种反馈效应可能会导致原油市场再次发生调整，产生新的均衡。这个调整和反馈的过程将持续下去，直到每个市场都达到一个新的均衡状态。

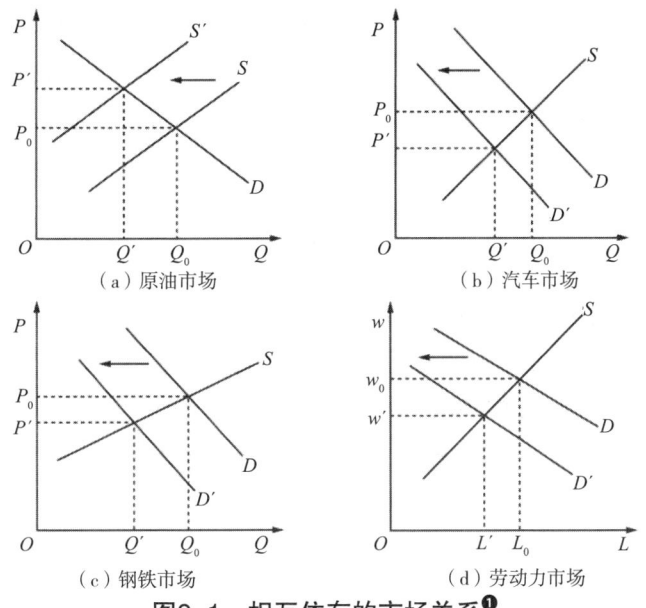

图9-1　相互依存的市场关系[1]

原油市场的波动对汽油供应和价格产生了直接影响，进而引发了一系列经济连锁反应。当原油价格上涨时，汽油价格也会相应上涨，这使得消费者需要花更

---

[1] 本节图片引自：张卫东.微观经济学[M].武汉：华中科技大学出版社，2019：206-220.

多的钱来填充他们的车辆油箱。这种价格上涨可能导致一些消费者重新考虑是否购买汽车，因为汽车使用成本的增加使得公共交通工具成为一个更具吸引力的选择。因此，汽车市场与汽油市场息息相关，它们可以被看作是互补品。

汽车市场的需求下降，需求曲线向左移动至新的位置D'。这一变化导致了价格和产量水平的调整，汽车的价格下降到P'，产量也减少到Q'。汽车是钢铁的主要原材料之一，因此汽车行业减产会导致对钢铁的需求减少。这一减少使得钢铁市场的需求曲线D'向左下方移动，进一步影响了钢铁的价格和产量。

与此同时，原油、汽车和钢铁产业的减产还会对劳动市场产生负面影响。劳动需求下降，劳动要素市场迅速适应，劳动投入和工资水平都降低到新的均衡点L'和w'。这意味着工人可能会面临失业风险，工资也会下降，对整个经济产生不利影响。

要素市场和产品市场是经济体系中至关重要的两个市场，它们在一般均衡分析和局部均衡分析中扮演着关键角色。要素市场涉及生产要素如劳动力、资本和土地的交易，而产品市场则涉及最终产品和服务的买卖。在一般均衡分析中，同时考虑这两个市场，以揭示它们之间的市场依存关系。均衡价格和产出水平在两个市场之间相互影响，通过考虑这种相互作用，我们能够更全面地理解经济体系的运行。

影响因素在一般均衡分析中非常重要，因为它们可以导致整个经济体系的变化。这些因素可以包括技术进步、政策改变、外部冲击等。一般均衡分析的优势在于它能够同时考虑多个市场和多个因素的影响，帮助我们预测各种政策和经济事件对整个经济体系的影响。然而，局部均衡分析更专注于单个市场的均衡条件，通常假设其他市场保持不变。虽然局部均衡分析更简单，但它可能无法捕捉到一般均衡分析中的复杂市场依存关系，因此在某些情况下，它的分析结论可能较为有限。综合而言，一般均衡分析和局部均衡分析都有其价值，取决于研究的具体问题和需求。

二、竞争均衡的价格

市场参与者在经济系统中扮演着关键的角色，他们可以被分为价格接受者和价格制定者。在产品市场和要素市场中，当市场处于完全竞争状态时，价格接受者通常是消费者和生产要素所有者，而价格制定者则是企业。均衡问题在这个经济生态系统中占据重要地位，它体现在供求相等的情况下，即市场上的商品和要素的相对价格。消费者寻求最大化效用，企业则追求利润最大化，通过优化生产要素的使用来实现这一目标。要素报酬是企业支付给生产要素所有者的补偿，长期经济利润是企业在市场中取得的可持续性收益。综合而言，市场参与者的决策和交互在经济系统中形成了均衡，影响了相对价格和经济利润的分配。

另外，还需要假设经济系统中没有交易费用，并且个人和企业能够获得完全的市场价格信息。因此，需要进一步探讨的问题包括，这个经济系统的关键要素是什么，如何实现一般均衡的状态等。

（一）竞争的一般均衡模型

竞争的一般均衡模型是一种经济学模型，用于描述市场经济中的资源分配和价格形成过程。这个模型的基本假设包括：①完全竞争，即市场上有许多买家和卖家，没有任何一个单独的买家或卖家能够影响市场价格，这意味着每个市场参与者都是价格接受者，而不是价格制定者；②均衡，即在模型中，存在一组价格，这些价格下，供给等于需求，从而实现了市场的均衡，这些价格被称为均衡价格，而在这些价格下交易的数量被称为均衡数量；③资源限制，即模型假设市场上存在一定数量的资源（如劳动力、资本、土地等），这些资源由个体经济体或企业所拥有，并用于生产商品和提供服务；④理性行为，即模型假设市场参与者是理性的，他们会根据他们的偏好、资源约束和市场价格来做出决策，以最大化他们的效用（消费者）或利润（生产者）。竞争的一般均衡模型被用来分析不同政策和经济事件对市场的影响，包括价格变动、税收政策、贸易政策等。通过模拟这些变化，经济学家可以评估它们对资源分配、社会福利和市场参与者福利的影响。

大多数的一般均衡模型都涉及高深的数学知识和复杂的推理，这里只给出一个简单的竞争性一般均衡模型，使我们对一般均衡状态有一个初步的了解。该模型首先对所研究的市场体系进行了一定的理想化假定。假设经济中有n种商品（产品和要素），而且它们以某种方式在市场参与者之间被分配，且每种商品的供给都是一定的。设S_i（$i=1, 2, \cdots, n$）是第i种商品的总供给，P_i（$i=1, 2, \cdots, n$）表示第i种商品的价格。市场中的个体（企业或消费者）对每一种商品的需求与所有商品的价格均有关，各种商品的需求量等于市场中所有个体对该商品的需求的总和。因此，商品i的总需求函数可表示为$D_i(P_1, P_2, \cdots, P_n)$，其中$i=1, 2, \cdots, n$。

问题的关键是一组价格P_1，P_2，…，P_n是否存在。下面用P表示市场的价格向量组合，则商品的需求函数可简化表述为$D_i(P)$。在这样一个分析框架中，一般均衡状态的实现条件可以表述为发现一组价格P^*，使下式成立：

$$D_i(P^*)=S_i \tag{9-1}$$

即在价格P^*下，所有商品的市场供给都等于需求，经济体系由此达到了一般均衡状态。这是从一般均衡的定义推出的基本结论，所有的一般均衡模型都是基于此而展开分析的。在这个简要的一般均衡框架下，需要求解的难题就是：是否存在一个均衡价格集（P^*），使得上式成立。

1.超额需求函数

将上式进行适当的改写，可得均衡的表达式：

$$ED_i(P)=D_I(P)-S_i=0 \tag{9-2}$$

其中，$ED_i(P)$是第i种商品的超额需求。

式（9-2）表明，在均衡状态下，所有商品的超额需求都等于零。

上述的需求（超额需求）函数的性质是：首先，需求函数是零次齐次的，即$ED_i(tP)=ED_i(P)$。也就是说，如果所有商品的价格都提高相同的倍数（包括劳动工资），每一种商品的需求量仍保持不变。这个假定很直观，比如，一夜之间市场上所有商品的价格都翻了一番的话，那么第二天早上的行为决策并不会受影响。在这个假定之下，市场上所有商品的价格均可以表示为其中某一商品价格的比率，称为相对价格。上述需求函数的第二个性质是，需求（超额需求）函数是连续的。也就是说，如果市场价格发生极小的变化，则需求量的变化也是极小的，这和在消费者行为理论部分的分析是一致的。

2.瓦尔拉法则

瓦尔拉法则是微观经济学中的一项基本原理，该原理描述了市场经济中的一个均衡条件，特别涉及商品市场和货币市场之间的关系。瓦尔拉法则的具体表述：在一个完全竞争的市场经济中，如果所有商品市场都处于均衡状态（即供给等于需求），那么货币市场也将处于均衡状态。

这个原理的要点是，当所有商品市场都达到供给和需求之间的均衡时，这意味着消费者和生产者都不再有未满足的需求或剩余的商品，所有市场清零。因此，货币市场也必然处于均衡状态，因为货币是用来购买商品和服务的媒介，如果所有商品市场都清零，那么货币市场也将不再有超额需求或超额供应。

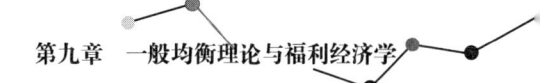

瓦尔拉法则强调了市场经济中不同市场之间的相互依赖性。当一个市场出现超额供给或超额需求时,这将导致价格的调整,从而影响其他市场的供给和需求。通过这种方式,市场最终将逐渐达到均衡状态,所有市场都没有超额供给或超额需求。

需要注意的是,瓦尔拉法则的适用条件是在完全竞争的市场中,这意味着没有市场力量能够影响价格,市场参与者是价格接受者而不是价格制定者。此外,该原理假设市场参与者的行为是理性的,他们根据他们的偏好和预算约束做出决策。

3.证明均衡存在性的难点

在经济学中,证明一般均衡存在性是一个复杂且具有挑战性的问题。一般均衡是指在市场经济中,所有市场都同时达到供给等于需求的状态。尽管一般均衡模型在理论经济学中起着重要作用,但存在一些困难和挑战,使其难以证明存在性。以下是一些主要的难点:

(1)复杂性。市场经济通常包括多个商品和多个市场,每个市场都有不同的供给和需求条件,参与者的数量也可能很大。这使得一般均衡模型非常复杂,涉及大量的方程和变量,难以简单地通过代数方法解决。

(2)非线性。市场经济中的供给和需求关系通常是非线性的,这意味着价格和数量之间的关系不是简单的线性函数。非线性使得求解一般均衡模型的方程更加困难。

(3)多个均衡点。一般均衡模型可能存在多个均衡点,这增加了证明存在性的复杂性。在某些情况下,可能存在多个价格和数量组合使得供给等于需求,但不同的均衡点对应于不同的经济状态。

(4)市场失灵。一般均衡模型通常基于理想化的假设,如完全竞争和完全信息。然而,在现实世界中,市场可能会出现各种不完美,例如市场垄断、信息不对称等,这些因素可能导致均衡不存在或不稳定。

(5)计算问题。对于大规模的一般均衡模型,求解可能需要大量的计算资源和时间,甚至可能是计算上不可行的。

面对这些难点,经济学家通常采用数值方法、计算机模拟和近似技巧来研究一般均衡模型。此外,他们还会对模型进行简化,引入额外的假设,以便更容易证明存在性。尽管存在这些困难,一般均衡模型仍然是经济学中的重要工具,用于理解市场经济中的资源分配和价格形成过程。

4. "拍卖者"假定

"拍卖者"假定是一种在一般均衡理论中经常使用的假设。这个假定是为了简化和便于分析市场经济中的资源分配和价格形成过程而提出的。根据"拍卖者"假定，假设存在一个超级市场拍卖者或中央调度者，通常被称为"拍卖者"，他的职责是协调市场上所有商品和服务的供给和需求，以确保市场处于均衡状态。这个拍卖者具有以下特征：

（1）信息完全。拍卖者具有完全信息，了解市场上所有商品和服务的供给和需求情况，以及参与市场的所有个体的偏好和资源约束。

（2）即时调整。拍卖者可以实时调整市场上的价格，以反映供给和需求的变化。他可以通过不断调整价格来协调市场，直到达到一般均衡状态。

（3）无成本。拍卖者的操作没有成本，并且能够立即响应市场上的变化。

（4）无权力。拍卖者不参与市场交易，他的唯一职责是协调市场。

这个假定的目的是简化一般均衡模型，使经济学家能够更容易地分析市场中的供需关系和资源分配过程。在实际市场中，没有一个中央拍卖者来调整所有商品和服务的价格。相反，价格通常由市场参与者的交易行为决定，根据供给和需求的变化而变化。尽管如此，"拍卖者"假定仍然是一个有用的工具，可以帮助人们理解市场经济中的均衡和非均衡情况，以及资源配置的影响。

（二）一般均衡存在性的证明

对于上述一般均衡分析框架，瓦尔拉本人并没有给出一般均衡状态存在性的证明。现代的证明大多相对简单且更加规范，但要用到较为高深的数学知识。以下阐述一个较为简洁的证明。

现代对于一般均衡状态存在性的证明，一般使用不动点定理。布劳威尔不动点定理指出：任何一个闭合的、有界的凸集对其自身的连续映射 $F(X)$，至少有一个不动点 X^*，使得 $F(X^*)=X^*$。

对于该定理中的一些概念，作简要论述：集合对其自身的映射，是指某一集合 S 中的每一点都通过某种映射规则 F 与本集合内的其他一些点相联系的一种映射。对于闭合的、有界的凸集，可以把它想象成一个 N 维空间中的有着不规则形状的肥皂泡，它在一个有限的空间（以肥皂泡壁为界）内，且是闭合的（肥皂泡没有破损），并且，因为在它的上面没有洞（想象一个中空的古钱币，它就不是一个凸集），它也是凸的。对于我们而言，认识到布劳威尔定理要被用在某些形状简单的集合上就足够了。

可以用一个图形来形象地表述该定理。在图9-2中，x在[0，1]区间取值，$f(x)$是x所在集合对其自身的连续映射，且它也在[0，1]区间取值。

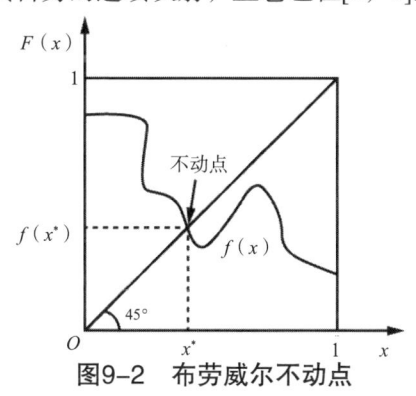

图9-2 布劳威尔不动点

由该图可以看出，只要$f(x)$是连续的，那么它就一定会与45°线有交点。在该交点处，有$f(x^*)=x^*$，它就是不动点，因为$f(x)$把该点映射到了它自身。

把所有价格都表述为标准化的形式，令：

$$P_i' = \frac{P_i}{\sum_{i=1}^{n} P_i} \quad (9-3)$$

我们所假设的超额需求函数的零次齐次特性保证了这种变换是可行的。显然，对于上述新的价格，有$\sum_{i=1}^{n} P_i' = 1$。另外，假定由此所得到的价格可行集是闭合的、有界的、凸的，也就是说，该集合符合布劳威尔不动点定理的条件。

为了应用不动点定理，我们还需要建立价格集合对自身的映射。根据以前的分析可知，当一个市场的供给大于需求（超额需求为负）时，该市场的价格就会下跌；而当一个市场供给小于需求（超额需求为正）时，该市场的价格则会上涨。表述为下式：

$$f(P) = P_i + ED_i(P) \quad (9-4)$$

当$ED_i(P) > 0$时，存在正的超额需求，新的价格$f(P)$大于原来价格P，价格运动表现为一个上涨的趋势。相反地，当$ED_i(P) < 0$时，存在负的超额需求，新的价格$f(P)$小于原来的价格P，价格下降了。

为了保证所得到的价格都是非负的，可将上式改写为：

$$f(P)=\max\{P_i+ED_i(P),0\} \qquad (9-5)$$

这样就保证了新的价格或者是正的，或者是零。

同样，对所有新得到的价格也进行标准化处理。如此处理后，上式即可视为价格集合对自身的一个映射。

最后，应用不动点定理来证明一般均衡状态的存在性。

由于该映射符合不动点定理的条件，所以一定存在一个点(P^*)，使得下式成立：

$$P_i^*=f(P)=\max\{P_i^*+ED_i(P^*),0\} \qquad (9-6)$$

当$P_i^*>0$时，有$P_i^*=P_i^*+ED_i(P^*)$，即$ED_i(P^*)=0$。这说明，存在一个正的价格集，使得所有市场的超额需求都等于零，同时，市场的价格保持不变。因此，市场此时恰好处于一般均衡状态。

当$P_i^*=0$时，有$P_i^*+ED_i(P^*)\leq 0$，即$ED_i(P^*)\leq 0$。这说明，当市场的供给大于需求时，市场的均衡价格为零，该商品是免费商品。

三、埃奇沃斯盒状图和资源配置

市场体系是一个复杂的经济结构，包括不同市场和市场参与者。在市场体系中，经济参与者追求效用最大化或利润最大化的目标，而均衡状态是实现这些目标的关键。局部均衡是指在某一个市场内，供给和需求相等，价格稳定的状态，但要实现整个市场体系的均衡状态则需要考虑多个市场的互动。均衡状态的实现过程通常涉及一般均衡模型的应用，该模型可以分析不同市场之间的相互依赖关系。在一般情形下，经济体系分为不同的部门，每个部门代表一个市场。实现均衡状态需要考虑不同市场之间的实现条件，以确保资源得到有效配置。埃奇沃斯盒状图是一种工具，用于可视化市场体系中的资源配置问题，帮助经济学家更好地理解市场的运作和资源的分配。

市场体系中的均衡状态的实现是一个复杂的问题，需要考虑多个市场之间的相互关系和资源配置问题。一般均衡模型和相关工具如埃奇沃斯盒状图有助于经济学家研究和解决这些资源配置问题，为经济体系的稳定运行提供了理论基础和实践指导。

（一）一般均衡的模型框架

一般均衡模型是经济学中用于分析市场经济中资源分配、价格形成以及经济体之间相互作用的重要工具。

一般均衡模型考虑了多个市场，每个市场代表一种商品或服务的交换场所。这些市场可以包括商品市场（如食品、汽车、电子产品等）、劳动力市场、金融市场等。一般均衡模型中有多个经济体，包括个体消费者、生产者（企业或厂商）、政府等。每个经济体都有自己的资源、需求和行为决策。个体消费者在一般均衡模型中追求效用最大化的目标。他们面临着有限的预算和商品选择，通过选择不同商品的组合来满足他们的需求。生产者（企业或厂商）的目标是利润最大化。他们使用生产要素（如劳动、资本、原材料）来生产商品或提供服务，并根据市场上的价格来决定生产数量。在每个市场中，供给由生产者决定，需求由消费者决定。市场价格根据供给和需求的平衡来确定。如果某个市场存在超额供给，价格下降以重新平衡供需；如果存在超额需求，价格上升以达到平衡。

一般均衡模型关注的核心问题是如何分配有限的资源，以满足个体消费者的需求和生产者的利润最大化。通过市场价格的调整和资源的重新配置，模型描述了资源如何在不同市场上流动，以达到整体经济的均衡状态。一般均衡模型中的核心概念是一般均衡条件，它要求所有市场都处于均衡状态，即供给等于需求。只有当所有市场都达到均衡时，模型才认为整个经济体处于均衡状态。

另外，一般均衡模型可以用来研究政府政策（如税收、补贴、货币政策等）对资源分配和价格形成的影响。模型还可以用来研究市场失灵和外部性等问题。一般均衡模型提供了一个综合性的框架，用于分析市场经济中各种经济体之间的相互关系和资源配置过程。它可以用来研究市场中的价格变化、资源流动、福利效果等重要经济现象，是经济学研究和政策分析的重要工具。

在埃奇沃斯盒状图中，两个个体消费者可以通过资源交换来提高效用。他们可以在资源拥有量不变的情况下，通过交换资源来实现效用最大化。一般均衡模型描述了整个市场经济中的资源分配和价格形成过程。这个模型考虑了所有市场（商品市场、劳动市场等）中的供给和需求关系，以及个体消费者和生产者的行为。一般均衡模型允许人们分析在不同市场上的资源分配如何影响个体消费者的效用和生产者的利润。埃奇沃斯盒状图可以被视为一般均衡模型中的一个微观层面的图示，用来可视化个体消费者之间的资源交换和效用最大化。一般均衡模型提供了更广泛的框架，可以同时考虑多个市场和多个经济体之间的相互作用，以确定整个经济体中的资源分配和价格。

总之，埃奇沃斯盒状图是一种有助于理解资源交换和效用最大化的有用工具，而一般均衡模型提供了更广泛的框架，用于分析整个市场经济中的资源分配和价格形成过程。这两者可以结合使用，以更深入地探讨市场经济中的微观和宏观层面的问题。

（二）交换的最优配置

在经济学中，最优配置的概念是一种关键性的经济原则，它旨在实现产品的最佳分配。这个原则的核心是通过消费者之间的交换来实现资源的有效利用。消费者在做出购买决策时通常会考虑两个主要因素：他们的预算以及他们的效用最大化原则。这些因素共同决定了他们将购买哪些产品以及购买多少数量。在一般均衡分析中，经济学家研究了所有消费者的决策行为，以便构建市场的最优配置。

为了更具体地研究最优配置的原理，通常会考虑具体的消费者，例如消费者A和B。这两位消费者在购买产品方面也会受到预算和效用最大化原则的制约。为了可视化他们的消费决策，常常使用埃奇沃斯盒状图。图9-3是一个产品交换的埃奇沃斯盒状图，可以清晰地展示产品X和Y的总数量，以及消费者A和B的消费组合。图上每个点代表了两个消费者对产品的一种配置方案。这些点的位置取决于消费者的个人决策、预算约束以及对产品的效用。

埃奇沃斯盒状图中的一些特殊点也值得关注。垂直边界上的点表示一个消费者不消费产品X，而水平边界上的点表示不消费产品Y。这些点反映了消费者的购买决策的极端情况，即不购买某种产品。在分析中，可以通过观察这些点来了解在不同条件下市场的可能性。最终目标是找到一种配置，其中所有消费者都能够最大化他们的效用，同时遵守他们的预算限制。

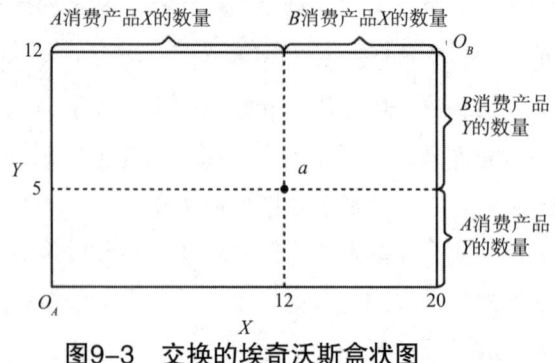

图9-3 交换的埃奇沃斯盒状图

消费者A和B的产品分配组合以及哪些配置是有效的是一个关键的研究问题。在这个研究中，效用水平与效率之间存在着密切的关联。更高的效用水平通常表示更高的效率，因为它们能够给消费者带来更多效用的配置，从而更好地满足他们的需求。

为了更好地理解消费者的偏好和效用水平，引入了消费者偏好的概念。使用埃奇沃斯盒状图引入消费者的无差异曲线。这些无差异曲线用于表示消费者的偏好，从而帮助确定哪些产品配置对他们来说是最理想的。

无差异曲线具有一些重要的特性。无差异曲线距离原点越远，表示消费者能够获得的效用水平越高。这意味着，对于一个给定的产品组合，消费者更倾向于选择那些使他们的无差异曲线更远离原点的配置，因为这些配置提供了更高的效用水平。无差异曲线的斜率表示了消费者的边际替代率，即他们愿意以多少单位的一种产品来替代另一种产品。这个斜率也影响了最终的产品分配决策。

从图9-4中，可以观察到两簇无差异曲线，它们代表了不同消费者对商品X和Y的偏好。初始配置点a位于这两簇无差异曲线U_{A1}和U_{B1}的交点处，这个点反映了两个消费者在该点对商品X和Y的边际替代率不相等。具体来说，在点a，消费者A的边际替代率是4∶1，而消费者B的边际替代率是1∶3。这意味着相对于商品Y，消费者A更愿意增加1单位商品X的消费，而消费者B则更愿意增加1单位商品Y的消费。

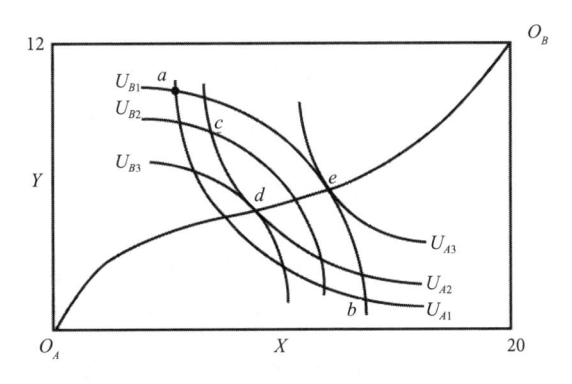

图9-4　交换的契约曲线

然而，在两簇无差异曲线U_{A1}和U_{B1}围成的区域内，任何点都可以改善两个消费者的情况。这意味着存在一种有效的资源配置方案，可以同时提高两个消费者的效用水平。图中的点c是另外两簇无差异曲线U_{A2}和U_{B2}的一个交点，与点a相比，它使两个消费者的效用水平都提高。尽管点c提高了效用水平，但它仍然不是有效率的资源配置方案，因为在U_{A2}和U_{B2}围成的区域内，消费者A和B可以通过交换进一步提高效用水平。这意味着市场还没有达到均衡状态，存在潜在的资源浪费。

通过上述分析可以发现：埃奇沃斯盒状图中，两个消费者无差异曲线的任何一个交点并不代表有效的资源配置状态。这意味着，即使两个消费者在某个点上达到了一种满意的消费组合，但这并不一定是最优的资源配置状态。

在完全竞争市场中，低效率配置状态的消费者可以通过交换提高效用水平，但改进后的配置点仅会落入最初相交的两条无差异曲线所围成的区域。这表明市场的竞争机制可以通过交换促进资源配置的改进，但这种改进是有限的，只能在原有的无差异曲线之间进行。

有效的资源配置点是两条无差异曲线相切的点，表示两个消费者的边际替代率相等，没有人能在不损害对方的情况下获益。这是资源配置的最佳状态，因为没有进一步的改进可以同时提高两个消费者的效用水平。

所有代表资源配置有效率的点连接起来形成交换的契约曲线，代表经济体系中所有可能的均衡位置。这条曲线反映了在不同的资源配置状态下，社会福利如何变化，以及在不同点上，消费者之间的资源交换是如何影响社会效益的。

帕累托最优或帕累托有效的资源配置不可能改善一个人的境况而不损害其他人的配置状态。这意味着在帕累托最优状态下，任何一方的福利提高都会导致其他人的福利下降，因此不能通过资源再分配来改善任何一方的状况。然而，帕累托改进是在不损害任何人的情况下，改善某一人境况的改变，通常在有效配置状态下发生。这种改进可以通过更有效地分配资源来实现，以便提高某个人的效用水平，同时保持其他人的效用不变。

帕累托效率有其局限性，无法比较契约曲线上的不同点哪个更好，这涉及经济福利的问题。帕累托效率只关注了资源配置的效率，而没有考虑到资源的分配问题。因此，在确定社会福利最大化的问题上，还需要考虑资源分配的公平性和正义性。

（三）生产的最优配置

在深入分析有效配置的条件后，现在需要关注生产过程中的要素资源配置问题。这个问题的探讨可以借助埃奇沃斯盒状图，这与之前研究的交换领域有所不同。图9-5中，水平轴代表可用于生产的劳动要素总量L，而垂直轴则代表可用于生产的资本总量K。原点O_1标志着生产者1的起始点，而O_2则代表了生产者2的起始点。图中的曲线簇是生产者1和生产者2的等产量曲线。这些曲线向原点凸起，距离原点越远的等产量线表示更高的产量水平。

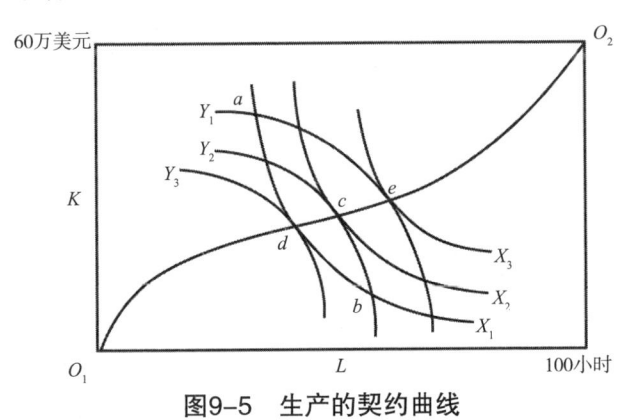

图9-5 生产的契约曲线

假设生产者1和2分别生产产品X和Y。生产者1的劳动投入为100小时，资本投入为60万美元。这个投入组合决定了产品X和Y的产量。但是，不同的要素配置会导致不同的产出水平，这就是资源配置效率的核心问题。

人们关注的焦点在于生产者1和生产者2的资源配置效率。他们的目标是在不减少一种产品的产量的情况下，增加另一种产品的产量。这种目标的实现需要在资源配置上进行微调，以使效率最大化。

在图9-5中，等产量线交点a标志着资源配置效率的不同情况。这些等产量线表示了在不同的资源配置下，产品X和Y的产量保持不变。这些线的斜率代表了劳动对资本的替代比率。当生产者能够调整资源配置，使斜率接近理想替代比率时，资源配置效率就达到了最佳水平。

此外，不同产品的边际产量差异也会影响资源配置效率。如果生产者可以调整资源配置，以增加一种产品的边际产量而减少另一种产品的边际产量，那么他们可以提高整体产出水平。这种调整需要仔细的策略和决策，以确保资源得到最佳利用。

帕累托改进区域，作为一个经济学概念，具有深远的经济意义。它指的是在给定初始资源配置下，只有在两条等产量曲线X_1和Y_1所围成的区域内，可以提高一个生产者的产量而不减少另一个生产者的产量。这一概念的重要性在于它揭示了资源配置和生产效率之间的微妙平衡。

随着资源重新配置的进行，帕累托改进区域逐渐缩小，最终两条等产量曲线会相切于一点，如图9-5中的c点所示。在等产量线的切点上，两种要素在两个生产者之间的边际产量相等，这表示帕累托最优的资源配置已经实现。这个点代表了资源的最佳利用，没有任何一方的产量可以进一步提高，而不损害其他方的产量。

生产的契约曲线O_1O_2连接了所有等产量线的切点，代表了有效的资源配置，其中每个点都是帕累托最优状态的一种。这条曲线的路径显示了在资源重新配置时的各种选择。当沿着生产的契约曲线O_1O_2从O_1向O_2移动时，一个生产者的利益增加，而另一个生产者的利益减少，这种变化是不可避免的。这反映了资源配置的复杂性，以及在满足一个生产者的需求时，可能会牺牲其他生产者的利益。

由于帕累托标准的不可比较性，无法对生产契约曲线上的点进行优劣判定。这是因为这些点代表了不同的资源配置和权衡，而不同的生产者可能会追求不同的目标。因此，没有一种普遍适用的评判标准来决定哪种资源配置是最好的。取而代之的是，决策者必须根据具体情况和目标来选择最合适的资源配置，以满足他们的需求和优先事项。

（四）生产曲线及其与交换的最优配置

现在，将产品市场和要素市场融合起来，研究在资源配置达到帕累托最优状态的情况下，同时最大化消费者满意度时，经济体系如何分配两种生产要素（劳动和资本）给生产者1和生产者2，并决定如何分配生产的产品X和Y给消费者A和B。这实际上是在讨论市场资源配置问题，当经济体系达到一般均衡状态时的情景。

1.生产可能性曲线

为了联系资源配置状态和生产与交换，经济学引入了生产可能性曲线。这一概念的核心在于理解资源如何分配以达到最优效益。生产契约曲线是这一理论中的关键元素，它具有重要的双重功能。

图9-5中，生产契约曲线O_1O_2上的每个点代表了两种要素投入在两个生产者之间的帕累托最优分配。这意味着在该点上，没有一方可以增加其产出，而不损害另一方的产出水平。这种分配方式是经济学家一直追求的目标，因为它代表了资源的最有效利用。

生产契约曲线上的每个点同时表示两个生产者的帕累托最优产出水平。这意味着在该点上，两个生产者都已经达到了他们的最佳产出水平，无法通过重新分配资源来获得更多的产品。这种情况下，资源配置被认为是最优的，没有浪费或不足。然而，最优产出集合并不直接映射到经济模型中的实际产出。相反，它们从契约曲线转换到生产可能性曲线，这个曲线以产品X产量和产品Y产量为坐标。这种转换是为了更好地展示资源配置和产出之间的关系，使经济学家能够更清晰地分析和比较不同的配置。生产可能性曲线（图9-6）和契约曲线（图9-5）之间存在一一对应的关系。这意味着契约曲线上的每个点都对应于生产可能性曲线上的一个特定点，反之亦然。这个对应关系使经济学家能够轻松地从资源配置的角度转移到产出的角度，从而更好地理解经济体系的运作方式。生产可能性曲线上的点代表不同的资源配置情况。一些点代表无效率的配置，其中资源没有得到充分利用，而其他点代表有效的配置，其中资源得到了最佳利用。因此，通过分析生产可能性曲线，经济学家可以识别出潜在的资源浪费和改进的机会，以实现更高的生产效率。

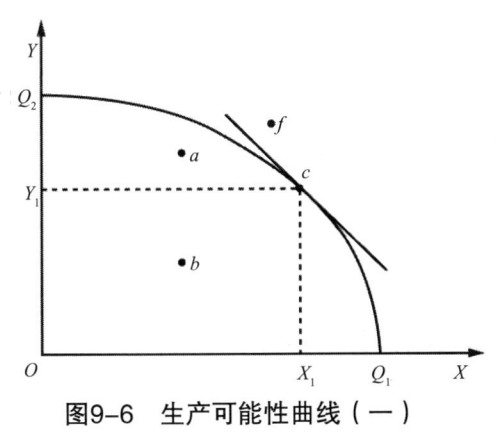

图9-6 生产可能性曲线（一）

2.生产可能性曲线的特征

生产可能性曲线反映了在当前资源限制下，一个经济体系可以实现的最佳产出组合，代表了社会生产的潜在边界。这个概念对于理解资源分配、经济效率和机会成本都具有重要意义。

在生产可能性曲线上，有一些重要的点需要考虑。例如，图9-5中的点a和点b代表了资源配置的无效率。这意味着在这些点上，经济体系未充分利用可用资源，未能实现最大产出。这种情况可能由于资源浪费、低效率或资源未得到合理分配引起。解决这些问题可以帮助经济体系更有效地运作，实现更多的产出。

然而，生产可能性曲线并不是无限制的。在生产可能性曲线右上方的区域，有一些产出水平是无法在当前资源限制下达到的，这被称为"生产不可能性区域"。这个区域表示了资源有限的现实性质，即使经济体系尽最大努力，也无法实现这些产出水平。这使资源分配和权衡成为经济体系管理的一个关键挑战。

由图9-6可知，生产可能性曲线通常呈现为凹向原点的曲线，这反映了一个重要的经济概念：边际转化率。增加一种产品的产出会导致另一种产品产出的减少，这表明两种产品的产出是反向变化的。生产可能性曲线上的斜率的绝对值称为产品Y对产品X的边际转化率MRT_{XY}。这个概念对于决策制定者来说很重要，因为它帮助决策制定者理解，增加一种产品的产出需要牺牲多少单位另一种产品的数量。该比率的数学表达为：

$$\text{MRT}_{XY} = \left| \frac{dY}{dX} \right| \tag{9-7}$$

假设在图中的点c处，产品Y对产品X的边际转化率$\text{MRT}_{XY}=1.5$。这一数值的意义在于，当生产单位产品X的产出增加1个单位时，产品Y的产量将减少1.5个单位。这种负的边际转化率表明，在生产过程中，两种产品之间存在一种权衡关系。然而，当沿着生产可能性曲线增加产品X的生产时，可以观察到MRT_{XY}逐渐上升的趋势。这一现象的背后是资源的不同分配，当资源更多地用于生产一种产品时，劳动和资本的生产率发生变化，从而导致了生产的边际成本递增，即所谓的规模报酬递减。这意味着，随着产品X的生产增加，为了继续生产更多的产品X，需要投入更多的资源，这反过来影响了产品Y的生产。

生产可能性曲线的斜率在这一情境中起到了关键的作用，它用于衡量生产一种产品的边际成本相对于生产另一种产品的边际成本的比例，即在边界上的每一点都有：

$$\text{MRT}_{XY} = \frac{\text{MC}_X}{\text{MC}_Y} \tag{9-8}$$

生产可能性曲线的位置高低是一个动态的概念，可以根据不同因素的变化而变动，首先要考虑资源的增加对生产可能性的影响。如图9-7所示，当经济体内的要素资源总量增加时，例如劳动力、资本和自然资源，这些资源可以更多地用于生产产品X和产品Y。这意味着最优产出水平扩大，生产可能性曲线会扩张至新的位置（如图中$Q_1'Q_2'$处），从而反映了更高的生产潜力。技术进步也在影响

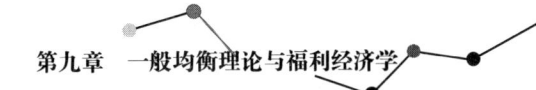

生产可能性曲线的位置上发挥着重要作用。技术进步可以提高要素资源的利用效率，使得在相同的资源投入下可以生产更多的产品。这种效率提高不仅会导致生产可能性曲线向外移动，还可能改变曲线的形状。因此，技术的不断进步会使得经济体能够更有效地利用其资源，从而实现更高水平的产出。

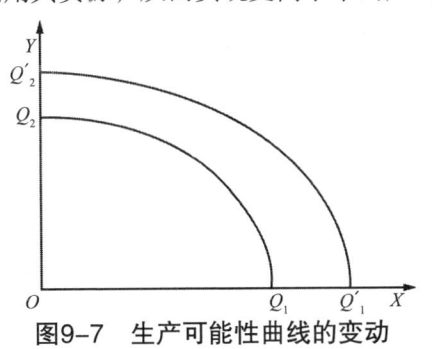

图9-7　生产可能性曲线的变动

3.生产与交换的最优配置

生产可能性曲线涵盖了整个市场体系中的资源配置问题，包括一般均衡条件。在图9-8的生产可能性曲线 Q_1Q_2 上，有一个特定的点 M，它同时位于生产契约曲线上。这个点代表了市场中的帕累托最优资源配置，以及在现有技术条件下的最优产出组合 (X^*, Y^*)。

为了更好地理解这个概念，可以从点 M 引垂线到两个坐标轴，形成一个矩形 OX^*MY^*。这个矩形与之前介绍的交换的埃奇沃斯盒状图具有相同的性质。这意味着，之前的分析结果可以直接应用到这个情境中，可以更好地理解资源配置和交换的关系。图9-8中的曲线 OM 代表市场上的交换契约曲线。OM 上的任意点都表示交换的帕累托最优状态。

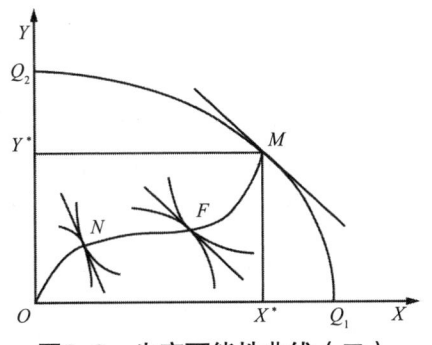

图9-8　生产可能性曲线（二）

在市场孤立的研究中，常常会将 Q_1Q_2、OM 上的点视为代表市场均衡的位置。但在合并分析时，这些点的成立性却并不总是得以确认。这种情况引发了对比生产可能性曲线上的点M和交换契约曲线上的点N的切线斜率的兴趣，以揭示二者之间的关系。

具体来说，M点的切线斜率代表了产品X到产品Y的边际转换率MRT_{XY}。而N点的切线斜率则反映了两个消费者之间的边际替代率MRS_{XY}。这些概念的重要性在于，当经济体系未达到帕累托最优状态时，$MRT_{XY} \neq MRS_{XY}$。这种情况可以通过一个简单的示例来说明：假设$MRT_{XY}=1$，这意味着社会增加1单位X的产出只需减少1单位Y的生产，看似资源配置很高效。然而，如果此时$MRS_{XY}=2$，这意味着两个消费者之间更愿意将X和Y进行较大的替代，而非按照市场比例进行交换，这就导致了消费者效用水平的提高，但资源配置却不再是最优的。

另一个关键观点是，MRT_{XY}通常递增，而MRS_{XY}递减。这说明市场通过调整逐渐缩小了产品X和产品Y之间的边际转换率和边际替代率之间的差距。然而，如果$MRT_{XY} > MRS_{XY}$，同样不能达到帕累托最优状态。这意味着尽管市场正在不断调整，但资源配置仍然不够高效。

上面的分析说明，边际转换率和边际替代率直接影响市场的均衡状态和资源配置。当这两者不相等时，市场会处于一个不断调整的状态，以减小它们之间的差异。边际转换率是指一种产品增加而另一种产品减少时，社会生产总值的变化率。与此不同，边际替代率是指消费者在两种产品之间进行选择时，一种产品替代另一种产品的程度。

当边际替代率等于边际转换率时，市场的调整停止，此时两个市场同时达到均衡状态。这个状态下，增加一单位产品X的生产会导致消费者的效用增加，但同时减少一单位产品Y的生产会导致效用下降，从而不再增加总效用水平。这种平衡状态反映了市场资源的最优配置，即帕累托最优状态。

然而，要注意的是，寻找能够同时实现生产和交换的帕累托最优状态并不是帕累托改进的过程。在市场中，不同的点沿着契约曲线表示不同的帕累托最优配置，但在调整过程中，提高一个消费者的效用水平会以降低另一个消费者的效用水平为代价，因此无法确定这一调整是否是帕累托改进。

帕累托改进要求在不损害任何一方的情况下提高至少一方的效用水平。在达到帕累托最优状态时，已经不存在这样的改进空间。市场资源已经分配到了最优状态，没有办法通过资源再分配来提高一个人的效用而不降低另一个人的效用。

因此，市场实现了资源配置的帕累托最优状态，但这并不意味着它可以不断改进，而是达到了一种稳定的均衡状态。

四、完全竞争的资源配置效率

上述内容实际上已经考察了竞争市场的资源配置效率问题，但是侧重点在于分析一般均衡状态的特征。下面将总结上述模型分析的基本结论，得出完全竞争市场实现一般均衡状态的条件，并厘清完全竞争均衡与帕累托最优状态之间的关系。

（一）一般均衡状态的实现条件

把第三节中关于交换、生产、生产和交换的资源配置分析的主要结论提炼出来，就可以得到竞争市场实现一般均衡状态的三个条件，具体如下：

第一，交换领域实现一般均衡的条件。在完全竞争的产品市场中，消费者所有可能的产品（消费品）最优配置都分布在交换的契约曲线上。当每个消费者之间的产品边际替代率相等时，交换领域就实现了一般均衡的状态，即：

$$MRS^A_{XY}=MRS^B_{XY} \tag{9-9}$$

第二，生产领域实现一般均衡的条件。在完全竞争的要素市场上，要素投入在不同产品生产（或在两个生产厂商）之间所有可能的最优配置都分布在生产的契约曲线上。当两种产品的边际技术替代率相等时，生产领域就实现了一般均衡状态，即：

$$MRTS^X_{LK}=MRTS^Y_{LK} \tag{9-10}$$

第三，生产和交换的一般均衡实现条件。将完全竞争的产品市场和要素市场综合起来考察时，当不同产品对消费者的边际替代率等于各产品的边际转换率时，两个市场就同时达到了一般均衡状态，即：

$$MRS_{XY}=MRT_{XY} \tag{9-11}$$

当上述三个均衡条件同时满足时，整个市场体系就实现了一般均衡，也称此时整个经济达到了帕累托最优状态。

（二）完全竞争市场与帕累托最优

以上已经总结了一般均衡实现的三个条件，下面来进一步说明完全竞争均衡与帕累托最优状态之间的关系。

1.完全竞争产品市场与帕累托最优条件

消费者理论已经证明，为了实现个人效用水平最大化，消费者会选择不同消费品的边际替代率等于其价格比率的产品组合，即：

$$\text{MRS}_{XY} = \frac{P_X}{P_Y} \qquad (9\text{--}12)$$

其中，P_X和P_Y分别是产品X和产品Y的市场价格。

在完全竞争的产品市场中，作为价格接受者，每个消费者面临的市场价格都是一样的。所以当每个消费者都选择其效用水平最大化的产品组合时，其产品的边际替代率是相等的。例如，对于两个消费者A和B就有：

$$\text{MRS}_{XY}^A = \text{MRS}_{XY}^B \qquad (9\text{--}13)$$

因此，当完全竞争的产品市场达到均衡状态时，消费者的无差异曲线具有相同的斜率数值，各产品在消费者之间的分配状态分布在交换的契约曲线上，此时资源的配置是帕累托最优的。

2.完全竞争要素市场与帕累托最优条件

接下来是完全竞争的要素市场情况，企业为了实现利润最大化，其决策必然会使得不同要素之间的边际技术替代率与要素价格的比值达到相等，即：

$$\text{MRTS}_{LK} = \frac{P_L}{P_K} \qquad (9\text{--}14)$$

其中，P_L和P_K分别是劳动和资本的使用价格。

在完全竞争的要素市场上，每个企业也是既定要素价格的接受者，它们面临相同的要素价格。所以当每个企业都选择能够实现利润最大化的要素组合进行生产时，其边际技术替代率一定是相等的。例如，对于两个企业1和2有：

$$\text{MRTS}_{LK}^1 = \text{MRTS}_{LK}^2 \qquad (9\text{--}15)$$

因此，当完全竞争的要素市场达到均衡状态时，各企业等产量曲线斜率的绝对值是相等的，各种要素在企业之间的配置分布在生产的契约曲线上，此时要素资源的配置是帕累托最优的。

3.完全竞争市场与帕累托最优条件

最后来看产品市场和要素市场都是完全竞争时的情况。先来考察产品的边际转换率，产品X对产品Y的边际转换率表述为$\text{MRT}_{XY} = |dY/dX|$，它表示在现有技术条件和要素资源约束下，增加1单位产品X的产出要减少产品Y的产出单位数

量。用机会成本的观点来看，也可以将产品的边际转换率理解为dY是增加X生产的边际成本，反之亦然。那么，用产品生产的边际成本同样可以表达边际转换率，即：

$$\mathrm{MRT}_{XY} = \left|\frac{\mathrm{d}Y}{\mathrm{d}X}\right| = \frac{\mathrm{MC}_X}{\mathrm{MC}_Y} \tag{9-16}$$

其中，MC_X和MC_Y分别是生产产品X和产品Y的边际成本。

由此可知，为了实现利润最大化，企业会遵循边际成本等于边际收益的一般原则，在完全竞争市场中，生产者的边际收益曲线与产品价格曲线是重合的，即：

$$\mathrm{MC}_X = P_X, \quad \mathrm{MC}_X = P_Y \tag{9-17}$$

这样一来，产品的边际成本之比就等于它们的价格之比了，即：

$$\frac{\mathrm{MC}_X}{\mathrm{MC}_Y} = \frac{P_X}{P_Y} \tag{9-18}$$

于是，产品的边际转换率用各自的价格表达为：

$$\mathrm{MRT}_{XY} = \frac{P_X}{P_Y} \tag{9-19}$$

这一比值与产品的边际替代率也是相等的，所以有：

$$\mathrm{MRS}_{XY} = \frac{P_X}{P_Y} = \mathrm{MRT}_{XY} \tag{9-20}$$

通过上面的推导可以发现，完全竞争经济与一般均衡的实现或帕累托最优是等同的。这就是说，当要素市场和产品市场都是完全竞争的时候，市场的均衡价格就实现了整个经济体系的帕累托最优状态。因此，瓦尔拉一般均衡实际是指完全竞争市场达到均衡的情况。再进一步说，斯密所说的"无形之手"可以实现最大多数人的最大幸福，实际上暗含着市场是完全竞争的。

第二节 福利经济学

福利经济学是一门研究经济体系如何影响社会经济福利的学科。它采用福利观点，强调通过制定政策来实现社会经济福利的最大化原则。在追求最大化的过程中，福利经济学关注经济的有效率，即资源的生产、交换和分配是否达到了最适度条件。这种分析方法超越了纯粹的规范经济学，不仅涉及价值判断，还研究了资源配置状态对社会目标的影响。

福利经济学在政府政策制定中发挥了重要作用。它通过成本收益分析等方法，为政府提供了有关政策选择的建议。例如，政府可以使用福利经济学的原理来确定最低工资标准、制定医疗和社会保障体系，以及制定公共财政政策，以最大程度地提高社会整体福利。此外，福利经济学与一般均衡理论、经济增长和收入分配等领域相互交织，有助于更全面地理解经济体系的运作，以及如何实现社会经济福利的最大化。

一、社会福利曲线与函数

消费者的满足程度，也被称为消费者的福利，在考察整个社会的资源配置状态时具有重要意义。此时，我们不再仅仅关注单个消费者的福利水平，而是要考虑整个社会的福利状况。为了评价资源配置状态，我们引入了一个重要的标准，即社会福利，它是社会中所有个体（消费者）的福利（效用）总和。

社会福利是一个更全面的指标，它代表了社会整体的福祉和幸福程度。通过将每个个体的福利汇总起来，我们可以更好地了解资源如何分配，以及这种资源分配是否符合社会的期望和价值观。社会福利的提高通常被认为是良好的资源配置状态的标志，因为它意味着社会中的大多数人都得到了满足和改善他们生活质量的机会。

因此，社会福利是评估资源配置和经济政策的有效性的重要工具，它帮助我们更好地了解整个社会的繁荣程度，而不仅仅是个别消费者的福利水平。这种综合性的考虑有助于政府和决策者制定更公平和有益于整个社会的政策措施。

（一）效用可能性曲线

为了评估资源配置的优劣，此处引入效用可能性曲线，这个概念是从交换的契约曲线演化而来的。交换的契约曲线实际上是无差异曲线的切点的集合，每个切点代表了在特定条件下，消费者能够达到效用的最大化组合。这些曲线的构建涉及两个消费者，通常用直角坐标系中的 U_A、U_B 表示他们的效用水平，如图9-9所示[1]。效用可能性曲线 Q 上的每一点都代表了在其他条件不变的情况下，产品 X 和 Y 在两个消费者之间的不同分配组合。当沿着这条曲线从左至右移动时，消费者 A 的效用逐渐下降，而消费者 B 的效用逐渐提高。这反映了资源分配的效用变化。效用可能性曲线的离原点越远，表示两个消费者的总效用水平越高。

---

[1] 本节图表引自：张卫东.微观经济学[M].武汉：华中科技大学出版社，2019：227-231.

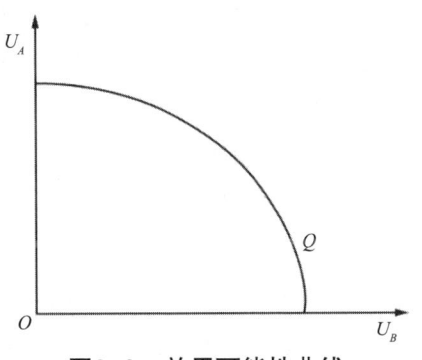

图9-9 效用可能性曲线

一条效用可能性曲线表示了在特定产品数量限制下，消费者能够实现的最大可能效用。这个曲线在不同的产品数量组合下会发生变化，这意味着消费者的选择和偏好会影响到他们所能够达到的效用水平。在图9-9中，效用可能性曲线是从交换的契约曲线演变而来的。这意味着在考虑交换时，消费者可以在不同产品数量之间做出选择，而这些选择会影响到他们的效用水平。

要理解效用可能性曲线的完整意义，需要将其与生产的一般均衡模型相结合。生产可能性曲线上的每一点都对应着一个消费者的埃奇沃斯盒状图和相应的契约曲线。这意味着在考虑生产和交换时，消费者会在不同产品数量之间做出选择，并在生产可能性曲线上找到最优配置点。

下面将不同的契约曲线所对应的效用可能性曲线画在同一个平面上，如图9-10所示的Q_1、Q_2、Q_3。

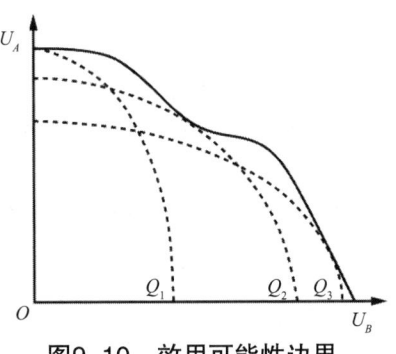

图9-10 效用可能性边界

效用可能性曲线通常是多条，因为不同的人有不同的偏好和需求。每一条曲线代表了在一定资源约束下，消费者可以实现的效用水平。这意味着，如果资源有限，消费者可能需要在不同产品之间做出选择，以最大化他们的效用。

对于一个社会来说，资源的分配和利用是至关重要的。这就引入了效用可能性边界的概念。效用可能性边界是效用可能性曲线的包络线，代表在现有资源约束下，能够实现的效用最大化的组合。简而言之，它表示了社会在给定资源下所能达到的最佳效用水平。通过分析效用可能性边界，我们可以了解社会可能达到的最大效用组合，但不能确定哪一个点是最优的，因为这仍然涉及资源分配的公平性问题。

在效用可能性曲线上，边界外的点表示不能实现的效用组合。在这些点上，资源不足以支持某些消费者的需求。然而，边界内的点则表示仍有改进的空间。在这些点上，通过改变产品组合，社会可以提高效用水平，而不会损害其他人的利益。这反映了资源分配和利用的优化潜力。

要进一步讨论资源分配和公平性的问题，帕累托效率标准是一个重要的概念。帕累托效率标准强调了资源分配的有效性，但它并不能确定最优点。这是因为在效用可能性边界上移动资源会改变效用的再分配，而在边界内移动资源则可以改善一个人的境况而不伤害其他人。这意味着，即使社会达到了帕累托效率，仍然可能存在公平性和正义的争议，因为资源可能不平等地分配给不同的个体。

每个消费者都希望资源配置处于自己的坐标轴上，以获得全部的效用。例如，从图9-10来看，消费者A希望资源配置在U_A点，以达到最优效用，而消费者B希望资源配置在U_B点，以实现他们的最优效用。然而，这种配置可能会被认为不公平，因为一个人占有了全部资源，而另一个人没有。这引发了资源分配的公平性和社会正义的讨论，而不仅仅是效用的最大化问题。

（二）社会福利函数

社会福利函数是一个用于衡量社会总体福利或社会效用的数学工具，通常用于福利经济学和社会选择理论中。它将个体效用或福利与不同的资源分配和政策选择联系起来，以帮助决策者做出关于资源分配和政策制定的决策。

社会福利函数是一个数学函数，通常表示为W，它接受个体效用或福利作为输入，并生成一个描述社会总体福利或效用的数值作为输出。数值通常表示为社会的整体福利水平。

社会福利函数的输入通常是个体效用或福利的向量，其中包含了每个个体的效用或福利水平。这些效用或福利可以根据个体的偏好、需求和福祉来确定。社会福利函数将个体效用与资源分配和政策选择联系起来。它允许决策者评估不同

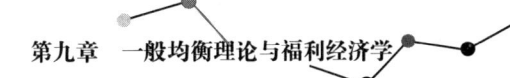

的资源配置和政策决策对社会总体福利的影响。同时，社会福利函数可以用于进行社会选择，即在不同的政策选择或资源分配方案之间进行选择。通过比较不同选择的社会总体福利水平，可以确定最优的政策或资源分配。

社会福利函数的具体形式通常反映了社会对不同个体福利的偏好和价值判断。不同的社会福利函数可以反映出不同的社会价值观和政策目标。社会福利函数还可以用来权衡公平和效率之间的关系。不同的社会福利函数可能强调不同的社会目标，有些可能更注重公平，而其他可能更注重效率。

社会选择理论中有一条著名的Arrow不可能性定理，指出不存在一个社会福利函数能够同时满足一些基本的理性和公正性要求。这个定理强调了社会选择中的权衡和复杂性。

社会福利函数的具体形式和推导方法取决于社会选择的背景和假设。在福利经济学中，社会福利函数通常表示为一种关于个体效用或福利的函数，以帮助决策者衡量不同资源分配和政策选择对社会总体福利的影响。以下推导过程基于一个简化的情境，包括两个个体和两种商品（商品X和商品Y）：

首先，需要确定每个个体的效用函数。效用函数表示每个个体对商品X和商品Y的效用水平，通常表示为：

$$U_i = U_i(X_i, Y_i) \quad (9-21)$$

式中：i——第i个个体。

这些效用函数可以基于个体的偏好和需求来构建。

其次，社会福利函数是一个将个体效用或福利组合映射到社会总体福利水平的函数。它通常表示为：

$$W = W(U_1, U_2) \quad (9-22)$$

式中：W——社会总体福利；

U_1和U_2——分别表示个体1和个体2的效用水平。

社会福利函数可以采用不同的形式，具体取决于社会价值观和政策目标。

再次，社会总体福利函数通常根据社会的价值观来确定。不同的社会福利函数反映了不同的社会目标，例如最大化社会总体效用、最大化效用平等或考虑其他社会公平性因素。社会总体福利的权衡方式可以根据特定问题和政策背景进行选择。

最后，社会福利函数可用于进行社会选择，即在不同的政策选择或资源分配方案之间进行选择。决策者可以比较不同政策选择的社会总体福利水平，以确定最优的政策或资源分配。

在具体的例子中，社会福利函数可以采用各种形式。例如，如果社会的目标是最大化总体效用，社会福利函数可以表示为：

$$W=U_1+U_2 \tag{9-23}$$

这是两个个体效用的简单总和。

如果社会关注效用平等，社会福利函数可以表示为：

$$W=\sqrt{U_1 \cdot U_2} \tag{9-24}$$

需注意，社会福利函数的推导和具体形式取决于问题的特定上下文和假设。在更复杂的情境中，可能涉及更多的个体、商品和政策选择，因此社会福利函数的形式可能更加复杂。

二、社会选择理论中的函数与定理

社会福利最大化是一个重要的经济学目标，旨在通过制定政策来增加社会的总体幸福感和福利水平。为了实现这一目标，经济学家使用社会福利函数，这是一个将社会各成员的效用水平结合起来的函数。个人偏好和效用被视为决定社会福利的关键因素，因为社会福利的最终目标是满足个体的需求和欢愉。然而，社会福利问题涉及复杂的效率问题。社会福利函数的选择在社会选择理论中被广泛研究，因为不同的社会选择标准可以导致不同的社会状态排序。标准选择涉及公正评价标准，这些标准可以根据代表性社会选择标准来确定，以反映社会成员的不同需求和价值观。通过研究个人偏好与社会选择之间的关系，经济学家可以为政府决策提供有关如何最大化社会福利的重要见解，以实现更公平和可持续的社会发展。

（一）基于不同标准的社会福利函数

1.平均主义的福利函数

平均主义社会福利函数是一种社会福利函数，其目标是追求社会总体效用的平均值或平均水平，而不是追求效用的总和或最大值。这种社会福利函数强调社会中个体的平均福祉，而不仅仅是一部分个体的最大化福祉。平均主义社会福利函数在某些社会伦理和政策上具有重要影响，特别是在考虑社会公平性和平等性的背景下。平均主义社会福利函数的一般形式可以表示为：

$$W = \frac{1}{N}\sum_{i=1}^{N} U_i \qquad (9-25)$$

其中：W——社会总体福利的平均水平；

N——社会中的个体数量；

U_i——第i个个体的效用或福利水平。

这个社会福利函数计算了每个个体的效用或福利水平的平均值，然后将其作为社会总体福利的度量。这种方法有助于平衡社会中不同个体之间的福祉差距，并追求平均福祉的提高，而不是仅关注少数个体的最大化福祉。

平均主义社会福利函数的应用可能包括以下情况：

（1）社会政策制定。在制定社会政策时，政府或决策者可以考虑平均主义社会福利函数，以确保政策的效果不仅仅对一部分人有利，而是对整个社会有利。这有助于减少社会中的不平等。

（2）资源分配。在资源分配问题中，平均主义社会福利函数可以用来确定资源的分配方式，以最大程度地提高社会的平均福祉。这有助于确保资源的公平分配。

（3）社会公平性。平均主义社会福利函数强调社会公平性和平等性，有助于减少社会中的不平等和不公平现象。

尽管平均主义社会福利函数强调社会的平均福祉，但它也存在一些争议。一些人认为，它可能忽略了个体差异和个体选择的重要性，而导致资源的浪费或不效率。因此，在实际应用中，决策者通常需要综合考虑不同的社会福利函数，以确定最适合特定问题和背景的方法。

2.罗尔斯标准的福利函数

罗尔斯社会福利标准，又称为最大最小标准，是基于约翰·罗尔斯的正义理论提出的社会福利函数。这个标准的核心思想是追求社会中最不幸的个体的最大化福祉，同时允许资源分配的不平等，但要确保这种不平等不会损害最不幸的人的利益。

（1）罗尔斯标准的福利函数的基本原理。

第一，最小二元权衡原则。罗尔斯的社会福利函数基于最小二元权衡原则，这意味着社会福利的评估应以社会中最不幸的个体的福祉为优先考虑。具体来说，社会福利函数的值将取决于社会中最不幸的个体的福祉水平。

第二，差异原则。罗尔斯的差异原则规定，在确保社会中最不幸的个体得到最大程度的保障之后，社会福利函数将根据社会中的资源分配和财富差距来评估。具体来说，社会福利函数将追求最大化社会中最不幸个体的福祉，并且在确保他们的基本需求得到满足的同时，允许资源分配的不平等。

第三，最大最小原则。这个原则强调，在考虑社会的正义性和福祉时，首先应关注社会中最不幸的人，并确保他们的处境得到改善，然后才考虑其他人。

罗尔斯的社会福利函数的形式并不具体，而是一个概念性的框架，用于评估社会中不同资源分配方案的正义性和公平性。它强调将资源优先分配给社会中最不幸的个体，以确保他们的福祉得到改善，然后才考虑其他人。

（2）罗尔斯社会福利函数的表达形式。

$$W=\max\{\min\{U_1, U_2, \cdots, U_n\}\} \quad (9-26)$$

式中：W——社会总体福利水平；

$U_1, U_2, \cdots, U_n$——社会中的不同个体的效用或福利水平。

第一个min函数用于找到社会中最不幸的个体的最低效用水平，即找到效用最小的个体的效用。然后，使用第二个max函数，将上述找到的最小效用水平与其他条件进行比较，以确保在资源分配和不平等方面满足某些限制或原则。

这个社会福利函数的核心思想是在考虑社会的正义性和福祉时，首先确保社会中最不幸的个体得到最大的福祉。这就意味着，如果最不幸的人的福祉不能得到改善，那么整个社会的福祉水平也不能提高。然后，通过第二个max函数，可以考虑其他条件，例如资源分配和不平等，以确保不会损害最不幸的人的利益。

这个社会福利函数的特点是强调对社会中最不幸的人的关注，并且对资源分配的不平等有一定的容忍度，但只要这种不平等确保了最不幸的人的利益不受损害。这体现了罗尔斯正义理论中的"差异原则"，即资源分配的不平等应当有助于最不幸的人，而不应当只是为了造福社会中的少数人。这一理念对社会政策和公平性的讨论产生了深远的影响。

3.功利主义标准的福利函数

功利主义标准的福利函数是一种用于衡量社会总体福利或效用的函数，它基于功利主义伦理学的原则，追求最大化社会总体效用。功利主义认为，社会的最佳状态是通过实现最大程度的幸福和福祉来实现的，社会福利函数的任务是评估不同资源分配和政策选择对社会幸福的影响。

功利主义社会福利函数的一般形式可以表示为：

$$W = U_1 + U_2 + \cdots + U_n \tag{9-27}$$

式中：W——社会总体福利水平；

$U_1 + U_2 + \cdots + U_n$——社会中不同个体的效用或福利水平；

n——社会中的个体数量。

这个社会福利函数的核心思想是将社会中每个个体的效用或福利水平相加，以得到社会总体福利水平。在功利主义的观点下，社会的最佳状态是实现了最大程度的总体效用或幸福。

功利主义社会福利函数的特点如下：

（1）最大化总体幸福。功利主义的核心原则是追求最大化社会总体幸福或效用。这意味着资源分配和政策选择应当优先考虑对社会幸福的影响。

（2）个体效用的权衡。社会福利函数将个体效用或福利水平视为评估社会福利的基础。不同个体的效用被平等对待，每个人的幸福都同样重要。

（3）数学表达的简单性。功利主义社会福利函数的数学表达非常简单明了，它只需将个体效用相加。

尽管功利主义社会福利函数具有数学上的简单性和明确性，但它也引发了一些争议。一些批评者认为，功利主义可能忽视了个体权利和公平性等其他重要社会价值。此外，如何衡量和比较不同人的效用也可能存在困难。

总之，功利主义社会福利函数是一种追求最大化社会总体幸福或效用的概念工具，它在伦理学和经济学中用于研究资源分配和政策选择的问题。然而，它仅代表了一种伦理观点，而不是唯一的社会福利函数形式。社会福利函数的具体形式通常取决于社会的价值观和政策目标。

（二）阿罗不可能定理

阿罗不可能定理涉及社会选择理论的核心问题，这一定理揭示了在特定条件下，不存在一个社会选择规则（社会福利函数），能够在所有情况下满足一些基本的理性和公正性准则。具体来说，阿罗不可能定理陈述了这些关键观点：

①无独裁性。在社会选择规则中，不存在一个个体，其个人偏好可以独裁

地决定社会的最终选择，换言之，没有一个个体可以决定社会选择，而不考虑其他人的意见；②无偏好完整性，如果每个个体都喜欢某个选项，那么社会选择规则应该选择这个选项，前提是这个选项是可行的；③无非依赖性，即如果社会选择规则对于某一对选项的偏好关系不变，那么它在其他情况下的选择也不应该受到影响，换言之，社会选择规则对于不相关的选项不应该有依赖性。

这个定理的重要性在于它揭示了在满足一些基本的合理性要求时，社会选择是一项非常复杂的任务，甚至在某些情况下是不可能的。这对于政治学、经济学和伦理学等领域的研究有着深远的影响。阿罗不可能定理的证明非常技术性，涉及高度抽象的数学和逻辑概念，但其核心观点对于理解社会决策和社会选择的复杂性至关重要。

尽管阿罗不可能定理表明在所有情况下都不存在满足一切要求的社会选择规则，但研究者仍然继续寻找特定情境下可能满足这些要求的规则，或者通过引入附加条件来解决这个问题。这个领域的研究持续推动着社会选择理论的发展。

1.投票悖论

投票是一种重要的社会选择形式，人们通过投票来表达自己的偏好排序。如果知道了所有个体对各种资源配置的排列次序，就可以利用这些信息来描述各种配置的社会排序。

假设有一个三人的决策小组，成员是 A、B、C 三人，他们面临三种选择方案：X、Y、Z。各个决策成员对三种方案的偏好如下：

成员 A 的偏好：$X>Y>Z$。

成员 B 的偏好：$Y>Z>X$。

成员 C 的偏好：$Z>X>Y$。

三个人的投票结果如下：

对 X 与 Y 投票：A 投 X，B 投 Y，C 投 X，结果 $X>Y$。

对 Y 与 Z 投票：A 投 Y，B 投 Y，C 投 Z，结果 $Y>Z$。

对 Z 与 X 投票：A 投 X，B 投 Z，C 投 Z，结果 $Z>X$。

现在按照少数服从多数的原则来选择小组偏好的方案。从上述分类讨论可以看出，当三个决策成员同时面临其中的任意两个备选方案时，能顺利地得出投票结果。如对 X 与 Y 投票时，最后的决策将是选择方案 X；对 Y 与 Z 投票，大多数人会更偏好方案 Y；而在 Z 与 X 这两个方案之间进行选择时，方案 Z 最终会被通过。

然而，如果决策小组要同时在三种方案中进行选择的话，是无法做出最优选择的。因为成员A和C在方案X和Y中，更偏好方案X，记为$X>Y$。然后我们来看方案Y与Z的比较，此时成员A、B对方案Y更加偏好，因此$Y>Z$。这样，集体选择的顺序是：$X>Y$，$Y>Z$。根据前面讨论消费者偏好时的结论，我们普遍接受偏好具有传递性，根据这一性质，我们可以推导出$X>Z$的结论。但是，在方案X和Z之间进行投票时，成员B、C认为方案Z更好一些，集体表决的结果是选择方案Z，即$Z>X$。这个结论与前面的推论明显是矛盾的。

因此，通过多数投票的方法加总单个决策者的偏好，从而得到集体一致的偏好顺序是行不通的，因为多数人投票决定的社会偏好不具备偏好的传递性这一良好性质。因为这些偏好是不可传递的，所以在集体决策中不存在最好的选择，这一现象被称作投票悖论。投票悖论说明，当个人偏好不同时，任意加总或者综合这些偏好，其结果可能是不相容的。

2.阿罗不可能定理的界定

肯尼斯·约瑟夫·阿罗，是一位著名的美国经济学家，他的研究深入探讨了投票悖论现象，以及是否存在一种政治机制或社会决策规则，能够有效解决这一问题。阿罗在他的研究中采用了严格的数学方法，以寻找将每个个体的偏好综合成整个群体的偏好次序的可能性。

为了解决这个问题，阿罗提出了四个关键条件，这些条件被认为是满足了将不同个体的偏好合并成一致的社会偏好或者建立社会福利函数所必需的。

①偏好的完备性是一个基本条件，它要求每个个体能够对所有备选方案进行排序，以便在社会决策中有所依据；②弱帕累托原理要求，如果每个人都认为一个方案更好，那么社会也应该认为它更好，这是确保社会决策公平性的条件之一；③不相关选择对象的独立性指出社会偏好排序不应受到其他可选方案的影响；④非独裁性规定，没有个人能够单独决定社会的偏好，确保决策的分权和公正性。

然而，阿罗用数学严格证明了这四个条件之间存在矛盾，这意味着无法找到一种同时满足所有条件的社会选择机制。这个重要的发现被称为阿罗不可能定理，它揭示了在某些条件下，社会无法找到一种最大化社会福利的方法。这对福利经济学构成了一项重大挑战，因为它暗示着在现实生活中，社会决策往往需要放弃某些理想条件，以实现某种权衡和公平。

尽管阿罗不可能定理提出了严峻的限制，但一些社会福利函数仍然可以用来进行社会选择，这些函数包括罗尔斯的社会福利函数和功利主义的社会福利函数。这些函数通过放松阿罗不可能定理的一些假定条件，为社会决策提供了一些有用的框架。例如，罗尔斯的社会福利函数强调了公平和最大限度减少社会中最不幸者的痛苦，而功利主义的社会福利函数则追求最大化整体幸福。尽管这些函数也存在争议和局限性，它们仍然为社会决策提供了有价值的工具，帮助政策制定者在复杂的社会环境中做出权衡和决策，以提高整体福祉。

三、社会福利与收入分配

（一）社会福利、效率与公平

社会福利、效率与公平是现代社会经济学和政策制定中的三个核心概念，它们在社会政策和资源分配方面扮演着重要的角色。这三个概念之间存在复杂的相互关系，需要仔细平衡，以确保社会的可持续性和进步。

社会福利包括医疗保健、教育、社会安全网、住房、就业机会等。社会福利的存在旨在提高人民的生活水平，减轻贫困和不平等问题，并促进社会的整体发展。然而，社会福利的提供需要资源，因此需要考虑效率和公平。

效率是指资源的有效使用。在社会福利领域，效率意味着确保社会资源的最佳利用，以满足尽可能多的需求。这通常涉及资源的分配和使用是否能够最大程度地满足社会的整体需求，而不浪费资源。效率的提高可以通过有效的资源分配、市场机制和技术创新来实现。然而，追求纯粹的效率可能会忽视社会公平的问题。

公平是指资源分配的公正性和平等性。社会公平关注的是确保社会福利的公平分配，以减轻贫富差距、种族和性别不平等。公平通常包括税收政策、财富重分配和机会均等等方面的政策。但是，过分强调公平有可能对效率产生不利影响，因为过高的税收或财富重分配可能抑制经济活动和投资。

在现实中，社会福利、效率和公平之间存在着一种权衡关系。政策制定者需要权衡这三个因素，以制定可持续的社会政策。例如，一个社会可能决定提高医疗保健和教育的普及率，以提高社会福利。然而，为了确保效率，他们可能会引入市场机制，鼓励竞争和创新。与此同时，他们也需要确保资源分配公平，通过适当的税收政策和社会安全网来减轻不平等问题。

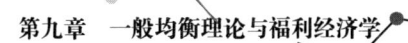

在资源配置与收入分配问题中，人们经常陷入一种两难选择的困境。一方面，他们追求提高资源配置的效率，以确保社会的整体生产和利用资源更加高效。这通常要求忍受一定程度的不公平，因为某些人可能会因此获得更多的资源和收入。另一方面，人们也关注公平，试图确保资源和收入在社会中更加平均分配，以减少不平等现象。但这种追求公平的努力可能会导致资源配置效率下降，因为它可能减少了激励工作和创新的动力。

福利经济学的核心问题之一就是如何在效率与公平之间进行权衡。社会希望找到一种能够同时考虑公平和效率的收入分配方式，以实现社会的整体福利最大化。

（二）收入再分配

收入再分配是一个国家经济政策的关键组成部分，其核心目标是缩小社会中的不平等现象，提高经济公平性，以确保各阶层都能分享社会经济增长的成果。在这个过程中，税收政策是一个非常重要的工具，它可以直接影响个人和家庭的经济状况，从而实现更公平的收入分配。

1. 完善税收政策

个人所得税是税收政策中的一项关键工具，它可以采用不同的税率结构，包括累进税制、累退税制和比例税制。累进税制是最常见的形式，其中随着个人收入水平的增加，税率逐渐上升。这种税制的优势在于它可以确保富人承担更大的税负，因为他们的边际税率更高。这意味着高收入者将为国家提供更多的税收资源，以支持社会福利项目和服务，从而间接地促进更均衡的收入分配。

另外，税收政策还可以通过差异化的税收减免、津贴和优惠政策来针对性地改善收入分配。政府可以为低收入家庭提供税收减免，以减轻其税负，同时可以通过提高高收入者的税率来收回部分税收，以达到再分配的目的。这种差异化的税收政策可以确保社会中的最弱势群体得到更多的支持，从而改善其生活质量。

此外，税收政策也可以通过对财产和遗产税的征收来改善收入分配。这可以防止富人将大部分财富传给他们的后代，从而确保财富不会长期集中在少数人手中。这有助于减轻不平等现象，鼓励更广泛的财富分配。

除了个人所得税外，税收政策还可以通过改变要素市场价格来影响收入分配。例如，政府可以通过最低工资法来确保低收入工人获得更高的薪水，从而提高他们的生活水平。这种政策可以通过市场机制来实现，同时也有助于提高低收入工人的社会地位。

总之，税收政策是收入再分配的重要工具，可以通过多种方式来直接和间接地改善收入分配。通过采用累进税制、差异化的税收减免政策、财产税和改变要素市场价格等措施，政府可以促进社会的经济公平性，确保各个社会群体都能分享社会繁荣的成果。这些政策不仅可以减少不平等现象，还可以提高社会的稳定性和公共支持，从而为国家的长期发展和繁荣做出贡献。

2.优化政府支出

政府支出在社会经济中扮演着重要的角色，其主要目的是减轻社会经济不平等。与税收政策不同，政府支出采取了一种直接的方式，通过向社会中最低收入群体提供支付来实施。其中包括各种社会保障支出，如残疾人、丧失劳动能力者、退休人员和失业人员的保险津贴。这一措施的目标是提高社会的整体福利水平，其中包括义务教育等计划。

政府支出对收入再分配有多层面的影响，具体如下：

首先，直接提高贫困人口的实际收入，向他们提供所需的经济支持。政府支出通过提供金钱或服务，帮助特定群体提高生活水平，减轻他们的贫困状况。这可以通过提供食品券、医疗援助、住房补贴等方式来实现，以确保弱势群体能够满足基本需求。

其次，降低整个社会层面的收入不平等程度。通过向低收入家庭提供经济支持，政府可以减少富裕家庭和贫困家庭之间的差距。这有助于维护社会的社会公平性和稳定性，减少社会不满情绪和社会动荡的风险。

然而，政府支出并不总是能够完全达到其愿望的效果。有时政府补助计划的初衷是改善穷人的福利水平，但可能会产生一些意外的负面效应。例如，过于慷慨的福利计划可能会削弱个体的工作动力，导致长期失业或依赖福利的情况。此外，政府支出计划的执行效率也可能受到挑战，导致资源浪费或滥用。

总的来说，政府支出作为一种重要的收入再分配措施，在减轻贫困、降低不平等方面发挥了重要作用。然而，它需要仔细地规划和监督，以确保达到预期的效果，并避免潜在的负面影响。政府在实施这些支出计划时需要权衡各种因素，以最大程度地实现社会公平和经济稳定。

3.收入再分配的其他措施

收入再分配是社会政策中的重要议题，它旨在缓解不平等问题，提高社会公平性。除了通过所得税和政府支出来直接影响国民收入的分配外，政府还可以采取其他措施来实现这一目标。这些其他措施包括最低工资立法和对产品价格的管制，但它们都伴随着一系列潜在的社会经济影响。

（1）最低工资立法是一种常见的收入再分配措施，它的目的是确保劳动者至少能够获得保障基本生活水平的工资。这有助于提高低收入工人的收入水平，减轻他们的经济压力，从而促进社会公平。然而，最低工资立法也存在一些潜在问题。它可能导致企业减少雇佣人数或提高价格以弥补成本增加，这可能导致部分工人失业。此外，一些批评者认为，最低工资立法可能削弱了市场的灵活性，限制了企业的增长和竞争力。

（2）对产品价格的管制是另一种实现收入再分配的方式。政府可以通过控制某些基本商品的价格来确保穷人能够更容易地获得必需品，从而提高他们的生活水平。这种措施可能包括对食品、医疗保健和住房价格的管制。然而，这种干预也可能导致市场扭曲和资源分配效率下降。如果政府不慎实施价格管制，可能会导致供应短缺或过剩，从而损害社会经济。

总的来说，这些其他收入再分配措施的实施效果并非绝对的，它们可能有助于提高低收入人群的生活水平，减轻社会不平等，但也可能带来其他社会福利损失。因此，政府在考虑这些措施时，需要仔细权衡各种因素，包括就业影响、市场效率和资源分配等方面的影响。此外，政府还需要监测和评估这些措施的实施效果，以确保它们能够达到预期的收入再分配目标，同时尽量减少潜在的负面影响。综合考虑，综合运用不同的收入再分配措施，可能是实现更加公平的社会收入分配的关键。

思考与练习

1.简述从局部均衡到一般均衡的分析方法及其经济含义。
2.局部均衡和一般均衡有什么区别和联系？
3.什么是超额需求函数？简述瓦尔拉法则和瓦尔拉均衡的关系。

4.福利经济学的研究目的和对象是什么？福利经济学是实证研究还是规范研究？为什么？

5.试推导效用可能性曲线，并说明曲线上及其周围的点所代表的经济含义。

6.什么是阿罗不可能定理？该定理说明了什么问题？

第十章　市场失灵与微观经济政策

市场失灵是指市场机制无法有效分配资源或产生不利于社会福祉的情况。微观经济政策的目标是通过政府干预来纠正市场失灵。政府可以采取各种措施，如监管、税收政策、补贴、竞争政策等，以确保市场能够更有效地运作，资源能够更合理地分配。基于此，本章探讨垄断与市场失灵、外部性与市场失灵、公共物品与市场失灵、信息不对称与市场失灵。

第一节　垄断与市场失灵

价格机制在经济体系中扮演了关键角色，它是资源配置的核心机制。通过供求调节，价格机制使得生产要素和产品的分配得以优化。然而，价格机制也受到市场失灵的影响，其中垄断、非对称信息和外部性等因素可能导致资源分配不均等。在这些情况下，市场可能无法产生帕累托最优状态，即资源配置效率受到损害。

为了纠正市场失灵，政府采取了多种措施。一方面，反垄断法和价格管制用于限制垄断行为，以确保市场竞争和资源配置效率。另一方面，政府通过征税和提供公共产品来改善资源配置的效率状况。特别是在自然垄断情况下，政府的干预可以帮助维持价格合理并提供必要的服务。综合而言，价格机制在资源配置中发挥了关键作用，但需要政府的监管和干预来确保市场的完善和社会福利的最大化。

一、垄断与低效率

在垄断市场中，垄断厂商通常面临着一项重大挑战：定价问题。经济学家普遍认为，垄断厂商定价过高，对消费者利益造成了明显的损害。这是因为在缺乏竞争的情况下，垄断厂商能够行使市场支配地位，将产品价格设定在较高水平，从而使消费者不得不支付更多的费用。这种过高的价格不仅增加了消费者的生活成本，还限制了他们的购买力，可能导致社会资源的浪费。

此外，缺乏竞争也导致了垄断行业的低效率。在没有竞争的情况下，垄断厂商往往缺乏刺激改进和创新的动力，导致技术停滞和寻租现象的出现。这不仅增加了社会的成本，还妨碍了社会福利的提高。图10-1中的曲线反映了垄断厂商的市场行为，其中D和MR曲线表示需求和边际收益，AC=MC表示平均成本和边际成本相等且固定不变的情况。

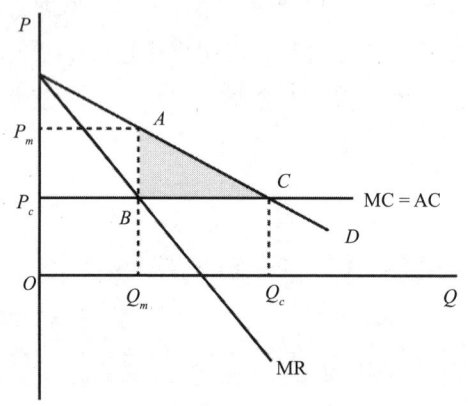

图10-1 垄断的福利损失

然而，正如图10-1所示，垄断市场中存在着帕累托改进的潜力。垄断厂商通常以产量Q_m和价格P_m的水平运营，这导致价格高于边际成本，从而为改进提供了机会。要实现帕累托最优，必须采取一种策略，即增加产量到Q_c，并将价格定为P_c。

当垄断厂商采取这种策略时，他们的利润会下降，因为价格下降到了边际成本水平。这个利润损失的金额为$(P_m-P_c)\cdot Q_m$，但这并不是整个故事的终点。消费者却受益匪浅，他们的剩余（P_mABP_c面积）扩大了，因为价格下降了。这个收益的额外部分是三角形ABC的面积。这个面积所代表的收益可以适当地分配给垄断厂商和消费者，使双方都受益。

二、寻租理论

（一）寻租理论的界定

寻租理论是一种经济学理论，主要用来解释和分析在政府政策和市场中寻求经济租金的行为。经济租金是指超过资源的边际机会成本而获得的额外收益，通常是由于市场力量、政府政策或特权引起的。寻租是指个体或团体通过游说、政治活动、法律诉讼等手段来争取这些额外的收益。

寻租理论的核心概念是经济租金，这是指在市场交易或资源配置中，某些个体或企业因特定市场力量、政策或地位而获得的超额收益。这些收益不是由于生产或创造价值，而是由于控制资源或市场的特权。

寻租行为指的是个体或组织通过各种方式寻求获得这些额外的收益或租金。这些方式包括政治游说、操纵政策、寻求特权、扭曲市场竞争等。寻租行为通常会导致社会资源的浪费和低效率。因为资源被用于争夺租金而不是用于生产、创新或提供有用的产品和服务，这会损害整个社会的经济效益。

寻租理论强调政治因素在寻租行为中的重要性。政府政策、法规和法律往往是影响经济租金分配的主要因素，因此政治游说和政治干预在寻租过程中起着关键作用。在一些情况下，竞争可以限制寻租行为的影响。当市场竞争充分时，寻租者往往会面临更多的竞争和阻力。政府监管和反垄断政策也可以帮助减少寻租行为的影响。

寻租理论对于解释为什么一些个体或企业会寻求政府干预、特权或法律保护，以获得额外的收益具有重要的实际应用价值。它还有助于政策制定者和经济学家理解在市场和政府政策背后的动机，并为制定更有效的政策提供了框架。这个理论在公共经济学、政治经济学和法律经济学等领域都有广泛的应用。

（二）损失衡量

在寻租理论中，损失衡量通常是指寻租行为导致的社会资源浪费和经济效率下降的量化度量。这种损失衡量可以用来分析和评估寻租行为对整个经济的潜在负面影响。

寻租行为往往会导致资源的浪费，因为资源被用于争夺租金而不是用于生产、创新或提供有用的产品和服务。损失衡量可以尝试估算由于寻租活动而浪费的资源数量和价值。寻租活动通常导致社会效率下降，因为资源被用于争夺租金，而不是用于生产具有更大价值的事物。损失衡量可以通过比较在存在寻租时的社会效益和在没有寻租时的社会效益来量化社会效率下降的程度。

损失衡量也可以考虑机会成本，即社会失去的潜在收益或价值，因为资源被用于寻租而不是用于更有价值的活动。这可以帮助评估寻租行为对社会的机会成本。损失衡量还可以涉及政府政策和法规的影响，因为政策的不合理性或特权分配可能会导致寻租活动的增加。政府政策的损失衡量可以帮助评估政策对整个社会的影响。

总之，寻租理论中的损失衡量是一种用来评估寻租行为对经济和社会造成的潜在损失和负面影响的方法。它有助于政策制定者、经济学家和风险管理专业人员更好地理解寻租行为的成本，并采取措施减少或避免这种行为。

三、对垄断的治理

（一）对垄断厂商的政府管制

政府管制在经济中扮演了重要角色，通过制定条例和规定来引导市场激励机制，以确保合理的资源分配和社会福利最大化。价格控制是一种政府管制手段，它可以影响销售和生产决策，以维护资源配置效率和社会的整体利益。社会管制也延伸到环境保护、劳工条件和消费者健康与安全等领域，以确保市场参与者的权益和社会的可持续发展。经济管制特别针对垄断厂商和特殊行业，以促进市场进入和制定服务标准，同时确保退出条件的公平和合理。这种政府干预旨在维护市场的公平性和效率，以满足社会的各种需求和利益。

以下主要探讨政府对垄断厂商采用的价格管制：

政府对垄断厂商采取的价格管制是一种政府政策措施，旨在防止垄断者滥用其市场权力，以确保消费者获得合理价格的产品或服务。价格管制的主要目标是平衡垄断者的利润追求和消费者权益，以维护市场竞争和提高市场效率。

第一，价格上限。政府可以通过设定价格上限，即所谓的"最高合理价格"，来控制垄断者的价格水平。价格上限通常被设置在一个合理的水平，以确保消费者不会支付过高的价格。垄断者被要求将价格维持在或低于这个上限。

第二，价格审查。政府可以要求垄断者提交其价格计划并接受政府的价格审查。审查的目的是确保价格合理，不会损害消费者利益。政府可能会对价格涨幅进行审查，并要求垄断者解释任何价格上涨的原因。

第三，价格指数化。政府可以根据通货膨胀率或生产成本变化来调整垄断者的价格。这种方法允许价格根据特定指数进行自动调整，以适应经济变化，而无须政府频繁地干预。

第四，价格歧视禁令。政府可以禁止垄断者采取价格歧视策略，即对不同的客户或市场部署不同的价格策略。这可以确保价格对所有消费者是一致的，防止歧视性定价。

第五，公共利益测试。在制定价格管制政策时，政府可能会进行公共利益测试，考虑垄断者的合理回报和投资需求，以确保垄断者能够继续提供必要的产品或服务。

价格管制可能会涉及复杂的经济和法律问题，因此政府通常会与专业经济学家和法律专家合作来制定和实施这些政策。此外，价格管制的实施可能因国家、产业和市场条件而异，因此政府需要根据具体情况来决定最适合的价格管制方法。价格管制的目标是平衡垄断者的市场权力，确保消费者获得合理价格的产品或服务，并维护市场竞争和效率。然而，政府在实施这些管制政策时需要谨慎，以避免产生不良的经济效应或扼杀创新。

（二）反托拉斯法

反托拉斯法是为了减轻垄断的负面效应而制定的法律。垄断指的是市场上只有一家或少数几家厂商控制着产品或服务的供应，从而导致价格抬高、竞争减少和消费者选择受到限制的情况。为了维护市场的竞争性和保障消费者权益，各国纷纷制定了反托拉斯法。

反托拉斯法的目标是取缔垄断行径、贸易限制以及避免竞争厂商的勾结行为，以促进公平竞争和市场的有效运作。这些法律的主要原则包括禁止垄断行为、禁止操纵市场价位、禁止垄断公司对其他竞争者采取不正当竞争手段等。

禁止垄断行为是反托拉斯法的核心内容之一。垄断行为包括操纵价格、限制产量、歧视性定价、独家经销和限制市场准入等。反托拉斯法禁止垄断企业滥用自身市场优势地位，限制竞争对手的发展，并确保公平竞争环境。

操纵市场价位是指厂商通过合谋或其他手段操纵市场价格，抬高价格以获取额外的利润。反托拉斯法禁止这种行为，以保护消费者不受不公正的价格操纵。

此外，反托拉斯法还禁止垄断公司对其他竞争者采取不正当竞争手段。这包括不正当定价、虚假宣传、恶意诋毁竞争对手等行为。反托拉斯法的实施可以防止垄断企业利用其市场地位对其他企业进行不公平的竞争，保护市场的公平性和透明性。

因此，反托拉斯法的出台对于维护市场竞争、保护消费者权益以及促进经济的健康发展具有重要意义。这些法律的实施可以提供公平的市场环境，激发企业竞争创新活力，促进资源的有效配置，最终造福于消费者和整个社会。

第二节 外部性与市场失灵

一、外部性的解读

在市场失灵的背景下,外部性是一个重要的概念。外部性指的是某个经济活动的影响超出了交易各方之间的直接交互,波及第三方或整个社会。外部性分为正外部性和负外部性两种情况。

(一)正外部性

正外部性发生在某个经济活动对第三方或社会产生积极影响的情况下。这意味着外部性对第三方造成的效益大于零,但市场价格通常不反映这些效益。正外部性的经典例子包括教育和疫苗接种。当个人接受教育或接种疫苗时,他们不仅受益,而且整个社会也受益,因为受教育和免疫的个体更健康、更有生产力,这有利于整体经济。在这种情况下,市场可能低估了教育和疫苗的社会价值,政府可能需要采取干预措施,如提供补贴或设立奖学金,以鼓励更多人接受教育或接种疫苗。

(二)负外部性

负外部性发生在某个经济活动对第三方或社会产生不利影响的情况下。这意味着外部性对第三方造成的成本大于零,但市场价格通常不反映这些成本。负外部性的例子包括污染和吸烟。当企业排放污染物或个人吸烟时,他们可能会对周围的人和环境产生负面影响,导致健康问题和环境破坏。在这种情况下,市场可能高估了生产或消费的私人成本,政府可能需要采取干预措施,如征收环境税或实施管制来减少负外部性。

管理外部性是经济政策的一部分,旨在纠正市场失灵。政府可以采取各种措施来处理正外部性和负外部性,以确保社会获得最大的福利,并保持市场的竞争性和效率。这些措施包括税收、补贴、监管、法律法规和信息披露等。通过纠正外部性,政府可以改善资源分配,提高社会福利,减少市场失灵的影响。

二、负的外部性与无效率——社会成本与私人成本

在经济学中,有效的资源配置对于实现经济的最大效益至关重要。这需要确保边际收益等于边际成本,以使资源得到充分利用。然而,外部性的存在使得资

源配置无法达到最优状态。外部性是指某个经济活动会影响到除了参与者之外的其他人，而这些受影响者通常没有得到相应的奖励或承担相应的代价，从而不会考虑社会利益最大化。

正外部性和负外部性是外部性的两种类型，它们对资源配置产生不同的影响。正外部性导致活动水平低于社会最优水平，因为外部效益没有得到充分体现。举例来说，考虑一个城市中的疫苗接种活动，这将帮助减少疾病的传播，但接种者通常只考虑了他们自己的健康，而不考虑整个社区的利益。这可能导致接种活动的水平低于社会最优水平。

相反，负外部性导致活动水平高于社会最优水平，因为外部成本没有得到体现。考虑一个炼钢厂，它未对废水排放负责，只考虑了私人成本而不考虑对渔民的损失。这导致了私人成本和社会成本之间的差异。因此，炼钢厂基于私人成本与私人边际收益相等来决定产量，这远远超出了社会资源最优配置的要求。图10-2说明了此例中负的外部性带来的经济后果将会是钢产品的过量供给。

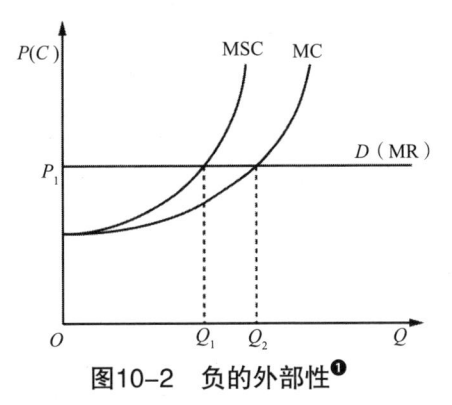

图10-2 负的外部性[1]

图10-2呈现了炼钢厂的价格P和成本C随产量Q变化的图表。在该图中，P_1代表了完全竞争条件下的需求曲线和边际收益，而MC则代表了炼钢厂的边际成本曲线，MSC则是社会边际成本线的标识。通过观察图表，可以看到MSC始终大于MC，这意味着炼钢厂的生产活动对社会产生了负外部性，对下游环境造成了损害。

在完全竞争条件下，炼钢厂的产量水平由MC等于边际收益的点确定，这导致了Q_2产量水平和P_1价格。然而，社会的最优产出应为Q_1，因为社会的边际成本

---

[1] 本节图片引自：张卫东.微观经济学[M].武汉：华中科技大学出版社，2019：290-295.

实际上是MSC。这暗示着，在炼钢厂的生产中存在市场失灵，资源配置不当。

炼钢厂的私人边际成本等于边际收益的产量大于社会最优产出量。这是因为炼钢厂没有承担废水排放带来的部分成本责任，这部分成本反映在社会边际成本MSC中。因此，炼钢厂在私人成本考虑下过度生产，对环境和社会造成了不必要的负面影响。

为了减少负外部性的影响，需要采取措施来纠正市场失灵。一种可能的方法是通过政府规制或税收政策来强制炼钢厂内部化其外部成本。将产量由Q_2压缩到Q_1将提高社会总体福利，这是帕累托改进的行为，有助于减少负外部性对社会的不利影响。这种行为有助于实现资源配置的有效性，并确保生产活动不会对环境和社会产生不必要的损害。

三、正的外部性与无效率——外在收益

生产者的生产成本未完全补偿，这一现象可能导致产量低于社会最优水平。这是因为在市场中，价格通常只反映了私人成本，而没有考虑到外部性。一个正的外部性示例是企业在研发上的支出和创新，它们可能未得到充分保护，但其他企业却同样受益。这就意味着，如果一个企业投入大量资源进行创新，它的成本会比实际反映在价格中的要高，而其他企业却能够在没有额外成本的情况下享受到创新所带来的好处。因此，原始生产者未能获得全部报酬，这可能导致产量低于社会最优水平。下面用图10-3来分析某住户在自家院子里种植花草树木的例子，说明正的外部性的经济后果是产品的供给不足。

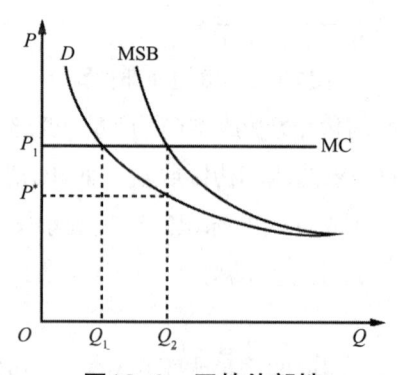

图10-3 正的外部性

在图10-3中，横轴代表着花草树木种植的面积Q，而纵轴则表示价格P。同时雇佣园艺工人的报酬是每单位面积付给P_1元。这个图表反映了种植活动的市场

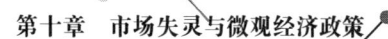

情况，其中有一些关键概念需要理解。

MSB即边际社会收益，代表了种植花草树木的边际社会效益曲线。这条曲线反映了社会层面上的益处。而D则是需求曲线，也是住户的私人边际效益曲线。私人边际效益表示个人从种植活动中获得的效益。

住户的私人边际成本线$MC=P_1$是水平的，这意味着种植花草的边际成本不随产量增加而上升。当存在正的外部性时，MSB大于D，差额就是边际外部收益。这表示邻居们也从住户的种植活动中受益，但这些益处没有反映在住户的私人边际效益曲线上。

因此，住户选择种植面积Q_1，但从社会角度来看，种植面积应当扩大为Q_2。这是因为D小于MSB，这意味着一部分活动没有得到报酬，私人边际效益小于社会边际效益。如果每项活动都得到报酬，住户愿意将种植面积从Q_1扩大到Q_2，这将带来帕累托改进。这意味着在不损害住户的情况下，社会可以获得更多的益处，从而提高了整体福祉。

四、外部性的纠正方法

外部性与社会经济效率的下降密切相关，无论其性质是积极的还是消极的。这一现象背后的核心问题在于资源分配未能达到最优状态。外部性意味着市场未能充分考虑某些活动的社会影响，因此市场机制在这些情况下会失效。这种市场失灵通常表现为市场上存在外部性时，市场价格不能反映社会成本或社会价值。为了解决这一问题，政府干预和市场机制的结合是必要的，因为外部性实际上是市场缺失的表现之一。

政府在引导企业减少有害外部性或增加有益外部性的活动方面具有关键作用。一种方式是通过直接控制，例如实施法规和标准来规范企业的行为，以减少污染和其他有害外部性的产生。政府还可以采取财政刺激措施，鼓励企业采取更环保和承担社会责任的做法，以增加有益外部性的产生。这些政策可以通过激励或制约企业行为，改善资源分配，使市场能够更好地反映社会成本和价值。污染是外部性导致市场失灵的典型案例。

（一）税收和补贴

政府在应对外部性问题方面有多种经济手段可供选择，旨在激励或制裁私人行为，以实现社会效益的最大化。其中一种重要手段是征税，特别是庇古税，用于内部化负外部性问题，如污染活动的外部经济成本。另一种手段是补贴，主要

用于解决正外部性问题,即通过提供激励来促进有益的行为,例如环保活动的补助。这两种手段的目标都是达到社会最优水平,但在实践中,它们都存在一些挑战和难以解决的问题。

庇古税是政府用来应对负外部性问题的有力工具。负外部性问题发生在私人行为对社会产生不利影响时,通常表现为环境污染等情况。政府可以通过对污染活动征税,迫使企业承担其污染成本,从而减少其产量,最终达到社会最优水平。这种税收政策的关键在于确定准确的边际污染成本,以确保征税水平与外部成本相匹配。在实际操作中,确定边际污染成本并不容易。政府需要收集大量数据,进行复杂的计算,以确定税收水平。此外,征税过程可能伴随高额的行政成本,包括监管和税收收取,还容易引发贪污问题。这些因素使庇古税的有效实施变得复杂,需要政府具备高度的专业知识和监管能力。政府也可以使用补贴来应对正外部性问题,即鼓励有益的行为。通过为环境友好的活动提供补助,政府可以确保边际社会效益等于私人效益,从而达到社会最优水平。

与庇古税一样,补贴政策也存在一些挑战。政府需要确定准确的边际外部效益,以确定补贴水平。这通常需要复杂的数据和分析,以确保政府的支出不会超过社会效益的增加。此外,补贴政策也可能受到滥用和不当使用的威胁,政府需要有效监管以确保资源的正确分配。

(二)排放标准与排放收费

随着工业生产的不断增长,环境污染问题已经演变成一个全球性的公共挑战。各国政府纷纷设立专门的环境保护机构,以便监管和解决这一严重问题。虽然要完全消除污染可能不切实际,但也不能容忍过度污染。因此,最佳的污染控制方法应该确保排放不超出社会边际成本等于社会边际收益的有效范围。下面将研究政府可以采用的纠正外部性带来的效率损失的方法。

1.排放标准

排放标准是环境管理的重要法律工具,旨在限制企业对环境的不良影响。通常,这些标准由政府设定,规定了企业可以排放多少污染物,以确保环境质量得以维护。这些标准的制定是为了保护人类健康、生态系统和社会福祉。如果企业超过这些法定排放标准,将会面临严重后果,包括经济惩罚和刑事责任。这种法律约束迫使企业采取措施来减少其对环境的不利影响,同时促使其更加负责任地经营。

第十章　市场失灵与微观经济政策

为了理解排放标准的经济影响，可以参考图10-4中的示例。在图10-4中，最优排放标准被定位在E^*点上，这是一个平衡点，其中边际减污成本MCA和社会边际成本MSC相等。MCA是边际减污成本曲线，它表示随着排污水平的提高，减少每单位污染的成本，但在某个点之后，这一成本开始上升。相反，MSC是社会边际成本曲线，随着排污水平的增加而上升，反映了社会为了应对污染而承担的成本。

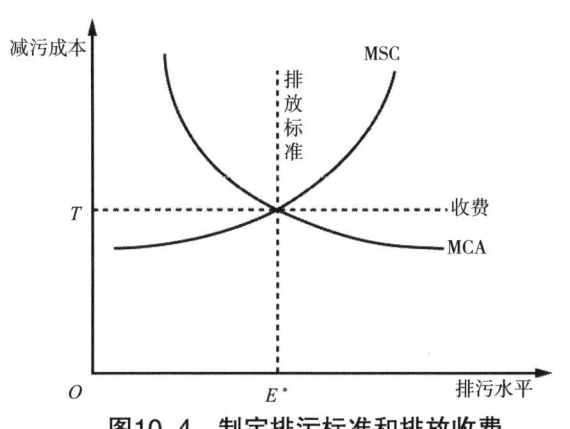

图10-4　制定排污标准和排放收费

社会有效率状态是当排放标准设定在E^*点时实现的，此时减污的边际成本等于排放引起的社会边际成本。政府可以通过法律来确保企业的排放不超过E^*点，以纠正过度排污的情况。但是，排放标准存在一些局限性。一是它们无法区分企业的规模、地域和排放物质的种类，可能导致一种大小适合所有的情况，忽视了不同企业的差异；二是统一国家排放标准可能使清污活动变得不高效，因为成本最低的企业可能会被要求做更多的清污工作，而其他企业则可能不会充分参与。

因此，排放标准虽然是一种重要的环境管理工具，但它们可能不是最有效的污染减少方法。在考虑环保政策时，政府和企业应该寻找更灵活、差异化的方法，以减少社会为环境问题所付出的代价，并推动可持续的发展。

2.排放费

政府在环保政策方面有一项关键工具，即征收排放费T，以调控企业的排污行为。这一政策的核心思想是通过经济激励，推动企业将污染水平控制在所谓的E^*点。E^*点代表了一种平衡，政府通过调整排放费来影响企业的排污决策。

当政府征收排放费T时，企业往往会倾向于将其排污水平维持在E^*点。这是因为超过E^*点将导致更高的排放费用，而企业在这一点之上所遭受的减少污染成本低于排放费的额外费用。然而，企业不太愿意将排污水平降低到低于E^*点。这是因为在低于E^*的水平上，减少污染的成本高于支付排放费的成本。因此，它们更愿意支付排放费，而不是引进昂贵的减排措施。

3.排放标准与排放费的对比

制定排放标准和收取排放费在环境管理方面有着重要的区别，其决策取决于不确定性和成本曲线的形状。当考虑到社会成本时，对每家企业施加相同的排放要求并征收排污费是两种不同的策略。在某些情况下，征收排污费可能优于制定排放标准，尤其是当每家企业的排放对社会造成相同的成本时。这里的关键是确保排污费的定价能够准确反映社会成本。

一种较为有效的方法是征收统一的排污费。这样的政策可以以相对较低的管理成本来实现有效的减污。这是因为不同企业的减污成本各不相同，征收统一费用使得企业可以根据自身情况来决定如何降低排放，而不必受制于统一的排放标准。这种差异化的减污策略可以在最小的经济成本下实现环境改善。然而，当社会边际成本曲线陡峭且边际减污成本曲线相对平坦时，制定排放标准可能会更加有效。图10-5分析了这一情况。

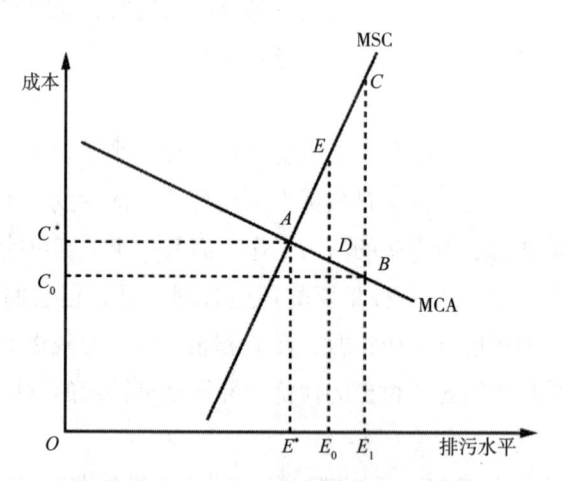

图10-5 执行排污标准的情况

在图10-5中，MSC和MCA的斜率提供了有关排污水平对社会成本和减污成本的关键信息。MSC的较陡斜率表明，随着排污水平的提高，污染给社会造成的成本上升得非常迅速。这意味着在高排污水平下，社会承受了极高的污染成本。相

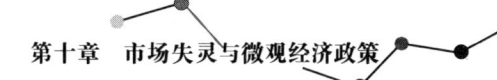

比之下，MCA的斜率较平坦，表明随着污染水平的提高，减污成本下降得较为缓慢。这意味着采取措施来减少污染的成本增长较慢，尤其是在高污染水平下，减污措施的效率较低。

如果政府拥有足够的信息，有以下两种方法可以实现效率：

（1）政府可以将排放标准定在有效排放点，以确保污染的社会边际成本等于减污的边际成本，从而达到了效率最高。

（2）政府可以调整排放收费，也能够实现效率最高。这将为排污者提供激励，使其在污染水平上采取经济有效的行动，同时为政府提供资金来应对污染问题。

（三）可转让排放许可证

可转让排放许可证制度，作为一种环境政策工具，已在许多国家得到广泛采用。这一制度要求企业必须持有排放许可证，以便在特定数量内排放有害物质。在可转让排放许可证制度下，企业必须获得许可证才能合法地排放污染物。每张许可证规定了企业可以排放的数量，这一数量通常与社会边际成本相关联。违反这些规定或者超出许可证规定数量的企业将面临严重的处罚，这种制度通过经济激励来推动企业减少污染排放，因为违规将导致高昂的经济损失。

可转让排放许可证制度的一个关键优势在于它确保了排污治理的成本与社会边际成本相等。这意味着社会在减少污染方面的整体成本得到了控制，同时鼓励了低成本减污企业更积极地参与减排活动。许可证的可转让性质使高成本减污企业能够从低成本减污企业购买排污许可证，从而降低了整体减排成本。假设有两个炼钢厂A和B，如果许可证不可交易，总成本将达到12000元，但如果允许交易，价格在3000~5000元将能够节约成本。例如，以4000元为价格，炼钢厂A和B各自的减污成本分别是2000元和8000元，总的社会减污成本为10000元，比不可交易情况下节省了2000元。这个价格最终由双方谈判决定，反映了它们的谈判能力和市场条件。

（四）再生利用——押金制度

在社会经济运行中，废弃物管理问题已经逐渐凸显出来。如果消费者和生产者不承担废弃物处理成本，社会将面临过多废弃物的问题。这一现象的背后，有市场失灵的问题，其中之一是对原始材料的过度利用以及对再生材料的利用不足。

市场失灵问题需要政府的干预，以寻找可行的解决方案。其中一个可行的政策措施是激励可再生废弃物的循环利用。政府可以采取多种方式来实现这一目标，但押金制度是一种广泛采用的方法。根据押金制度，消费者在购买物品时需要支付额外的费用作为玻璃容器的押金。当他们给回空容器时，押金将被退还。这个制度的目的是鼓励消费者积极参与再生利用过程，减少废弃物的产生。

押金制度的优势在于它能够促使更多的人参与再生利用，减少环境污染。这不仅有助于减少原始材料的使用，还可以降低垃圾填埋和焚烧所带来的环境影响。此外，押金制度还有助于改变人们的消费行为，使他们更加关注可持续性和环保。

五、外部性与产权——科斯定理

炼钢厂向河流排放污水的问题根源在于河流并不归任何人所有，这意味着渔场无法要求费用或补偿。这一情况引发了外部性问题，即一个行为对除行为主体之外的其他人或实体产生了影响，而这些影响通常未被合理考虑。这一困境的根本原因在于产权的不明确。

产权是描述个人或企业对财产的权利的概念，包括使用权、收益权、转让权等。经济学中，产权还牵涉到使用、排污、索赔等权利，甚至包括人权，如劳动力的产权。在这种情况下，明确的产权界定对于有效解决外部性问题至关重要。

1991年诺贝尔经济学奖得主罗纳德·科斯提出了科斯定理，这一理论为我们提供了一个重要的思路。科斯定理指出，在交易费用为零时，清晰的产权界定能够允许经济当事人自主谈判交易，从而有效配置资源。这意味着，当产权明确时，市场力量可以自行解决外部性问题，无须政府干预。下面仍然以炼钢厂和渔场为例来说明这一点。

炼钢厂排放废水对附近的渔民构成了潜在的生态与经济损害。在这一情境中，存在两种解决方案：炼钢厂自行安装废水处理系统或由渔民投资安装。

在初始情况下，炼钢厂有权排放废水，这为其带来了500元的经济收益，而渔民则获得了100元的收益。这种情况下，炼钢厂拥有废水排放权，而渔民则承受了损害。这种资源配置明显不符合帕累托最优状态，因为渔民遭受了经济损失。然而，一旦建立了污水处理厂，情况开始发生变化。渔民愿意支付300元来安装过滤器，而炼钢厂也同意出资。这个过滤器的安装提高了废水的处理效率，渔民的损害减少，收益从100元增加到了200元。总收益变为700元，这比初始情况有了明显的改善。这种合作方案有助于减轻环境污染的影响，同时提高了渔民的经济收益，但仍未达到帕累托最优状态。如果渔民和炼钢厂能够在零协商成本或很小的协商成本下达成合作，资源配置将变得更加有效。无论是炼钢厂有排放权还是渔民有清洁水权，总收益都会达到800元。这种情况下，双方能够最大化其经济收益，并且环境损害得到了最小化的控制。

然而，在实际情况中，协商成本可能较高，或者存在博弈行为。这可能导致资源配置不够理想，无法达到帕累托最优状态。渔民和炼钢厂之间可能存在谈判的困难，或者其中一方可能试图获得更大的利益，而不愿意进行合作。因此，要实现最佳资源配置和合作效益，必须克服实际中可能存在的协商成本高和博弈行为的挑战。

第三节 公共物品与市场失灵

在很多情况下，仅仅依靠清晰地界定产权是无法解决外部性带来的无效率的，公共物品的生产就属于这种情况。

一、物品的分类

消费中常伴随着外部性现象，这涉及商品和服务。外部性具有一些独特的特性，可分为排他性和竞争性。排他性是指某人使用某物品时，其他人无法同时享用。例如，一本书只能由一个人阅读，这是排他性的一个典型例子。而竞争性则表示一个人的使用会减少其他人的享用。考虑一片公共公园，当有人在其中举行派对时，其他人的宁静和享受就会受到干扰，这是竞争性外部性的体现。

然而，存在一些物品，它们既不具备完全排他性，也不具备完全竞争性，因此不会引发外部性。这些物品被称为私人物品。例如，一辆私家车只能由车主使用，但它不会影响其他人的出行。

外部性的程度与物品的排他性和竞争性密切相关。根据这些特性，物品可以分为四类：私人物品、纯公共物品、准公共物品和共有资源。

（一）私人物品

私人物品指的是那些随着使用或消耗而逐渐减少数量的物品。这类物品在市场经济理论中扮演着重要角色，因为它们具有独占性和竞争性的特征。这些物品包括了我们日常生活中常见的物品，如衣物、食品、汽车等。一旦某人拥有或消耗了这类物品，其他人就无法再享有同样的物品，并且随着使用的增加，它们的数量逐渐减少。即使在共享经济或分享经济的背景下，这些物品虽然可以供给多个人使用，但仍然不能在同一时刻被多人使用，因此仍然需要增加生产和供应来满足需求，同时也需要明确付费者和消费者的身份。这种独特的属性决定了私人物品的市场运作方式。为了满足消费者的需求，必须增加生产和供应，这通常需要制造更多的物品。在市场中，购买者为这些物品支付费用，然后享受使用或消耗的权利。这个过程遵循着供需规律，价格随着供给和需求的变化而波动。

在共享经济或分享经济中，虽然多个人可以共享同一种物品，但仍然需要管理资源的分配和利用，以确保每个人都能公平获得机会。这也涉及费用的分摊和使用权的安排，以便物品在不同用户之间有序地流动。

（二）纯公共物品

纯公共物品旨在供社会成员共同享用，通常不竞争且不排他。典型的例子包括国防和海洋中的灯塔。这些物品的特性决定了它们的供给方式和责任。

正是这些非竞争性和非排他性的特征使得私人部门难以在市场上提供公共产品。在竞争性市场中，企业通常追求盈利，但公共产品的边际成本往往为零，这意味着在市场上无法设定价格。因此，私人部门难以提供这些产品，并确保它们被充分供给。

尽管如此，私人部门不是完全无法提供公共产品。有时，私人企业可能会采用创新的方式来提供一些公共产品，但通常无法满足资源有效配置的需求。这是因为公共产品的供给往往依赖于"道德机制"，而不是市场机制。这种情况下，私人企业可能会选择提供这些产品，但通常无法满足整个社会的需求。

为了解决公共产品供给的困难，公共部门，尤其是政府，发挥了关键作用。政府可以通过征税来确保公共产品的成本得到补偿，从而实现供给。尽管公共产品在表面上是免费享用的，但实际上是以纳税为代价的。政府利用纳税的资金来追求社会目标，并为全体社会成员提供服务，确保公共产品得到充分供给。

在现实生活中，供给方式并不是绝对的。私人部门也可以提供一些公共产品，而公共部门也可以提供一些私人产品。这种混合供给是常见的，因为市场和政府之间的边界并不是绝对的。在一些情况下，私人企业可能会提供公共产品，以迎合市场需求，而政府可能会提供私人产品，以满足特定的社会需求。这种供给方式的变化取决于特定的社会和经济环境。

（三）准公共物品

准公共物品是一种独特的物品，具有一定数量上的转折点。在未达到这个数量上限之前，准公共物品的消费也是非排他性和非竞争的，就像纯公共物品一样。当超过这个转折点时，准公共物品的消费将会导致竞争性和效用下降。这是因为资源有限，超过一定数量的消费者会导致供给不足和物品质量下降。准公共物品的例子包括公路桥梁、图书馆、公园、警察、消防服务、科研、卫生保健和免疫措施等。为了有效地供给这些准公共物品，通常需要公私合作，通过使用费和征税来补偿成本，以确保物品的可持续提供和高质量的服务。

尽管公共供给是确保准公共物品的可用性和质量的关键手段，但它也可能导致低效率问题。这包括配置低效率，即资源分配不当，以及X非效率，即成本高于效益。为了解决这些问题，需要采取一系列机制来监督和改进公共供给。这包括支出公开，通过透明度和问责制来确保资源的合理分配；审计，以检查公共机构的财务和运营，以确保资源的有效使用；媒体监督，通过媒体的监督和舆论监督来推动政府和公共机构的负责任行为。这些机制可以帮助克服公共供给可能出现的问题，从而更好地满足社会的需求，并维护公共物品的质量和可用性。

（四）共有资源

共有资源是指那些不受排他性限制，任何人都可以自由获取的资源。绝大多数自然资源属于这一类别，比如海洋中的鱼类、草原上的野生牛羊、公共牧场、河水以及城市中的清洁空气。这些资源的独特之处在于，它们不受私人所有权的限制，因此任何人都有权利利用它们，这使其利用呈现出非排他性的特点，一个人的使用不会妨碍其他人的使用。

正因为这种资源的非排他性特质，存在着潜在的问题。由于共有资源数量有限，如果人们过度利用这些资源，就可能引发资源竞争，导致资源的减少，从而减少其他人的使用机会。这一现象常被称为"过度捕捞"或"过度放牧"，在长期内对环境和可持续性造成了威胁。为了解决这一问题，社会通常采用管理措施，如资源配额、捕捞季节限制和公共资源的合作管理。这些措施旨在平衡个体的自由利用权和资源保护的需要，以确保共有资源能够持续地为社会提供利益。

二、公共物品的供给问题——搭便车

私人物品和公共物品的供给水平是由边际收益与边际成本的比较来决定的。当这两者相等时，供给达到均衡状态。私人物品的边际收益完全由单个消费者的评价决定，因此供给的均衡点是在该消费者的边际成本与边际收益相等时实现的。

公共物品的情况有所不同。图10-6呈现了一个公共物品的需求曲线，其中D_1代表消费者1的需求，D_2代表消费者2的需求，而D则代表了这两者的边际收益的加总。公共物品的边际收益需要考虑所有消费者对其增加一单位产品的评价，因此边际收益曲线是这些个体需求曲线的加总。当公共物品的供给水平达到边际成本与边际收益相等的点时，供给达到均衡状态。

图10-6 公共产品的有效供给[1]

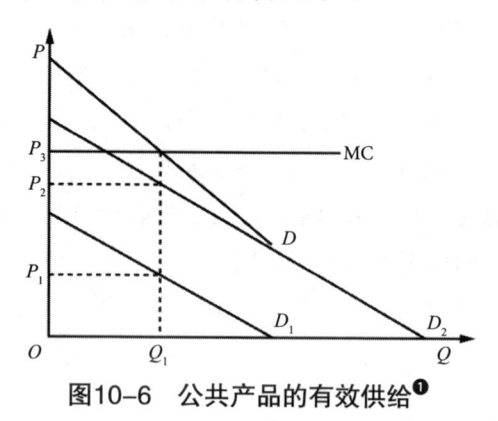

图10-6中，Q_1代表公共产品的数量，P_1和P_2则代表两位消费者的边际收益，而P_3则代表全社会的边际收益。有趣的是，P_3的边际收益等于P_1和P_2的边际收益之和，即$P_3=P_1+P_2$。这是因为公共产品具有非竞争性的特性，一人的消费不会排除其他人的消费，因此每个人的边际收益相等。此时，P_3也表示了社会的总福祉。

公共产品的边际成本和有效供给：公共产品的边际成本通常表现为MC曲线上的水平线。为了实现公共产品的有效供给，它应当在MC曲线和需求曲线D相交的点处，即对应产量Q_1。这一点是市场效率的体现，因为它确保了资源的最佳利用。实际中，公共产品的有效供给面临困难，因为难以确定每个消费者的真实评价。此时，搭便车问题普遍存在，即消费者希望享用公共产品而不支付成本。

---

[1] 引自：张卫东.微观经济学[M].武汉：华中科技大学出版社，2019：303.

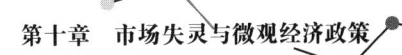

公共产品因存在外部性而导致市场失灵，通常需要政府补助或提供。外部性是指公共产品的生产或消费对于非直接参与的人产生了影响，而市场无法充分考虑这些影响。因此，政府通常需要干预来纠正市场失灵，以确保公共产品的供给和需求达到社会最优水平。

公共产品的生产是一个公共选择问题，通常通过投票制决定。但多数票决定的结果可能不一定是经济上有效率的，因为它未考虑公民偏好强度的不同。这意味着即使多数人支持某项政策，也可能存在一部分人因此而受损。因此，公共选择学派研究了投票问题，提供了对解决这些问题的一些见解。它强调了在决策制度中考虑公民偏好强度的重要性，以确保决策反映了社会的整体利益。

第四节　信息不对称与市场失灵

信息可划分为私有信息和公开信息。信息不对称是指市场上的买卖双方所拥有的信息在数量和质量上存在差异。当市场存在信息不对称时，会引发一系列问题，包括道德风险、逆向选择以及代理问题等。在信息充分的情况下，买卖双方的意愿可以通过价格机制在自由市场中得以实现。然而，一旦供需双方的信息不对称，市场就会出现问题，从而导致无法达成有利于双方的交易。

一、道德风险

（一）道德风险的界定

道德风险，又被称为败德行为，主要涉及个体的道德层面，通常指的是有意违反道德准则的行为，这种行为可能会对其他利益相关者的权益造成损害。举例来说，当一个人购买了一辆汽车后，他可能面临汽车被盗的风险，从而产生经济损失。如果这个人没有购买汽车保险，他会更加警惕，采取各种措施，如安装防盗锁，以保护汽车的安全。但如果他购买了汽车保险，那么在汽车被盗后，他将获得保险公司的全额赔偿，因此可能不再那么谨慎，导致汽车被盗的风险增加，同时保险公司的索赔概率也相应增加。

类似的情况也存在于家庭财产保险市场。在没有购买家庭财产保险之前，一个人可能会采取各种措施，如安装防盗门，以保护家庭财产的安全。而一旦购买了家庭财产保险，可能会对家庭财产的安全性变得漫不经心，导致保险公司的索赔概率增加，同时也增加了蒙受损失的概率。

这种情况反映了道德风险的存在，即个体可能会因为保险而减少了对自身财产的保护，从而增加了不道德行为的发生概率，同时也增加了保险公司的赔偿成本。因此，道德风险在保险和风险管理领域具有重要意义，需要进行有效的监管和管理以确保道德准则的遵守。

（二）道德风险的原因

道德风险的根本原因在于信息不对称。在这种情况下，负有责任的经济行为者无法充分承担其行动的全部后果，也不能享有所有好处。这一现象通常源于以下因素：

第一，不确定性和不完全的合同。在经济交易中，合同可能存在不完全性，或者合同中存在无法预测的不确定性因素。这使得当事人无法明确规定所有可能情况下的责任和权利，从而导致道德风险的出现。

第二，信息不对称。道德风险的核心是信息不对称，即交易双方拥有不同的信息水平。一方可能知道更多关于交易的信息，而另一方可能了解较少。这种信息不对称会导致一方采取不道德的行为，因为另一方无法全面了解情况。

第三，有限制的合同。有时政府或其他机构可能会对合同施加法律规定或限制，这些限制可能降低了合同的自由性和灵活性。这种情况下，合同无法完全反映双方的真实意愿，从而增加了道德风险。

第四，责任不对称。在某些情况下，一方可能无法承担全部损失或享有全部好处，这可能是由合同的不平等性或其他因素引起的。这会导致一方采取不诚实或不道德的行为，因为他们没有足够的激励去履行合同。

第五，监督和执法问题。监督和执法机构可能存在问题，无法有效地防止或惩罚不道德行为。这也会加剧道德风险，因为违约行为者可能不会受到足够的制裁。

道德风险的产生与信息不对称、不完全的合同、限制的合同、责任不对称和监督问题等因素密切相关。解决道德风险的挑战需要在合同设计、信息披露、监管和执法等方面采取措施，以确保经济行为者能够更好地履行其责任并避免不道德的行为。

（三）道德风险的经济后果

1.市场机制受损

道德风险的存在削弱了市场机制的有效性。市场机制依赖于信息的透明度和参与者的合理行为。如果人们开始以不诚实或不道德的方式行事，市场的信誉和有效性将受到破坏。这可能导致市场的不正当竞争和资源分配的扭曲。

2.私人机构生存问题

私人机构，特别是那些提供服务的机构，往往依赖于市场的正常运作。道德风险可能导致这些机构受到不公平的竞争或恶意行为的打击，从而使它们难以生存。这可能对就业和经济增长产生负面影响。

3.保险市场的脆弱性

保险市场是道德风险的重要领域之一。如果每个投保人都存在严重的道德风险，保险公司将面临严重的挑战。他们可能被迫不断提高保费以应对高风险，最终导致市场崩溃。这将对风险管理和个人的经济安全产生深远的影响。

4.资源浪费

道德风险也可能导致资源浪费。人们可能会采取不必要的预防措施，以规避潜在的风险，这会增加社会成本。例如，如果每个人都采取极端的防范措施，以避免医疗费用，将会浪费大量的资源。

5.信任与合作受损

道德风险会侵蚀人们对市场和制度的信任。这可能导致人们更加谨慎和疑虑，减少他们参与市场和合作的意愿。长期来看，这可能导致社会的合作和发展受到限制。

道德风险不仅对个人和企业产生直接的经济后果，还对整个市场和经济体系的稳定性和可持续性产生深远的影响。要应对这一问题，需要加强监管、提高信息透明度、推动教育和道德意识的提高，以及建立更强大的法律和制度框架来惩治不道德行为。这将有助于维护市场的正常运转和社会的经济稳定。

（四）道德风险的解决对策

道德风险的解决对策可以通过以下方面来深入讨论和思考，以更全面地理解其复杂性和解决方式：

1.制度设计和自我约束

道德风险的根本解决方法之一是通过制度设计来激励个人自我约束。例如，汽车保险市场中采取部分赔偿策略，强迫投保人加强防盗设施，减少汽车被盗的可能性。这种制度设计可以降低道德风险，鼓励人们自己采取预防措施。

2.契约和法律规定

法律和契约可以用来规范市场行为，降低道德风险的出现。例如，商场可以规定在退货时支付折旧费用，以阻止滥用"无条件退货"政策的情况发生。通过明确的契约和法律规定，可以确保经济主体在市场行为中遵守道德原则。

3.信息透明度和教育

提高市场参与者的道德意识和知识水平对降低道德风险也至关重要。教育和信息透明度可以帮助人们更好地了解市场规则和后果，从而减少不道德行为的发生。这可以通过公共教育、消费者教育和市场信息披露来实现。

4.道德监督和道德风险管理

机构和监管部门可以实施道德风险管理措施，监督市场参与者的行为。这包括审查和惩罚不道德行为，以及建立道德风险管理框架，以确保市场的稳定和公平。

5.保险机构的作用

保险公司在经济中扮演着关键的角色，帮助经济主体管理风险。它们通过出售保险政策，为人们提供了一种减轻风险的途径。这可以降低个体和企业面临的道德风险，因为他们可以将某些风险转移给保险公司，从而避免不道德行为。

解决道德风险需要多层次的措施，包括制度设计、法律规定、信息透明度、教育、监督和保险机构的协同作用。这些措施可以降低市场不道德行为的出现，维护经济的稳定和公平。

二、逆向选择

（一）逆向选择的界定

逆向选择是一种经济现象，它通常在信息不对称的情况下出现。在这种情况下，买方常常会优先购买质量较差的商品，从而导致市场上质量较好的商品难以生存。这一现象的典型案例是二手车市场。在二手车市场上，卖方通常具有更多关于车辆状况的信息，而买方则相对了解较少。

因此，在外观相似的情况下，买方倾向于选择价格较低的二手汽车。然而，这些价格较低的汽车往往质量较差，因此它们能够以更低的价格成交。相反，质

量较好的汽车很难以低价出售，因为买方更倾向于选择价格低的选项，导致市场上质量较好的汽车逐渐被质量较差的汽车所替代。

逆向选择对市场经济产生了不利影响，因为它可能导致消费者无法获得高质量的商品，同时也可能使生产高质量商品的卖方面临市场困难。因此，减轻逆向选择的影响通常需要改善信息透明度、提供更多的产品信息以及采取其他市场干预措施。这样可以帮助消费者更好地了解商品的质量，促使市场更加公平和高效。

（二）逆向选择的产生原因

逆向选择的产生原因可以追溯到信息不对称的现象，这意味着在一项交易中，一方拥有更多的信息或知识，而另一方则相对较少或完全不了解这些信息。这种不平等的信息分配导致了逆向选择的发生。为了更好地理解逆向选择为什么会发生，可以通过以下方面探讨这个问题：

首先，信息不对称使得一方能够更准确地评估交易中的风险和回报。在二手车市场的例子中，卖家通常拥有更多关于汽车历史、维护记录和潜在问题的信息。这使得卖家能够更好地了解车辆的真实价值和状况，从而能够更自信地定价。与此相反，买家可能没有同样的信息，因此可能难以准确评估汽车的质量和价值。

其次，信息不对称可能导致一方在交易中采取更保守的立场，因为他们担心可能会遇到不利的情况。在上述二手车市场的例子中，买家可能会因为担心购买到一辆有隐藏问题的汽车而更谨慎。这种情况下，买家可能会选择避免高价的汽车，而更倾向于购买便宜的车辆，即使它们可能存在一些问题。

最后，信息不对称可能导致一方采取更多的风险。在二手车市场上，卖家可能会利用他们拥有的信息优势来销售较差质量的汽车，因为他们知道买家可能无法发现潜在问题。这种情况下，买家可能会不经意地购买到一辆劣质汽车，因为他们没有足够的信息来辨别。

（三）逆向选择的经济后果

逆向选择，这个经济现象，可能会带来严重的经济后果。它破坏了市场的平衡和效率，损害了市场参与者的信任，从而对整个经济系统产生负面影响。

首先，逆向选择可能导致市场的失效。当市场上存在大量逆向选择时，购买者和卖家都难以获得真实信息,从而难以做出明智的决策。这可能会导致价格不合理地波动,市场无法顺利运转。例如,在二手车市场中,消费者可能会因为无法辨别车辆的真实状况而不愿购买,从而使市场陷入停滞状态。

其次,逆向选择还会侵蚀人们对市场的信任。当消费者感到市场中存在不公平或欺诈行为时,他们可能会失去信心,不再愿意参与市场交易。这种信任的丧失可能会波及其他领域,影响整个经济体系的稳定性。在人寿保险市场中,如果存在大量逆向选择,那么购买人寿保险的人可能会怀疑保险公司的诚信,从而减少了他们的购买意愿。

最后,逆向选择可能导致市场的崩溃。如果市场无法有效运转,价格失去了参考价值,那么市场可能会崩溃,导致整个经济体系陷入混乱。这种情况在金融危机中曾有过体现,其中逆向选择在次贷危机中扮演了重要角色,最终引发了全球金融危机。

因此,逆向选择不仅对特定市场有害,还可能对整个经济系统造成严重的经济后果。因此,政府和监管机构需要采取措施来减轻逆向选择的影响,以维护市场的稳定和信任。

(四)逆向选择的解决办法

逆向选择问题是经济学和金融学领域中一个重要的课题,需要多方面的解决办法来应对。

第一,政府介入市场进行行政干预,避免逆向选择的情况发生。政府可以通过制定法律法规和监管政策来规范市场行为。例如,建立适当的市场准入条件和资格要求,以确保只有具备一定资质和信誉的市场参与者才能进入市场。此外,政府还可以设立监管机构,负责监督市场交易和产品质量,以减少不良产品的流通。这些措施可以降低市场中不适当的参与者,减少逆向选择的机会。

第二,占有信息多的一方向另一方提供更多的信息,以减小信息不对称的程度。信息的不对称常常是逆向选择问题的根本原因之一。为了解决这个问题,市场参与者可以采取积极的信息披露策略。例如,在交易前提供更多的信息,包括产品的性质、质量、风险等方面的详细信息,以便买方能够更好地了解并评估产品。此外,建立透明的市场交易规则和标准化合同也可以帮助减少信息不对称。通过这些措施,市场可以更加公平和高效地运作。

在证券市场中,信息不对称的问题尤为突出。为了应对这个问题,各国的

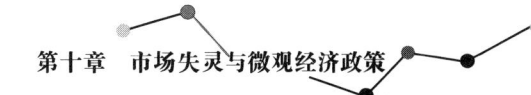

证券市场采取了一系列严格的措施。首先，建立了信息披露制度，要求发行者及时、准确地向投资者披露信息。这包括公司的财务报告、业绩预期、关键风险等信息。这样，投资者可以基于充分的信息来做出投资决策，减少逆向选择的可能性。

此外，政府还建立了各种监管机构来监督证券市场的运作。这些监管机构负责审查和批准证券发行，监督市场交易，防止操纵市场和欺诈行为。例如，中国的证券市场由中国证券监督管理委员会（证监会）来监管，美国的证券市场由美国证券交易委员会来监管。这些监管机构的存在和监管力度有助于提高市场的透明度和公平性，减少逆向选择问题的发生。

三、委托代理人问题

（一）委托代理人问题的提出

委托代理人问题的提出是信息经济学领域的一个重要课题。传统的新古典经济学将企业视为一个不透明的黑匣子，忽略了企业内部复杂的委托代理关系。信息经济学通过揭示企业内部的代理关系，揭示了在相同的投入情况下，产出可能是不确定的事实。

在企业内部，代理关系是常见的现象。一些人被委托管理特定任务或资源，他们被称为代理人，而委托他们的人则被称为委托人。代理人的工作成果不仅受到他们的努力程度影响，还受到一些不可控制的客观原因的影响。此外，委托人和代理人通常拥有不同的目标和利益，这导致了潜在的冲突和问题的出现。

委托代理人问题的核心在于如何解决代理人与委托人之间的目标不一致和信息不对称。当代理人的行为与委托人的利益相悖时，就可能出现代理问题。为了解决这一问题，需要设计合理的契约和激励机制，以确保代理人的行为与委托人的利益保持一致。

因此，委托代理人问题在现代经济学中具有重要意义，它挑战了传统观念，强调了企业内部的复杂性和利益相关者之间的协调与管理的必要性。信息经济学的发展使我们能够更深入地理解企业内部的运作机制，为经济理论和实践提供了有益的启示。

（二）委托代理人问题的产生原因

第一，不同的目标函数（效用函数）。委托代理人问题的首要原因是委托人和代理人之间的目标函数不同。如果两者的目标一致，那么就不会存在代理关系，因为代理人会自愿地为委托人工作，无须额外的监督。这一不同目标函数可能源于双方的利益不同，奖励结构不一致，或者其他激励机制的差异。

第二，信息不对称。信息不对称是委托代理人问题的另一个根本原因。代理人通常比委托人拥有更多关于自己的信息，包括付出的时间、努力程度、技能水平等。相比之下，委托人的信息较为有限，甚至可能无法准确监督代理人的行为。这种信息不对称会导致委托人难以评估代理人的表现，从而需要一定程度的监督和控制。

第三，客观因素的影响。代理人的工作表现通常受到不仅仅是他们自己努力的影响，还受到其他无法预测或控制的客观因素的干扰。例如，宏观经济状况和市场竞争状况等因素都可能对代理人的绩效产生影响。因此，很难仅仅通过工作成果来全面评估代理人个人的付出，这也为代理人问题的出现创造了条件。

因为上述三个原因，委托人必须在监督代理人方面投入大量时间和精力，同时承担监督的成本。这导致了委托代理问题，其核心在于代理人利用信息不对称，谋求个人效用最大化，从而损害了委托人的利益。例如，某些企业总经理可能会不顾盈利，而只是不断扩大规模，以增加自己在职场上的享受。

（三）委托代理人问题的解决

机制设计在解决委托代理人问题上发挥了关键作用。通过激励和约束机制，它有助于确保委托人和代理人共同承担风险，从而促进合作和协同努力。以下将探讨不同情况下的机制设计选项，以满足双方需求。

在某些情况下，委托人可能倾向于规避风险，而代理人则可能是风险爱好者或中立者。为了满足双方的需求，可以采用租赁或风险承包方式。通过这些方式，委托人可以将一部分风险转移给代理人，而代理人则有机会获得额外的回报，因为他们承担了更多的风险。这种机制设计在平衡委托人和代理人的兴趣方面发挥了关键作用。

在其他情况下，委托人可能是风险爱好者或中立者，而代理人可能更倾向于规避风险。在这种情况下，年薪或工资方式可能是一种合适的选择。这种方式可以确保代理人获得稳定的收入，同时委托人可以在不担心代理人风险规避的情况下获得他们所需的服务。这种机制设计有助于平衡不同风险偏好的双方需求。

当委托人和代理人都倾向于规避风险时，需要采取不同的方式来解决委托代理人问题。在这种情况下，可以考虑采用分担风险的方式，例如经营者持股、股票期权或股份期权。这些方式允许委托人和代理人共同分享企业的成功和失败。如果企业获得成功，代理人将受益，而如果企业面临挑战，委托人和代理人都将承担损失。这种机制设计有助于激励代理人积极参与企业经营，同时确保委托人的利益得到保护。

除了物质激励之外，考虑到风险偏好的差异，还应重视非物质激励，如信任和亲情。建立互信关系和维护亲情纽带可以增强委托人和代理人之间的合作，减轻道德风险，并提高工作满意度。因此，机制设计应该综合考虑物质和非物质激励，以确保有效解决委托代理人问题。

思考与练习

1. 垄断的治理方法有哪些？
2. 政府如何决定公共物品的生产？
3. 什么是外部性？外部性的表现有哪些？
4. 外部性是如何导致资源的错误配置的？
5. 政府解决外部性有哪些方法？解决外部性问题只能靠政府干预吗？
6. 存在市场信息不对称时，会引发怎样的风险？如何解决？

结 束 语

在这个充满挑战和机遇的时代，了解微观经济学的原理对于个人和社会都至关重要。它有助于人们做出明智的经济决策，理解市场运作的规律，为公共政策提供合理的建议，以及更好地应对经济不确定性和风险。

在学习微观经济学的过程中，读者不仅仅是被动的接受者，更要成为积极的思考者和决策者。微观经济学的知识不仅仅用于课堂，更是应用于现实生活的智慧。通过思考和实践，人们可以更好地运用微观经济学的原理，为自己和社会创造更好的经济未来。

希望这本书能够成为读者深入学习微观经济学的有力工具，启发思考，促进经济智慧的提升。微观经济学不仅是一门学科，更是一种思维方式，它能够帮助人们更好地理解个体决策和市场运作的奥秘，为经济决策和公共政策提供更明智的指导。

参 考 文 献

一、著作类

[1] 邓继光，周扬波.微观经济学[M].上海：立信会计出版社，2018.

[2] 林燕.微观经济学[M].上海：上海财经大学出版社，2019.

[3] 卢现祥，罗小芳.微观经济学[M].北京：经济科学出版社，2020.

[4] 吴光华.微观经济学基础[M].武汉：华中科技大学出版社，2019.

[5] 张卫东.微观经济学[M].武汉：华中科技大学出版社，2019.

[6] 张亚丽，陈端计.经济学：基本原理与应用[M].广州：中山大学出版社，2020.

二、期刊类

[1] 安起光，刘家壮.完全垄断市场的宏观经济优化模型[J].经济数学，2002，19（1）：20-24.

[2] 柴国俊，孙若宸.微观计量经济学应用中的若干问题探析[J].河北经贸大学学报，2022，43（6）：33-42.

[3] 陈珠明.完全垄断市场投资项目的盈亏平衡分析[J].工业工程，2000，3（3）：38-42.

[4] 程娅昊，钟声.中国生产要素价格扭曲的实证分析[J].山东社会科学，2014（1）：139-143.

[5] 崔影慧，陈惠.基于外部垄断市场的转移定价策略研究[J].生产力研究，2008（21）：149-151.

[6] 邓智文，李健，王欢，等.考虑消费者预算约束的耐用品企业租售策略研究[J].系统科学与数学，2022，42（5）：1178-1189.

[7] 董卫杰.寡头垄断市场的显著特点分析[J].中国市场，2009（27）：7.

[8] 董希望.完全垄断市场下商品的质量与价格的比较[J].商业经济与管理，2014（12）：66-72.

[9] 董银果，高小龙，张琳琛.生产要素价格对FDI技术溢出的影响研究[J].价格理

论与实践，2019（8）：64-66，91.

[10] 杜传忠.寡头垄断市场结构效率的多维性分析[J].山西财经大学学报，2002，24（5）：5-9.

[11] 冯瑀.边际效用论与价值关系说"价值"概念比较研究[J].当代中国价值观研究，2019，4（5）：14.

[12] 付才辉.新结构经济学一般均衡理论初探[J].武汉大学学报：哲学社会科学版，2018，71（6）：129-138.

[13] 甘臣林，陈银蓉，徐小伟.基于边际报酬递减规律的短期生产函数模型[J].统计与决策，2016（5）：17-22.

[14] 耿乃国，由雷，赵真真.垄断市场供给曲线的存在性证明研究[J].商业经济研究，2017（13）：188-190.

[15] 韩晓宏.关于我国生产要素价格形成机制的思考[J].经济视角，2018（4）：9-17.

[16] 韩中合，刘明浩，吴智泉.基于要素替代弹性的节能潜力测算研究[J].中国人口·资源与环境，2013，23（9）：42-47.

[17] 何晓星，岳玉静."边际效用递减"规律在网络经济中失效了吗?[J].首都经济贸易大学学报，2020，22（6）：43-58.

[18] 侯思涵.区块链技术下完全竞争的实现猜想[J].经济研究导刊，2021（7）：9-13，20.

[19] 胡建兵，顾新一.生产要素选择与社会福利关系的研究[J].数量经济技术经济研究，2005，22（10）：47-53.

[20] 胡鹰.企业成本结构对短期成本决策的影响[J].商业会计，2016（12）：46.

[21] 黄瑾，王敢.商品价值决定的时期规定性与三个难题[J].海派经济学，2023，21（1）：1-13.

[22] 黄颖，赵丽华.机会成本的应用——以LQ集团为例[J].中国集体经济，2022（16）：86.

[23] 靳玉清，刘超，纪成君.短期成本函数在企业管理决策中的应用[J].辽宁工程技术大学学报：自然科学版，2000（2）：207-211.

[24] 李红平.生产要素价格对我国产业转型发展的影响研究[J].价格理论与实践，2019（4）：149-152.

[25] 李良智.竞争市场与垄断市场：一个基于福利的分析[J].当代财经，2003（8）：5-8.

[26] 李晓蕴.边际效用递减规律视角下中小学生课外培训班选择——基于家庭教育中家长消费价值取向的分析[J].教育观察，2020，9（44）：77.

[27] 李言.中国要素价格扭曲的成因、测度与经济效应[J].当代经济管理，2020，42（7）：1-8.

[28] 李元栋.基于边际效用函数的人力资源管理系统设计[J].现代电子技术，2020，43（16）：95-100.

[29] 梁伟亮.面向元宇宙时代：数据垄断规制的反思与重构[J].现代经济探讨，2023（8）：116-125.

[30] 刘黎清.垄断竞争市场与企业的创新战略[J].科学管理研究，2002，20（4）：13-16.

[31] 刘洋.垄断竞争市场的竞争因素分析[J].中国市场，2011（2）：159-162.

[32] 刘贞，任玉珑.发电商垄断市场行为的仿真分析[J].电网技术，2008，32（1）：61-66.

[33] 马旭东，史岩.福利经济学：缘起、发展与解构[J].经济问题，2018（2）：9-16.

[34] 潘玉荣.寡头垄断市场下企业竞争策略[J].内江师范学院学报，2010，25（6）：63-66.

[35] 钱雪亚，缪仁余.人力资本、要素价格与配置效率[J].统计研究，2014，31（8）：3-10.

[36] 宋林芃，王凯棋.宏观经济学与微观经济学的比较研究[J].知识经济，2021，575（13）：156.

[37] 孙敏.对寡头垄断市场的发展分析[J].价值工程，2020，39（20）：113-116.

[38] 佟晓飞.通货膨胀对财务会计的影响与对策研究[J].全国流通经济，2022（36）：145.

[39] 汪海波.试析优化生产要素的投入结构[J].中国流通经济，2008，22（8）：4-7.

[40] 汪全报.在垄断竞争市场中寻求优势[J].咸宁学院学报，2011，31（5）：24-25.

[41] 汪毅霖，张宁.福利经济学能力方法进展及对美好生活启示[J].东北财经大学学报，2019（5）：3-10.

[42] 王博，张耀宇，冯淑怡.地方政府干预、土地价格扭曲与工业企业生产率[J].经济理论与经济管理，2021，41（7）：51-63.

[43] 王霞，石东伟，曾馨瑢，等.税制结构、预算约束与创新发展[J].会计之友，2021（15）：100-105.

[44] 卫志民，刘仕宇.中国反垄断制度：政策演变、现实挑战与路径优化[J].理论学刊，2023（3）：77-86.

[45] 吴新博.我国各地区全要素生产率的测定与比较分析[J].运筹与管理，2006，15（5）：149-153.

[46] 武康平，马雨湫.外部性引起市场失灵的机理与条件分析[J].纯粹数学与应用数学，2022，38（3）：366-379.

[47] 夏晓华，李进一.要素价格异质性扭曲与产业结构动态调整[J].南京大学学报：哲学.人文科学.社会科学，2012，49（3）：40-48.

[48] 肖泉，李金生.土地价格扭曲影响城市绿色全要素生产率研究——基于绿色创新能力视角[J].华东经济管理，2023，37（5）：62-72.

[49] 薛红.现代企业制度下国有企业统计工作在内容和方法上的转变问题研究[J].科技视界，2015（35）：307-318.

[50] 严金强.基于资本流动的动态一般均衡理论模型探讨[J].财经研究，2015，41（1）：96-106.

[51] 杨彩霞，景方，李磊.供求关系的可计算模型研究[J].哈尔滨理工大学学报，2004，9（4）：62-65.

[52] 杨明.完全竞争市场下中小旅行社发展路径研究[J].河北旅游职业学院学报，2019，24（4）：20-24.

[53] 杨秋妍.对于完全竞争市场的分析与评价[J].中国市场，2020（16）：49.

[54] 杨瑞龙.构建中国经济学的微观分析基础[J].经济学动态，2021（3）：3-12.

[55] 于璐，于骥.现代企业经营机制的新探索[J].商业研究，2003（4）：59-61.

[56] 余东华.技术创新与垄断市场结构的可维持性[J].山西财经大学学报，2006，28（1）：1-6.

[57] 禹欢.基于市场规制法看市场失灵与经济法的相关性[J].法制博览：中旬刊，

2013（12）：273.

[58] 张玉坤，赵文明.垄断竞争市场企业竞争策略分析[J].科教导刊：电子版，2013（1）：92.

[59] 张月华.构建双循环新发展格局的政治经济学微观分析[J].理论导刊，2021（11）：54-58.

[60] 周京奎，宋健.要素价格扭曲影响企业研发选择吗？[J].河北经贸大学学报，2021，42（3）：69-77.

[61] 周长春.规模报酬变动的衡量指标[J].统计与决策，2007（19）：70-71.

[62] 邹俊，徐传谌.价格垄断问题的行为经济学分析[J].经济问题，2015（4）：23-28.